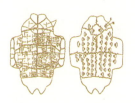

中国第一部字典，中国文字学的首创之书，开启中国上古文化之谜的钥匙，包罗万象的中国古代文化百科全书。

中侨彩图馆

刘凤珍 主编

说文解字彩图馆

（汉）许慎 著

付政兰 编

中国华侨出版社

图书在版编目（CIP）数据

说文解字彩图馆 /（汉）许慎著；付改兰编 . — 北
京：中国华侨出版社，2015.12
（中侨彩图馆 / 刘凤珍主编）
ISBN 978-7-5113-5906-3

Ⅰ．①说… Ⅱ．①许… ②付… Ⅲ．①汉字－古文字
学 Ⅳ．① H161

中国版本图书馆 CIP 数据核字（2015）第 307064 号

说文解字彩图馆

著　　者 /（汉）许慎
编　　者 / 付改兰
丛书主编 / 刘凤珍
总 审 定 / 江　冰
出 版 人 / 方　鸣
责任编辑 / 子　墨
装帧设计 / 贾惠茹 杨　琪
经　　销 / 新华书店
开　　本 / 720mm×1020mm　1/16　印张：27.5　字数：851 千字
印　　刷 / 北京鑫国彩印刷制版有限公司
版　　次 / 2016 年 5 月第 1 版　2016 年 5 月第 1 次印刷
书　　号 / ISBN 978-7-5113-5906-3
定　　价 / 39.80 元

中国华侨出版社　北京市朝阳区静安里 26 号通成达大厦 3 层　邮编：100028
法律顾问：陈鹰律师事务所
发行部：（010）64443051　　　　传真：（010）64439708
网　址：www.oveaschin.com　　　E-mail: oveaschin@sina.com

如发现图书质量有问题，可联系调换。

前　言

　　《说文解字》，简称《说文》。作者是东汉的经学家、文字学家许慎（献给汉安帝）。《说文解字》成书于汉和帝永元十二年（100年）到安帝建光元年（121年）。《说文解字》是我国第一部按部首编排的字典。

　　许慎根据文字的形体，创立540个部首，将9353字分别归入540部。540部又据形系联归并为14大类，字典正文就按这14大类分为14篇，卷末叙目别为一篇，全书共有15篇。《说文解字》共15卷，其中包括序目1卷。许慎在《说文解字》中系统地阐述了汉字的造字规律——六书。

　　《说文解字》的体例是先列出小篆，如果古文和籀文不同，则在后面列出。然后解释这个字的本义，再解释字形与字义或字音之间的关系。《说文解字》中的部首排列是按照形体相似或者意义相近的原则排列的。《说文解字》开创了部首检字的先河，后世的字典大多采用这个方式，段玉裁称这部书"此前古未有之书，许君之所独创"。

　　我们想认识任何一件事物都要从本源上去了解，学习语言也要如此。以前的大学问家总说"读书要先识字"，这个"识字"不是只知道一个字读什么音，而是要知道它的本义是什么。我们现代汉语的常用字常用义，有很多都是引申义，不是本义，这就影响了我们更好地理解前人的经典作品，甚至影响了我们很好地使用现代汉语。

　　看过《说文解字》的人都知道：汉字中所有带"𤣥"字旁的字都和美玉相关；汉字中所有带"灬"的字都和"火"相关，因为"灬"原来的篆书写法是"𤈦"，就是"火"。汉字中的"羊"字可是个好字，相对于狼古代中国人更喜欢羊，"美"字是以羊为代表造型的字。"日"字原来画的就是一个太阳，"月"字画的就是一个月牙，因为月亮更多的时候就是这样子。把黄昏时刚出现的半个月牙画下来，就是"夕"——朝夕的"夕"。我们看到的每一个汉字都有它的来龙去脉，都是可以讲清来源或是分析出本来的意义、构成的道理的。很多汉字本来就是一幅美丽的图画，藏有一个动人的故事。

　　我们中国人，历来对文字十分重视。从孩子生下来以后长辈们给起名就可以看出来，绝大多数父母都因为要给孩子起好名、选好字而翻遍了字典。可是您也许不知道，我们现在使用的《新华字典》、《现代汉语词典》，所释义的字和词很多都不是它们的本义，而且，这些新字典没有告诉我们文字里面的奥秘和众多汉字里面的规律。比如：我们看到一个人的名字中有"𤣥"字旁，就知道他的名字中含有美玉的品质，三国的周瑜，字公瑾，"瑜"和"瑾"

都是美玉。

古人的"名"和"字"是互相关联的，互作解释。比如：孔子的名为"丘"，字仲尼，尼山与丘互训。孔子的儿子名"鲤"，字伯鱼，鲤是鱼啊！屈原的名为"平"，字原，广平就是原。王维名维，字摩诘，维摩诘是佛家菩萨名。杜甫的名为甫，字子美，甫是男子的美称。

现在，世界上越来越多的人需要学习汉语汉字。我们可以认定的汉字有五万六千多个，现代汉语通用字有7000个，常用的汉字也有3500个。死记住3500个汉字不是一件容易的事，要学会使用它们引申出来的多种多样的字义就更难了。那么，有没有办法让我们认识汉字、使用汉字变得容易起来，变得十分有趣呢？有！有一本书，只要我们能够真正阅读它，弄懂它，我们就会发现汉字的产生和演变密切伴随着中华文明发展的历程。这本书就是中国的第一部字典，一千多年以来被奉为经典的《说文解字》。此书名气很大，但是很难懂，所以很多人只仰其名，不能得其门而入。我们写这本书就是要为您做一个向导，让您轻松愉快地在《说文解字》的神圣的文字殿堂里游览一番，您会发现：每一个汉字里面都有一个故事，许多汉字都像一幅生动的图画，汉字里面蕴含着丰富的情感与智慧。

1

一部

一　一　yī

一，惟初太始①，道立于一②，造分天地③，化成万物。凡一之属皆从一④。于悉切⑤。

【译文】一，最初，万物形成之始，道建立了一。后来，才分解为天和地，演化为万事万物。大凡一的部属都从一。

【注释】①惟：句首语气词。太始：万物形成之始。②道：指无形的宇宙本体。一：指天地未分时的有形的混沌状态。于：犹乎。见《读书杂志》卷九补。道立于一，语出《老子·四十二章》："道生一，一生二，二生三，三生万物。"无形的宇宙本体产生了宇宙有形的混沌状态，有形的混沌状态产生了天和地，（天和地又生出阴气和阳气），阴气和阳气交合产生和气，阴气阳气和气的运动产生了万事万物。许氏以道家思想解释"一"，认为"一"像天地混沌未分之形，故用了这样一段玄虚的话。③造：始。见《广雅·释诂》。④"凡一"句：凡是以"一"为部首，由"一"统属的字，都随从"一"字聚在一块组成一部。"凡×之属皆从×"，是《说文》建立部首制，区分部首和部属的专用术语。×是部首，其他则是部属。⑤本书反切是徐铉采用孙愐《唐韵》的音。

元　元　yuán

元①，始也。从一，从兀。愚袁切。

【译文】元，开始。由一、由兀会意。

【注释】①元：人头是元的本义，如：《左传·襄公九年》："元，体之长（首领）也。"《左传·僖公三十三年》："狄人归（送还）其（指先轸）元。"《孟子·滕文公下》："勇士不忘（通'亡'，避）丧其元。"始是元的引申义，如：《左传·隐公元年》："元年者何？君之始年也。"为首的也是元的引申义，如：《左传·僖公二十七年》："作三军，谋元帅。"

天　天　tiān

天，颠也。至高无上，从一大①。他前切。

【译文】天，颠顶。最高而无以上加的部位。由一、大会意。

【注释】①从一大：会合"一"、"大"的意义，成为"天"的意义。从××，是《说文》分析会意字的专门术语之一。王筠《说文系传校录》"祜下"注："按会意字相连成文者，则一言'从'，如天'从一大'是也。两字对峙为义者则两言'从'，如吏'从一，从史'，不可言'从一史'也。"

丕　丕　pī

丕，大也。从一，不声①。敷悲切。

【译文】丕，大。从一，不声。

【注释】①从一，不声：丕字以一为形旁，以不为声旁。从×、×声，是《说文》分析形声字的专门术语之一。

吏　吏　lì

吏，治人者也。从一，从史，史亦声①。力置切。

【译文】吏，治理人的人。由一、由史会意，史也表声。

【注释】①从一，从史，史亦声。从×，从×，×亦声，是《说文》分析会意兼形声之字的专门术语。从一：言其执法如一；从史：史借作人字用，表示执法的官员。见王筠《句读》。

⊥部

⊥　⊥　shàng

⊥①，高也。此古文上。指事也②。凡⊥之属皆从⊥。时掌切。

【译文】⊥，高。这是古文上字。是一个指事字。大凡⊥的部属都从⊥。

1

【注释】①丄：上面，高处。《诗经·周颂·敬之》："命不易哉，无曰高高在上。"②指事：《段注》："象形者，实有其物，日月是也。指事者，不泥其物而言其事，丄丅是也。天地为形，天在上，地在下；地在上，天在下：则皆为事。"

帝 dì

帝，谛也①。王天下之号也。从丄②，朿声。都计切。

【译文】帝，审谛，又是统治天下的称号。从丄，朿声。

【注释】①谛：审谛，详谨周密。朱骏声《通训定声》引《风俗通》："帝者任德设刑以则象之，言其能行天道，举措审谛。"②从丄：依段说，应作"从二"。辛、示、辰、龙、童、音、章，小篆都从二，不从丄。

旁 páng

旁，溥也。从二，阙①，方声。步光切。

【译文】旁，广大。从二，不知为什么从冂，方声。

【注释】①阙：不知道小篆的旁字为什么从冂，不能强作解人，只好让他阙着。

丅 xià

丅①，底也②。指事。胡雅切。

【译文】丅，低下。指事。

【注释】①丅：下面。《诗经·小雅·北山》："普天之下，莫非王土。"②底：许书无低字，底即低字。

示部

示 shì

示，天垂象①，见吉凶②，所以示人也③。从二；三垂，日月星也。观乎天文，以察时变。

示，神事也。凡示之属皆从示。神至切。

【译文】示，上天垂下天文图像，体现（人事的）吉凶，（这些图像）是用来显示给人们看的东西。从二（代表天上）；三竖笔，分别代表日月星。（人们）观看天文图像，用来考察世事的变化。示是神祇（qí）的事。大凡示的部属都从示。

【注释】①象：指天象，即下文的"天文"。②见：现。上古无现字，凡出现义都写作"见"。③示：显示给人看。

祜 hù

祜，上讳①。侯古切。

【译文】祜，已故孝安皇帝之名。

【注释】①上：指皇上。讳：封建社会称死去了的帝王或尊长的名。徐铉注："此汉安帝名也。福也。当从示，古声。"

禮 lǐ

禮①，履也②。所以事神致富也③。从示，从豊，豊亦声。灵启切。

【译文】禮，履行，是用来祭神求福的事。由示、由豊会意，豊也表声。

【注释】①禮：举行礼仪，祭神致福。《后汉书·荀爽传》："礼者，所以兴福祥之本，而止祸乱之源也。"②履：履而行之，即施行，实行。③事：奉事。致：得到。

禧 xī

禧，礼吉也。从示，喜声。许其切。

【译文】禧，行礼获得吉祥。从示，喜声。

禛 zhēn

禛，以真受福也。从示，真声。侧邻切。

【译文】禛，用真诚的情意（感化神明）而得福。从示，真声。

禄 lù

禄，福也。从示，录声。卢谷切。

【译文】禄，幸福。从示，录声。

禠 sī

禠，福也。从示，虒声。息移切。

【译文】禠，幸福。从示，虒声。

禎 zhēn

禎，祥也。从示，貞声。陟盈切。

【译文】禎，吉祥。从示，貞声。

祥 xiáng

祥，福也。从示，羊声。一云善[1]。似羊切。

【译文】祥，幸福。从示，羊声。另一义是善好。

【注释】① 一云善：善是福的引申义。

祉 zhǐ

祉，福也。从示，止声。敕里切。

【译文】祉，幸福。从示，止声。

福 fú

福[1]，祐也。从示，畐声。方六切。

【译文】福，（神明）降福保佑。从示，畐声。

【注释】① 福：福的本义是祭过神的肉。《国语·晋语》："今夕君梦齐姜，必速祠而归福。"韦昭注："福，胙肉也。"

祐 yòu

祐，助也。从示，右声。于救切。

【译文】祐，（神明给予的）帮助。从示，右声。

祺 qí

祺，吉也。从示，其声。渠之切。

【译文】祺，吉祥。从示，其声。

祗 zhī

祗，敬也。从示，氐声。旨移切。

【译文】祗，恭敬。从示，氐声。

禔 zhī

禔，安福也[1]。从示，是声。《易》曰："禔既平。"市支切。

【译文】禔，安定，幸福。从示，是声。《易经》说："既安又平。"

【注释】① 安福也：安也，福也。是"一句数读"的现象，是《说文》解释一字多义现象的一种方式。这种一字多义现象往往有明显的意义联系。

神 shén

神，天神，引出万物者也。从示申[1]。食邻切。

【译文】神，天神，引发出万事万物的神。从示，申声。

【注释】① 从示申：段、桂、朱、王，全作"从示，申声"。

祇 qí

祇，地祇，提出万物者也。从示，氏声。巨支切。

【译文】祇，地神，提引发生万事万物的神。从示，氏声。

祭 jì

祭，祭祀也。从示，以手持肉[1]。子例切。

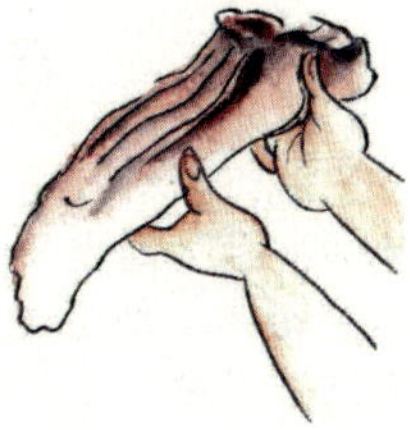

【译文】祭，祭祀鬼神。从示，用手拿着肉（供奉神前）。

【注释】① 从示，以手持肉：是许氏说解会意字的方式之一。

祀 sì

祀，祭无已也[1]。从示，巳声。详里切。

【译文】祀，祭祀不停止。从示，巳声。

【注释】① 祭无已：徐锴《系传》："《老子》

曰‘子孙祭祀不辍’是也。"已：停止。

祪 祪 guǐ

祪，祔、祪，祖也①。从示，危声。过委切。

【译文】祪，祔和祪，都是迁移神主的事。从示，危声。

【注释】①祖：《周礼·小宗伯》注："迁主曰祖。"祔是新死者的神主迁于祖庙，祪是毁庙的神主迁于太庙，都是迁主的事。旧说文意未明。

祔 祔 fù

祔，后死者合食于先祖①。从示，付声。符遇切。

【译文】祔，后死者的神主移在祖庙中与先祖一道供祭。从示，付声。

【注释】①食（sì）：供养，这里指供祭。

祖 祖 zǔ

祖①，始庙也②。从示，且声。则古切。

【译文】祖，初始，宗庙。从示，且声。

【注释】①祖：祖先，祖父。《诗经·大雅·生民》，尊祖也。孔颖达疏："祖之定名，父之父耳。但祖者，始也，己所从始也，自父之父以上皆得称焉。"②始庙也：始也，庙也。一句数读。

祠 祠 cí

祠，春祭曰祠。品物少，多文词也①。从示，司声。仲春之月，祠，不用牺牲②，用圭璧及皮币③。似兹切。

【译文】祠，（周代）春天的祭祀叫作祠。这是由于用来祭祀的物品少，而仪式文词多的缘故。从示，司声。（《礼记·月令》），农历二月，祭祀不用牺牲，而用玉器、毛皮和缯帛。

【注释】①多文词：这是许君用词字申说祠字受义之原因。词、祠古音同。②牺牲：供祭祀用的纯色全体牲畜。③圭璧：祭祀时用作符信的玉器。

祝 祝 zhù

祝，祭主赞词者。从示，从人口。一曰：从兑省。《易》曰：兑为口为巫。之六切。

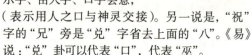

【译文】祝，祭祀时主管向神灵祷告的人。由示字、由人字、口字会意，（表示用人之口与神灵交接）。另一说是，"祝"字的"兄"旁是"兑"字省去上面的"八"。《易》说："兑"卦可以代表"口"，代表"巫"。

祈 祈 qí

祈①，求福也。从示，斤声。渠希切。

【译文】祈，向神明求福。从示，斤声。

【注释】①祈：祭神求福。《尔雅·释言》："祈，叫也。"郭璞注："祈祭者叫呼而请事。"

祷 祷 dǎo

祷①，告事求福也。从示，寿声。都浩切。

【译文】祷，向神祷告而祈求幸福。从示，寿声。

【注释】①祷：向神祝告求福。《周礼·春官·小宗伯》："祷祠于上下神示。"郑玄注："求福曰祷。"

禅 禅 shàn

禅，祭天也①。从示，单声。时战切。

【译文】禅，祭天。从示，单声。

【注释】①祭天：徐灏《段注笺》："封禅对文，云祭天者，浑举之词耳。"对举，禅是祭地，封是祭天。

社 社 shè

社，地主也。从示土。《春秋传》曰："共工之子句龙为社神。"周礼："二十五家为社，各树其土所宜之木。"常者切。

【译文】社，土地的神主。从示，土声。《春秋左传》说："共工的儿子句龙作土地神。"周朝的礼制规定：二十五家立一个社，各种植那里的土地所适宜生长的树木。

禁 禁 jìn

禁，吉凶之忌也。从示①，林声。居荫切。

【译文】禁，有关吉凶之事的避忌。从示，林声。

【注释】①从示：从字源上说，禁是对鬼神为祸的避忌，所以从示。后来泛指为不论吉凶，凡是法令习俗予以制止、避忌的事。

三部

三 三 sān

三，天地人之道也①。从三数②。凡三之属皆从三③。稣甘切。

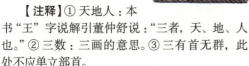

【译文】三，天、地、人的道数。由三画构成。大凡三的部属都从三。

【注释】①天地人：本书"王"字说解引董仲舒说："三者，天、地、人也。"②三数：三画的意思。③三有首无群，此处不应单立部首。

王部

王 王 wáng

王，天下所归往也。董仲舒曰："古之造文者，三画而连其中谓之王。三者，天、地、人也，而参通之者王也①。"孔子曰："一贯三为王②。"雨方切。

【译文】王，天下归趋向往的对象。董仲舒说："古代创造文字，三画而又用竖线连接其中，

叫王字。三横画，代表天道、地道、人道，而又能同时通达它的，就是王。"孔子说："用一贯三就是王。"

【注释】①董说引自《春秋繁露·王道通三篇》。②孔说未详所出。

閏 闰 rùn

閏，余分之月，五岁再闰①，告朔之礼②，天子居宗庙③，闰月居门中④。从王在門中。《周礼》曰⑤："闰月，王居门中，终月也。"如顺切。

【译文】闰，闰月，由余剩的未分的时日组成的月份，五年闰两次。每月初一，行告祭之礼，天子居处在庙堂之中，闰月居处在正室门中。由"王"字在"門"字之中会意。《周礼》说："闰月，周王居处在正室门中，整一个月。"

【注释】①再：两次。②告朔：朔，阴历每月第一天。每年冬末，天子把来年的历书颁发给诸侯，确定是否置闰，及每月初一的日子，叫"颁告朔"。诸侯接受历书，藏入祖庙。每逢初一，便杀一只活羊祭祖，叫"告朔"。③宗庙：《段注》："古路寝、明堂、大庙、异名而实一也。"明堂之制见《王国维遗书·观堂集林·明堂庙寝通考》。明堂分东南西北四室八个（每堂的左右厢房），共十二个场所。天子每月可居处一个场所。④闰月句：《段注》引郑司农说：天子"惟闰月无所居，居于门"。门：指路寝（天子、诸侯的正室）门。⑤引文见《周礼·春官·大史》。

皇 皇 huáng

皇，大也。从自［王］①。自，始也。始（皇）［王］者②，三皇，大君也。自读若鼻，今俗以始生子为鼻子③。胡光切。

【译文】皇，即大。由自王会意。自是初始的意思。最初统治天下的人是（燧人、伏羲、神农）三皇，是伟大的君王。"自"的音读像"鼻"字。当今俗话把最初生下的子女说成是"鼻子"。

【注释】①自：《段注》本作"自王"，当补。②始皇：《段注》作"始王"。三皇：《段注》引《尚书大传》："燧人为燧皇，伏羲为羲皇，神农为农皇。"③许君用来证明自有始义。

玉部

王 玉 yù

玉，石之美。有五德：润泽以温，仁之方也；鰓理自外，可以知中，义之方也；其声舒扬，专以远闻[1]，智之方也；不桡而折，勇之方也；锐廉而不（技）[忮][2]，絜之方也。象三玉之连。丨，其贯也。凡玉之属皆从玉。鱼欲切。

【译文】玉，美好的石头，它有五种美德：润泽而又温和，是仁人的比方；鰓理，从外可知内，是义士的比方；它的声音舒展飞扬，传播而远闻，是智士的比方；它决不弯曲，宁肯折断，是勇士的比方；它锋利而不伤害别人，是廉洁之士的比方。像三块玉的连接。中间的竖，是那穿玉的绳索。大凡玉的部属都从玉。

【注释】①专：分布。这里指传布四方。②技：段桂朱王均做"忮"。忮：害。

璗 璗 lì

璗，玉也。从玉，毄声。读若鬲。郎击切。

【译文】璗，玉名。从玉，毄声。音读像"鬲"字。

璠 璠 fán

璠，玙璠[1]。鲁之宝玉。从玉，番声。孔子曰[2]："美哉，玙璠。远而望之，奂若也[3]；近而视之，瑟若也[4]。一则理胜[5]，二则孚胜[6]。"附袁切。

【译文】璠，玙璠，鲁地出产的宝玉。孔子说："多美好啊，玙璠！远远地望着它，奂奂的（光彩夺目）；走近观察它，瑟瑟的（纹理缜密）。一是纹理胜，二是光彩胜。"

【注释】①玙璠：又称璠玙，玙又作与（yú）。《左传·定公五年》："阳虎将以玙璠敛（liàn，装殓）。"杜预注："玙璠，美玉，君所佩。"②孔语引自《齐论语·问玉篇》。③奂若：焕然。鲜明光亮貌。《说文》无"焕"字。④瑟若：瑟然。瑟同璱，纹理细密貌。⑤一则：王筠《句读》："此承瑟若也。"理：徐锴《系传》："谓文理也。"胜：超

过。⑥二则：王筠《句读》："此承奂若。"徐锴《系传》："孚音符，谓玉之光采也，今亦言符采也。"

瑾 瑾 jǐn

瑾[1]，瑾瑜，美玉也。从玉，堇声。居隐切。

【译文】瑾，瑾瑜，美玉。从玉，堇声。

【注释】①瑾：美玉。《楚辞·九章》："怀瑾握瑜兮，穷不知所示。"王逸注："瑾、瑜，美玉也。"

瑜 瑜 yú

瑜，瑾瑜，美玉也[1]。从玉，俞声。羊朱切。

【译文】瑜，瑾瑜，美玉。从玉，俞声。

【注释】①"美玉"二字当删。《段注》："凡合二字成文，如'瑾瑜'、'玫瑰'之类，其义既举于上字，则下字例不复举。"

球 球 qiú

球，玉声也[1]。从玉，求声。巨鸠切。

【译文】球，玉石撞击之声。从玉，求声。

【注释】①玉声：徐锴《系传》："孔子见南子，佩玉声璆然。"故事见《史记·孔子世家》。

琳 琳 lín

琳[1]，美玉也。从玉，林声。力寻切。

【译文】琳，美玉。从玉，林声。

【注释】①琳：桂馥《义证》："琳，色青碧者也。"

璧 璧 bì

璧，瑞玉圜也[1]。从玉，辟声。比激切。

【译文】璧，用作印信凭证的玉，是平圆而正中有孔的玉。从玉，辟声。

【注释】① 瑞玉圜也：是"一句数读"现象，即"瑞玉也，圜也。"

瑗 瑗 yuàn

瑗，大孔璧。人君上除陛以相引①。从玉，爱声。《尔雅》曰②："好倍肉谓之瑗，肉倍好谓之璧。"王眷切。

【译文】瑗，（可以容手的）大孔的玉璧。人君上台阶，侍者用玉璧来牵引人君。从玉，爱声。《尔雅》说："内孔直径为边宽的两倍，叫它作瑗；边宽为内孔直径的两倍，叫它作璧。"

【注释】① 除：台阶。陛：台阶。除陛：同义连用。以相引：桂馥《义证》："本书：'爱引也。'故从爱。谓引者奉（捧）璧于君，而前引其璧，则君易升（容易登上台阶）。" ②《尔雅》：指《释器》。郭璞注："肉，边也。好，孔也。"倍：用作动词，超过一倍。

玦 玦 jué

玦①，玉佩也。从玉，夬声。古穴切。

【译文】玦，（环形而又有缺口的）佩玉。从玉，夬声。

【注释】① 玦：徐锴《系传》："玦，之不周者。"引申为决断、与人断绝关系的象征。

瑞 瑞 ruì

瑞，以玉为信也。从玉、耑［声］①。是伪切。

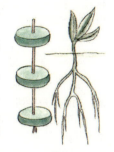

【译文】瑞，用玉制成的信物。从玉，耑声。

【注释】① 耑：当作耑声。慧琳《一切经音义》三次引用《说文》都作"从玉，耑声。"瑞、耑，歌元对转。瑞，王筠《句读》："犹今言印信。"

珥 珥 ěr

珥，瑱也。从玉耳，耳亦声。仍吏切。

【译文】珥，玉瑱。由玉、耳会意，耳也表声。

瑱 瑱 tiàn

瑱①，以玉充耳也。从玉，真声。《诗》曰："玉之瑱兮。"他甸切。

【译文】瑱，用（冠冕两侧丝绳垂系着的）珠玉来充塞耳朵。从玉，真声。《诗经》说："玉作的充耳瑱啊。"

【注释】① 瑱：王筠《句读》引《左传·昭公二十六年》正义："礼，以一绦五采横冕上，两头下垂，系黄绵，绵下又县玉为瑱以塞耳。"

琢 琢 zhuó

琢，治玉也。从玉，豕声。竹角切。

【译文】琢，治理玉石。从玉，豕声。

理 理 lǐ

理，治玉也。从玉，里声。良止切。

【译文】理，治理玉石。从玉，里声。

珍 珍 zhēn

珍，宝也。从玉，㐱声。陟邻切。

【译文】珍，（玉石之类的）宝物。从玉，㐱声。

玩 玩 wán

玩①，弄也。从玉，元声。五换切。

【译文】玩，捧玉玩弄。从玉，元声。

【注释】① 玩：从弄玉到弄贝，所以又可写作"貦"。后泛指一切玩弄、戏耍。《书·旅獒》："玩人丧德，玩物丧志。"

玲 玲 líng

玲[1]，玉声。从玉，令声。郎丁切。

【译文】玲，玉（相撞击）声。从玉，令声。

【注释】①玲：玲珑，亦即珑玲，双音单纯词。《文选·东都赋》："和銮玲珑。"李善注引："玲珑，玉声也。"

珬 碧 bì

碧，石之青美者。从玉石，白声[1]。兵尺切。

【译文】碧，青色又美丽的石头。由玉、石会意，白声。

【注释】①《段注》："从玉石者，似玉之石也。""碧色青白，故从白。云白声者，以形声苞会意。"

琨 琨 kūn

琨，石之美者。从玉，昆声。《虞书》曰[1]："扬州贡瑶琨[2]。"古浑切。

【译文】琨，美丽的石头。从玉，昆声。《虞书》说："扬州地方进贡瑶玉和琨石。"

【注释】①《虞书》：指《尚书·禹贡》。《说文》引《禹贡》，多称《夏书》。这里称《虞书》，桂馥《义证》说："本称《虞夏书》，后人乱之也。"②扬州：今作扬州。

珉 珉 mín

珉，石之美者。从玉，民声。武巾切。

【译文】珉，美丽的石头。从玉，民声。

瑶 瑶 yáo

瑶，玉之美者[1]。从玉，䍃声。《诗》曰[2]："报之以琼瑶。"余招切。

【译文】瑶，美玉。从玉，䍃声。《诗》说：

"用琼瑶美玉回报他。"

【注释】①玉之美者：段桂朱王都以为当作"石之美者"。②《诗》：指《诗经·卫风·木瓜》。

珠 珠 zhū

珠，蚌之阴精[1]。从玉，朱声。《春秋国语》曰"珠以御火灾"[2]，是也。章俱切。

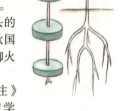

【译文】珠，蚌壳里头的水精。从玉，朱声。《春秋国语》说："珠足以用来抵御火灾。"就是这个意思。

【注释】①之：《段注》作"中"，说："今依《初学记》。"阴精：《国语》韦昭注："珠，水精。"水属阴。②珠以句：见《国语·楚语》。

瑰 瑰 guī

瑰，玫瑰。从玉，鬼声。一曰：圜好[1]。公回切。

【译文】瑰，玫瑰。从玉，鬼声。一说：珠子圆好叫作瑰。

【注释】①圜(yuán)好：《玉篇》引作"珠圜好"，玄应引作"圜好曰瑰"。

珊 珊 shān

珊，珊瑚[1]，色赤，生于海，或生于山。从玉，删省声。稣干切。

【译文】珊，珊瑚，红色，有的生在海中，有的生在山中。从玉，删省刂为声。

【注释】①珊瑚：科学的解释是：由许多珊瑚虫分泌的石灰质骨骼聚集而成的东西。形状像树枝，多红色，也有白色或黑色。可供玩赏，也可作装饰品。

瑚 瑚 hú

瑚[1]，珊瑚也。从玉，胡声。户吴切。

【译文】瑚，珊瑚。从玉，胡声。

【注释】①瑚：珊瑚，双音单纯词。《史记·司马相如列传》："玫瑰、碧琳、珊瑚丛生。"《盐铁论·力耕》："而璧玉、珊瑚、琉璃，咸为国之宝。"

琅 láng

琅，琅玕，似珠者①。从玉，良声。鲁当切。

【译文】琅，琅玕，像圆珠的玉石。从玉，良声。

【注释】①似珠：《段注》："出于蚌者为珠，则出于地中者为似珠。"

靈 líng

靈，灵巫①。以玉事神。从玉，霝声。郎丁切。

【译文】靈，灵巫。（他们的职责是）用玉奉事神明。从玉，霝声。

【注释】①灵巫：《楚辞·九歌》王注："灵，巫也，楚人名巫为灵。"连言之则为灵巫。

珏部

瑬 fú

瑬，车笭间皮篋。古者使奉玉以藏之。从车珏。读与服同。房六切。

【译文】瑬，车栏间的皮箱夹。古时候，使者捧玉出使，把玉藏在这皮箱夹里头。由车、珏会意。音读与"服"字相同。

班 bān

班，分瑞玉也①。从珏，从刀。布还切。

【译文】班，将瑞玉中分为二。由珏、由刀会意。

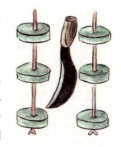

【注释】①瑞玉：古代用作凭证的东西，中分为二，各执其一。瑞，为古代凭信之玉，不必更加"玉"字。

气部

气 qì

气①，云气也。象形。凡气之属皆从气。去既切。

【译文】气，云气。象形。大凡气的部属都从气。

【注释】①气：云气，泛指一切气体。

氛 fēn

氛，祥气也。从气，分声。符分切。

【译文】氛，体现吉凶的云气。从气，分声。

士部

士 shì

士，事也。数始于一，终于十。从一，从十。孔子曰："推十合一为士。"凡士之属皆从士。鉏里切。

【译文】士，会办事（的人）。数目从一开始，到十结束。由一、由十会意。孔子说："能够从众多的事物中推演归纳出一个简要的道理来的人就是士。"大凡士的部属都从士。

壮 zhuàng

壮，大也。从士，爿声。侧亮切。

【译文】壮，大。从士。爿声。

丨部

丨 gǔn

丨，上下通也。引而上行读若囟，引而下行读若退。凡丨之属皆从丨。古本切。

【译文】丨，上下通彻。引长笔画向上行，音读如"囟"字；引长笔画向下行，音读像"退"字。大凡丨的部属都从丨。

屮部

屮 chè

屮，艹木初生也。象丨出形①，有枝茎也。古文或以为艹字。读若彻②。凡屮之属皆从屮。尹彤说③。丑列切。

【译文】屮，草木初生。像草木长出地面的形状，而且有了枝茎。古文有时把它当作艹字。音读像"彻"字。大凡屮的部属都从屮。这是尹彤的说法。

【注释】①丨：《段注》："丨，读若囟，引而上行也。"丨出，即开出、长出。②读若彻：《段注》："彻，通也。义存乎音。"③尹彤说：徐锴《系传》："尹彤，当时说文字者。所谓'博采通人'也。"《段注》："三字当在'凡屮'上。转写者倒之。"

屯 zhūn

屯，难也。象艹木之初生。屯然而难①。从屮贯一，一，地也；尾曲②。《易》曰："屯，刚柔始交而难生③。"陟伦切。

【译文】屯，艰难。像草木初生，曲折而又艰难的形状。其形由贯穿一构成。一，代表地面。屯字的尾部弯曲。《周易》说："屯卦，是阴柔阳刚二气开始交合而出现艰难的形像。"

【注释】①屯然：曲折之貌。然：助词。②尾曲：徐灏《段注笺》："此篆从屮曲之，以象难生之意。"③《易》曰：引语见《周易》屯卦。刚，指阳；柔，指阴。

每 měi

每①，艹盛上出也。从屮，母声。武罪切。

【译文】每，艹木茂盛上长的样子。从屮，母声。

【注释】①每：草丰盛。《春秋左传》："原田每每，舍其旧而新是谋。"

毒 dú

毒，厚也。害人之艹，往往而生①。从屮，从毒②。徒沃切。

【译文】毒，厚。害人的草，历历而生。从屮，毒(ǎi)声。

【注释】①往往：《段注》："犹历历也。"②从毒：徐锴《系传》作"毒声"。《系传·祛妄》："毒，乌代反。"《汉书·地理志》："多犀象毒冒珠玑。"颜师古注："毒音代。"可见，毒有代音，与毒声相近。

熏 xūn

熏，火烟上出也。从屮，从黑。屮黑，熏黑也。许云切。

【译文】熏，火烟向上冒出(熏黑物体)的意思。由屮，由黑会意。屮黑，火烟上升把物体熏黑。

艸部

艸 cǎo

艸，百芔也。从二屮。凡艸之属皆从艸。仓老切。

【译文】艸，百艸。由两个屮字构成。大凡艸中的部属都从艸。

莊 zhuāng

莊，上讳①。侧羊切。

【译文】莊，已故的汉明帝的名字。

【注释】①上讳：徐铉："此汉明帝名也。"《段注》："其说解当曰：'艸大也。从艸，壮声。'……此形声兼会意字，莊训大，故莊训艸大。"

芝 zhī

芝，神艹也①。从艸，从之②。止而切。

【译文】芝，神草。从艸，之声。

【注释】①神艹：徐灏《段注笺》："古人以芝为祥瑞，《本草》云：服之轻身延年，故谓之神艹，亦曰灵芝，其实蕈菌之属耳。"②从之：徐锴《系传》作"之声"。

莆 fǔ

莆，蓮莆也。从艸，甫声。方矩切。

【译文】莆，蓮莆。从艸，甫声。

苔 dá

苔，小未也。从艸，合声。都合切。

【译文】苔，小豆。从艸，合声。

莠 yǒu

莠，禾粟下［阳］生［者曰］莠①。从艸，秀声。读若酉。与久切。

【译文】莠，禾粟之间长的似禾非禾的东西叫莠。从艸，秀声。音读像"酉"字。

【注释】①禾粟下生莠：语义不明。慧琳《音义》三十二卷十一页、五十一卷六页莠注皆引《说文》："禾粟下阳生者曰莠。"当据补。禾粟下：《段注》："犹言禾粟间。"阳：伪。《段注》："莠，今之狗尾草。茎叶采（穗）皆似禾。"

蘇 sū

蘇，桂荏也①。从艸，穌声。素孤切。

【译文】蘇，味辛如桂的荏类植物。从艸，穌声。

【注释】①桂荏：《段注》："今之紫苏。"桂馥《义证》："《本草纲目》：苏从穌，舒畅也。苏性舒畅，行气和血，故谓之苏。苏乃荏类，而味辛如桂，故《尔雅》谓之桂荏。"

荏 rén

荏，桂荏，苏①。从艸，任声。如甚切。

【译文】荏，味辛如桂的荏类植物，即白苏。从艸，任声。

【注释】①苏：徐锴《系传》："荏，白苏也。桂荏，紫苏也。"可见，苏这里指白苏。

芺 shǐ

芺，菜也。从艸，矢声。失匕切。

【译文】芺，芺菜。从艸，矢声。

葵 kuí

葵，菜也①。从艸，癸声。彊惟切。

【译文】葵，葵菜。从艸，癸声。

【注释】①菜：又名"冬葵"、"冬寒菜"。详见王桢《农书》。《诗经·豳风·七月》："七月亨葵及菽。"

薇 wēi

薇，菜也。似藿①。从艸，微声。无非切。

【译文】薇，薇菜，（茎叶和味）像豆。从艸，微声。

【注释】①似藿：《本草纲目·菜部·薇》："时珍曰：薇生麦田中，原泽亦有。即今野豌豆，蜀人谓之巢菜。蔓生，茎叶气味皆似豌豆。"藿，指豆的整体。

芋 yù

芋①，大叶实根，骇人，故谓之芋也。从艸，亏声②。王遇切。

【译文】芋，大大的叶子，饱满充实的根，令人惊骇，所以叫它芋。从艸，亏声。

【注释】①芋：徐锴《系传》："芋犹言吁也。吁，惊词，故曰骇人谓之芋。"②亏声：《段注》："凡于声字多训大。"

蘧 qú

蘧，蘧麦也①。从艸，遽声。彊鱼切。

【译文】蘧，蘧麦。从艸，遽声。

【注释】①蘧麦：即瞿麦。徐锴《声传》："今谓之瞿麦。其

小而华（花）色深者，俗谓石竹。"《本草纲目》："瞿麦，一名巨句麦，一名大菊，一名大兰。"

菊 jú

菊，大菊，蘧麦。从艸，匊声。居六切。

【译文】菊，大菊，又名蘧麦。从艸，匊声。

菁 jīng

菁，韭华也。从艸，青声。子盈切。

【译文】菁，韭菜的花。从艸，青声。

苹 píng

苹，蓱也①。无根，浮水而生者。从艸，平声。符兵切。

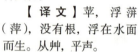

【译文】苹，浮蓱（萍），没有根，浮在水面而生。从艸，平声。

【注释】①蓱：浮萍。《尔雅·释艸》："苹，蓱；其大者苹。"郭注："水中浮蓱，江东谓之藻（piáo）。"

蘭 lán

蘭，香艸也①。从艸，闌声。落干切。

【译文】蘭，香草。从艸，闌声。

【注释】①香艸：指泽兰。徐灏《段注笺》曰："经传所谓兰，大抵皆泽兰之类，世人以今兰蕙当之，殊误。"

蔪 jiān

蔪，艸，出吴林山①。从艸，姦声。古颜切。

【译文】蔪，蔪草，出自吴林山。从艸，姦声。

【注释】①吴林山：《山海经·中山经》："吴林之山，其中多蔪草。"郭璞注："亦菅字。"

葰 suī

葰，薑属①。可以香口。从艸，俊声。息遗切。

【译文】葰，薑类植物，可以使口香馥。从

艸，俊声。

【注释】①薑属：王筠《句读》："葰一名廉姜，生沙石中，姜类也。其味大辛而香。"

芄 wán

芄，芄兰①，莞也。从艸，丸声。《诗》曰："芄兰之枝②。"胡官切。

【译文】芄，芄兰，又叫莞。从艸，丸声。《诗经》说："芄兰之枝。"

【注释】①芄兰：草名，也叫萝藦，蔓生，叶有长柄，结荚实，两两对出成叉形。王筠《句读》："芄兰莞三字叠韵，长言则芄兰，短言则莞（guān）。而莞本作蒢之艸之专名，此则以为芄兰之异名。今《尔雅》作蘭。"②《诗》：指《诗经·卫风·芄兰》。"枝"今本作"支"。

藋 xiāo

藋①，楚谓之蓠，晋谓之藋，齐谓之茞。从艸，腏声。许娇切。

【译文】藋，楚地叫它蓠，晋地叫它藋，齐地叫它茞。从艸，腏声。

【注释】①藋：白芷，一种香草。蓠、藋、茞，一物而方俗异名。茞，《本草经》谓之白芷。茞、芷同字。

蔾 lí

蔾，江蔾①，蘼芜。从艸，離声。吕之切。

【译文】蔾，江蔾，蘼芜的别名。从艸，離声。

【注释】①江蔾：一种香草。

薰 xūn

薰①，香艸也。从艸，熏声。许云切。

【译文】薰，香草。从艸，熏声。

【注释】①熏：香草名，又叫蕙草，又叫零陵香。《广雅·释草》："熏草，蕙草也。"

蘪 méi

蘪，蘪芜也①。从艸，麋声。靡为切。

【译文】蘪，蘪芜。从艸，麋声。

【注释】① 蘪芜：也作"蕲芜"。

薄 dǔ

薄，水萹茿。从艸，从水，毒声。读若督。徒沃切。

【译文】薄，生长在水中的萹竹。由艸，由水会意，毒声。音读像"督"字。

萹 biǎn

萹，萹茿也①。从艸，扁声。方沔切。

【译文】萹，萹茿。从艸，扁声。

【注释】① 萹茿：一名萹竹、萹蓄。蓼科。生在水中的叫薄。薄、茿、竹、蓄，上古全属觉部、舌头音，音读极相近。

茿 zhú

茿，萹茿也。从艸，筑省声①。陟玉切。

【译文】茿，萹茿。从艸，筑省竹声。

【注释】① 筑省声：《段注》："不云巩声，而云筑省声者，以巩字工声，筑字竹亦声也。"

藒 qiè

藒，藒舆也①。从艸，楬声②。去谒切。

【译文】藒，藒舆。从艸，楬声。

【注释】① 藒舆：香草。《尔雅·释艸》："藒车，藒舆。"郭璞注："藒车，香艸，见《离骚》。"《太平御览》引《广志》："藒车，香草，味辛，生彭城，高数尺，黄叶白华。" ② 楬声：徐灏《段注笺》："此篆大小徐各本偏旁或从木，或从禾，错出不一。"

藒 qì

藒，藒舆也。从艸，气声。去讫切。

【译文】藒，藒舆。从艸，气声。

莓 mèi

莓，马莓也①。从艸，母声。武罪切。

【译文】莓，大莓。从艸，母声。

【注释】① 马莓：王筠《句读》："凡以马名者皆谓大也。盖谓大于葥、山莓也。"字亦作"莓"。

苕 gé

苕①，艸也。从艸，各声。古额切。

【译文】苕，苕草。从艸，各声。

【注释】① 苕：《尔雅·释艸》："苕，山葱。"郭璞注："苕葱，细茎大叶。"

苷 gān

苷，甘艸也①。从艸，从甘。古三切。

【译文】苷，甘草。从艸，甘声。

【注释】① 甘艸：《正字通·艸部》："甘艸枝叶如槐，高五六尺，叶端微尖，有白毛，实作角。""味甘，故名甘草，俗加艸。"

芧 zhù

芧①，艸也。从艸，予声。可以为绳。直吕切。

【译文】芧，芧草。从艸，予声。可以用来搓成绳索。

【注释】① 芧：叫三棱草。《图经》："荆湘江淮水泽之间皆有，叶似莎草，极长，茎三棱如削，大如人指，高五六尺，茎端开花。……好生水际及浅水中。"

藎 jìn

藎①，艸也。从艸，盡声。徐刃切。

【译文】藎，藎草。从艸，盡声。

【注释】① 藎：《本草》曰："藎草可以染流黄，作金色，生蜀中。"《急就篇》曰："雷矢藿菌荩兔卢。"颜师古注："盖荩草治久咳，杀皮肤小虫。又可以染黄而作金色。"

葱 荵 rěn

荵①，荵冬艹。从艸，忍声。而轸切。

【译文】荵，荵冬草。从艸，忍声。

【注释】①荵：《段注》："今之金银藤也，其花曰金银花。"

蒁 蒁 shù

蒁①，艹也。从艸，述声。食聿切。

【译文】蒁，蒁草。从艸，述声。

【注释】①蒁：徐锴《系传》："药有蓬莪蒁。"味苦色青。就是蒁草。

苌 苌 cháng

苌，苌楚①，跳弋②。一名羊桃③。从艸，长声。直良切。

【译文】苌，苌楚，或叫铫弋。又叫羊桃。从艸，长声。

【注释】①苌楚：《尔雅·释艸》作"长楚"。②跳弋：《尔雅》作"铫芅"。③羊桃：《尔雅》郭注"长楚、铫(yáo)芅(yì)"："今羊桃也。或曰鬼桃。叶似桃，华白，子如小麦，亦似桃。"

蓟 蓟 jì

蓟，芺也①。从艸，劊声。古诣切。

【译文】蓟，与芺同类的草。从艸，劊声。

【注释】①芺(ǎo)：即钩草。《尔雅·释》："钩，芺。"郭璞注："大如拇指，中空，茎头有台（草或菜长花时抽出的嫩茎）。似蓟，初生可食。"芺和蓟相似，是同类植物。蓟有大蓟、小蓟、山蓟（白木）、枹蓟（赤尤，又叫苍术）多种。

堇 堇 lí

堇①，艹也。从艸，里声。读若厘。里之切。

【译文】堇，堇草。从艸，里声。音读像"厘"字。

【注释】①堇：羊蹄菜。《段注》："《本草经》曰：'羊蹄。'"徐灏《段注笺》："堇者，羊蹄之合声。"

芨 芨 jī

芨①，堇艹也。从艸，及声。读若急。居立切。

【译文】芨，堇草。从艸，及声。音读像"急"字。

【注释】①芨：《尔雅·释艸》："芨，堇草。"又叫陆英，俗称接骨草。全草治跌打损伤。

藋 藋 diào

藋，厘艹也①。一曰拜商藋。从艸，翟声。徒吊切。

【译文】藋，厘草。一名拜商藋。从艸，翟声。

【注释】①厘艹：藜类植物。朱骏声《通训定声》："《尔雅》：'厘，蔓华。'即莱也。厘莱同声之借。亦即黎也。黎莱双声之转。所谓灰藋也。"

蓩 蓩 mòu

蓩，毒艹也。从艸，婺声。莫候切。

【译文】蓩，毒草。从艸，婺声。

薓 薓 shēn

薓，人薓①，药艹，出上党②。从艸，浸声。山林切。

【译文】薓，人参，一种药草，出自上党。从艸，浸声。

【注释】①薓：字亦作参。王筠《句读》："人参出上党，状类人者善。"②上党：汉有上党郡，在今山西的东南部。

葆 葆 mǎo

葆，卷耳也①。从艸，务声。亡考切。

【译文】葆，卷耳草。从艸，务声。

【注释】①卷耳：桂馥《义证》："此与《诗》

之卷耳，名同物异。”古书未有训蕂为卷耳的，待考。

(艹+挛) luán

(艹+挛)，凫葵也[①]。从艸，挛声。洛官切。

【译文】(艹+挛)，凫葵菜。从艸，挛声。

【注释】①凫葵：又叫(艹+挛)菜，茆（mǎo）菜，萛（tuán）菜、莼（chún）菜”。多年生水草，嫩叶可以为羹。

(艹+戾) lì

(艹+戾)，艹也[①]。可以染留黄[②]。从艸，戾声。郎计切。

【译文】(艹+戾)，(艹+戾)草。可以用它来染成黄绿色。从艸，戾声。

【注释】①这是一种可染黄绿色和紫色的草。染黄绿的叫绿(艹+戾)，即荩草；染紫色的叫紫(艹+戾)，即茈(艹+戾)，又叫紫草，叫藐。②留黄：《广雅》：“留黄，绿也。亦作流黄。”

荍 qiáo

荍[①]，蚍虾也[②]。从艸，收声。渠遥切。

【译文】荍，蚍虾草。从艸，收声。

【注释】①荍：精葵（又名锦葵，花可食）。《诗经·陈风·东门之枌》：“视尔如荍，贻我握椒。”②蚍虾：植物名。又作“芘芣”，又叫荆葵或锦葵。陆玑《诗义疏》：“似芜菁，华紫绿色，可食，微苦。”

(艹+毗) pí

(艹+毗)[①]，蒿也。从艸，毗声。房脂切。

【译文】(艹+毗)，蒿类。从艸，毗声。

【注释】①(艹+毗)：《玉篇》：“(艹+毗)，蒿。似蓍。”

荑 tí

荑[①]，艹也。从艸，夷声。杜兮切。

【译文】荑，荑草。从艸，夷声。

【注释】①荑：《毛诗传》：“荑，茅之始生也。”

薛 xuē

薛[①]，艹也。从艸，辥声。私列切。

【译文】薛，藾萧草。从艸，辥声。

【注释】①薛：即藾蒿，又叫藾萧。见《段注》。

苦 kǔ

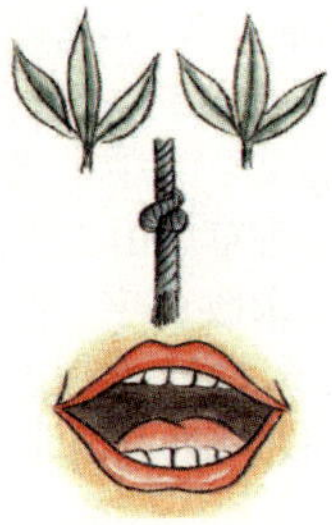

苦，大苦[①]，苓也。从艸，古声。康杜切。

【译文】苦，大苦，又叫蘦草。从艸，古声。

【注释】①大苦：甘草。一说，黄药。桂馥《义证》：“苓当为蘦。本书：‘蘦，大苦也。’《释草》同。馥案：即黄药也。”徐灏《段注笺》：“此作苓，为假借字。令声古音在真部，周秦以后转入庚部，故與蘦相通耳。”

菩 bèi

菩[①]，艹也。从艸，音声。步乃切。

【译文】菩，黄菩草。从艸，音声。

【注释】①菩：黄菩草，可以作席。钱坫《斠诠》：“《易》‘丰其蔀’，郑本作‘菩’，云：‘小席’。是以艹作席。”

茅 máo

茅[①]，菅也[②]。从艸，矛声。莫交切。

【译文】茅，菅草一类。从艸，矛声。

【注释】①茅：白茅，青茅（古代祭祀时用以渗酒）。②菅：《段注》：“统言则茅菅是一，析言则菅与茅殊。许菅茅互训。此从统言也。”

菅 jiān

菅，茅也。从艸，官声。古颜切。

【译文】菅，茅草一类。从艸，官声。

蕲 qí

蕲[①]，艹也。从艸，靳声[②]。江夏有蕲春亭③。渠支切。

【译文】蕲，香草。从艸，斩声。江夏郡有蕲春县。

【注释】①蕲：谓香草。朱骏声《通训定声》："《尔雅》：'薜，山蕲。'《广雅》：'山蕲，当归也。'又：'葵，牛蕲。'注：'今马蕲，叶细锐，似芹。'《本草注》：'一名野茴香。'又：'薜，白蕲。'按：即蚕头当归，细叶者。山蕲为马尾当归，叶粗大。又：'蕲茝，蘪芜。'按即今川芎。此字本训当为香草。山、白、马皆冒蕲名也。"②斩：《说文》未收此字，待考。③蕲春亭：《段注》亭作县。《汉书·地理志》：江夏郡有蕲春县。故城在今湖北蕲春县西北。

莞 huán

莞①，艸也。可以作席。从艸，完声。胡官切。

【译文】莞，莞草，可用来编织席子。从艸，完声。

【注释】①莞：《段注》："莞，盖即今席子艸。"

蔺 lìn

蔺，莞属。从艸，閵声。良刃切。

【译文】蔺，莞草一类。从艸，閵声。

蒻 ruò

蒻，蒲子。可以为平席①。从艸，弱声。而灼切。

【译文】蒻，嫩蒲草，可用来编织苹席。从艸，弱声。

【注释】①平席：即苹席。《段注》："苹者，席安稳之称。此用蒲之少者为之，较蒲席为细。"

蒢 chú

蒢，黄蒢，职也①。从艸，除声。直鱼切。

【译文】蒢，黄蒢草，又叫职草。从艸，除声。

【注释】①职：一作藏。《尔雅·释艸》："藏，黄蒢。"郭璞注："藏草，

叶似酸浆，华小而白，中心黄，江东以作菹食。"

蒲 pú

蒲①，水艸也。可以作席。从艸，浦声。薄胡切。

【译文】蒲，水草，可用来编织席子。从艸，浦声。

【注释】①蒲：又叫香蒲。水生植物。茎和叶可编蒲席、蒲包和扇子。嫩苗叫蒲菜，可吃。花粉称蒲黄，可作止血药。

藻 shēn

藻，蒲，蒻之类也。从艸，深声。式箴切。

【译文】藻，藻蒲，是蒻蒲一类的嫩蒲草。从艸，深声。

萑 zhuī

萑，艸多皃①。从艸，隹声。职追切。

【译文】萑，草多的样子。从艸，隹声。

【注释】①艸多皃：徐灏《段注笺》："依全书通例，当云：'萑也。一曰：艸多皃。'"

蓷 tuī

蓷，萑也①。从艸，推声。《诗》曰："中谷有蓷②。"他回切。

【译文】蓷，萑草。从艸，推声。《诗经》说："山谷中有蓷草。"

【注释】①萑：益母草。《尔雅·释艸》："萑，蓷。"郭璞注："今茺蔚也。叶似荏，方茎，白华，华生节间。又名益母。"朱骏声《通训定声》："茺蔚者，蓷之合音。"②《诗》：指《诗经·王风·中谷有蓷》。中谷：谷中。

茥 kuī

茥，缺盆也①。从艸，圭声。苦圭切。

【译文】茥，缺盆草。从艸，圭声。

【注释】①缺盆：覆盆子。《尔雅·释艸》："茥，蒛盆。"郭注："覆盆也。实似莓而小，亦可食。"《太平御览》卷998引孙炎《尔雅注》：

"青州曰茥。"桂馥《义证》:"覆盆子长条,四五月红熟。""其味酸,其外如荔枝,樱桃许大,软红可爱。"

茥 jùn

茥,井藻也①。从艸,君声。读若威。渠殒切。

【译文】茥,牛藻草。从艸,君声。音读像"威"字。

【注释】①井藻:是牛藻之误。井牛二字形近。《尔雅·释艸》:"茥,牛藻。"藻是藻的异体字。郭注:"似藻,叶大,江东呼为马藻。"《段注》:"按藻之大者曰牛藻。凡艹类之大者多曰牛曰马。"

薍 huán

薍,夫蔺也①。从艸,皖声。胡官切。

【译文】薍,夫蔺。从艸,皖声。

【注释】①夫蔺:也写作苻蔺,蒲类植物。《本草》云:"白蒲一名苻蔺,楚谓之莞蒲。"见《诗经·小雅·斯干》正义。《集韵·桓韵》:"薍,蒲类。"

蒿 lì

蒿,夫蔺上也①。从艸,鬲声。力的切。

【译文】蒿,夫蔺草的茎薹。从艸,鬲声。

【注释】①夫蔺上:上指茎薹,是蔬菜和草开花的茎部。徐锴《系传》:"草木将生华,先抽茎台,今谓菜台是也。"

苢 yǐ

苢,芣苢①。一名马舄。其实如李,令人宜子。从艸,目声。《周书》所说②。羊止切。

【译文】苢,芣苢草,又叫马舄。(一说,)它的果实像李子,(食用它)叫人宜于生育子女。从艸,目声。这是《周书》上说的。

【注释】①芣苢:车前草。《尔雅·释艸》:"芣苢,马舄;马舄,车前。"郭注:"今车前草,大叶,长穗,好生道边。""苢"也写作"苡"。②《周书》所说:《汲冢周书·王会解》:"康人以桴苡,

其实如李,食之宜子。"孔晁注:"康,西戎别名也。"《山海经》:"芣苢,木也。"《周书》所说的桴苡为木,此别一义,许君兼载之,以广异闻。

蕈 tán

蕈,芜藩也①。从艸,寻声。徒含切。

【译文】蕈,芜藩草。从艸,寻声。

【注释】①芜(chén)藩:即知母。徐锴《系传》:"《本草》即知母药也。形似昌蒲而柔润。叶至难死,掘出随生,须枯燥乃止,味苦寒。一名蝭母。"

藚 jī

藚,艹也。从艸,毄声。古历切。

【译文】藚,藚草。从艸,毄声。

藯 qiū

藯①,艹也。从艸,区声。去鸠切。

【译文】藯,乌藯草。从艸,区声。

【注释】①藯:《玉篇》:"藯,乌藯也。"《广韵》:"乌藯,草名。"或以为是初生的芦苇,似非许君之意。

茵 gù

茵,艹也。从艸,固声。古慕切。

【译文】茵,茵草。从艸,固声。

芉 gàn

芉,艹也。从艸,干声。古案切。

【译文】芉,芉草。从艸,干声。

藷 zhū

藷,藷蔗也①。从艸,诸声。章鱼切。

【译文】藷,藷蔗。从艸,诸声。

【注释】①藷蔗:叠韵连绵词,即甘蔗。《段注》:"或作诸蔗,或都蔗。藷蔗二字叠韵也。或作竿蔗,或干蔗,象其形也。或作甘蔗,谓其味也。"藷、蔗上古属鱼部。

蔗 zhè

蔗,藷蔗也。从艸,庶声。之夜切。

【译文】蔗，藷蔗。从艸，庶声。

蘥 níng

蘥，祥蘥，可以作縻綆①。从艸，罷声。女庚切。

【译文】蘥，祥蘥草，可用来作牛缰绳和汲水桶的绳索。从艸，罷声。

【注释】①縻：牛辔。綆：汲井綆。

蕼 sì

蕼，艸也。从艸，赐声。斯义切。

【译文】蕼，蕼草。从艸，赐声。

苬 zhōng

苬，艸也。从艸，中声。陟宫切。

【译文】苬，苬草。从艸，中声。

芺 ǎo

芺①，艸也。味苦，江南食以下气。从艸，夭声。乌皓切。

【译文】芺，苦芺草。味道苦，江南一带食用它，用以使气畅通。从艸，夭声。

【注释】①芺：徐锴《系传》："今苦芺也。"《尔雅·释艸》："钩，芺。"郭注："大如拇指，中空，茎头有台似蓟，初生可食。"《名医别录》："苦芺主桼疮。"

繭 yòu

繭①，艸也。从艸，繭声。于救切。

【译文】繭，繭草。从艸，圈声。

【注释】①繭：《玉篇》作菌，说是草名。

莩 fū

莩①，艸也。从艸，孚声。芳无切。

【译文】莩，莩草。从艸，孚声。

【注释】①莩：朱骏声《通训定声》："字亦作苻，《尔雅·释艸》：'苻，鬼目。'"

黄 yín

黄，兔苬也①。从艸，寅声。翼真切。

【译文】黄，兔苬。从艸，寅声。

【注释】①兔苬：《尔雅·释艸》："黄，菟瓜。"郭璞注："菟瓜似土瓜。"邢昺疏："土瓜者，即王瓜也。"

莽 píng

莽，马帚也①。从艸，并声。薄经切。

【译文】莽，马扫帚草。从艸，并声。

【注释】①马帚：《尔雅·释艸》："莽，马帚。"郭注："似蓍，可以为埽篲。"《本草纲目·草部·蠡实》："蠡实……马蔺子、马帚、铁扫帚。时珍曰：……此即荔草，谓其可为马刷，故名。今河南北人呼为铁扫帚是矣。"

蕕 yóu

蕕①，水边艸也。从艸，猶声。以周切。

【译文】蕕，水边的草。从艸，猶声。

荌 àn

荌，艸也。从艸，安声。乌旰切。

【译文】荌，荌草。从艸，安声。

綦 qí

綦，（綦）月尔也①。从艸，綦声。渠之切。

【译文】綦，月尔草。从艸，綦声。

【注释】①綦：徐灏《段注笺》："篆下綦字亦当删。"月尔：《尔雅·释艸》："綦，月尔。"郭注："即紫綦也，似蕨，可食。"

菥 xī

菥，兔葵也①。从艸，稀省声②。香衣切。

【译文】菥，兔葵草。从艸，稀省禾声。

【注释】①兔葵：即野葵。吴其濬《植物名实图考·蔬类·菟葵》："菟葵即野葵，此家葵瘦小耳，武昌谓之棋盘菜。"②稀省声：当依徐锴《系传》作希声。

注："大叶白华，根如指，正白，可啖。"陆玑《诗义疏》：蕾有两种，"一种茎叶细而香，一种茎赤有臭气。"

蓂 méng

蓂，灌渝。从艸，蓂声。读若萌。莫中切。

【译文】蓂，艹萌芽。从艸，蓂声。音读像"萌"字。

覆 fú

覆，盗庚也①。从艸，復声。房六切。

【译文】覆，盗庚草。从艸，復声。

【注释】①盗庚：即旋复花。《尔雅·释艸》："覆，盗庚。"郭注："旋复，似菊。"

苓 líng

苓①，卷耳也。从艸，令声。郎丁切。

【译文】苓，卷耳草。从艸，令声。

【注释】①苓：卷耳（又名苍耳子）。《汉书·杨雄传》："扬烨烨之芳苓。"

贛 gòng

贛，艹也。从艸，贛声。一曰，薏苢①。古送切。又，古禫切。

【译文】贛，贛草。从艸，贛声。又叫薏苢。

【注释】①一曰，薏苢：桂馥《义证》："《本草》：'薏苡仁一名贛。'"《广雅·释草》："贛，薏苡也。"

藑 qióng

藑，茅，菖也。一名蕣①。从艸，夐声。渠营切。

【译文】藑，藑茅，是菖草。又叫蕣。从艸，夐声。

【注释】①一名蕣：桂馥《义证》："蕣当为舜。本书：'舜，艹也。楚谓之菖，秦谓之藑。'"

菖 fú

菖，菖也①。从艸，畐声。方六切。

【译文】菖，菖草。从艸，畐声。

【注释】①菖：《尔雅·释艸》："菖，菖。"郭

苗 chù

苗，蓨也①。从艸，由声。徒历切。又，他六切。

【译文】苗，蓨菜。从艸，由声。

【注释】①蓨：羊蹄草，根可入药。苗与从艸、田声的苗声义迥别。

蓨 tiāo

蓨，苗也①。从艸，脩声。徒聊切。又，汤雕切。

【译文】蓨，苗菜。从艸，脩声。

【注释】①苗：又名蓨草、羊蹄草。《尔雅·释艸》："苗，蓨。"

奥 yù

奥，婴奥也①。从艸，奥声。于六切。

【译文】奥，婴奥。从艸，奥声。

【注释】①婴奥：野葡萄。《本草纲目·果部·蘡奥》："时珍曰：蘡奥野生林墅间，亦可插植。蔓、叶、花、实，与葡萄无异。其实小而圆，色不甚紫也。《诗》云：'六月食奥。'即此。"

葴 zhēn

葴，马蓝也①。从艸，咸声。职深切。

【译文】葴，马蓝。从艸，咸声。

【注释】①马蓝：多年生草本。叶对生，花淡紫色。叶可制蓝靛，叶和根供药用。

蕾 lǔ

蕾，艹也。可以束。从艸，鲁声。郎古切。

【译文】�，蓄草，可用来缠束。从艸，鲁声。

蒯 kuǎi

蒯，艸也。从艸，叔声。苦怪切。

【译文】蒯，蒯草。从艸，叔声。

蒌 lú

蒌①，艸也。可以亨鱼②。从艸，娄声。力朱切。

【译文】蒌，蒌蒿香草。可用来烹煮鲜鱼，（以除腥气。）从艸，娄声。

【注释】①蒌：即蒌蒿。《尔雅·释艸》："购，商蒌。"郭注："蒌（shāng）蒌，蒌蒿也。生下田，初出可啖。江东用羹鱼（烹鱼作羹）。"②亨：古烹字。

菟 yuān

菟，棘菟也①。从艸，冤声。于元切。

【译文】菟，棘菟草。从艸，冤声。

【注释】①棘菟：《尔雅·释艸》："蒐绕，棘菟。"郭璞注："今远志也。似麻黄，赤华，叶锐而黄，其上谓之小草。"按："其上"指叶。

蕌 lěi

蕌①，艸也。从艸，晶声。《诗》曰："莫莫葛蕌②。"一曰：秬鬯也③。力轨切。

【译文】蕌，蕌草。从艸，晶声。《诗经》说："十分茂密啊葛草和蕌草。"另一义说：蕌是秬鬯酒。

【注释】①蕌：葛类植物。②《诗》：指《诗经·大雅·旱麓》。莫莫：茂盛的样子。③秬（jù）鬯（chàng）：秬是黑黍，鬯是郁金草。秬鬯，是古代祭祀、宴饮用的香酒。按：蕌无秬鬯的意思。秬鬯是巨荒之误。桂氏曰："刘向《九叹》王逸注：葛蕌，巨荒也。《齐民要术》引《诗义疏》：蕌，巨荒也。《周易·困卦》释文引《诗疏》：蕌，一名巨荒。《诗经·周南·樛木》正义引《诗疏》讹为巨芭。"王筠、朱士瑞皆主此说。

茈 zǐ

茈，茈艸也①。从艸，此声。将此切。

【译文】茈，茈莫草。从艸，此声。

【注释】①茈艸：《尔雅·释艸》："藐，茈草。"郭注："可以染紫。一名茈莫。"

藐 mò

藐①，茈艸也。从艸，貌声。莫觉切。

【译文】藐，茈草。从艸，貌声。

【注释】①藐：《尔雅·释艸》作藐。钮树玉《说文校录》："貌即藐之古文。"

茜 qiàn

茜，茅蒐也①。从艸，西声。仓见切。

【译文】茜，茅蒐草。从艸，西声。

【注释】①《尔雅·释艸》："茹芦，茅蒐。"郭璞注："今之蒨（qiàn）也，可以染绛。"《释文》："蒨，本或作茜。"

苞 bāo

苞①，艸也。南阳以为麤履②。从艸，包声。布交切。

【译文】苞，藨草。南阳一带用来编织草鞋。从艸，包声。

【注释】①苞：即藨草。见《子虚赋》张揖注。藨草多丛生水边，全株可造纸和编席。②麤（cū）履：草鞋。

艾 ài

艾①，冰台也。从艸，乂声。五盖切。

【译文】艾，冰台草。从艸，乂声。

【注释】①艾：《尔雅·释艸》郭璞注："今艾蒿。"《本草图经》："艾，初春布地，生苗，茎类蒿而叶背白。以苗短者为佳。采叶暴干，经陈久方可用。"

芸 yún

芸①，艹也。似目宿②。从艸，云声。《淮南子》说：芸艹可以死复生③。王分切。

【译文】芸，芸香草。像目宿草。从艸，云声。《淮南子》说：芸草可以死而再生。

【注释】①芸：又名芸香，花叶茎有强烈刺激气味，古人用来驱除虫蠹（蛀虫）。沈括《梦溪笔谈》卷三："芸，香草也，今人谓之七里香者是也。叶类豌豆，作小丛生。其叶极芬香，秋后叶间微白如粉汗，辟蠹殊验。南人采置席下，能去蚤虱。"②目宿：又作苜蓿、牧宿。豆科植物，可作牧草和绿肥。③可以死复生：王绍兰《段注订补》："《通艺录·释芸》：余乃蒔一本于盆盎中，霜降后枝叶枯烂。越两月，日短至矣，宿根果苗其芽，丛生三五枝。"可见芸草可以"死而复生"。

芡 qiàn

芡，鸡头也①。从艸，欠声。巨险切。

【译文】芡，鸡头。从艸，欠声。

【注释】①鸡头：芡的别名。《方言》卷三："葰、芡，鸡头也。北燕谓之葰，青、徐、淮、泗之间谓之芡，南楚、江、湘之间谓之鸡头，或谓之雁头，或谓之乌头。"

茄 jiā

茄，芙蕖茎也。从艸，加声。古牙切。

【译文】茄，芙蕖的茎。从艸，加声。

荷 hé

荷，芙蕖叶①。从艸，何声。胡哥切。

【译文】荷，芙蕖的叶。从艸，何声。

【注释】①芙蕖叶：是荷的本义。引申指茎叶花实根全体。《尔雅·释艸》："荷，芙蕖。"郭注："别名芙蓉，江东呼荷。"

蔚 wèi

蔚①，牡蒿也。从艸，尉声。于胃切。

【译文】蔚，雄蒿。从艸，尉声。

【注释】①蔚：《尔雅·释艸》："蔚，牡菣。"郭注："无子者。"菣是香蒿，牡菣即是牡蒿。

芍 xiào

芍，凫茈也①。从艸，勺声。胡了切。

【译文】芍，凫茈草。从艸，勺声。

【注释】①凫茈：荸荠。《段注》："今人谓之荸脐，即凫茈之转语。"《尔雅·释艸》："芍，凫茈。"郭注："生下田，苗似龙须而细，根如指头，黑色，可食。"

葛 gé

葛，絺绤艹也①。从艸，曷声。古达切。

【译文】葛，编织细葛布和粗葛布的草。从艸，曷声。

【注释】①絺绤艹：桂馥《义证》："本书：'絺，细葛也。''绤，粗葛也。'《诗》：'披采葛兮。'传云：'葛，所以为絺绤也。'"

蔓 màn

蔓，葛属①。从艸，曼声。无贩切。

【译文】蔓，像葛草一类的藤生植物。从艸，曼声。

【注释】①葛属：朱骏声《通训定声》："许云葛属者，谓如葛之类引藤曼长者，凡皆谓之蔓也。"

蒋 jiāng/jiǎng

蒋，苽蒋也①。从艸，将声。子良切。又，即两切。

【译文】蒋，苽芛。从艸，将声。

【注释】①苽蒋：苽芛。也作菰。一名蒋。《广雅·释草》："菰，蒋；其米谓之雕胡。"苽蒋，复合词。《庄子·则阳》司马注："谓逆旅舍以菰蒋草覆之也。"徐锴《系传》："青谓之苽蒋。"皆其例。

菌 jùn

菌，地蕈也①。从艸，囷声。渠殒切。

【译文】菌，地蕈。从艸，囷声。

【注释】① 地蕈（xùn）：伞状植物。《尔雅·释艸》郭注："地蕈也，似盖。今江东名为土菌。"王筠《句读》："言地者，对蕈生于木而言。"

萸 yú

萸，茱萸也①。从艸，臾声。羊朱切。

【译文】萸，茱萸。从艸，臾声。

【注释】① 茱萸：椒类植物。有吴茱萸、食茱萸、山茱萸。《本草图经》："吴茱萸，木高丈余，皮青绿色，叶似椿而阔厚，紫色。三月开花，红紫色。七月八月结实。"食茱萸、山茱萸，功用与吴茱萸同。《风土记》："俗尚九月九日谓为上九，茱萸到此日气烈熟，色赤，可折其房以插头，云辟恶气，御初寒。"朱骏声《通训定声》："茱萸亦叠韵连语，后人加艹耳。"

茱 zhū

茱，茱萸，茮属①。从艸，朱声。市朱切。

【译文】茱，茱萸，花椒一类植物。从艸，朱声。

【注释】① 茮（jiāo）属：桂馥《义证》引《嘉祐图经》云："茱萸结实似椒子，嫩时微黄，至成熟则深紫。"

荆 jīng

荆，楚①。木也②。从艸，刑声。举卿切。

【译文】荆，又叫楚。是一种灌木。从艸，刑声。

【注释】① 楚：王筠《句读》："谓荆一名楚

也。"② 木：王筠《句读》："以字从艸，故云木。盖此物不大，故从艸。好丛生，故楚从木。"

芽 yá

芽①，萌芽也②。从艸，牙声。五加切。

【译文】芽，草木的芽儿。从艸，牙声。

【注释】① 芽：草木新生的芽。《广雅·释草》："芽，蘖也。"《段注》："古多以牙为芽。"芽，是后起增偏旁体。② 萌芽：同义复合。萌，即芽。

萌 méng

萌，艹芽也①。从艸，明声。武庚切。

【译文】萌，草木的芽。从艸，明声。

【注释】① 芽：《段注》作"草木芽"。《礼记·月令》："句者毕出，萌芽尽达。"郑玄注："句，屈生者。芒而直曰萌。"可见，萌是指直出的芽。

茁 zhuó

茁，艹初生出地皃。从艸，出声①。《诗》曰②："彼茁者葭。"邹滑切。

【译文】茁，草木初生长出地面的样子。从艸，出声。《诗经》说："那刚刚长出地面的东西是芦苇。"

【注释】① 从艸，出声：王筠《句读》："茁从出声，声意互相备也。"②《诗》：指《诗经·召南·驺虞》。

茎 jīng

茎，枝柱也①。从艸，坙声。户耕切②。

【译文】茎，（草木）众枝之主。从艸，坙声。

【注释】① 枝柱：即枝主，众枝之主干。② 户耕切。当读 xíng，今读 jīng。

葩 pā

葩，华也①。从艸，皅声。普巴切。

【译文】葩，草木的花。从艸，皅声。

【注释】① 华：《段注》："葩之训华者，艹木花也。"

英 yīng

英，艹荣而不实者①。一曰：黄英②。从艸，央声。于京切。

【译文】英，草只开花却不结实叫作英。另一义说，英是指黄英木。从艸，央声。

【注释】①荣而不实：《尔雅·释艸》："木谓之华，草谓之荣。不荣而实者谓之秀，荣而不实者谓之英。"②黄英：《尔雅·释木》："权，黄英。"权，黄华木也。

蔺 ěr

蔺，华盛。从艸，爾声。《诗》曰①："彼蔺惟何？" 儿氏切。

【译文】蔺，花儿茂盛。从艸，爾声。《诗经》说："那开得十分旺盛的是什么花啊？"

【注释】①《诗》：指《诗经·小雅·采薇》。今本作"爾"。《段注》："蔺与爾音义同。"

萋 qī

萋，艹盛。从艸，妻声。《诗》曰①："菶菶萋萋。" 七稽切。

【译文】萋，草茂盛。从艸，妻声。《诗经》说："（梧桐树生出来了，在那东边向阳的地方，）菶菶萋萋，（十分茂盛）。"

【注释】①《诗》："指《诗经·大雅·卷阿》。今本原文是："梧桐生矣，于彼朝阳，菶菶萋萋。"按：许谓"萋，艹盛，"是其本义，引申之，泛指茂盛。

菶 běng

菶，艹盛。从艸，奉声。补蠓切。

【译文】菶，草茂盛。从艸，奉声。

薿 nǐ

薿，茂也。从艸，疑声。《诗》曰①："黍稷薿薿。" 鱼己切。

【译文】薿，茂盛。从艸，疑声。《诗经》说："那黍米和稷米，多么茂盛。"

【注释】①《诗》：指《诗经·小雅·甫田》。

蕤 ruí

蕤，艹木华垂皃。从艸，甤声。儒佳切。

【译文】蕤，草木的花下垂的样子。从艸，甤声。

芒 máng

芒，艹端①。从艸，亡声。武方切。

【译文】芒，草末端（的芒刺）。从艸，亡声。

【注释】①艹端（duān）：即草端，指草端之刺。麦子和稻谷种子壳上都有细刺，所以叫芒种。

芃 péng

芃，艹盛也①。从艸，凡声。《诗》曰②："芃芃黍苗。" 房戎切。

【译文】芃，草繁盛。从艸，凡声。《诗经》说："黍苗多么茂盛啊。"

【注释】①艹盛：《诗经·鄘风·载驰》："芃芃其麦。"毛传："芃芃然方盛长。"②《诗》：指《诗经·曹风·下泉》。

茂 mào

茂①，艹丰盛。从艸，戊声。莫候切。

【译文】茂，草丰盛。从艸，戊声。

【注释】①茂：草木茂盛。《诗经·小雅·斯干》："如竹苞矣，如松茂矣。"

芮 ruì

芮，芮芮①，艹生皃。从艸，内声。读若沙。而锐切。

【译文】芮，芮芮，草初生时的样子。从艸，内声。音读像"沙"字。

【注释】①芮芮：《段注》："（芮芮）柔细之状。"桂馥《义证》："谓艹初生芮芮然小也。"

茬 chí

茬，艹皃①。从艸，在声。济北有茬平县②。仕甾切。

【译文】茬，草（茂盛）的样子。从艸，在

声。济北有茬平县。

【注释】①艹兒:《字林》:"茬,草亦盛也。"②茬平县:即今山东省茬平县。

萃 cuì

萃,艹[聚]兒①。从艹,卒声。读若瘁。秦醉切。

【译文】萃,草(聚集)的样子。从艹,卒声。音读像"瘁"字。

【注释】①艹兒:当依朱骏声《通训定声》:"训为艹聚兒。"

苛 kē

苛,小艹也①。从艹,可声。乎哥切。

【译文】苛,小草。从艹,可声。

【注释】①小艹:徐灏《段注笺》:"苛者,小艹丛杂之义,引申为细碎之称。弊政谓之苛,言其琐屑烦扰也。"

苗 miáo

苗,艹生于田者①。从艹,从田。武镳切。

【译文】苗,生长在田里的禾。由艹、由田会意。

【注释】①艹生于田者:谓嘉谷。与杂草生于山野者有别。《诗经·魏风·硕鼠》:"无食我苗。"毛传云:"苗,嘉谷也。"程瑶田《九谷考》:"始生曰苗,成熟曰禾,禾实曰粟。"《段注》:"苗本禾未秀(开花吐穗)之名,因以为凡艹木初生之名。"

荒 huāng

荒,芜也。从艹,巟声。一曰:艹淹地也①。呼光切。

【译文】荒,荒芜。从艹,巟声。一说:杂草掩覆田地叫荒。

【注释】①艹淹地:《段注》本淹作"掩"。

掩覆的意思。艹掩地与荒芜,一义之引申。

落 luò

落,凡艹曰零①,木曰落。从艹,洛声。卢各切。

【译文】大凡草叶凋衰叫零,树叶脱落叫落。从艹,洛声。

【注释】①艹曰零:零、落双声,对文有分,散文无别。

蔽 bì

蔽,蔽蔽,小艹也①。从艹,敝声。必袂切。

【译文】蔽,蔽蔽,小草的样子。从艹,敝声。

【注释】①也:《段注》:"也当作兒。《召南》'蔽芾(fèi)甘棠',毛云:'蔽芾,小兒。'此小艹兒之引申也。"

蔡 cài

蔡,艹也①。从艹,祭声。苍大切。

【译文】蔡,蔡草。从艹,祭声。

【注释】①艹:丰,蔡艹也。蔡艹连文;《玉篇》云:"蔡,艹芥也。"以草芥训蔡。均可证。

茷 fá

茷,艹叶多。从艹,伐声。《春秋传》曰:"晋籴茷。"符发切。

【译文】茷,草叶繁多。从艹,伐声。《春秋左传》说:"晋(侯派遣)籴茷(到楚国去)。"

菜 cài

菜①,艹之可食者。从艹,采声。苍代切。

【译文】菜,可供食用的草。从艹,采声。

【注释】①菜:《荀子·富国》:"古禹十年水,汤七年旱,而天下无菜色者。"

薄 bó

薄，林薄也①。一曰：蚕薄②。从艸，溥声。
旁各切。

【译文】薄，草木密集丛生。另一义说，薄
是蚕帘。从艸，溥声。

【注释】①林薄：《段注》："林木相迫不可入
曰薄。引伸凡相迫皆曰薄。"②蚕薄：蚕帘，养
蚕用具，用苇、竹编成。后作"箔"。《方言》卷
五："薄，宋魏陈楚江淮之间谓之苗（qū），或谓
之麯，自关而西谓之薄。"

苑 yuàn

苑，所以养禽兽也①。
从艸，夗声。于阮切。

【译文】苑，用来养禽
兽的地方。从艸，夗声。

【注释】①所以养禽
兽：《段注》："《周礼·地
官·囿人》注：'囿，今之
苑。'是古谓之囿，汉谓
之苑。"

芳 fāng

芳，香艹也①。从艸，
方声。敷方切。

【译文】芳，草的香气。
从艸，方声。

【注释】①香艹：《段
注》："当作艹香。"

藥 yào

藥①，治病艹。从艸，樂声。以勺切。

【译文】藥，治病的草。从艸，樂声。

【注释】①藥：《吕氏春秋·孟夏》："是月也，
聚积百药。"高诱注："是月阳气极，药草成，故
聚积之也。"

藉 jiè

藉，祭藉也①。一曰，艹不编，狼藉。从
艸，耤声。慈夜切。又，秦昔切。

【译文】藉，祭祀时垫在地上的东西。另一
义说，草没有编结好，（又杂乱又繁多，）叫狼
藉。从艸，耤声。

【注释】①祭藉：朱骏声《通训定声》："藉
之为言席也。"

芟 shān

芟，刈艹也①。从艸，从殳②。所衔切。

【译文】芟，割草。由艹、由殳会意。

【注释】①刈艹：《诗经·周颂·载芟》之
《毛传》："除草曰芟。"②从艸，从殳：《段注》：
"此会意。殳取杀意也。"

荐 jiàn

荐，薦蓆也①。从艸，存声。在甸切。

【译文】荐，草席。从艸，存声。

【注释】①薦蓆：《段注》："薦见廌部，艹也。
不云艹席，云薦席者，取音近也。"

茨 cí

茨，以茅苇盖屋。从艸，次声①。疾兹切。

【译文】茨，用茅苇盖屋。从艸，次声。

【注释】①从艸，次声：《释名·释宫室》："屋
以草盖曰茨。茨，次也；次比（依次排比）草为
之也。"声中兼义。

葺 qì

葺，茨也。从艸，咠声。七入切。

【译文】葺，用茅苇盖屋。从艸，咠声。

若 ruò

若，择菜也。从艸右；
右，手也。一曰：杜若，香
艹①。而灼切。

【译文】若，择菜。由艹、
右会意；右表示手。另一义
说：若是杜若，一种香草。

【注释】①杜若，香草：
《段注》："此别一义。"徐锴《系传》引《本草》：
"杜若，苗似薑，根似旋覆也。"

莜 yóu

莜，艹田器①。从艸，條省声②。《论语》
曰③："以杖荷莜。"今作莜。徒吊切。

【译文】莜，草编田间用器。从艸，條省木声。《论语》说："用手杖挑着莜这种草编的田间用器。"

【注释】① 艹田器：王筠《句读》："田间之器，率以茼（麻类）稭为之，故曰艹。"② 條省声：桂馥《义证》："当为攸声。"《段注》同。③《论语》：指《微子篇》。

茵 yīn

茵，车重席①。从艸，因声。于真切。

【译文】茵，车中加垫的褥席。从艸，因声。

【注释】① 重（zhòng）：加上，增益。

茹 rú

茹①，饲马也。从艸，如声。人庶切。

【译文】茹，喂马。从艸，如声。

【注释】① 茹：《孟子·尽心下》："舜之饭糗茹草也，若将终身焉。"《玉篇》："茹，饭牛也。"

萎 wěi

萎①，食牛也。从艸，委声。于伪切。

【译文】萎，喂牛。从艸，委声。

【注释】① 萎：徐灏《段注笺》："餧牛马以干刍，因之艹木枯谓之萎。"

蒸 zhēng

蒸①，折［析］麻中干也②。从艸，烝声。煮仍切。

【译文】蒸，析去麻皮的中干。从艸，烝声。

【注释】① 蒸：麻秆儿（麻骨，麻秸）。② 折：当依《广韵》十六蒸引作"析"。析麻中干：剥取麻皮后的中干，古代叫作蒸，后来叫作麻秆。

蕉 jiāo

蕉，生枲也①。从艸，焦声。即消切。

【译文】蕉，未经沤治的生麻。从艸，焦声。

【注释】① 生枲：《段注》："枲，麻也。生枲谓未沤治者。今俗以此为芭蕉字。"

卉 huì

卉，艹之总名也。从艸屮①。许伟切②。

【译文】卉，草的总称。从艸屮会意。

【注释】① 从艹屮：章太炎《文始》说："此字但从三屮。"② 拼音依《广韵》许贵切。

蒜 suàn

蒜，荤菜。从艸，祘声。苏贯切。

【译文】蒜，辛荤的菜，从艸，祘声。

芥 jiè

芥①，菜也。从艸，介声。古拜切。

【译文】芥，芥菜。从艸，介声。

【注释】① 芥：芥本菜名，又借为草芥、纤芥字。

莎 suō

莎，镐侯也①。从艸，沙声。苏禾切。

【译文】莎，镐侯草。从艸，沙声。

【注释】① 镐侯：双声连语，莎的别名。即香附子。《尔雅·释艹》："薃侯，莎。其实媞。"薃镐同字。

菲 fěi

菲①，芴也。从艸，非声。芳尾切。

【译文】菲，又名芴。从艸，非声。

【注释】① 菲：菜名。徐灏《段注笺》："陆玑云：'菲似苗，茎麤，叶厚而长，有毛。幽州人谓之芴，《尔雅》谓之蒠菜，今河内人谓之宿菜。'"

芴 wù

芴，菲也。从艸，勿声。文弗切。

【译文】芴，又名菲。从艸，勿声。

虇 hàn

虇，艹也。从艸，鹳声。呼旰切。

【译文】虇，虇草。从艸，鹳声。

萑 huán

萑，薍也①。从艸，隹声。胡官切。

【译文】萑，初生的荻。从艸，隹声。

【注释】① 薍(wàn)：即荻。朱骏声《通训定声》："薍即葭也，雏也，薍也。今所谓荻。其未秀曰兼。此细小而实中者，与葭苇之中空高大今谓之芦者别。经传皆以萑(huán，从隹从丫) 鸥字为之，又误作从艸之萑(zhuī)。"

葦 wěi

葦，大葭也①。从艸，韦声。于鬼切。

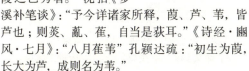

【译文】葦，长大了的葭。从艸，韦声。

【注释】① 大葭：长大了的葭。《段注》："犹言葭之已秀者。"沈括《梦溪补笔谈》："予今详诸家所释，葭、芦、苇，皆芦也；则葭、薍、萑，自当是荻耳。"《诗经·豳风·七月》："八月萑苇"孔颖达疏："初生为葭，长大为芦，成则名为苇。"

葭 jiā

葭，苇之未秀者。从艸，段声。古牙切。

【译文】葭，没有抽穗的（初生的）芦苇。从艸，段声。

萊 lái

萊，蔓华也①。从艸，來声。洛哀切。

【译文】萊，又名蔓华。从艸，來声。

【注释】① 蔓华：萊的别名。《尔雅·释艸》："厘，蔓华。"厘是萊的假借字。郭璞注："一名蒙华。"蒙蔓一声之转。《诗经·小雅·南山有台》疏引陆玑云："萊，草名。其叶可食。今兖州人烝以为茹，谓之莱烝。"

荔 lì

荔①，艹也。似蒲而小，根可作敝。从艸，劦声。郎计切。

【译文】荔，荔草。像蒲草却比蒲草小，根可以作刷子。从艸，劦声。

【注释】① 荔：即马兰。桂馥《义证》："程瑶田曰：'余居丰润，二三月间，见草似幽兰，丛生，长者二尺许，开花，藕褐色，亦略似兰，土人呼为马莲，亦呼为马兰，其为《月令》之荔也。形与薤(xiè) 相类，又有马薤之名。'"又曰："荔根可作敝，今北方束其根以敝锅。"

蒙 méng

蒙①，王女也②。从艸，冢声。莫红切。

【译文】蒙，大的女萝草。从艸，冢声。

【注释】① 蒙：蒙菜。《尔雅·释草》："蒙，即唐也。女萝别名。"② 王女：大女萝。朱骏声《通训定声》："钱辛楣师曰：'女萝之大者名王女，犹王彗、王刍也。'按凡物之大者或称王，或称马牛。"

藻 zǎo

藻，水艹也①。从艸，从水，巢声。《诗》曰②："于以采藻？"子皓切。

【译文】藻，水藻草。由艸，由水会意，巢声。《诗经》说："到什么地方去采水藻草？"

【注释】① 水艹：陆玑《诗义疏》："藻，水草也。有二种：其一种叶如鸡苏（草名，水苏），茎大如箸，长四五尺；其一种茎大如钗股，叶如蓬蒿，谓之聚藻。"②《诗》：指《诗经·召南·采苹》。

范 fàn

范，艹也。从艸，氾声。房妥切。

【译文】范，范草。从艸，氾声。

蔷 sè

蔷，蔷虞①，蓼。从艸，啬声。所力切。

【译文】蔷，蔷虞，即辣蓼。从艸，啬声。
【注释】①蔷虞：即蓼。《段注》："蓼下云，蔷虞也。故此云蔷虞，蓼也。"后世用为蔷（qiáng）薇字。

苕 tiáo

苕①，艹也。从艸，召声。徒聊切。
【译文】苕，陵苕草。从艸，召声。
【注释】①苕：即凌霄。《尔雅·释艸》："苕，陵苕。"徐灏《段注笺》："《本草》：'紫葳，一名陵苕。'唐本注：'即凌霄也。'"

荼 tú

荼，苦荼也①。从艸，余声。同都切。
【译文】荼，苦荼。从艸，余声。
【注释】①苦荼：即茶。徐灏《段注笺》："《尔雅》荼有三物。其一，《释艸》：'荼，苦菜。'即《诗》之'谁谓荼苦'，'堇荼如饴'也。其一，'薸（biāo，白茅的花穗）、荂（fū），荼。'茅秀也。《诗》'有女如荼'，《吴语》'吴王白常白旗白羽之矰，望之如荼'是也。其一，《释木》：'檟，苦荼。'即今之茗荈（chuǎn，粗茶，泛指茶）也。俗作茶。"徐铉注："此即今之茶字。"顾炎武《唐韵正》卷四："荼，宅加切（chá），古音涂。"按：茗荈之荼与荼苦之荼，本是一字。古时未分麻韵，荼荈字亦只读为徒。汉魏以下乃音宅加反，而加字音居何反，犹在歌弋韵，梁以下始有今音。又妄减一画为茶字……则此字变于中唐以下也。"

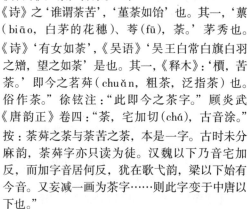

蒿 hāo

蒿①，菣也②。从艸，高声。呼毛切。
【译文】蒿，青蒿。从艸，高声。
【注释】①蒿：蒿子。《诗经·小雅·鹿鸣》："呦呦鹿鸣，食野之蒿。"②菣（qìn）：青蒿。

又叫香蒿。《尔雅·释艸》郭注："今人呼青蒿香中炙啖者为菣。"王筠《句读》："汝南呼青蒿为菣。见陆玑《诗义疏》。此亦许君之乡语也。"

蓬 péng

蓬，蒿也。从艸，逢声。薄红切。
【译文】蓬，蓬蒿草。从艸，逢声。

藜 lí

藜①，艹也。从艸，黎声。郎奚切。
【译文】藜，藜蒿。从艸，黎声。
【注释】①藜：藜蒿。王筠《句读》："藜即莱也。"

茸 róng

茸，艹茸茸皃①。从艸，聰省声②。而容切。
【译文】茸，草初生的样子。从艸，聰省恖声。
【注释】①艹茸茸皃：王筠《句读》："《玉篇》：'艹生也。'《广韵》：'艹生儿。'盖艹初生之状谓之茸。"②聰省声：《段注》改为耳声。

葆 bǎo

葆，艹盛皃。从艸，保声。博襃切。
【译文】葆，草茂盛的样子。从艸，保声。

蕃 fān

蕃，艹茂也。从艸，番声。甫烦切。
【译文】蕃，草繁茂。从艸，番声。

草 zào

草，草斗，栎实也。一曰：象斗子。从艸，早声。自保切。
【译文】草，黑色的壳斗包裹着的子实，柞栎的子实。又叫样斗子。从艸，早声。

蓄 xù

蓄，积也。从艸①，畜声。丑六切。

【译文】蓄，积聚。从艸，畜声。

【注释】①从艸：徐锴《系传》："蓄谷、米、刍、茭、蔬菜以为备也。"所以其字从艸。

萅 chūn

萅，推也①。从艸，从日，艹春时生也；屯声。昌纯切。

【译文】春，推出（万物）。由艸、由日会意，表示春日和暖，草木发生；屯声。

【注释】①推：推出。《尚书大传》："春，出也，万物之出也。"《释名·释言语》："出，推也。"

菿 dào

菿①，艹木倒。从艸，到声。都盗切。

【译文】菿，草木倒生。从艸，到声。

【注释】①菿：姚文田、严可均《校议》："菿前有'䓬，艹大也。'当作此菿字。"

芙 fú

芙，芙蓉也①。从艸，夫声。方无切。

【译文】芙，芙蓉，即莲花。从艸，夫声。

【注释】①芙蓉：即莲花。已经开的叫芙蓉，未开的叫菡萏。《楚辞·招魂》："芙蓉始发，杂芰荷些。"《文选·公宴诗》："芙蓉散其花，菡萏溢金堂。"

蓐部

蓐 rù

蓐，陈艹复生也。从艸，辱声。一曰：蔟也。凡蓐之属皆从蓐。而蜀切。

【译文】蓐，（隔年的）陈根草再发生。从艸，辱声。另一义说，蓐是让蚕虫爬行作茧的蓐席。大凡蓐的部属都从蓐。

薅 hāo

薅，拔去田艹也。从蓐，好省声。《诗》曰："既茠荼蓼。"呼毛切。

【译文】薅，拔去田间的草。从蓐，好省子为声。《诗经》说："用来拔去陆地的秽草和水中的秽草。"

茻部

茻 mǎng

茻，众艹也。从四中。凡茻之属皆从茻。读与冈同。模朗切。

【译文】茻，众多的草。从四中。大凡茻的部属都从茻。读音与"冈"字相同。

莫 mò

莫，日且冥也①。从日在茻中。莫故切。又，慕各切。

【译文】莫，太阳将要没落。由"日"在"茻"中会意。

【注释】①且冥：且，将。冥，指落下。

莽 mǎng

莽，南昌谓犬善逐菟艹中为莽。从犬，从茻，茻亦声。谋朗切。

【译文】莽，南昌说狗善于在草茻之中追逐兔兽叫莽。由犬、由茻含意，茻也表声。

葬 zàng

葬，藏也。从死在茻中①；一其中，所以荐之。《易》曰②："古之葬者，厚衣之以薪。"则浪切。

【译文】葬，（将尸体掩埋）收藏。由"死"（即"尸"）字在"茻"字中构成，那个中间还有一横，表示用来垫着尸体的草席。《易经》说："古代掩埋尸体，用草木厚厚地包裹着死者。"

【注释】①死：指死字。②《易》：指《系辞》。

小部

小 xiǎo

小，物之微也。从八，丨见而分之。凡小之属皆从小。私兆切。

【译文】小，细微的物体。从八（表示分别），小物出现了，就分解它。大凡小的部属都从小。

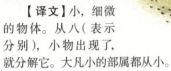

少 shǎo

少，不多也①。从小，丿声②。书沼切。

【译文】少，不多。从小，丿声。

【注释】①不多：《段注》："不多则小，故古少、小互训通用。"②从小，丿声：徐锴《系传》："丿音夭。"

八部

八 bā

八，别也。象分别相背之形①。凡八之属皆从八。博拔切。

【译文】八，分别。像分别相背离的形状。大凡八的部属都从八。

【注释】①象分别句：王筠《释例》："此象人意中之形，非象人目中之形也。凡非物而说解云象形者皆然。"

分 fēn

分，别也。从八；从刀，刀以分别物也。甫文切。

【译文】分，分别。从八，（表示分别；）从刀，刀是用来分别物体的。

曾 céng

曾，词之舒也。从八①，从曰，囧声②。昨棱切。

【译文】曾，虚词中表示舒缓语气的助词。由八、由曰会意，囧声。

【注释】①从八：《段注》："亦象气之分散。"②囧声：囧，古文囱字。朱骏声《通训定声》："按窗曾一声之转。此以双声得声。"

尚 shàng

尚，曾也①；庶几也②。从八，向声。时亮切。

【译文】尚，增加，希冀。从八，向声。

【注释】①曾：徐灏《段注笺》："尚之言上也，加也。曾犹重也，亦加也。故训为曾。"②庶几：徐灏《段注笺》："冀及之词。"

詹 zhān

詹，多言也。从言，从八①，从厃②。职廉切。

【译文】詹，话多。由言、由八、由厃会意。

【注释】①从八：徐铉："八，分也。多故可分也。"②从厃：《段注》："此当作厃声。……厃与檐同字同音。"存参。

介 jiè

介，画也。从八①，从人；人各有介②。古拜切。

【译文】介，界线。由八、由人会意，表示人各自守自己的界限。

【注释】①从八：八表示分别相间。②介：即界。古今字。

公 gōng

公，平分也。从八，从厶①。八犹背也。韩非曰②："背厶为公。"古红切。

【译文】公，平均分配。由八、由厶会意，八犹如背离的意思。韩非子说："背离私就是公。"

【注释】① 厶（sī）：徐锴《系传》："厶音私，不公也。"② 韩非曰：见《韩非子·五蠹》。

必 bì

必，分极也①。从八弋，弋亦声。卑吉切。

【译文】必，分别的标准。由八、弋会意，弋也表读音。

【注释】① 分极：《毁注》："极犹准也。……立表（标志）为分判之准，故云分极。"徐灏笺："疑此乃弓柲本字，借为语词之必然耳。……弓柲以两竹夹持之，从八指事兼声耳。"

余 yú

余，语之舒也①。从八②，舍省声③。以诸切。

【译文】余，虚词中表示舒缓语气的助词。从八，舍省声。

【注释】① 语之舒：《段注》："语，《匡谬正俗》引作词。《左氏传》：'小白余敢贪天子之命，无下拜。'此正词之舒。亏部曰：'亏，于也。象气之舒亏。'然则余亏异字而同音义。"② 从八：《段注》："象气之分散。"③ 舍省声：余，上古喻纽，鱼部；舍，书纽，鱼部。二字同是舌音，又同部。

采部

采 biàn

采，辨别也①。象兽指爪分别也。凡采之属皆从采。读若辨。蒲苋切。

【译文】采，辨别的意思。像兽指爪分别的形状。大凡采的部属都从采。音读像辨字。

【注释】① 辨：王筠《句读》："句绝。谓其通用也。"

番 fán

番，兽足谓之番。从采；田，象其掌。附袁切。

【译文】番，兽足叫作番。从采，田，像兽的足掌。

悉 xī

悉，详、尽也。从心，从采。息七切。

【译文】悉，详细、穷尽。由心、由采会意。

释 shì

释，解也。从采；采，取其分别物也。从睪声。赏职切。

【译文】释，解下。从采；采是取其分辨区别事物这个意思。从睪（表示通过用眼睛观察来辨别事物），睪也表示读音。

半部

半 bàn

半，物中分也。从八；从牛。牛为物大，可以分也。凡半之属皆从半。博幔切。

【译文】半，物体从中间对分（各为一半）。从八（表示分别）；从牛，牛是大的物体，可以分割。大凡半的部属都从半。

胖 pàn

胖，半体肉也。一曰：广肉。从半，从肉，半亦声。普半切。

【译文】胖，（祭祀时用的）半体牲。一说：胖是大肉。由半、由月（肉）会意，半也声。

叛 pàn

叛，半也。从半，反声。薄半切。

【译文】叛，分离。从半，反声。

牛部

牛 niú

牛，大牲也。牛，件也；件，事理也①。象角头三、封、尾之形②。凡牛之属皆从牛。语求切。

【译文】牛，大的牲畜。像两角加一个头三样东西、像肩胛隆起来的地方和尾巴的形状。大凡牛的部属都从牛。

【注释】①牛，件也；件，事理也：王筠《句读》："二句支离，盖后增也。"故不译。②象角头三、封、尾之形：《段注》："角头三者谓上三岐者，象两角与头为三也。……封者谓中画象封也，封者肩甲坟起之处……尾者谓直画下垂象尾也。"

牡 mǔ

牡，畜父也。从牛，土声①。莫厚切。

【译文】牡，雄性的兽类。从牛，土声。

【注释】①土声：《段注》："或曰，土当作士，士者，夫也。之韵、尤韵合音最近。"

特 tè

特，朴特，牛父也。从牛，寺声。徒得切。

【译文】特，没有被阉割的牛，即牛父。从牛，寺声。

牝 pìn

牝，畜母也。从牛，匕声。《易》曰①："畜牝牛，吉。"毗忍切。

【译文】牝，雌性的兽类。从牛，匕声。《易经》说："畜养母牛，吉利。"

【注释】①《易》：指《周易·离卦》文。

牟 móu

牟，牛鸣也。从牛，象其声气从口出①。莫浮切。

【译文】牟，牛叫的声音。从牛，（厶）像那声气息从口中发出来的样子。

【注释】①从牛句：徐灏《段注笺》："牛鸣声无可象，故作象其气，而从牛建类，使人知其为牛鸣耳。"

牲 shēng

牲，牛完全①。从牛，生声。所庚切。

【译文】牲，指（供祭祀用的）完整的牛。从牛，生声。

【注释】①牛完全：《段注》："（牲）引伸为凡畜之偁。"朱骏声《通训定声》："《周礼·庖人》注：'始养之曰畜，将用之曰牲。'是牲者祭祀之牛也。而羊豕亦以类称之。"

牵 qiān

牵，引前也①。从牛，象引牛之縻也②。玄声。苦坚切。

【译文】牵，牵引着向前。从牛，（冂）像牵牛的绳索。玄声。

【注释】①引前：徐灏《段注笺》："牵从牛，当以挽牛为本义，引申为凡联贯之称。"②縻（mǐ）：牛鼻绳。

牢 láo

牢，闲①，养牛马圈也。从牛，冬省。取其四周匝也。鲁刀切。

【译文】牢，牢阑。关养牛马（等牲畜）的栏圈。由牛、由冬字省去下面的仌（即冰字）会意。取那四周包围的意思。

【注释】①闲：门部："阑也。"《段注》："防禽兽触啮。"

犀 xī

犀，南徼外牛①。一角在鼻②，一角在顶，似豕。从牛，尾声。先稽切。

【译文】犀，南方边境之外出产的一种牛。一只角长在鼻子上，一只角长在额顶上，（头）像猪。从牛，尾声。

【注释】①徼：边境，边界。

王筠《句读》："微犹塞也。东北谓之塞，西南谓之徼。"②一角句：《汉书·平帝纪》"黄友国献犀牛"颜师古注："犀状如水牛，头似猪而四足类象。黑色，一角当额前，鼻上又有小角。"

物 wù

物，万物也。牛为大物，天地之数，起于牵牛：故从牛①。勿声。文弗切。

【译文】物，万物。牛是万物之中的大物；天地间的事数，兴起于牵牛而耕：所以物从牛。勿表示读音。

【注释】①天地句：张舜徽《约注》："数犹事也，民以食为重，牛资农耕，事之大者，故引牛而耕，乃天地间万事万物根本。"

犛部

犛 máo

犛，西南夷长髦牛也①。从牛，𠀌声。凡犛之属皆从犛。莫交切。

【译文】犛，西南少数民族地区的长毛牛。从牛，𠀌声。大凡犛的部属都从犛。

【注释】①夷：泛指少数民族。长髦：《段注》："谓背脊胡（颈下的垂肉）尾皆有长毛。"

氂 lí

氂，牦牛尾也。从犛省，从毛①。里之切。

【译文】氂，牦牛尾。由犛字省牛、由毛会意。

【注释】①从犛省，从毛：朱骏声《通训定声》："从犛省，从毛，会意，毛亦声。"

斄 lái

斄，强曲毛，可以箸起衣。从犛省，來声。洛哀切。

【译文】斄，倔强的毛，可以用来充装衣。由犛省去牛，來声。

告部

告 gào

告，牛触人，角箸横木，所以告人也。从口，从牛。《易》曰①："僮牛之告。"凡告之属皆从告。古奥切。

【译文】告，牛喜欢用角抵人，角上施加横木，是用以告诉人们的标志。由口、由牛会意。大凡告的部属都从告。

【注释】①《易》：指《大畜爻辞》。今作"童牛之牿"。高亨《周易古经今注》："童（童仆）、僮（僮幼），告、牿，古并通用。"

嚳 kù

嚳，急、告之甚也①。从告，學省声。苦沃切。

【译文】嚳，急迫，告得很急。从告，學省子为声。

【注释】①急告之甚也：一句数读。当作：急也，告之甚也。"沈涛《古本考》："今本急下夺一也字。"告之甚：动补结构。之：助词。甚：形容词，很急。

口部

口 kǒu

口①，人所以言食也。象形。凡口之属皆从口。苦后切。

【译文】口，人用来说话饮食的器官。象形。大凡口的部属都从口。

【注释】①口：嘴。《礼记·曲礼上》："负剑辟咡诏之则掩口而对。"

噭 jiào

噭，吼也①。从口，敫声。一曰：噭，呼也②。古吊切。

【译文】嗷，口，孔。从口，敫声。另一义说，嗷是呼号的意思

【注释】① 吅：顾广圻《辨疑》："吅者，口孔二字并成一字之误也。"朱骏声《通训定声》："当作口也，孔也。许书无吅。"② 呼：《礼记·曲礼》"毋嗷应"郑注："嗷，号呼之声也。"按：嗷同"叫"。

嗝 zhòu

嗝，喙也①。从口，蜀声。陟救切。

【译文】嗝，鸟嘴。从口，蜀声。

【注释】① 喙：《段注》："《曹风》：'不濡（浸湿）其味'毛曰：'味，喙也。'《玉篇》引'不濡其嗝'。味嗝二同，朱声蜀声同部也。"

喙 huì

喙，口也①。从口，彖声。许秽切。

【译文】喙，兽嘴。从口，彖声。

【注释】① 口：王筠《句读》："《通俗文》：兽口曰喙。"

吻 wěn

吻，口边也①。从口，勿声②。武粉切。

【译文】吻，嘴唇。从口，勿声。

【注释】① 口边：王筠《句读》："《苍颉篇》：'吻，唇两边也。'"② 勿声：勿上古属物部明纽，吻属文部明纽。吻勿，文物对转。

咙 lóng

咙，喉也①。从口，龍声。卢红切。

【译文】咙，喉咙。从口，龍声。

【注释】① 喉：《尔雅·释鸟》："亢，鸟咙。"郭注："咙，谓喉咙。"

喉 hóu

喉，咽也①。从口，侯声。乎钩切。

【译文】喉，咽喉。从口，侯声。

【注释】① 咽：喉与咽连称咽喉，口语作喉咙。

哙 kuài

哙，咽也。从口，會声。读若快。一曰：嚵，哙也。苦夬切。

【译文】哙。从口，會声。音读像"快"字。另一义说，哙是兽嘴。

吞 tūn

吞，咽也①。从口，天声。土根切。

【译文】吞，咽下。从口，天声。

【注释】① 咽（yàn）：徐灏《段注笺》："喉谓之咽（今音yān。因之食下曰咽（yàn），故吞训为咽。亦作嚥，读去声。食下气塞曰咽（yè），读入声。皆一字而分虚实义耳。"

咽 yān

咽，嗌也。从口，因声。乌前切。

【译文】咽，咽喉。从口，因声。

咳 hái

咳，小儿笑也①。从口，亥声。户来切。

【译文】咳，小儿笑的样子。从口，亥声。

【注释】① 小儿笑：张舜徽《约注》："小儿笑曰咳，因之小儿亦称孩，用引申义也。后世谓儿为孩。借咳为欬（咳嗽），分为二字矣。"

咀 jǔ

咀，含味也①。从口，且声。慈吕切。

【译文】咀，口里含着东西，而品玩其味。从口，且声。

【注释】① 含味：《段注》："含而味之。"

啜 chuò

啜，尝也。从口，叕声。一曰：喙也。昌说切。

【译文】啜，品尝。从口，叕声。另一义说，

啜是鸟兽的嘴。

吮 shǔn

吮①，欶也。从口，允声。徂沇切②。

【译文】吮，用口含吸。从口，允声。

【注释】①吮：用嘴含吸。《韩非子·备内》："医善吮人之伤，含人之血。"②今读依《广韵》食尹切。

噬 shì

噬，啗也①；喙也②。从口，筮声。时制切。

【译文】噬，咬吃，喘息。从口，筮声。

【注释】①啗：啗，噬也。可见噬啗义同。而啗本义是食，这里用啗训噬，统言无别。②喙：《广雅·释诂》"喙，息也。"王念孙疏证："喙为喘息之息。"

含 hán

含，嗛也①。从口，今声。胡男切。

【译文】含，衔。从口，今声。

【注释】①嗛：口里衔着。

哺 bǔ

哺，哺咀也①。从口，甫声。薄故切。

【译文】哺，口中咀嚼食物。从口，甫声。

【注释】①哺咀：《尔雅·释文》引作"口中嚼食也"。

味 wèi

味，滋味也①。从口，未声。无沸切。

【译文】味，滋味。从口，未声。

【注释】①滋：王筠《句读》："《檀弓》：'必有艹木之滋焉。'注：'增以香味。'是滋即味也。"滋味：同义复合。

唾 tuò

唾，口液也。从口，垂声。汤卧切。

【译文】唾，口中的唾液。从口，垂声。

咦 yí

咦，南阳谓大呼曰咦①。从口，夷声。以之切。

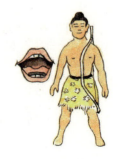

【译文】咦，南阳地区把喘大气叫作咦。从口，夷声。

【注释】①大呼：《段注》："呼，外息也；大呼，大息也。"

呬 xì

呬，东夷谓息为呬①。从口，四声。《诗》曰②："犬夷呬矣。"虚器切。

【译文】呬，东齐地区把呼吸叫作呬。从口，四声。《诗经》说："犬夷族只能（疲惫地）喘气了。"

【注释】①东夷：《段注》："当作东齐。"②《诗》：指《诗经·大雅·绵》。今本原文："混夷駾（马行疾皃，这里指逃窜）矣，维其（推原之词）喙（困极而息）矣。"许引《诗》合此两句为一句。混夷作犬夷，喙作呬。这是引的三家诗，所以与毛诗不同。

喘 chuǎn

喘，疾息也①。从口，耑声。昌沇切。

【译文】喘，急促地呼吸。从口，耑声。

【注释】①疾息：《段注》："此分别之。息下曰：'喘也。'浑言之也。"

呼 hū

呼，外息也①。从口，乎声。荒乌切。

【译文】呼，向外吐气。从口，乎声。

【注释】①外息：《段注》："出其息也。"

吸 xī

吸，内息也①。从口，及声。许及切。

【译文】吸，向内吸气。从口，及声。

【注释】① 内息：《段注》："纳其息也。"

嘘 嘘 xū

嘘，吹也①。从口，虚声。朽居切。

【译文】嘘，有意识的慢慢地呼气。从口，虚声。

【注释】① 吹：王筠《句读》："《声类》：'出气急曰吹，缓曰虚。'按：吹嘘亦外息，与呼同。呼出自然，吹嘘出于有意，则异。"按：吹、嘘析言有别，浑言不分。

吹 吹 chuī

吹①，嘘也。从口，从欠②。昌垂切。

【译文】吹，撮起嘴唇急促地吐气。由口、由欠会意。

【注释】① 吹：吹气。《庄子·逍遥游》："生物之以息相吹也"。② 从口，从欠：《段注》："口欠（呵欠）则气出会意。"

名 名 míng

名，自命也①。从口，从夕。夕者，冥也。冥不相见，故以口自名。武并切。

【译文】名，自己说出自己的名字。由口、由夕会意。夕是夜晚的意思。夜晚因为看不见彼此，所以要自己说出自己的名字。

【注释】① 自命：自己称呼自己的名字。命：命名。这里指称呼。

噤 噤 jìn

噤，口闭也。从口，禁声。巨禁切。

【译文】噤，闭上嘴巴不说话。从口，禁声。

吾 吾 wú

吾，我，自称也。从口，五声。五乎切。

【译文】吾，我，是自己对自己的称呼。从口，五声。

哲 哲 zhé

哲，知也。从口，折声。陟列切。

【译文】哲，明智。从口，折声。

君 君 jūn

君，尊也。从尹。发号，故从口。举云切。

【译文】君，尊贵。从尹，（表示治理的意思；）发号司令，故而从口。

命 命 mìng

命①，使也。从口，从令。眉病切。

【译文】命，使命。由口、由令会意。

【注释】① 命：差使。《左传·桓公二年》："宋殇公立，十年十一战，民不堪命。"

召 召 zhào

召，评也①。口，刀声。直少切。

【译文】召，呼唤。从口，刀声。

【注释】① 评：朱骏声《通训定声》："以言曰召，以手曰招。"

咨 咨 zī

咨，谋事曰咨。从口，次声。即夷切。

【译文】咨，谋划事情叫咨。从口，次声。

问 问 wèn

问，讯也。从口，门声。亡运切。

【译文】问，询问。从口，门声。

唯 唯 wéi

唯，诺也①。从口，隹声。以水切。

【译文】唯，应答声。从口，隹声。

【注释】① 诺：《段注》："此浑言之。《玉藻》曰：'父命呼，唯而不诺。'析言之也。"

唱 唱 chàng

唱①，导也。从口，昌声。尺亮切。

【译文】唱，唱导。从口，昌声。

【注释】① 唱：《段注》："古多以倡（倡优）为之。"徐灏《段注笺》："歌唱者，唱和之引申也。"

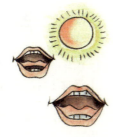

咊 和 hè

和，相譍也①。从口，禾声。户戈切。

【译文】和，相譍和。从口，禾声。

【注释】① 相譍：徐锴《系传》作应，许书无譍字。

咥 咥 dié

咥，大笑也①。从口，至声。《诗》曰②："咥其笑矣。"许既切，又，直结切。

【译文】咥，大笑。从口，至声。《诗经》说："大声地讥笑我呢。"

【注释】① 大笑：朱骏声《通训定声》："当为笑声，与唏略同。"②《诗》：指《诗经·卫风·氓》。今本原文："兄弟不知，咥其笑矣。"

噱 噱 jué

噱，大笑也。从口，豦声。其虐切。

【译文】噱，大笑。从口，豦声。

啞 啞 è

啞，笑也。从口，亞声。《易》曰①："笑言哑哑。"于革切。

【译文】啞，笑声。从口，亞声。《周易》说："笑声哑哑。"

【注释】①《易》：指《震卦》文。哑哑：朱骏声《通训定声》："笑声也。"

唏 唏 xī

唏，笑也。从口，稀省声。一曰：哀痛不泣曰唏①。虚岂切。

【译文】唏，笑。从口，稀省禾为声。另一义说，哀痛而不哭泣就叫作唏。

【注释】① 哀痛句：《方言》卷一："唏，痛也，哀而不泣曰唏。于方则楚言哀曰唏。"

听 听 tīng

听①，笑皃。从口，斤声。宜引切。

【译文】听，笑的样子。从口，斤声。

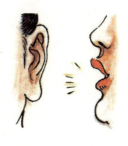

【注释】① 听：张大嘴笑。《史记·司马相如列传》："无是公听然而笑。"裴骃《集解》引郭璞曰："听，笑貌也。"

哉 哉 zāi

哉，言之闲也①。从口，𢦏声。祖才切。

【译文】哉，表词语间歇的虚词。从口，𢦏声。

【注释】① 言之闲：《段注》："凡两者之际曰闲，一者之竟（末尾）亦曰闲。一之竟即两之际也。言之间歇多用哉字。"

噂 噂 zǔn

噂，聚语也。从口，尊声。《诗》曰①："噂沓背憎。"子损切。

【译文】噂，聚在一起谈论。从口，尊声。《诗经》说：聚在一起当面说话的时候谈笑风生，背地里却互相憎恨。

【注释】①《诗》：指《诗经·小雅·十月之交》。毛传："噂犹噂噂，沓犹沓沓。"郑笺："噂噂沓沓。相对谈语。朱熹《集传》："噂噂沓沓，多言以相说，而背则相憎。"这是斥责爱说谗言的人。

咠 咠 qì

咠，聂语也①。从口，从耳。《诗》曰②："咠咠幡幡。"七入切。

【译文】咠，贴近耳朵说悄悄话。由口、由耳会意。《诗经》说："时而窃窃私语，时而来回翻动。"

【注释】① 聂语：《段注》："《耳部》曰：'聂，

附耳私小语也。'按：聂取两耳附一耳，聶取口附耳也。"②《诗》：指《诗经·小雅·巷伯》。"缉缉翩翩"，在三章；"捷捷幡幡"，在四章。

呷 xiā

呷，吸呷也[1]。从口，甲声。呼甲切。

【译文】呷，吸呷之呷。从口，甲声。

【注释】①吸呷：形容众声杂沓。桂馥曰："吸呷也者，谓声也。"沈涛《古本考》："《子虚赋》：'翕呷萃蔡。'"张揖以为衣裳张起之声。翕、吸古通字。吸呷、呷吸皆拟其声。

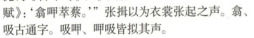

嗔 tián

嗔，盛气也。从口，真声。《诗》曰[1]："振旅嗔嗔。"待年切。

【译文】嗔，盛气。从口，真声。《诗经》说："军队凯旋，士气旺盛。"

【注释】①《诗》：指《诗经·小雅·采芑》。《毛传》："入曰振旅。"《尚书·大禹谟》"班师振旅"《正义》："兵入曰振放，言整众。"今作"阗阗"。嗔与阗字异而音义俱通。

嘌 piāo

嘌，疾也。从口，票声。《诗》曰[1]："匪车嘌兮。"抚招切。

【译文】嘌，疾速。从口，票声。《诗经》说："那辆车跑得非常迅疾啊。"

【注释】①《诗》：指《诗经·桧风·匪风》。匪：借为彼，那个。

台 yí

台，说也[1]。从口，目声。与之切。

【译文】台，喜悦。从口，目声。

【注释】①说：通悦。徐锴《系传》："《史记序传》曰'诸吕不台'，作此字。言不为人所怡悦也。"

启 qǐ

启，开也[1]。从户，从口，康礼切。

【译文】启，开。由户、由口会意。

【注释】①开：徐锴《系传》："《尔雅》明星为启明，言晨见东方为开明之始也。"

喓 yáo

喓，喜也。从口，名声。余招切。

【译文】喓，喜悦。从口，名声。

噆 tǎn

噆，声也。从口，贪声。《诗》曰[1]："有噆其馌。"他感切。

【译文】噆，（众人饮食的）声音。从口，贪声。《诗经》说："那些送来的饭食，大家吃得嗒嗒的响。"

【注释】①《诗》：指《诗经·周颂·载芟》。有：助词。馌：送给田间劳动者吃的饭食。《毛传》："噆，众貌。"朱熹《集注》："众饮食声也。"

咸 xián

咸，皆也；悉也。从口，从戌。戌，悉也[1]。胡监切。

【译文】咸，全、都、详尽。由口、由戌会意。戌，详尽。

【注释】①戌，悉：《段注》："此从戌之故。戌为悉者，同音假借之理。"戌和悉都属心纽。

呈 chéng

呈，平也[1]。从口，壬声。直贞切。

【译文】呈，平。从口，壬声。

【注释】①平：徐灏《段注》笺："呈即

古程字。冀川从事郭君碑：'先民有呈。'是其证。《荀子·致仕篇》曰：'程者，物之准也。'准即平也。"

右 yòu

右，助也①。从口，从又。于救切。

【译文】右，帮助。由口、由又会意。

【注释】①助：《段注》："又者，手也。手不足，以口助之。故曰助也。今人以左右为ナ又字，则又制佐佑为左右字。"

啻 chì

啻，语（时）[词]①，不啻也。从口，帝声。一曰：啻，諟也。读若鞮。施智切。

【译文】啻，（表示"仅、只"义的）词语，是"不啻"的啻字。从口，帝声。另一义说，啻即諟理的意思。音读像"鞮"字。

【注释】①语时：徐灏《段注笺》"时当作词，字之误也。"

吉 jí

吉，善也。从士口①。居质切。

【译文】吉，吉祥美好。由士、由口会意。

【注释】①从士口：徐灏《段注笺》："从士口，所以异于野人之言也。"

周 zhōu

周，密也。从用口①。职留切。

【译文】周，周密，由用、由口会意。

【注释】①从用口：《段注》："善用其口则密。"

唐 táng

唐，大言也①。从口，庚声②。徒郎切。

【译文】唐，大话。从口，庚声。

【注释】①大言：《庄子·天下》："荒唐之言。"

②即是大言。②庚声：庚古音读如冈，属阳部。与易声同部相近。

吐 tǔ

吐，写也。从口，土声。他鲁切。

【译文】吐，东西从口腔中涌出来。从口，吐声。

吃 chī

吃，言蹇难也①。从口，气声。居乙切。

【译文】吃，说话困难。从口，乞声。

【注释】①蹇：难。

啖 dàn

啖，噍啖也。从口，炎声。一曰噉①。徒敢切。

【译文】啖，咀嚼。从口，炎声。一说是"噉"字。

【注释】①噉：《说文》无此字，《玉篇》以啖为噉之重文。

嗜 shì

嗜，嗜欲，喜之也。从口，耆声①。常利切。

【译文】嗜，嗜欲，喜爱它。从口，耆声。

【注释】①耆声：《段注》："经传多假耆为嗜。"

哽 gěng

哽，语为舌所介也。从口，更声。读若井级绠①。古杏切。

【译文】哽，话语被舌头所阻塞。从口，更声。音读像井里的汲绠之绠。

【注释】①级绠：当依《系传》作汲硬。

哇 wā

哇，谄声也①。从口，圭声。读若医。于佳切。

【译文】哇，放荡的乐音。从口，圭声。音读像"医"字。

　　【注释】①詍声：徐锴曰："古人言淫哇之声也。"淫哇：同义连用。

些 zǐ

　　些，苟也①。从口，此声。将此切。

　　【译文】些，诋毁。从口，此声。

　　【注释】①苟：苟通诃。桂馥《义证》："苟也者，谓诋毁也。经典或借訾字。"

嗑 gé

　　嗑，多言也。从口，盍声。读若甲。候榼切①。

　　【译文】嗑，多话。从口，盍声。音读像"甲"字。

　　【注释】①拼音依《广韵》古盍切。

嗙 bēng

　　嗙，（謞）[诃]声①。从口，旁声。补盲切。

　　【译文】嗙，呵斥之声。从口，旁声。

　　【注释】①謞声：当依《玉篇》作诃声。王筠《句读》："謞当作诃。"

呶 náo

　　呶，讙声也。从口，奴声。《诗》曰："载号载呶①。"女交切。

　　【译文】呶，喧哗之声。从口，奴声。《诗经》说：有的呼喊，有的喧闹。"

　　【注释】①《诗》：指《诗经·小雅·宾之初筵》。载：助词。

叱 chì

　　叱，诃也①。从口，七声。昌栗切。

　　【译文】叱，大声呵斥。从口，七声。

　　【注释】①诃：《仓颉篇》："大诃曰叱。"

噴 pēn

　　噴，吒①。从口，賁声。一曰：鼓鼻。普魂切。

　　【译文】噴，呵斥。从口，賁声。另一义说，喷就是喷嚏。

　　【注释】①吒：徐灏《段注笺》："今俗语犹谓吒人曰喷。又，鼓鼻谓之喷嚏。"按：喷嚏时鼻翼鼓动出气，所以叫鼓鼻。

吒 zhà

　　吒，喷也；叱怒也。从口，乇声。陟驾切。

　　【译文】吒，呵斥，斥责发怒。从口，乇声。

唇 zhēn

　　唇，惊也①。从口，辰声。侧邻切。

　　【译文】唇，震惊。从口，辰声

　　【注释】①惊：《段注》："后人以震字为之。"徐灏笺："俗用为唇舌字。"

吁 xū

　　吁，惊也①。从口，于声。况于切。

　　【译文】吁，（表示）惊叹（的虚词）。从口，于声。

　　【注释】①惊：徐灏《段注笺》："吁，惊叹之词。"

嗷 áo

　　嗷，众口愁也。从口，敖声。《诗》曰①："哀鸣嗷嗷。"五牢切。

　　【译文】嗷，众口愁叹的声音。从口，敖声。《诗经》说："（鸿雁飞来飞去啊，）发出嗷嗷的哀鸣之声。"

　　【注释】①《诗》：指《诗经·小雅·鸿雁》。

唸 diàn

　　唸，吚也。从口，念声。《诗》曰①："民之方念吚。"都见切。

　　【译文】唸，呻吟。从口，念声。《诗经》说：老百姓正在呻吟。

　　【注释】①《诗》：指《诗经·大雅·板》。今作"殿屎"。毛传："呻吟也。"

呻 shēn

呻，吟也①。从口，申声。失人切。

【译文】呻，吟诵。从口，申声。

【注释】①吟：《礼记·学记》"呻其占毕"注："呻，吟也。"《段注》："呻者，吟之舒；吟者，呻之急。浑言则不别也。"

吟 yín

吟①，呻也②。从口，今声。鱼音切。

【译文】吟，咏叹。从口，今声。

【注释】①吟：声调抑扬的吟咏。《史记·屈原贾生列传》："屈原至于江滨，被发行吟泽畔。"②呻也：《艺文类聚》、《御览》引作"叹也"。

嘆 tàn

嘆，吞歎也①。从口，歎省声。一曰：太息也。他案切。

【译文】嘆，饮恨吞声而叹息。从口，歎省欠为声。另一义说，叹泛指深深的叹息。

【注释】①吞歎：徐锴《系传》："欲言不能，吞恨而太息也。"《段注》："叹歎二字，今人通用。毛诗中两体错出。依《说文》则义异。歎近于喜，叹近于哀。故叹训吞歎，吞其歎而不能发。"

喝 ài

喝，漱也①。从口，曷声。于介切。

【译文】喝，气竭声嘶。从口，曷声。

【注释】①漱：当依《系传》作"渴"。

哨 jiào

哨，不容也①。从口，肖声。才肖切。

【译文】哨，指（口小而）不能容纳。从口，肖声。

【注释】①不容：《韵会》引徐锴《系传》作"口不容也"。

吪 é

吪，动也。从口，化声。《诗》曰①："尚寐无吪。"五禾切。

【译文】吪，行动。从口，化声。《诗经》说："希望睡着了就不要动。"

【注释】①《诗》：指《诗经·王风·兔爰》。

嘈 zā

嘈，嘁也①。从口，晉声。子荅切。

【译文】嘈，衔。从口，晉声。

【注释】①嘁也：《段注》："玄应引作'衔也'。嘁衔音义同。"

吝 lìn

吝①，恨、惜也②。从口，文声。《易》曰③："以往吝。"良刃切。

【译文】吝，悔恨，吝惜。从口，文声。《易经》说：如果径直走过去（而不舍弃），就会导致悔恨。

【注释】①吝：吝啬、悭吝。《论语·泰伯》："如有周公之才之美，使骄且吝，其余不足观也已。"②恨、惜也：丁福保《诂林》："据《音义》则知古本有二义，即'恨也惜也'。"③《易》曰以往吝：见《蒙卦》。《周易本义》说："若遂往而不舍，则致羞吝矣。"

各 gè

各，异辞①。从口夊，夊者②，有行而止之③，不相听也。古洛切。

【译文】各，表示不同个体的词。由口字、夊字会意。夊的意思是表示有人使之行走而又有人使之停下来，彼此间不相听从。

【注释】①异辞：《广韵》作"词"。②夊：从后至也。像象人两腔后有致之者。③行而止之：王筠《句读》："各则此行而彼止之，是不相听从之意也。"

否 fǒu

否，不也①。从口，从不②。方九切。

【译文】否，不。由口、由不会意。

【注释】①不：《段注》："不者，事之不然也。否者，说事之不然也。故音义皆同。"②从口，从不：徐锴《系传》："心有不可，口必言之，故于文口、不为否。"王念孙《读说文记》："《系传》作'从口不声'。否与不古皆读鄙。《说文》不部亦有否字，注云：'从口不，不亦声。'是其证。今削去声字，非是。"按：否应是会意兼形声之字。

唁 yàn

唁，吊生也。从口，言声。《诗》曰①："归唁卫侯。"鱼变切。

【译文】唁，慰问（遭遇丧事的）生者。从口，言声。《诗经》说："回去慰问（亡国的）卫侯。"

【注释】①《诗》：指《诗经·鄘风·载驰》。毛传："吊失国曰唁。"

哀 āi

哀，闵也。从口，衣声。乌开切。

【译文】哀，怜悯。从口，衣声。

舌 kuò

舌，塞口也①。从口，氒省声②。古活切。

【译文】舌，把口塞住。从口，氒省声。

【注释】①塞口：《周易·坤卦》："括（填塞、结束）囊（指袋口）无咎。"②氒：王筠《句读》："氒当是古文厥字。"

嗾 sǒu

嗾，使犬声。从口，族声。《春秋传》曰①："公嗾夫獒。"稣奏切。

嗾，使唤狗的声音。从口，族声。"《春秋左传》说："晋侯嗾使那大狗（去咬提弥明）。

【注释】①《春秋传》：指《左传·宣公二年》。

吠 fèi

吠①，犬鸣也。从犬口。符废切。

【译文】吠，狗叫。由犬、口会意。

【注释】①吠：狗叫。《诗经·召南·野有死麕》："无使尨也吠。"

嗥 háo

嗥，咆也。从口，皋声。乎刀切。

【译文】嗥，吼叫。从口，皋声。

喈 jiē

喈，鸟鸣声①。从口，皆声。一曰：凤皇鸣声喈喈。古谐切。

【译文】喈，鸟鸣声。从口，皆声。一说，喈是凤凰鸟叫声喈喈的声音。

【注释】①鸟鸣声：徐锴《系传》："声众且和也。"

咆 páo

咆，嗥也①。从口，包声。薄交切。

【译文】咆，嗥叫。从口，包声。

【注释】①嗥：沈涛《古本考》："咆嗥为熊虎之声。而人之大怒亦谓之咆。今人犹言大怒曰咆嗥。"

哮 xiào

哮，豕惊声也。从口，孝声。许交切。

【译文】哮，猪惊叫的声音。从口，孝声。

啄 zhuó

啄，鸟食也。从口，豕声。竹角切。

【译文】啄，鸟（用嘴）取食。从口，豕声。

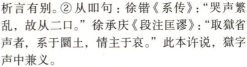

唬 xià

唬，嗁也①。一曰：虎声②。从口，从虎。读若暠。呼吁。

【译文】唬，（禽兽）啼号声。另一义说，唬像老虎（发怒）之声。由口、由虎会意。音读像"暠"字。

【注释】①嗁声：即啼声。②虎声：王筠《句读》："《玉篇》、《广韵》皆曰：'虎声也。'元应引作：'虎怒声也。'"

呦 yōu

呦①，鹿鸣声也。从口，幼声。伊虬切。

【译文】呦，鹿鸣叫之声。从口，幼声。

【注释】①鹿叫声：《诗经·小雅·鹿鸣》："呦呦鹿鸣，食野之苹。"

噳 yǔ

噳，麋鹿群口相聚皃。从口，虞声。《诗》曰①："麀鹿噳噳。"鱼矩切。

【译文】噳，麋鹿成群地聚集在一起的样子。从口，虞声。《诗经》说："母鹿成群地聚集在一起。"

【注释】①《诗》：指《诗经·大雅·韩奕》。

局 jú

局，促也。从口，在（尺）[尸]下，复（局）[勹]之①。一曰：博②，所以行棋。象形。渠绿切。

【译文】局，局促。由"口"在"尸"下、又"勹"着口来表示。另一义是，局是棋盘，是用来走棋的器具。象形。

【注释】①从口句：丁福保《诂林》："'尸'误作'尺'，复勹之'勹'误作局。""口"、"尸"均表示人。从"口"在"尸"下，复"勹"之。说

明一个人被另一个控制着，又被包裹着。是十分局促的情势。②博：赌输赢的与棋相仿的游戏。

凵部

凵 kǎn

凵，张口也。象形。凡凵之属皆从凵。口犯切。

【译文】凵，张开着口。象形。大凡凵的部属都从凵。

吅部

吅 xuān

吅，惊呼也。从二口。凡吅之属皆从吅。读若讙。况袁切。

【译文】吅，惊呼喧哗。由两"口"字会意。大凡吅的部属都从吅。音读像"讙"字。

哭部

哭 kū

哭，哀声也①。从吅②，狱省声。凡哭之属皆从哭。苦屋切。

【译文】哭，悲哀的声音。从吅，狱省犾为声。大凡哭的部属都从哭。

【注释】①哀声：泣，无声出涕曰泣。哭、泣，析言有别。②从吅句：徐锴《系传》："哭声繁乱，故从二口。"徐承庆《段注匡谬》："取狱省声者，系于圄土，情主于哀。"此本许说，狱字声中兼义。

丧 sāng

丧，亡也①。从哭、从亡会意。亡亦声。息郎切。

【译文】丧，失去、丧失。由哭、亡字会意。亡也表声。

【注释】①亡：《段注》："亡部曰：'亡，逃也。'亡非死之谓。""凡丧失字本皆平声，俗读去声以别于死丧平声，非古也。"朱骏声《通训定声》："《白虎通》：'人死谓之丧何，言其丧亡不可复得见也。不直言死、称丧者何，为孝子之心不忍言也。'"

走部

走 zǒu

走，趋也①。从夭止。夭止者屈也②。凡走之属皆从走。子苟切。

【译文】走，跑。由夭、止二字会意。夭止的意思是（因为跑得快，）腿脚弯曲。大凡走的部属都从走。

【注释】①趋：《段注》："《释名》曰：'徐行曰步，疾行曰趋，疾趋曰走。'此析言之，浑言不别也。"②从夭止：饶炯《部首订》："古文以止为足。夭下说'屈也'。凡人举步则屈。走者行之疾，其足愈屈，故从夭止会意。"

趨 qū

趨，走也。从走，芻声。七逾切。
【译文】趨，跑。从走，芻声。

赴 fù

赴，趋也①。从走，仆省声②。芳遇切
【译文】赴，奔跑。从走，仆省人为声。
【注释】①趋：徐锴《系传》："一心趋向之也。"②仆省声：孔广居《疑疑》："仆谐卜声，赴亦卜声可也。"

趣 qù

趣，疾也①。从走，取声。七句切。
【译文】趣，疾（跑）。从走，取声。
【注释】①疾：承培元《广答问疏证》："趣，疾走也。""凡言走之疾速者皆以趣为正字。"

超 chāo

超①，跳也。从走，召声。敕宵切。
【译文】超，跳、跳跃。从走，召声。
【注释】①超：跳，跃上。《左传·僖公三十三年》："超乘者三百乘。"

趫 qiāo

趫，善缘木走之才①。从走，乔声。读若王子趫。去嚻切。
【译文】趫，有善于沿着木头（向高处）走动的本领。从走，乔声。音读像王子趫的"趫"字。
【注释】①善缘木句：疑衍走字。王筠《句读》："（才）当依《玉篇》作'工'。古谓善一技者为工。"叶德辉《读若考》："趫为高足之戏，以足束于木竿上，端之而行。"俗名踩高脚。

赳 jiū

赳，轻劲有才力也。从走，丩声。读若镚。居黝切。
【译文】赳，轻捷刚劲有才能有力量。从走，丩声。音读像"镚"字。

趮 zào

趮，疾也。从走，喿声。则到切。
【译文】趮，疾速（而旁出）。从走，喿声。

趯 yuè

趯①，踊也。从走，翟声。以灼切。
【译文】趯，踊跃。从走，翟声
【注释】①趯：钱坫《斠诠》："此即踊跃字。"

趹 jué

趹，跊也。从走，厥声。居月切。
【译文】趹，跳跃。从走，厥声。

越 yuè

越①，度也。从走，戉声。王伐切。
【译文】越，度过。从走，戉声。

【注释】① 越：度过，越过。《楚辞·天问》："阻穷西征，岩何越焉？"王逸注："越，度也。"

趁 chèn

趁，趛也①。从走，㐱声。读若尘。丑刃切。

【译文】趁，趛趁。从走，㐱声。音读像"尘"字。

【注释】① 趛：王筠《释例》："趁趛双声，乃形容之词，不当割裂。"桂馥《义证》引《集韵》："趁趛，行不进貌。"

赿 cǐ

赿，浅渡也。从走，此声。雌氏切。

【译文】赿，从浅水中渡过。从走，此声。

趵 qióng

趵，独行也①。从走，勹声。读若茕。渠营切。

【译文】趵，孤独行走的样子。从走，勹声。音读像"茕"字。

【注释】① 也：《玉篇》作皃。徐锴《系传》："《诗》云'独行茕茕'，本作此趵字。"

趄 yǔ

趄，安行也。从走，与声。余吕切①。

【译文】趄，安稳地行走。从走，与声。

【注释】① 今读依《广韵》以诸切。

起 qǐ

起，能立也①。从走，巳声②。墟里切。

【译文】起，指能（举足）站立。从走，己声。

【注释】① 能立：《段注》："起本发步之称，引伸之，训为立，又引伸之凡始事、凡兴作之称。"张舜徽《约注》："古人席地跪坐，举足而立。"按：举足起立乃是《段注》所说的"发步"

之始。② 巳声：《玉篇》："巳，起也。"声中有义。

趙 zhào

趙，（趍）〔趫〕趙也①。从走，肖声。治小切。

【译文】趙，趫趙。从走，肖声。

【注释】① 趫趙，趍当是趫字之误。"趫趙"即"踂蹏"。

越 zī

越，越趄，行不进也。从走，次声。取私切。

【译文】越，越趄，行走不得前进。从走，次声。

趄 qū

趄，越趄也①。从走，且声。七余切。

【译文】趄，越趄。从走，且声。

【注释】① 越趄：朱骏声《通训定声》："此二字后出。越趄者双声连语。《易·夬》：'其行次且。'只作次且字。"

趕 qián

趕，举尾走也①。从走，干声。巨言切。

【译文】趕，（兽畜）翘着尾巴奔跑。从走，干声。

【注释】① 举尾走：朱骏声《通训定声》："谓兽畜急走。字亦作趆。"

止部

止 zhǐ

止，下基也。象艸木出有址①，故以止为足②。凡止之属皆从止。诸市切。

【译文】止，地下的基础。像草木长出根干基址，因此用止字来表示足。大凡止的部属都从止。

【注释】① 象屮木句：徐锴《系传》："屮木初生根干也。"② 故以止句：王筠《句读》："又言此者，部中字皆人之足，故以此统之。"

歱 歱 zhǒng

歱，跟也①。从止，重声。之陇切。

【译文】歱，脚后跟。从止，重声。

【注释】① 跟：《释名·释形体》："足后曰跟。……又谓之踵。"

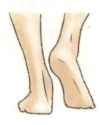

歫 歫 jù

歫，止也①。从止，巨声。一曰：(抢)[枪]也②。一曰：超歫③。其吕切。

【译文】歫，(相抵拒而)停止。从止，巨声。另一义说，歫是支撑。另一义说，歫是跳跃。

【注释】① 止：《段注》："许无拒字。歫即拒也。此与彼相抵为拒，相抵则止矣。"② 枪："抢"校改为"枪"。枪，歫也。③ 超歫：歫通作距。桂馥《义证》："《史记·王翦传》曰：'投石超距。'《索隐》：'超距犹跳跃也。'"

歬 前 qián

前，不行而进谓之歬。从止在舟上①。昨先切。

【译文】歬，不行而进叫作歬。由"止"字在"舟"字之上会意。

【注释】① 从止句：徐灏《段注笺》："人不行而能进者，唯居于舟为然。故从舟。止者，人所止也。"

歷 歷 lì

歷，过也。从止，厤声。郎击切。

【译文】歷，经过。从止，厤声。

歸 歸 guī

歸，女嫁也①。从止②，从婦省，自声。举

韦切。

【译文】歸，女子出嫁。由止、由婦字省去女会意，自声。

【注释】① 女嫁：桂馥《义证》："《公羊传·隐公二年》：'妇人谓嫁曰归。'何云：'妇人生以父母为家，嫁以夫为家，故谓嫁曰归。'"② 从止：徐锴《系传》："止者，止于此也。"

疌 疌 jié

疌，疾也①。从止，从又。又，手也。中声。疾叶切。

【译文】疌，迅速。由止、由又会意。又，表示手。中声。

【注释】① 疾：徐锴《系传》："止，足也。又，手也。手足共为之，故疾也。"

少 少 tà

少①，蹋也。从反止。读若挞。他达切。

【译文】少，踏行。由止字反过来表示。音读像"挞"字。

【注释】① 少：徐灏《段注笺》："止之引申为不行，反而为少，则为蹋而行也。"

癶部

癶 癶 bō

癶，足剌癶也①。从止少。凡癶之属皆从癶。读若拨。北末切。

【译文】癶，两足剌癶不顺。由止字、少字相背而会意。大凡癶的部属都从癶。音读像"拨"字。

【注释】① 剌癶：叠韵连绵字。徐锴《系传》："两足相背不顺，故剌癶也。"

發 發 bá

發，以足蹋夷屮①。从癶，从殳。《春秋传》曰②："發夷蕴崇之。"普活切。

【译文】發，用脚踏除草。由癶、由殳会意。

《春秋左传》说：用脚踏除草后，再把它们堆积起来。

【注释】①夷：《周礼·稻人》杜注："夷，杀也。"②《春秋传》：指《左传·隐公六年》。"髲"今作"芟"。"蘊"今作"蕰"。髲夷，同义连用。蕰崇：积聚。

癶 登 dēng

登，上车也。从癶豆①。象登车形。都滕切。

【译文】登，登上车。由"癶"字在"豆"字之上会意，（表示两只脚站立在登车时用来垫脚的石头上，）像登车之形。

【注释】①豆：登车的乘石。

步部

岁 步 bù

步①，行也。从止少相背②。凡步之属皆从步。薄故切。

【译文】步，（缓慢）行走。由止字和少字相背而会意。大凡步的部属都从步。

【注释】①步：《释名》："徐行曰步。"②从止少相背：一足止，一足少，相背而动，是步行的形态。

歲 歲 suì

歲，木星也。越历二十八宿①，宣遍阴阳②，十二月一次③。从步，戌声。律历书名五星为五步④。相锐切。

【译文】歲，木星。经过了二十八星宿，行遍阴阳十二辰，每十二个月就行走了一个躔次。从步，戌声。《汉书·律历志》把（金木水火土）五星叫作五步。

【注释】①越历：同义复合，经过。二十八宿：古代把日月经过的天区（黄道）的恒星分为二十八个星座，叫二十八宿。《淮南子·天文》注："东方：角、亢、氐、房、心、尾、箕；北方：斗、牛、女、虚、危、室、壁；西方：奎、

娄、胃、昴、毕、觜、参；南方：井、鬼、柳、星、张、翼、轸。"②宣遍：同义复合。阴阳：徐锴《系传》："自子至巳为阳，午至亥为阴。"郭沫若《甲骨文字研究》："岁星之运行约十有二岁而周天，古人即于黄道附近设十二标准点以观察之，由子至亥之十二辰是也。岁徙一辰而成岁，故岁星之岁孳乳为年岁之岁。"③一次：王筠《句读》："次者，日之躔次也。"躔次：日月五星运行时经过天空的某一区域。王筠《释例》："起建子月，毕建亥月，岁星乃移一宫，十二年一周天矣。"④律历书：指《汉书·律历志》。五星：《段注》："水曰辰星，金曰太白，火曰荧惑，木曰岁星，土曰填星。"

此部

此 此 cǐ

此，止也。从止，从匕。匕，相比次也①。凡此之属皆从此。雌氏切。

【译文】此，止。由止、由比会意。匕是相并列。大凡此的部属都从此。

【注释】①相比次：次，列。相比次，相并列。足相并列，故有停止的意思。

啙 啙 zǐ

啙①，窳也。阙②。将此切。

【译文】啙，劣弱。（从叩的意思不详，）只好让它阙着。

【注释】①啙：《方言》卷十："啙，短也。"《广韵·荠韵》："啙，弱也。"②阙：《段注》："其形则从此从叩，此亦声。"桂馥《义证》："阙者，不详从叩之意。"

紫 紫 zuǐ

紫，识也①。从此，朿声。一曰：藏也②。遵诔切。

【译文】紫，记住。从此，朿声。另一义说：紫是收藏。

【注释】①识：记。通作"刺"，相当于今之名片。《释名》："刺，书以识爵里名姓也。"②藏：《段注》："(《广雅》)'紫，聚也。'与'藏'训相近，拳同舒卷之卷。"

正部

正 zhèng

正①，是也。从止，一以止。凡正之属皆从正。之盛切。

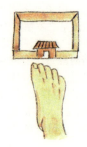

【译文】正，正直无偏斜。从止，（"一"是古文的上字，表示在上位的人，）用"一"放在"止"上，（会合上位者止于正道之意。）大凡正的部属都从正。

【注释】①正：孔广居《疑疑》："古文正注云：从上止。盖言为人者宜止于正也。"

乏 fá

乏，《春秋传》曰①："反正为乏。"房法切。

【译文】乏，《春秋左传》说：把正字反过来就成了乏字。

【注释】①《春秋传》：指《左传·宣公十五年》。《段注》："此说字形而义在其中矣。不正则为匮乏，二字相乡背也。"徐灏笺："乏盖本谓凡不正之偶，后乃专以贫乏为义。"

是部

是 shì

是，直也。从日正①。凡是之属皆从是。承旨切。

【译文】是，正直。由"日"字"正"字会意。大凡是的部属都从是。

【注释】①从日正：《段注》："以日为正（标准）则曰是。从日正会意。天下之物莫正于日也。"

韙 wěi

韙，是也。从是，韦声。《春秋传》曰①："犯五不韪。"于鬼切。

【译文】韙，是。从是，韦声。《春秋左传》说："犯了五种不是。"

【注释】①《春秋传》：指《左传·隐公十一年》。不韪：不是，不对。

尟 xiǎn

尟，是少也①。尟俱存也②。从是少。贾侍中说。酥典切。

【译文】尟，正直者很少。"是少"的义训并存于"尟"的字形之中。是少二字会意。这是贾侍中的说法。

【注释】①是少：徐锴《系传》："是亦正也。正者少则尟也。"尟，今借鱼名之鲜，又作尠。②尟俱存：《段注》作："是少，俱存也。"张舜徽《约注》："意谓是少之训，俱存于尟篆字形之中。"

辵部

辵 chuò

辵，乍行乍止也①。从彳，从止。凡辵之属皆从辵。读若《春秋公羊传》曰"辵阶而走"②。丑略切。

【译文】辵，忽行忽止。由彳、由止会意。大凡辵的部属都从辵。音读像《春秋公羊传》所说的"辵阶而走"的"辵"字。

【注释】①乍行乍止：忽行忽止。彳与行同意，所以解为乍行乍止。此依形为训。②读若句：《春秋公羊传》指《公羊传·宣公二年》。"是"今作"蹿"。何休注："犹超遽不暇以次。""辵阶而走"是说超越阶级而奔走。

迹 jì

迹①，步处也。从辵，亦声。资昔切。

【译文】迹，指行步之处。从辵，亦声。

【注释】①迹：脚印。《庄子·天运》："夫迹，履之所出，而迹岂履哉？"

巡 xún

巡，延行皃①。从辵，川声。详遵切。

【译文】巡，长行的样子。从辵，川声。

【注释】① 延行皃：延行，长行。段注本依据《玉篇》《广韵》订作"视行也"。视行谓省视而行。存参。

逝 shì

逝，往也①。从辵，折声。读若誓。时制切。

【译文】逝，过往。从辵，折声。音读像"誓"字。

【注释】① 往：《方言》："逝、徂、适，往也。逝，秦晋语也。徂，齐语也。适，宋鲁语也。"

遵 zūn

遵，循也。从辵，尊声。将伦切。

【译文】遵，遵循。从辵，尊声。

述 shù

述，循也①。从辵，术声。食聿切。

【译文】述，遵循、遵守。从辵，术声。

【注释】① 循：朱骏声《通训定声》："由故道为述，故凡循其旧而申明之亦曰述，经传多以遹为之。"

過 guò

過，度也①。从辵，咼声。古禾切。

【译文】過，经过。从辵，咼声。

【注释】① 度：吴善述《广义校订》："过，本经过之过，故从辵，许训度也。度者过去之谓，故过水曰渡，字亦作度。经典言'过我门'、'过其门'者，乃过之本义。"

進 jìn

進①，登也。从辵，閵省声。即刃切。

【译文】進，前进登升。从辵，閵省门为声。

【注释】① 進：向前或向上移动。《诗经·大

雅·桑柔》："人亦有言，进退维谷。"

造 zào

造，就也。从辵，告声。谭长说，造，上士也。七到切。

【译文】造，成就。从辵，告声。谭长说，造是上士。

逾 yú

逾，越近也。从辵，俞声。《周书》曰："无敢昏逾。"羊朱切。

【译文】逾，超越前进。从辵，俞声。《周书》说："不敢昏乱地越过。"

逆 nì

逆①，迎也②。从辵，屰声。关东曰逆，关西曰迎。宜戟切。

【译文】逆，迎接。从辵，屰声。关东方言叫逆，关西方言叫迎。

【注释】① 逆：迎接。《左传·隐公二年》："纪裂繻来逆女。"② 迎：《段注》："逆迎双声，二字通用。""今人假以为顺屰之屰，逆行而屰废矣。"

遄 chuán

遄，往来数也。从辵，耑声。《易》曰："已事遄往。"市缘切。

【译文】遄，往来疾速。从辵，耑声。《易经》说："祭祀的事应疾速前去。"

速 sù

速，疾也。从辵，束声。桑谷切。

【译文】速，迅速。从辵，束声。

迅 xùn

迅，疾也。从辵，卂声。息进切。

【译文】迅，疾速。从辵，卂声。

适 kuò

适，疾也。从辵，昏声。读与括同。古

活切。

【译文】适，疾速。从辵，昏声。音读与"括"字同。

迎 yíng

迎，逢也。从辵，卬声。语京切。

【译文】迎，逢迎。从辵，卬声。

遇 yù

遇，逢也。从辵，禺声。牛具切。

【译文】遇，不期而逢。从辵，禺声。

遭 zāo

遭，遇也。从辵，曹声。一曰：遭行①。作曹切。

【译文】遭，逢遇。从辵，曹声。另一义说：遭是迤逦绕周而行。

【注释】① 遭行：《系传》"遭犹匝也。若物匝相值也。"

遘 gòu

遘，遇也。从辵，冓声。古候切。

【译文】遘，遭遇。从辵，冓声。

逢 féng

逢，遇也。从辵，峯省声。符容切。

【译文】逢，遭遇。从辵，峯省山为声。

迪 dí

迪，道也①。从辵，由声。徒历切。

【译文】迪，引导。从辵，由声。

【注释】① 道：《段注》："道兼道路、引导二训。"按此谓引导。

遌 è

遌，相遇惊也。从辵，从咢，咢亦声。五各切。

【译文】遌，相遇而惊愕。由辵、由咢会意，咢也表声。

遰 dì

遰，更易也。从辵，㡿声。特计切。

【译文】遰，更易迭代。从辵，㡿声。

通 tōng

通，达也。从辵，甬声。他红切。

【译文】通，到达，通达。从辵，甬声。

迻 xǐ

迻，迻也。从辵，止声。斯氏切。

【译文】迻，迁移。从辵，止声。

遷 qiān

遷①，登也。从辵，䙴声。七然切。

【译文】遷，向上登移。从辵，䙴声。

【注释】① 遷：向上移动。《诗经·小雅·伐木》："出自幽谷，迁于乔木。"

迻 yǐ

迻，迁徙也。从辵，多声。弋支切。

【译文】适，迁徙。从辵，多声。

運 yùn

運，迻徙也。从辵，軍声。王问切。

【译文】運，移动、转徙。从辵，軍声。

遁 dùn

遁，迁也。一曰：逃也。从辵，盾声。徒困切。

【译文】遁，迁移。另一义说：遁是逃遁的意思。从辵，盾声。

遜 xùn

遜，遁也。从辵，孙声。苏困切。

【译文】遜，逃遁。从辵，孙声。

返 fǎn

返，还也。从辵、从反，反亦声。《商书》曰："祖甲返。"扶版切。

【译文】返，还。由辵、由反会意，反也表声。《商书》说："祖甲返。"

還 huán

還，复也。从辵，睘声。户关切。

【译文】還，返。从辵，睘声。

選 xuǎn

選，遣也。从辵、巽，巽遣之；巽亦声。一曰：选，择也。思沇切。

【译文】選，遣送。由辵、巽二字会意，表示恭顺地遣送的意思；巽也表声。另一义说，选是选择的意思。

送 sòng

送，遣也。从辵，倗省。苏弄切。

【译文】送，遣送。由辵字、倗字省人会意。

遣 qiǎn

遣，纵也。从辵，𠨢声。去衍切。

【译文】遣，释放。从辵，𠨢声。

邐 lǐ

邐，行邐邐也。从辵，麗声。力纸切。

【译文】邐，行走萦纡曲折的样子。从辵，麗声。

遲 chí

遲，徐行也。从辵，犀声。《诗》曰[1]："行道迟迟"直尼切。

【译文】遲，徐徐而行。从辵，犀声。《诗经》说："行路缓慢。"

【注释】①《诗》：指

《诗经·邶风·谷风》。

逮 dài

逮，唐逮，及也。从辵，隶声。徒耐切。

【译文】逮，唐逮，是及的意思。从辵，隶声。

逗 dòu

逗[1]，止也。从辵，豆声。田候切。

【译文】逗，留止。从辵，豆声。

【注释】① 逗：钱坫《斠诠》："《史记》：'逗桡当斩。'如淳曰：'军法：行逗留畏者要斩。'苏林音豆。"

迟 qì

迟，曲行也。从辵，只声。绮戟切。

【译文】迟，曲折行走。从辵，只声。

逶 wēi

逶，逶迤，衺去之皃。从辵，委声。于为切。

【译文】逶，逶迤，是斜行的样子。从辵，委声。

迆 yǐ

迆，衺行也。从辵，也声。《夏书》曰："(江)东迆北，会于汇。"移尔切。

【译文】迆，斜行。从辵，也声。《夏书》说："(长江)向东斜曲延伸到北，与淮河会合。"

遹 yù

遹，回避也。从辵，矞声。余律切。

【译文】遹，邪行回避。从辵，矞声。

避 bì

避，回也。从辵，辟声。毗义切。

【译文】避，回避。从辵，辟声。

違 wéi

違，离也。从辵，韋声。羽非切。

【译文】違，离别。从辵，韋声。

遴 lìn

遴，行难也。从辵，粦声。《易》曰："以往遴。"良刃切。

【译文】遴，行步艰难。从辵，粦声。《易经》说："若往而不舍，将遇到艰难。"

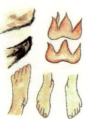

逡 qūn

逡，复也。从辵，夋声。七伦切。

【译文】逡，往来。从辵，夋声。

诋 dǐ

诋，怒不进也。从辵，氐声。都礼切。

【译文】诋，怒而不前进。从辵，氐声。

達 dá

達，行不相遇也。从辵，羍声。《诗》曰："挑兮达兮。"徒葛切。

【译文】達，行路不相遇。从辵，羍声。《诗经》说："往来相见啊，（在那城楼上面。）"

逯 lù

逯，行谨逯逯也。从辵，录声。卢谷切。

【译文】逯，行步谨慎。从辵，录声。

迵 dòng

迵，迵迭也。从辵，同声。徒弄切。

【译文】迵，洞彻通达。从辵，同声。

迭 dié

迭，更迭也。从辵，失声。一曰达。徒结切。

【译文】迭，更易替代。从辵，失声。另一义说：迭是通达的"达"字。

迷 mí

迷，或也[1]。从辵，米声。莫兮切。

【译文】迷，迷惑。从辵，米声。

【注释】①或：通"惑"。

連 lián

連，员连也[1]。从辵，从車。力延切。

【译文】連，员连。由辵、由車会意。

【注释】①员连：朱骏声曰"员连，叠韵连语。""陈编散落，古义无征，宜从盖阙。"《段注》作"负车"。"连即古文辇也。""负车者人挽车而行，车在后如负也。字从辵车会意也。人与车相属不绝，故引伸为连属字耳。"

逑 qiú

逑，敛聚也。从辵，求声。《虞书》曰[1]："旁逑孱功[2]。"又曰[3]："怨匹曰逑。"巨鸠切。

【译文】逑，收敛聚合。从辵，求声。《虞书》说："（共工）广泛地聚集，已具有成效。"又说："怨恋配偶叫作逑。"

【注释】①《虞书》：当作《唐书》。②旁逑孱功：今本作"方鸠僝（zhuàn，具备）功。"《史记》作"旁聚布功"。可证逑有聚义。③又曰：《段注》："与'一曰'同。别一义也。"

退 bài

退，坏也[1]。从辵，貝声。《周书》曰[2]："我兴受其退。"薄迈切。

【译文】退，败坏。从辵，貝声。《周书》说："（殷商如果现在有灾难，）我们起而受其祸败。"

【注释】①坏：通作坏。②《周书》：当是《商书》，引自《微子》篇，今本"退"作"败"。

逭 huàn

逭，逃也。从辵。官声。胡玩切。

【译文】逭，逃避。从辵，官声。

遯 dùn

遯，逃也。从辵，从豚。徒困切。

【译文】遯，逃遁。由辵、由豚会意。

逋 bū

逋①，亡也。从辵，甫声。博孤切。

【译文】逋，逃亡。从辵，甫声。

【注释】①逋：逃亡。《尚书·大诰》："予惟以尔庶邦，于伐殷逋播臣。"

遗 yí

遗，亡也。从辵，贵声。以追切。

【译文】遗，遗亡走失。从辵，贵声。

遂 suì

遂①，亡也。从辵，㒸声。徐醉切。

【译文】遂，逃亡。从辵，㒸声。

【注释】①遂：逃亡。引申为丧失。《墨子·法仪》："其贼人多，故天祸之，使遂失国家。"

逃 táo

逃，亡也。从辵，兆声。徒刀切。

【译文】逃，逃亡。从辵，兆声。

追 zhuī

追，逐也。从辵，𠂤声。陟佳切。

【译文】追，追赶。从辵，𠂤（duī）声。

逐 zhú

逐，追也。从辵，从豚省。直六切。

【译文】逐，追逐。由辵、由豚省肉会意。

遒 qiú

遒，迫也。从辵，酉声。字秋切。

【译文】遒，急迫。从辵，酉声。

近 jìn

近，附也。从辵，斤声。渠遴切。

【译文】近，附近。从辵，斤声。

邋 liè

邋，搚也。从辵，巤声。良涉切。

【译文】邋，折断。从辵，巤声。

迫 pò

迫，近也。从辵，白声。博陌切。

【译文】迫，靠近。从辵，白声。

遏 è

遏，微止也①。从辵，曷声。读若桑虫之蝎。乌割切。

【译文】遏，障蔽遮止。从辵，曷声。音读像桑中之虫的"蝎"字。

【注释】①微止：《国语·晋语》韦昭注：微，蔽也。微止，谓遮而止之。

迁 gān

迁，进也。从辵，干声。读若干。古寒切。

【译文】迁，进取。从辵，干声。音读像"干"字。

逞 chěng

逞，通也。从辵，呈声。楚谓疾行为逞。《春秋传》曰①："何所不逞欲②。"丑郢切。

【译文】逞，通达。从辵，呈声。楚地叫快走作逞。《春秋左传》说："什么地方不能使（您的）欲望得到快慰呢？"

【注释】①《春秋传》：指《左传·昭公十四年》。②逞欲：杜预注："逞，快也。"

53

遼 liáo

遼，远也。从辵，尞声。洛萧切。
【译文】遼，遥远。从辵，尞声。

遠 yuǎn

遠，遼也。从辵，袁声。云阮切。
【译文】遠，遥远。从辵，袁声。

逖 tì

逖，远也。从辵，狄声。他历切。
【译文】逖，远。从辵，狄声。

迥 jiǒng

迥，远也。从辵，同声。户颖切。
【译文】迥，远。从辵，同声。

逴 chuò

逴，远也。从辵，卓声。一曰：蹇也。读若
棹苕之棹。敕角切。
【译文】逴，远。从辵，卓声。另一义说：逴
是跛的意思。音读像棹苕的"棹"字。

迂 yū

迂，避也。从辵，于声。忆俱切。
【译文】迂，迂曲回避。从辵，于声。

道 dào

道，所行道也。从辵，从首。一达谓之道。
徒皓切。
【译文】道，人们行走的道路。由辵、由首会
意。完全通达无歧叫作道。

遽 jù

遽，传也。一曰：
窘也①。从辵，豦声。
其倨切。

【译文】遽，驿车
驿马。另一义说：遽
是窘迫急疾的意思。
从辵，豦声。

【注释】① 窘：驿车驿马是传递消息或传送
公文的工具。消息或公文的递送，当然十分紧
急。所以窘急是遽传的引申义。

彳部

彳 chì

彳，小步也。象人胫三属相连也。凡彳之属
皆从彳。丑亦切。
【译文】彳，微小的步伐。像人的下肢大腿、
小腿、脚三者相连之形。大凡彳的部属都从彳。

德 dé

德，升也。从彳，悳声。多则切。
【译文】德，登升。从彳，悳声。

徑 jìng

徑，步道也①。从彳，坙声。居正切。
【译文】徑，步行的小路。从彳，坙声。
【注释】① 步道：《段注》："步道谓人及牛马
可步行而不容车也。"

復 fù

復，往来也①。从彳，夏声。房六切。
【译文】復，往而复来。从彳，夏声。
【注释】① 往来：往而复来。是返回的意思。

徖 róu

徖，复也。从彳，从柔，柔亦声。人九切。
【译文】徖，往来返复。由彳、由柔会意，
柔也表读音。

徎 chěng

徎，径行也。从彳，呈声。丑郢切。
【译文】徎，从小路疾行。从彳，呈声。

往 wǎng

往，之也。从彳，㞷声。于两切。
【译文】往，出发。从彳，㞷声。

瞿 瞿 qú

瞿，行皃。从彳，瞿声。其俱切。

【译文】瞿，行走的样子。从彳，瞿声。

彼 彼 bǐ

彼，往、有所加也。从彳，皮声。补委切。

【译文】彼，往，有所增益。从彳，皮声。

徼 徼 jiāo

徼，循也[1]。从彳，敫声。古尧切。

【译文】徼，巡察。从彳，敫声。

【注释】① 循：通作巡。《后汉书·董卓传》注引循作巡。作循者，假借字。

循 循 xún

循，行顺也。从彳，盾声。详遵切。

【译文】循，顺着次序行走。从彳，盾声。

微 微 wēi

微，隐行也。从彳，敫声。《春秋传》曰："白公其徒微之。"无非切。

【译文】微，隐蔽出行。从彳，敫声。《春秋左传》说："白公的徒众把他的尸体隐匿在山上。"

徐 徐 xú

徐，安行也。从彳，余声。似鱼切。

【译文】徐，安舒地行走。从彳，余声。

徬 徬 bàng

徬，附行也。从彳，旁声。蒲浪切。

【译文】徬，附在车旁行走。从彳，旁声。

待 待 dài

待[1]，竢也[2]。从彳，寺声。徒在切。

【译文】待，等候。从彳，寺声。

【注释】① 待：等候，等待。《周易·系辞下》："君子藏器于身，待时而动。" ② 竢（sì）：本书立部："竢，待也。"《段注》："今人易其语曰'等'。"

徧 徧 biàn

徧，匝也。从彳，扁声。比荐切。

【译文】徧，周匝普遍而行。从彳，扁声。

徦 徦 jiǎ

徦，至也。从彳，叚声。古雅切。

【译文】徦，至。从彳，叚声。

很 很 hěn

很，不听从也。一曰：行难也。一曰：盭也[1]。从彳，皀声。胡恳切。

【译文】很，不听从。另一义说：是行走艰难的意思。又另一义说：是违逆乖戾的意思。从彳，皀声。

【注释】① 盭：徐锴《系传》："戾也。"

徸 徸 zhǒng

徸，相迹也。从彳，重声。之陇切。

【译文】徸，前后足迹相继。从彳，重声。

得 得 dé

得[1]，行有所得也。从彳，导声。多则切。

【译文】得，行走而有所得。从彳，导声。

【注释】① 得：获得。《孟子·公孙丑下》："得道者多助，失道者寡助。"

奇 **倚** qī

倚,举胫有渡也。从彳,奇声。去奇切。

【译文】倚,举脚渡河。从彳,奇声。

狥 **徇** xùn

徇,行示也。从彳,匀声。《司马法》:"斩以徇。"词闰切。

【译文】徇,巡行示众。从彳,匀声。《司马法》说:"斩首而巡行示众。"

律 **律** lǜ

律,均布也。从彳,聿声。吕戌切。

【译文】律,普遍施行的规律。从彳,聿声。

御 **御** yù

御,使马也。从彳,从卸①。牛据切。

【译文】御,驱使(车)马。由彳、由卸会意。

【注释】①从彳,从卸:徐锴《段注》:"卸,解车马也。彳,行也。或行或卸,皆御马者之职也。"

亍 **亍** chù

亍,步止也。从反彳,读若畜。丑玉切。

【译文】亍,行步停止。由彳字反过来表意。音读像"畜"字。

廴部

廴 **廴** yǐn

廴,长行也。从彳引之。凡廴之属皆从廴。余忍切。

【译文】廴,长远地行走。由彳字引长末笔构成。大凡廴的部属都从廴。

廷 **廷** tíng

廷,朝中也。从廴,壬声。特丁切。

【译文】廷,朝廷。从廴,壬声。

延 **延** zhēng

延,行也。从廴,正声。诸盈切。

【译文】延,行走。从廴,正声。

建 **建** jiàn

建,立朝律也。从聿,从廴。居万切。

【译文】建,建立朝廷法律。由聿、由廴会意。

延部

延 **延** chān

延,安步延延也。从廴,从止。凡延之属皆从延。丑连切。

【译文】延,缓步延延之貌。由廴、由止会意。大凡延的部属都从延。

延 **延** yán

延,长行也。从延,厂声。以然切。

【译文】延,长远地出行。从延,厂声。

行部

行 **行** xíng

行,人之步趋也①。从彳,从亍。凡行之属皆从行。户庚切。

【译文】行,人的各式行走。由彳、由亍会意。大凡行的部属都从行。

【注释】①步趋:《段注》:"步,行也。趋,走也。二者一徐一疾,皆谓之行,统言之也。"

街 **街** jiē

街①,四通道也。从行,圭声。古膎切。

【译文】街,四通八达的路。从行,圭声。

【注释】①街:引申为通道。《素问·水热穴论》:"此肾之街也。"

衢 qú

衢，四达谓之衢。从行，瞿声。其俱切。

【译文】衢，四出通达的路叫作衢。从行，瞿声。

衙 yú

衙，[衙衙] 行皃[1]。从行，吾声。鱼举切。又音牙。

【译文】衙，衙衙，（列队）行进的样子。从行，吾声。

【注释】① 行皃：当依《广韵》九鱼引作"衙衙行皃。"

衎 kǎn

衎，行喜皃。从行，干声。空旱切。

【译文】衎，行走喜悦的样子。从行，干声。

齒部

齒 chǐ

齒，口龂骨也[1]。象口齿之形，止声。凡齿之属皆从齿。昌里切。

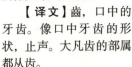

【译文】齒，口中的牙齿。像口中牙齿的形状，止声。大凡齿的部属都从齿。

【注释】① 口龂骨：桂馥《义证》："言龂所生崩也。"指牙"齿"。

龂 yín

龂，齿本也。从齿，斤声。语斤切。

【译文】龂，牙齿的根本。从齿，斤声。

齔 chèn

齔，毁齿也[1]。男八月生齿，八岁而齔。女七月生齿，七岁而齔。从齿，从七[匕]。初菫切。

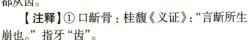

【译文】齔，缺齿。男孩八月生乳齿，八岁就缺落乳齿。女孩七月生乳齿，七岁就缺落乳齿。

从齿，从匕。

【注释】① 毁齿：毁，缺也。是指缺落乳齿，换长恒齿。

齜 chái

齜，齿相断也。一曰：开口见齿之皃[1]。从齿，柴省声。读若柴。仕街切。

【译文】齜，牙齿互相摩切。另一义说：开口现齿的样子。从齿。柴省木为声。音读像"柴"字。

【注释】① 开口见齿之皃：此义今读 zī。

齵 óu

齵，齿不正也。从齿，禺声。五娄切。

【译文】齵，牙齿参差不齐的样子。从齿，禺声。

齦 kěn

齦[1]，啮也。从齿，艮声。康很切。

【译文】齦，啃啮。从齿，艮声。

【注释】① 齦：《六书故·人四》："齦，啮食骨间肉也。"今作"啃"。

齰 xiá

齰，（齿）[齧] 坚声[1]。从齿，吉声。赫辖切。

【译文】齰，用牙齿咬啮坚硬食物的声音。从齿，吉声。

【注释】① 齿：当依《玉篇》作"啮"。

齨 jiù

齨，老人齿如臼也。一曰：马八岁齿臼也。从齿，从臼，臼亦声，其久切。

【译文】齨，老人齿形如臼。另一义说：八岁马齿形如臼。由齿，由臼会意，臼也表声。

齬 yǔ

齬[1]，齿不相值也。从齿，吾声。鱼举切。

【译文】齬，牙齿不整齐相对。从齿，吾声。

【注释】① 齬：《集韵·鱼韵》："齬，齿一前一却。"

齸 yì

齸，鹿麋粻。从齿，益声。伊昔切。

【译文】齸，麋鹿反刍嚼食。从齿，益声。

鰤 zhì

鰤，齿坚也。从齿，至声。陟栗切。

【译文】鰤，咬嚼坚硬的东西。从齿，至声。

齛 xiè

齛，羊粻也①。从齿，世声。私列切。

【译文】齛，羊反刍嚼食。从齿，世声。

【注释】① 粻：《尔雅·释言》："粻，粮也。"此粻字用作动词，嚼食之意。"

齰 huá

齰，啮骨声。从齿，从骨，骨亦声。户八切。

【译文】齰，咬骨头的声音。由齿、由骨会意，骨也表声。

齰 kuò

齰，噍声。从齿，昏声。古活切。

【译文】齰，咀嚼声。从齿，昏声。

齰 bó

齰，噍坚也。从齿，博省声。补莫切。

【译文】齰，咀嚼坚硬的食物。从齿，博省十为声。

牙部

牙 yá

牙，（牡）〔壮〕齿也①。象上下相错之形。凡牙之属皆从牙。五加切。

【译文】牙，大齿。像上下齿相互交错的样子。大凡牙的部属都从牙。

【注释】① 牡：《段注》："壮各本讹作牡。"

齭 qǔ

齭，齿蠹也。从牙，禹声①。区禹切。

【译文】齭，牙齿被蛀虫蛀坏。从牙，禹声。

【注释】① 禹声：桂馥《义证》："禹，虫也。故文从禹。"声中有义。

足部

足 zú

足，人之足也。在下①。从止口。凡足之属皆从足。即玉切。

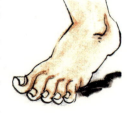

【译文】足，人体下肢的总称。在人体的下部。由止口会意。大凡足的部属都从足。

【注释】① 在下：段注作"在体下"。

蹏 tí

蹏①，足也。从足，虒声。杜兮切。

【译文】蹏，兽畜的脚蹄。从足，虒声。

【注释】① 蹏，俗作蹄。

跟 gēn

跟，足踵也①。从足，艮声。古痕切。

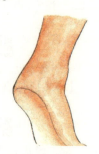

【译文】跟，脚后跟。从足，艮声。

【注释】① 踵：《释名·释形体》："足后曰跟，在下方着地，一体任之，象木头也。又谓之踵。"

踝 huái

踝，足踝也。从足，果声。胡瓦切。

【译文】踝，脚的踝骨。从足，果声。

跖 跖 zhí

跖，足下也。从足，石声。之石切。

【译文】跖，脚掌。从足，石声。

踦 踦 qī

踦，一足也。从足，奇声。去奇切。

【译文】踦，一只脚。从足，奇声。

跪 跪 guì

跪，拜也①。从足，危声。去委切。

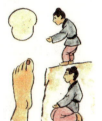

【译文】跪，（两膝着地、准备）拜倒的一种姿势。从足，危声。

【注释】① 拜：朱骏声《通训定声》："两膝挂地，所以拜也，不拜曰跽。"《正字通·足部》："朱子……箸《跪坐拜说》：两膝着地，以尻着踵而稍安者为坐；伸腰及股而势危者为跪；因跪而益致其恭以头着地为拜。"

跽 跽 jì

跽①，长跪也。从足，忌声。渠几切。

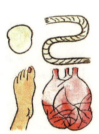

【译文】跽，上身伸直，双膝着地。从足，忌声。

【注释】① 跽：《段注》："系（继）于拜曰跪，不系于拜曰跽。"朱骏声《通训定声》："长跽则两膝挶地而耸体。"

踧 踧 cù

踧，行平易也。从足，叔声。《诗》曰："踧踧周道。"子六切。

【译文】踧，行走平易。从足，叔声。《诗经》说："平坦的大道。"

躣 躣 qú

躣，行皃。从足，瞿声。其俱切。

【译文】躣，行走的样子。从足，瞿声。

踖 踖 jí

踖，长胫行也。从足，昔声。一曰：跾踖。资昔切。

【译文】踖，长胫行走。从足，昔声。另一义说：是跾踖的意思。

踽 踽 qǔ

踽，疏行皃。从足，禹声。《诗》曰："独行踽踽。"区主切。

【译文】踽，独行无亲的样子。从足，禹声。《诗经》说："独自行走，踽踽无亲。"

踰 踰 yú

踰，越也。从足，俞声。羊朱切。

【译文】踰，越过。从足，俞声。

跋 跋 yuè

跋，轻也。从足，戉声。王伐切。

【译文】跋，脚步轻轻。从足，戉声。

蹻 蹻 jué

蹻，举足行高也。从足，乔声。《诗》曰："小子蹻蹻。"居勺切。

【译文】蹻，举足行走在高空之中。从足，乔声。《诗经》说："小伙子们多么骄傲。"

踊 踊 yǒng

踊①，跳也。从足，甬声。余陇切。

【译文】踊，跳跃。从足，甬声。

【注释】① 踊：跳。《左传·哀公八年》："微虎欲宵攻王舍，私属徒七百人三踊于幕庭，卒三百人，有若与焉。"

蹌 蹌 qiāng

蹌，动也。从足，仓声。七羊切。

【译文】蹌，动。从足，仓声。

蹟 jī

蹟，登也。从足，齐声。《商书》曰[1]："予颠蹟。"祖鸡切。

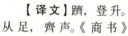

【译文】蹟，登升。从足，齐声。《商书》说："我们商朝将会颠覆、坠落。"

【注释】①《商书》：指《微子》。承培元《引经证例》："此引《书》证登、降同词也。今作阶，俗字。许书所无，今多用之。颠蹟：颠，陨；蹟，队（坠）也。……古人美恶不嫌同词。"

躍 yuè

躍[1]，迅也。从足，翟声。以灼切。

【译文】躍，迅疾。从足，翟声。

【注释】① 躍：跳跃。《诗经·大雅·旱麓》："鸢飞戾天，鱼跃于渊。"郑玄笺："鱼跳跃于渊中，喻民喜得所。"《荀子·劝学》："骐骥一跃，不能十步；驽马十驾，功在不舍。"

蹴 cù

蹴[1]，躡也。从足，就声。七宿切。

【译文】蹴，践踏。从足，就声。

【注释】① 蹴：踩，踏。《汉书·贾谊传》："蹴其刍者有罚。"引申为踢。《汉书·枚乘传》："蹴鞠刻镂。"

躡 niè

躡，蹈也。从足，聂声。尼辄切。

【译文】躡，踩踏。从足，聂声。

跧 quán

跧，蹴也。一曰：卑也，蜷也[1]。从足，全声。庄缘切。

【译文】跧，踹踏。另一义说，低伏，蜷曲。从足，全声。

【注释】① 蜷：《段注》："蜷当为拳曲之拳。"

跨 kuà

跨[1]，渡也。从足，夸声。苦化切。

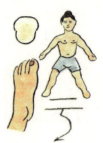

【译文】跨，越过。从足，夸声。

【注释】① 跨：《段注》："谓大（拉大）其两股间（两腿的距离），以有所越也。"

蹋 tà

蹋[1]，践也。从足，弱声。徒盍切。

【译文】蹋，践踏。从足，弱声。

【注释】① 蹋：《段注》："俗作踏。"

蹈 dǎo

蹈，践也。从足，舀声。徒到切。

【译文】蹈，践踏。从足，舀声。

躔 chán

躔，践也。从足，廛声。直连切。

【译文】躔，践履。从足，廛声。

踐 jiàn

踐，履也。从足，戋声。慈衍切。

【译文】踐，踩踏。从足，戋声。

踵 zhǒng

踵，追也。从足，重声。一曰：往来皃。之陇切。

【译文】踵，追逐。从足，重声。另一义说：踵是来往的样子。

躅 zhú

躅，蹢躅也。从足，蜀声。直录切。

【译文】躅，蹢躅。从足，蜀声。

踤 zú

踤，触也。从足，卒声。一曰：骇也。一曰：苍踤。昨没切。

【译文】踔，触撞。从足，卒声。另一义说：惊骇。又另一义说：苍踔。

蹶 jué

蹶，僵也。从足，厥声。一曰：跳也。亦读若樇①。居月切。

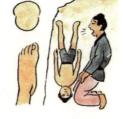

【译文】蹶，僵仆跌倒。从足，厥声。另一义说：蹶是跳的意思。音读又像"樇"字。

【注释】①亦读若樇：《段注》作"读亦若樇"："'亦若'谓读若厥矣，又读若樇也。"

跳 tiào

跳①，蹶也。从足，兆声。一曰：跃也。徒辽切。

【译文】跳，跳起。从足，兆声。另一义说：跃过。

【注释】①跳：跳跃。引申为蹩脚、弃。

蹎 diān

蹎，跋也①。从足，真声。都年切。

【译文】蹎，蹎跋。从足，真声。

【注释】①跋：应连篆为读。王筠《句读》："《玉篇》作'蹎跋也'。蹎跋即颠沛，双声连语。"跌倒的意思。

跋 bá

跋，蹎跋也①。从足，友声。北末切。

【译文】跋，蹎跋。从足，友声。

【注释】①蹎跋：《段注》："跋，经传多段借沛字为之。《大雅》、《论语》'颠沛'皆即'蹎跋'也。"

踖 jí

踖，小步也。从足，脊声。《诗》曰："不敢不踖。"资昔切。

【译文】踖，小步行走。从足，脊声。《诗经》说："不敢不小步行走。"

跌 diē

跌，踼也。从足，失声。一曰：越也。徒结切。

【译文】跌，跌踼。从足，失声。另一义说：跌是过度。

踞 jù

踞，蹲也①。从足，居声。居御切。

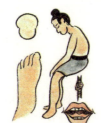

【译文】踞，坐。从足，居声。

【注释】①蹲：徐灏《段注笺》："居字借为居处之意，因增足旁为蹲踞字。此盖汉时已然。许于'居'下著其本意，而此仍用当时通行之字。全书此类甚多。"

蹲 dūn

蹲，踞也。从足，尊声。徂尊切。

【译文】蹲，坐。从足，尊声。

踼 táng

踼，跌踼也。从足，易声。一曰：抢也。徒郎切。

【译文】踼，跌。从足，易声。另一义说：踼是抵拒。

跛 bǒ

跛，行不正也。从足，皮声。一曰：足排之。读若彼。布火切。

【译文】跛，行步偏跛不正。从足，皮声。另一义说，跛是"足排之"。音读像"彼"字。

蹇 jiǎn

蹇，跛也。从足，寒省声。九辇切。

【译文】蹇，跛。从足，寒省仌为声。

距 距 jù

距，鸡距也[1]。从足，巨声。其吕切。

【译文】距，鸡腿后面突出像脚趾的部分。从足，巨声。

【注释】①鸡距：《汉书·五行志》："不鸣不将无距。"

趽 趽 péng

趽，曲胫马也。从足，方声。读与彭同。薄庚切。

【译文】趽，曲胫马。从足，方声。音读与"彭"字同。

趹 趹 jué

趹，马行皃。从足，决省声。古穴切。

【译文】趹，马疾奔的样子。从足，决省水为声。

跰 跰 yàn

跰，兽足企也[1]。从足，开声。五甸切。

【译文】跰，兽脚前面着地。从足，开声。

【注释】①兽足企：王筠《句读》："兽足率前后皆着地。企则前面着地而已。"

路 路 lù

路，道也。从足，从各[1]。洛故切。

【译文】路，道路。从足，从各声。

【注释】①从各：徐锴《系传》作"各声"。

蹸 蹸 lìn

蹸，轹也。从足，粦声。良忍切。

【译文】蹸，用足践踏。从足，粦声。

跂 跂 qí

跂，足多指也。从足，支声。巨支切。

【译文】跂，多出的脚趾。从足，支声。

疋部

疋 疋 shū

疋，足也。上象腓肠，下从止。《弟子职》曰[1]："问疋何止[2]。"古文以为《诗·大疋》字。亦以为足字。或曰：胥字。一曰：疋，记也。凡疋之属皆从疋。所菹切。

【译文】疋，足。上部像小腿肚，下面从止。《弟子职》说："问足放在何处。"古文把它用作《诗经·大雅》的"疋"字。也用它作"足"字。另一义说：疋是胥吏的胥字。又另一义说：疋是疏记。大凡疋的部属都从疋。

【注释】①《弟子职》：《段注》："《管子》书篇名。"②问疋何止：《段注》，"谓问尊长之卧，足当在何方也。"疋何止：疋止何。止：止息。王筠《句读》："今本作'问所何趾，疋有所音，以音读易本文也。"

㽿 㽿 shū

㽿，门户疏窗也。从疋。疋亦声。囱象㽿形。读若疏。所菹切。

【译文】㽿，门户上刻缕的窗牖。从疋，疋也表声。囱像门上窗牖之形。音读像"疏"字。

㽵 㽵 shū

㽵，通也。从爻[1]，从疋[2]，疋亦声。所菹切。

【译文】㽵，通达。由爻、由疋会意，疋也表声。

【注释】①爻：像窗格交横。②疋：稀疏。窗格稀疏，故会通达之意。

品部

品 pǐn

品，众庶也①。从三口②。凡品之属皆从品。丕饮切。

【译文】品，众多。由三个口字会意。大凡品的部属都从品。

【注释】① 众庶：同义复合。② 从三口：《段注》："人三为众，故从三口会意。"

㗊 niè

㗊，多言也。从品相连。《春秋传》曰①："次于岩北。"读与聂同。尼辄切。

【译文】㗊，多言。从三口相连。《春秋左传》说："驻军在岩北。"音读与"聂"字同。

【注释】①《春秋传》：指《左传·僖公元年》。今本作"聂北"。

龠部

龠 yuè

龠，乐之竹管，三孔，以和众声也。从品龠；龠，理也。凡龠之属皆从龠。以灼切。

【译文】龠，乐器中编竹而成的管乐，多孔，是用来调谐众乐之声的主乐器。由品字、龠字会意。龠是（乐曲）有条理的意思。大凡龠的部属都从龠。

龢 hé

龢，调也①。从龠，禾声。读与和同。户戈切。

【译文】龢，（音乐）和谐。从龠。禾声。音读与"和"字同。

【注释】① 调：沈涛《古本考》："《一切经音

义》卷六引作'音乐和调也'。"

龤 xié

龤，乐和龤也。从龠，皆声。《虞书》曰①："八音克龤。"户皆切。

【译文】龤，乐声和谐。从龠，皆声。《唐书》说："八种乐器的声音能够和谐。"

【注释】①《虞书》：指《唐书·尧典》。八音：指金、石、丝、竹、匏、土、革、木八种乐器。今本作"谐"。

册部

册 cè

册，符命也①。诸侯进受于王也。象其札一长一短；中有二编之形。凡册之属皆从册。楚革切。

【译文】册，符信教命。诸侯进朝接受于王者的简策。像那简札一长一短的样子，中间表示有两道穿连竹简的绳子。大凡册的部属都从册。

【注释】① 符命：符信教命，写在简册之上。徐灏《段注笺》："凡简书皆谓之册，不独诸侯进受于王也。此举其大者而言。符、册亦二事也。"

嗣 sì

嗣，诸侯嗣国也。从册①，从口，司声。祥吏切。

【译文】嗣，诸侯继承国君之位。由册、由口会意，司表声。

【注释】① 从册从口，徐锴《系传》："《尚书》祝册，谓册必于庙，史读其册也，故从口，此会意。"

扁 biǎn

扁，署也。从户册。户册者，署门户之文也。方沔切。

【译文】扁，题署。由户、册会意。户册会意的意思是：表示题署门户的文字。

品部

嚣 嚣 xiāo

嚣，声也。气出头上。从品，从頁。頁，首也。许娇切。

【译文】嚣，（众口喧哗）之声。语气从头上冒出。由品、由頁会意。頁，表示头。

器 器 qì

器，皿也①。象器之口，犬所以守之。去冀切。

【译文】器，器皿。像器皿的口，犬是用来守卫器皿的。

【注释】① 皿：本谓食器，此谓器具。

舌部

舌 舌 shé

舌，在口，所以言也、别味也。从干，从口，干亦声。凡舌之属皆从舌。食列切。

【译文】舌，在口中，是用来说话的器官，是用来辨别滋味的器官。由干、由口会意，干也表声。大凡舌的部属都从舌。

舐 舓 shì

舓，以舌取食也。从舌，易声。神旨切。

【译文】舓，用舌头舔取食物。从舌，易声。

干部

干 干 gān

干，犯也。从反入，从一。凡干之属皆从干。古寒切。

【译文】干，侵犯。由倒入字、由一字会意。大凡干的部属都从干。

只部

只 只 zhǐ

只，语已词也。从口，象气下引之形状。凡只之属皆从只。诸氏切。

【译文】只，表示语气停顿的虚词。从口，（八）像气下行的形状。大凡只的部属都从只。

矞部

矞 矞 yù

矞，以锥有所穿也。从矛，从矞。一曰：满有所出也。余律切。

【译文】矞，用锥子凿穿物体。由矛、由矞会意。另一义说：矞，盈满而有溢出的东西。

商 商 shāng

商，从外知内也①。从矞，章省声②。式阳切。

【译文】商，从外面估测里面的情况。从矞，章省声。

【注释】① 从外知内：王筠《句读》："谓由外以测其内也。" ② 章省声：是说小篆商的上部是小篆章的省略。

句部

句 句 jù

句，曲也。从口，丩声。凡句之属皆从句。古侯切。又，九遇切。

【译文】句，弯曲。从口，丩声。大凡句的部属都从句。

部属都从古。

拘 拘 jū

拘，止也。从句，从手，句亦声。举朱切。

【译文】拘，用手制止。由句、由手会意，句也表声。

笱 笱 gǒu

笱，曲竹捕鱼笱也。从竹，从句，句亦声。古厚切。

【译文】笱，使竹篾弯曲而编成的捕鱼笼子。由竹、由句会意，句也表声。

鉤 鉤 gōu

鉤，曲也。从金，从句，句亦声。古侯切。

【译文】鉤，金属曲钩。由金、由句会意，句也表声。

丩部

丩 丩 jiū

丩，相纠缭也。一曰：瓜瓠结丩起。象形。凡丩之属皆从丩。居虬切。

【译文】丩，相互纠缠。另一义说：丩是瓜瓠的滕，缘物缠结而升起。像纠合之形。大凡丩的部属都从丩。

糾 糾 jiū

糾，绳三合也。从糸丩。居黝切。

【译文】糾，绳多股绞合在一起。由糸、丩会意。

古部

古 古 gǔ

古，故也。从十口，识前言者也。凡古之属皆从古。公户切。

【译文】古，久远的年代。由十、口会意，表示众口相传，记识前代的言语和故事。大凡古的

𡭴 𡭴 jiǎ

𡭴，大、远也。从古，叚声。古雅切。

【译文】𡭴，大、远。从古，叚声。

十部

十 十 shí

十，数之具也。一为东西，丨为南北，则四方中央备矣。凡十之属皆从十。是执切。

【译文】十，（十进制）数字完备的标志。一表示东西，丨表示南北，（一丨相交为十，）那么，东西南北和中央全都完备了。大凡十的部属都从十。

千 千 qiān

千①，十百也。从十，从人。此先切。

【译文】千，十个百。由十、由人会意。

【注释】① 千：孔广居《疑疑》："从一，人声。十百千皆数之成，故皆从一。"

丈 丈 zhàng

丈，十尺也。从又持十。直两切。

【译文】丈，十尺。由手拿着"十"来表示。

博 博 bó

博，大、通也①。从十，从尃。尃，布也。补各切。

【译文】博，广大；精通。由十、由尃会意。尃是分布的意思。

【注释】① 大、通也：

《玉篇》："博，广也，通也。'"

廿 廿 niàn

廿，二十并也。古文，省。人汁切。

【译文】廿，两个十字合并而成。是孔壁中的古文，是一种省略形式。

卅部

卅 卅 sà

卅，三十并也。古文，省①。凡卅之属皆从卅。苏沓切。

【译文】卅，由三个十字合并而成。是孔壁古文，是三十的省略形式。大凡卅的部属都从卅。

世 世 shì

世，三十年为一世。从卅而曳长之。亦取其声也①。舒制切。

【译文】世，三十年叫一世。由卅字延长它的末笔而成。（卅字延长末笔成乁(yí)字）世也取乁表声。

【注释】① 亦取其声：《段注》："世合卅、乁会意，亦取乁声为声，读如曳也。"徐灏笺："三十年为一世，世者父子相继之称。故从卅而引长之，会意。"

言部

言 言 yán

言，直言曰言，论难曰语①。从口，辛声。凡言之属皆从言。语轩切。

【译文】言，直接讲说叫言。议论辩驳叫语。从口，辛声。大凡言的部属都从言。

【注释】① 难：辩驳。

謦 謦 qǐng

謦，欬也。从言，殸声。去挺切。

【译文】謦，咳嗽。从言，殸声。

語 語 yǔ

語，论也。从言，吾声。鱼举切。

【译文】語，辩论。从言，吾声。

談 談 tán

談，语也。从言，炎声。徒甘切。

【译文】談，对话谈论。从言，炎声。

謂 謂 wèi

謂，报也。从言，胃声。于贵切。

【译文】謂，评论。从言，胃声。

詵 詵 shēn

詵，致言也①。从言，从先，先亦声。《诗》曰②："螽斯羽诜诜兮。"所臻切。

【译文】詵，以言相问。由言、由先会意，先也表声。《诗经》说："蚱蜢的翅膀，那么多啊。"

【注释】① 致言：以言相问。②《诗》：指《诗经·周南·螽(zhōng)斯》。螽：蝗类昆虫，即蚱蜢、蚂蚱。斯：语词。诜诜：众多的样子。单言为致言，重言为众多，所以引《诗》证众多义。

請 請 qǐng

請，谒也。从言，青声。七井切。

【译文】請，谒见。从言，青声。

謁 謁 yè

謁，白也。从言，曷声。于歇切。

【译文】謁，告诉。从言，曷声。

許 許 xǔ

許，听也①。从言，午声。虚吕切。

【译文】許，听从其言。从言，午声。

【注释】① 听：听从其言。引申为凡顺从之称。

66

諾 nuò

諾，譍也①。从言，若声。奴各切。

【译文】諾，应答之声。从言，若声。

【注释】①譍：古应字。

讎 chóu

讎，犹譍也。从言，雔声。市流切。

【译文】讎，对答。从言，雔声。

諸 zhù

諸，辩也。从言，者声。章鱼切。

【译文】諸，表示区别的虚词。从言，者声。

詩 shī

詩，志也①。从言，寺声。书之切。

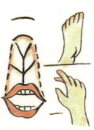

【译文】詩，用言语表达心志的一种文学体裁。从言，寺声。

【注释】①志：《毛诗序》："诗者，志之所之也。在心为志，发言为诗。"按此同声为训。

讖 chèn

讖，验也。从言，韱声。楚荫切。

【译文】讖，有应验的言语。从言，韱声。

諷 fěng

諷，诵也。从言，風声。芳奉切。

【译文】諷，背诵。从言，風声。

誦 sòng

誦①，讽也。从言，甬声。似用切。

【译文】誦，朗诵。从言，甬声。

【注释】①誦：桂馥《义证》引阎若璩说："诵之者，抑扬高下其声，而后可以得其人之性情与其贞淫、邪正、忧乐之不同。"

讀 dú

讀，诵书也。从言，賣声。徒谷切。

【译文】讀，朗诵而又思索。从言，賣声。

訓 xùn

訓，说教也。从言，川声。许运切。

【译文】訓，解说式的教导。从言，川声。

誨 huì

誨，晓教也。从言，每声。荒内切。

【译文】誨，明白地教导。从言，每声。

譔 zhuàn

譔，专教也。从言，巽声。此缘切。

【译文】譔，专心教导。从言，巽声。

譬 pì

譬，谕也①。从言，辟声。匹至切。

【译文】譬，告谕。从言，辟声。

【注释】①谕：告。以谕训譬，统言之；析言之，则用别的事物来比方叫作譬。《墨子·小取》："辟（譬）也者，举他物而以明之也。"

諭 yù

諭，告也。从言，俞声。羊戍切。

【译文】諭，告知。从言，俞声。

詖 bì

詖，辩论也①。古文以为颇字。从言，皮声。彼义切。

【译文】詖，辩论。古文把它作为偏颇的"颇"字。从言，皮声。

【注释】①辩论：《段注》："此诐字正义。皮，剥取兽革也。披，析也。凡从皮之字皆有分析之意。故诐为辩论也。"

諄 zhūn

諄，告晓之孰也①。从言，享声。读若庉。章伦切。

【译文】諄，仔细周详地告明。从言，享声。音读像"庉"（dùn）字。

【注释】①告晓之孰：即孰告晓。孰：仔细、周详。

誾 yín

誾，和说而争也。从言，門声。语巾切。

【译文】誾，和悦而正直地争辩。从言，門声。

謀 móu

謀，虑难曰谋①。从言，某声。莫浮切。

【译文】謀，考虑事情的难易叫谋。从言，某声。

【注释】①难：指事之难易。

謨 mó

謨，议谋也。从言，莫声。《虞书》曰：咎繇谟"。莫胡切。

【译文】謨，泛议以定其谋。从言，莫声。《虞书》有《皋陶谟》篇。

訪 fǎng

訪，泛谋曰访。从言，方声。敷亮切。

【译文】訪，广泛地征求意见叫访。从言，方声。

諏 zōu

諏，聚谋也。从言，取声。子于切。

【译文】諏，聚集起来征求意见。从言，取声。

論 lún

論，议也。从言，侖声。卢昆切。

【译文】論，分析议论。从言，侖声。

議 yì

議，语也。从言，義声①。宜寄切。

【译文】議，论事之宜。从言，義声。

【注释】①義声：《中庸》："義者宜也。"声中有义。

訂 dìng

訂，平议也。从言，丁声。他顶切。

【译文】訂，评议。从言，丁声。

詳 xiáng

詳，审议也①。从言，羊声。似羊切。

【译文】詳，详细审议。从言，羊声。

【注释】①审：详密。议：审议。

諟 shì

諟，理也。从言，是声。承旨切。

【译文】諟，料理之使之正确。从言，是声。

諦 dì

諦，审也。从言，帝声。都计切。

【译文】諦，审察。从言，帝声。

識 shí

識，常也。一曰：知也。从言，戠声。赏职切。

【译文】識（zhì），旗帜。另一义说：识是知道。从言，戠声。

訊 xùn

訊，问也。从言，卂声。思晋切。

【译文】訊，询问。从言，卂声。

詧 chá

詧，言微亲詧也。从言，（察）［祭］省声。

楚八切。

【译文】詧，用隐微之言来亲自观察别人。从言，祭省示为声。

謹 謹 jǐn

謹，谨慎也。从言，堇声。居隐切。

【译文】謹，慎重。从言，堇声。

信 信 xìn

信①，诚也。从人，从言，会意。息晋切。

【译文】信，诚实。由人、由言会意。

【注释】①信：真实可信。《诗经·小雅·信南山》："信彼南山，维禹甸之。"

訦 訦 chén

訦，燕、代、东齐谓信谌①。从言，尤声。是吟切。

【译文】訦，燕、代、东齐叫信实不欺作谌。从言，尤声。

【注释】①燕代句：《方言》卷一："谌，信也。燕、代、东齐曰谌。"

誠 誠 chéng

誠，信也。从言，成声。氏征切。

【译文】誠，信实不欺。从言，成声。

誡 誡 jiè

誡，敕也。从言，戒声。古拜切。

【译文】誡，告诫。从言，戒声。

諱 諱 huì

諱，誋也①。从言，韋声。许贵切。

【译文】諱，避忌。从言，韋声。

【注释】①誋：王筠《句读》："誋当作忌。"忌，憎恶也。

詔 詔 zhào

詔，告也。从言，从召，召亦声。之绍切。

【译文】詔，告诉。由言、由召会意，召也表声。

誥 誥 gào

誥①，告也。从言，告声。古到切。

【译文】誥，告诉。从言，告声。

【注释】①誥：告示。《尚书·酒诰》："文王诰教小子，有正有事，无彝酒。"

譣 譣 xiān

譣，问也。从言，僉声。《周书》曰："勿以譣人。"息廉切。

【译文】譣，按问。从言，僉声。《周书》说："不要用贪利、奸佞的小人。"

誓 誓 shì

誓，约束也①。从言，折声。时制切。

【译文】誓，约束的言词。从言，折声。

【注释】①约束：《段注》："《周礼》五戒，一曰誓，用之于军旅。"

詁 詁 gǔ

詁，训故言也。从言，古声。《诗》曰诂训。公户切。

【译文】詁，解释古代的语言。从言，古声。毛《诗》说解叫诂训。

藹 藹 ǎi

藹，臣尽力之美。从言，葛声。《诗》曰："藹藹王多吉士。"于害切。

【译文】藹，形容臣子竭忠尽力的美好。从言，葛声。《诗经》说："尽力得好啊。周王的众多贤士！"

誎 誎 cù

誎，餔旋促也①。从言。束声。桑谷切。

【译文】誎，将食之时速促人来食。从言，束声。

【注释】①餔旋促：餔，泛言饮食。旋，疾速之意。促，催督也。

諝 諝 xǔ

諝，知也。从言，胥声。私吕切。

【译文】諝，才智。从言，胥声。

証 証 zhèng

証，谏也。从言，正声①。之盛切。

【译文】証，直言劝谏。从言，正声。

【注释】①正声：徐灏《段注笺》："证者正也。"声中有义。

諫 諫 jiàn

諫，証也①。从言，束声。古晏切。

【译文】諫，直言劝谏。从言，束声。

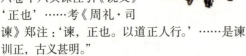

【注释】①証也：丁福保《诂林》："《慧琳音义》六卷十六页谏注引《说文》'正也'……考《周礼·司谏》郑注：'谏，正也。以道正人行。'……是谏训正，古义甚明。"

諴 諴 xián

諴，和也。从言，咸声。《周书》曰①："不能諴于小民。"胡毚切。

【译文】諴，和协。从言，咸声。《周书》说："很能和谐老百姓。"

【注释】①《周书》：指《召诰》。"不"今本作"丕"。《孔传》丕训大。

試 試 shì

試，用也。从言，式声。《虞书》曰："明试以功。"式吏切。

【译文】試，使用。从言，式声。《虞书》

说："明确地用办事来试用他们。"

詮 詮 quán

詮，具也。从言，全声。此缘切。

【译文】詮，周详地解说。从言，全声。

訢 訢 xīn

訢，喜也。从言，斤声。许斤切。

【译文】訢，喜悦。从言，斤声。

說 說 shuō

說，说释也。从言、兑。一曰：谈说。失爇切。又，弋雪切。

【译文】說（yuè），喜悦。由言、兑会意。另一义说：说（shuō）是谈说的意思。

計 計 jì

計，会也，筹也。从言，从十。古诣切。

【译文】計，总计，计算。由言、由十会意。

諧 諧 xié

諧，詥也。从言，皆声。户皆切。

【译文】諧，和谐。从言，皆声。

詥 詥 hé

詥，谐也。从言，合声。候合切。

【译文】詥，和谐。从言，合声。

調 調 tiáo

調，和也。从言，周声。徒辽切。

【译文】調，和合。从言，周声。

警 警 jǐng

警，戒也。从言，从敬，敬亦声。居影切。

【译文】警，告诫。由言、由敬会意，敬也表声。

謐 mì

謐，静语也①。从言，尛声。一曰：无声也。弥必切。

【译文】謐，平静之语。从言，尛声。另一义说：謐是没有声音。

【注释】① 静语：平静之言，与诤言相对。

誼 yì

誼，人所宜也。从言，从宜，宜亦声。仪寄切。

【译文】誼，人们认为合宜的事物。由言、由宜会意，宜也表声。

谦 qiān

谦，敬也。从言，兼声。苦兼切。

【译文】谦，恭敬别人。从言，兼声。

詡 xǔ

詡，大言也。从言，羽声。况羽切。

【译文】詡，大话。从言，羽声。

設 shè

設，施陈也。从言，从殳。殳，使人也。识列切。

【译文】設，布列陈设。由言、由殳会意。殳是用来指使人的东西。

護 hù

護，救、视也。从言，蒦声。胡故切。

【译文】護，救护，监视。从言，蒦声。

託 tuō

託，寄也。从言，乇声。他各切。

【译文】託，寄托。从言，乇声。

記 jì

記，疏也。从言，己声。居吏切。

【译文】記，记载。从言，己声。

譽 yù

譽，称也。从言，與声。羊茹切。

【译文】譽，称赞。从言，與声。

譒 bò

譒，敷也。从言，番声。《商书》曰："王譒告之。"补过切。

【译文】譒，布告。从言，番声。《商书》说："先王布告政令。"

謝 xiè

謝①，辞、去也。从言，躲声。辞夜切。

【译文】謝，辞去，离开。从言，躲声。

【注释】① 謝：《玉篇》云："謝，舍也，去也。"《段注》："辞不受也。……引伸为凡去之偁。又为衰退之称。"

謳 ōu

謳，齐歌也①。从言，區声。乌侯切。

【译文】謳，齐声歌唱。从言，區声。

【注释】① 齐歌：徐锴《系传》："齐，众也。"《汉书·高帝纪上》颜师古注："讴，齐歌也，谓齐声而歌。"

诤 zhèng

诤，止也①。从言，争声②。侧迸切。

【译文】诤，以争辩止其过失。从言，争声。

【注释】①止：徐锴《系传》："谓能止其失也。"②争声：声中有义。

詠 yǒng

詠，歌也。从言，永声①。为命切。

【译文】詠，长声歌吟。从言，永声。

【注释】① 永声：声中有义。永，长也。

訖 qì

訖，止也①。从言，气声。居迄切。

【译文】訖，言辞终止。从言，气声。

【注释】① 止：引申为凡停止、终止义。

諺 yàn

諺，传言也。从言，彦声。鱼变切。

【译文】諺，世俗流传的古语。从言，彦声。

訝 yà

訝，相迎也。从言，牙声。《周礼》曰："诸侯有卿讶发。"吾驾切。

【译文】訝，用言辞欢迎宾客。从言，牙声。《周礼》说："（宾客）是诸侯。就有卿来迎接。"

詣 yì

詣，候至也。从言，旨声。五计切。

【译文】詣，因问候而至。从言。旨声。

講 jiǎng

講，和解也。从言，冓声。古项切。

【译文】講，和解。从言，冓声。

訥 nè

訥①，言难也。从言，从内。内骨切。

【译文】訥，言语困难。从言，从内。

【注释】① 訥：谓言辞迟钝。《论语》："君子欲讷于言而敏于行。"苞曰："讷，迟钝也。"

譇 jiē

譇，譇誽也。从言，虘声。侧加切。

【译文】譇，譇誽。从言，虘声。

譜 zé

譜，大声也。从言，昔声。读若笮。壮革切。

【译文】譜，大声。从言，昔声。音读像"笮（zuó）"字。

諛 yú

諛，谄也①。从言，臾声。羊朱切。

【译文】諛，谄媚。从言，臾声。

【注释】① 谄（chǎn）：谄媚，用甜言蜜语奉承人。

諂 chǎn

諂，諛也。从言，閻声。丑琰切。

【译文】諂，谄媚。从言，閻声。

諼 xuān

諼，诈也。从言，爰声。况袁切。

【译文】諼，欺诈。从言，爰声。

謾 mán

謾，欺也。从言，曼声。母官切。

【译文】謾，欺骗。从言，曼声。

誹 fěi

誹，谤也。从言，非声。敷尾切。

【译文】詳，毁谤。从言，非声。

謗 bàng

謗，毁也。从言，旁声。补浪切。

【译文】謗，毁谤。从言，旁声。

譸 zhōu

譸，詶也。从言，壽声。读若酬。《周书》曰："无或诪张为幻。"张流切。

【译文】譸，诅咒。从言，壽声。音读像"酬"字。《周书》说："没有互相欺诳、诈惑的。"

詛 zǔ

詛①，詶也。从言，且声。庄助切。

【译文】詛，诅咒。从言，且声。

【注释】①詛：引申为赌咒立誓、咒骂。

誤 wù

誤①，谬也。从言，吴声。五故切。

【译文】誤，谬误。从言，吴声。

【注释】①誤：犯错误。《尚书·立政》："继自今，文子文孙其勿误于庶狱庶慎，惟正是义之。"

訾 zǐ

訾，不思称意也。从言，此声。《诗》曰："翕翕訛訛。"将此切。

【译文】訾，不想使上级满意。从言，此声。《诗经》说："翕翕地（害他的上级），訛訛地（不想使他的上级满意）。"

註 guà

註，误也。从言，佳省声。古卖切。

【译文】註，谬误。从言，佳省人为声。

謬 miù

謬①，狂者之妄言也。从言，翏声。靡幼切。

【译文】謬，狂妄的人的荒诞的话。从言，翏声。

【注释】①謬：狂人的胡说。《庄子·天下篇》："（庄周）以谬悠之说，荒唐之言，无端崖之辞时恣纵而不懬。"

誤 wù

誤①，谬也。从言，吴声。五故切。

【译文】誤，谬误。从言，吴声。

【注释】①誤：见前。此重出。

謓 chēn

謓，恚也。从言，真声。贾侍中说：謓，笑。一曰：读若振。昌真切。

【译文】謓，怨恚愤怒。从言，真声。贾待中说：謓是冷笑的意思。或说音读像"振"字。

訶 hē

訶，大言而怒也。从言，可声。虎何切。

【译文】訶，大声怒责。从言，可声。

訴 sù

訴，告也。从言，（斥）[𣥈]省声。《论语》曰："诉子路于季孙。"桑故切。

【译文】訴，告诉。从言，𣥈省声。《论语》说："（公伯寮）向季孙诬告子路。"

譖 zèn

譖，愬也。从言，朁声。庄荫切。

【译文】譖，用谗言毁坏别人。从言，朁声。

讒 chán

讒，譖也。从言，毚声。士咸切。

【译文】讒，说别人的坏话。从言，毚声。

譴 qiǎn

譴，谪问也。从言，遣声。去战切。

【译文】譴，责问。从言，遣声。

谪 dí

谪，罚也。从言，啻声。陟革切。

【译文】谪，罚罪。从言，啻声。

諯 zhuān

諯，数也。一曰：相让也。从言，耑声。读若专。尺绢切。

【译文】諯，数说。另一义说：諯是责备别人的意思。从言，耑声。音读像"专"字。

詆 dǐ

詆，苛也。一曰：诃也。从言，氐声。都礼切。

【译文】詆，琐细责问。另一义说：詆是大声发怒斥骂的意思。从言，氐声。

誰 shuí

誰，何也①。从言，隹声。示隹切。

【译文】誰，诃问。从言，隹声。

【注释】①何：唐写本《玉篇》谁字下引《说文》："谁，诃也。"又引《声类》："所以诃问其名。"可证何当作诃。

診 zhěn

診，视也。从言，㐱声。直刃切。又，之忍切。

【译文】診，验视。从言，㐱声。

謚 yì

謚，笑皃。从言，益声。伊昔切。又，呼狄切。

【译文】謚，笑的样子。从言，益声。

誩部

誩 jìng

誩，竞言也。从二言。凡誩之属皆从誩。读若竞。渠庆切。

【译文】誩，用言语竞争。由两个言字会意。大凡誩的部属都从誩。音读像"竞"字。

善 shàn

譱，吉也。从誩，从羊。此与义美同意。常衍切。

【译文】譱，吉祥的言辞。由誩、羊会意。这与义字、美字从羊的意思相同。

競 jìng

競，强语也。一曰：逐也。从誩①，从二人。渠庆切。

【译文】競，强烈的争辩。另一义说：竞是角逐的意思。由誩、由两个人字会意。

【注释】①从誩句：谓二人言语相竞。

讟 dú

讟，痛怨也。从誩，賣声。《春秋传》曰："民无怨讟。"徒谷切。

【译文】讟，痛恨。从誩，賣声。《春秋左传》说："老百姓没有怨恨的情绪。"

音部

音 yīn

音，声也①。生于心，有节于外②，谓之音。宫商角徵羽③，声④；丝竹金石匏土革木，音也。从言含一⑤。凡音之属皆从音。于今切。

【译文】音，言语的声音。从心底产生，受口腔节制的，叫音。宫、商、角、徵、羽，（单独发出的）是乐声；用丝、竹、金、石、匏（páo）、土、革、木等乐器演奏出的，是音乐。由"言"含"一"表示。大凡音的部属都从音。

【注释】①声：言之声。②有节于外：受外部口腔舌齿的节制。③宫商角徵羽：是我国五声音阶中的五个音阶。此指乐声。④声：潘任《粹言疏证》："乃指五声之单出而言。"五声之内唯单出无余声相应杂（配合）曰声也。"⑤从言含一：林义光《文源》："一以示音在言中。"

響 xiǎng

響，声也。从音，鄉声。许两切。

【译文】響，回声。从音，鄉声。

韽 ān

韽，下徹声。从音，㐫声。恩甘切。

【译文】韽，微小低沉之声。从音，㐫声。

韶 sháo

韶，虞舜乐也①。《书》曰②："《箫韶》九成③，凤皇来仪④。"从音，召声。市招切。

【译文】韶，虞舜时代的乐曲名。《尚书》说："《箫韶》之曲演奏九段之后，扮演凤凰的舞队成双成对地出来跳舞了。"从音，召声。

【注释】①虞舜乐：徐锴《系传》："《汉书·礼乐志》：'韶，绍（继）也。'言能绍尧之道也。"虞舜：古帝名。姚姓，有虞氏，名重华。继尧位。②《书》：指《虞夏书·皋陶谟》。③《箫韶》：舜时乐曲名。九成：郑玄："成，犹终也。每曲一终，必变更奏。若乐九变，入鬼可得而礼。"④仪：成双成对叫仪。

章 zhāng

章，乐竟为一章。从音，从十。十，数之终也。诸良切。

【译文】章，音乐一曲完了叫一章。由音、由十会意。十是十进制数的末尾数。

竟 jìng

竟，乐曲尽为竟。从音，从人。居庆切。

【译文】竟，乐曲终止叫竟。由音、由人会意。

辛部

童 tóng

童，男有辠曰奴，奴曰童，女曰妾。从辛，重省声。徒红切。

【译文】童，男人有罪称为奴，奴叫作童，女人有罪称为妾。从辛，重省声。

妾 qiè

妾，有辠女子，给事之得接于君者①。从辛，从女②。《春秋》云："女为人妾。"妾，不娉也③。七接切。

【译文】妾：有罪的女人，是能够被君主接触并为君主供职的女人。由辛、由女会意。《春秋左传》说："如果是女的，将成为别人的侍妾。"妾是不必行问名之礼的。

【注释】①给事：供职。②从辛，从女：《段注》："辛女者，有罪之女也。"③娉（pìn）：问名。古代婚礼"六礼"之一。即男方请媒人问女方名字和出生年月日。

丵部

丵 zhuó

丵，丛生艹也。象丵岳相并出也①。凡丵之属皆从丵。读若浞。士角切。

【译文】丵，丛生的草。像争高竞长两相并出的样子。大凡丵的部属都从丵。音读像"浞（zhuó）"字。

【注释】①丵岳：王筠《句读》："丵岳，叠韵。盖争高竞长之状。"

業 yè

業，大版也。所以饰县钟鼓。捷业如锯齿，以白画之。象其鉏铻相承也。从丵从巾。巾象版。《诗》曰："巨业维枞。"鱼怯切。

【译文】業，（乐器架子横木上的）大版。是用来装饰横木、悬挂钟鼓的东西。参差排比像锯齿，用白颜料涂画它。像两层版参差不齐而又互相承接的样子。由丵、由巾会意。巾像版形。《诗经》说："木柱子和大版上面装有崇牙。"

叢 cóng

叢，聚也。从丵，取声。徂红切。

【译文】叢，（草木）聚集。从丵，取声。

對 duì

對，膺无方也。从丵，从口，从寸。汉文帝以为责对而为言多非诚对，故去其口，以从士也。都队切。

【译文】對，回答不拘泥方法。由丵、由口、由寸会意。汉文帝认为：见责问而回答，说起话来多半不是诚实的回答，所以去掉對的"口"字，来改从"士"字。

菐部

菐 pú

菐，渎菐也[1]。从丵[2]，从収，収亦声[3]。凡菐之属皆从菐。蒲沃切。

【译文】菐，烦琐。由丵、由収会意，収也表声。大凡菐的部属都从菐。

【注释】①渎菐：朱骏声《通训定声》："渎菐，叠韵连语，烦狠之兒。"②从丵，从収：徐铉注："丵，众多也，两手奉之，是烦渎也。"③収亦声：収，东部；菐，屋部。阳入对转。

僕 pú

僕，给事者。从人，从菐[1]，菐亦声。蒲沃切。

【译文】僕，供役使的人。由人、由菐会意，菐也表声。

【注释】①从人，从菐：《段注》："人之供烦辱者也。"参"菐"条。

奱 bān

奱，赋事也。从菐，从八[1]。八，分之也。八亦声。读若颁。一曰：读若非。布还切。

【译文】奱，分配工作。由菐、由八会意。八，表示"分"的意思。八也表声。音读像"颁"字。一说：音读像"非"字。

収部

収 gǒng

収，竦手也。从屮，从又。凡屮之属皆从屮。居竦切。

【译文】収，拱手。由屮、又会意。大凡収的部属都从収。

奉 fèng

奉[1]，承也。从手，从収，丰声。扶陇切。

【译文】奉，承受。由手、由収会意，丰声。

【注释】①奉：本义为两手捧着。

丞 chéng

丞[1]，翊也。从収，从卩，从山。山高，奉承之义。署陵切。

【译文】丞，辅佐。由収、由卩、由山会意。山高，有向上奉承的意思。

【注释】①丞：拯救。

异 yì

异，举也。从収，㠯声。《虞书》曰[1]："岳曰：异哉！"羊吏切。

【译文】异，举用。从収，㠯声。《唐书》说："四方诸侯之长说：'举用他吧！'"

【注释】①《虞书》：《段注》："当作《唐书》。"指《尧典》。原文："岳曰：'异哉！试可乃已。'"谓举而用之，试可乃用。

弄 lòng

弄，玩也。从収持玉。卢贡切。

【译文】弄，玩弄。由"収"（双手）捧"玉"会意。

戒 jiè

戒，警也。从収持戈，以戒不虞①。居拜切。

【译文】戒，警戒。由双手握持着戈，来表示警戒不能预料之事。

【注释】①虞：预料。

矛 kuí

矛，持弩拊。从収，肉[声]。读若逵。渠迫切。

【译文】矛，手持弓弩把握的部位。从収，肉声。音读像"逵"字

兵 bīng

兵，械也。从収持斤，并力之皃。补明切。

【译文】兵，兵器。由"収"（双手）持握着"斤"（斧子）会意，表示齐心合力的样子。

弈 yì

弈，围棋也。从収，亦声。《论语》曰："不有博弈者乎！"羊益切。

【译文】弈，围棋。从収，亦声。《论语》说："不是有掷采、下围棋的活动吗？"

具 jù

具，共置也①。从収，从貝省。古以貝为货。其遇切。

【译文】具，供给设置。由収、由貝省会意。古时候用贝作钱财。

【注释】①共：《段注》："共、供，古今字。当从人部作'供'。"

𠬞部

𠬞 pān

𠬞，引也。从反収。凡𠬞之属皆从𠬞。普班切。

【译文】𠬞，攀引。由収字双手反向表意。大凡𠬞的部属都从𠬞。

樊 fán

樊，鷙（縶）不行也①。从𠬞，从棥，棥亦声。附袁切。

【译文】樊，被縶绊不得外行。由𠬞、由棥会意。棥也表声。

【注释】①鷙不行："鷙"当作"縶"。《类篇》引作縶。縶不行，谓绊住不得外出。

共部

共 gòng

共①，同也。从廿廾。凡共之属皆从共。渠用切。

【译文】共，共同。由廿、収会意。大凡共的部属都从共。

【注释】①共：《尚书·盘庚中》："承汝俾汝，惟喜康共"。

龔 gōng

龔，给也。从共，龍声。俱容切。

【译文】龔，供给。从共，龍声。

異部

異 yì

異，分也。从収，从畀。畀，予也。凡異之属皆从異。羊吏切。

【译文】異，分开。由収、由畀会意。畀是给予的意思。大凡异的部属都从异。

戴 dài

戴，分物得增益曰戴。从異，𢦒声。都代切。

【译文】戴，分物得到增益叫戴。从異，𢦒声。

舁部

舁 yú

舁，共举也。从臼，从廾。凡舁之属皆从舁。读若余。以诸切。

【译文】舁，共同抬举起来。由臼、由收会意。大凡舁的部属都从舁。音读像"余"字。

與 yǔ

與，党与也①。从舁，从与。余吕切。

【译文】與，党与。由舁、由与会意。

【注释】① 党与：朋群。

興 xīng

興，起也。从舁，从同，同力也。虚陵切。

【译文】興，兴起。由舁、由同会意，同是表同心合力的意思。

臼部

臼 jū

臼，叉手也。从ナ、ヨ。凡臼之属皆从臼。居玉切。

【译文】臼，两手手指相向交叉。由ナ、ヨ会意。大凡臼的部属都从臼。

晨部

晨 chén

晨，早、昧爽也。从臼，从辰。辰，时也。辰亦声。丮夕为卾，臼辰为晨：皆同意。凡晨之属皆从晨。食邻切。

【译文】晨，早晨，天将明之时。由臼、由辰会意。辰表示时间。辰也表声。丮、夕会意表示夙，臼、辰会意表示晨：都是同一表意形式。大凡晨的部属都从晨。

農 nóng

農①，耕也。从晨，囟声。奴冬切。

【译文】農，耕种。从晨，囟声。

【注释】① 農：种田。

爨部

爨 cuàn

爨，齐谓之炊爨①。臼象持甑，冂为灶口，廾推林内火②。凡爨之属皆从爨。七乱切。

【译文】爨，齐叫烧火煮饭为爨。臼像双手持握着甑，冂表示灶门的口，廾表示双手将木柴推进灶口，将火引进灶内。大凡爨的部属都从爨。

【注释】① 齐谓之炊爨：《段注》："各本'谓'下衍'之'字。"② 推林内（nà）火：《段注》："林，柴也。内同纳。"

閻 qióng

閻，所以枝鬲者①。从爨省、鬲省。渠容切。

【译文】閻，用来支鬲（lì）的足架。由"爨"字的省略和"鬲"字的省略会意。

【注释】① 枝：桂馥《义证》："《类篇》引作'支'，《玉篇》同。"

釁 xìn

釁，血祭也①。象祭灶也。从爨省②，从酉③。酉所以祭也。从分④。分亦声。虚振切。

【译文】釁，血祭。像用血祭灶。由"爨"字省去甑，和"酉"字"分"字构成。酉是用来祭奠的酒。分，表示拿血布散涂抹的意思。分也表示读音。

【注释】① 血祭：《段注》"以血塗之，因薦而祭之也。凡坼釁（xià，裂缝）谓之釁，《方言》作璺，音问；以血血其坼釁亦曰釁。《乐记》作衅。"② 从爨省：《段注》："祭竈亦血塗之，故从爨省。爨者竈也。"③ 从酉：《段注》："酉者，酒之省。"④ 从分：《段注》："取血布散之意。"

革部

革 革 gé

革，兽皮治去其毛，革更之①。象古文革之形。凡革之属皆从革。古核切。

【译文】革，兽皮除去它的毛，改变它的样子。像古文革的样子。大凡革的部属都从革。

【注释】①革更：同义复合。

鞹 鞹 kuò

鞹，去毛皮也。《论语》曰①："虎豹之鞹。"从革，郭声。苦郭切。

【译文】鞹，去毛的皮。《论语》说："虎豹的鞹。"从革，郭声。

【注释】①《论语》：指《颜渊篇》。今本原文："虎豹之鞟，犹犬羊之鞟。"

靬 靬 jiān

靬，靬，干革也。武威有丽靬县①。从革，干声。苦旰切。

【译文】靬，干皮革。武威地方有丽靬县。从革，干声。

【注释】①武威句：骊靬本西域国，《张骞传》作"牦靬"，《西域传》作"犁靬"。故址在今甘肃省永昌县南。

鞈 鞈 luò

鞈，生革可以为缕束也。从革，各声。卢各切。

【译文】鞈，生皮革可以用来捆绑东西。从革，各声。

鞄 鞄 páo

鞄，柔革工也。从革，包声。读若朴。《周礼》曰："柔皮之工鞄氏。"鞄即鲍也。蒲角切。

【译文】鞄，治理皮革的工人。从革，包声。音读像"朴"字。《周礼》说："治理皮革的工人是鲍氏。""鞄"就是《周礼》说的"鲍"。

鞞 鞞 yùn

鞞，攻皮治鼓工也。从革，軍声。读若运。王问切。

【译文】鞞，治皮制鼓的工匠。从革，軍声。音读像"运"字。

鞣 鞣 róu

鞣，耎也①。从革，从柔，柔亦声。耳由切。

【译文】鞣，使皮革柔软。由革、由柔会意，柔也表声。

【注释】①耎(ruǎn)：即软字，此谓使皮革柔软。

靼 靼 dá

靼，柔革也。从革，从旦声。旨热切。

【译文】靼，柔软的皮革。从革，旦声。

鞼 鞼 guì

鞼，韦绣也①。从革，贵声。求位切。

【译文】鞼，有文彩的皮革。从革，贵声。

【注释】①韦绣：当依《广韵》作"绣韦"。《后汉书·乌桓传》："妇人能刺韦作文绣。"韦，皮革。

鞶 鞶 pán

鞶，大带也。《易》曰："或锡之鞶带。"男子带鞶，妇人带丝。从革，般声。薄官切。

【译文】鞶，大皮带。《易经》说："有时赐给臣子大皮带。"男子用皮革作带，妇人用丝作带。从革，般声。

鞏 鞏 gǒng

鞏，以韦束也①。《易》曰："巩用黄牛之革。"从革，巩声。居竦切。

【译文】鞏，用皮革捆绑物体。《易经》说："如想巩固，要用黄牛的皮革。"从革，巩声。

【注释】① 以韦束也：引申为固。

鞔 鞔 mán

鞔，履空也。从革，免声。母官切。

【译文】鞔，鞋帮。从革，免声。

靸 靸 sǎ

靸，小儿履也。从革，及声。读若沓。酥合切。

【译文】靸，小儿的鞋子。从革，及声。音读像“沓”字。

鞈 靰 áng

靰，靰角，鞮属。从革，卬声。五冈切。

【译文】靰，靰角，皮鞋一类。从革，卬声。

鞮 鞮 dī

鞮，革履也。从革，是声。都兮切。

【译文】鞮，皮革制的鞋。从革，是声。

鞵 靴 xǐ

靴，鞮属。从革，徙声。所绮切。

【译文】靴，皮鞋子一类。从革，徙声。

鞵 鞵 xié

鞵①，革生鞮也。从革，奚声。户佳切。

【译文】鞵，生皮革制的鞋子。从革，奚声。

【注释】① 鞵：徐锴《系传》：“今俗作鞋。”

鞠 鞠 jū

鞠，蹋鞠也①。从革，匊声。居六切。

【译文】鞠，蹋鞠。从革，匊声。

【注释】① 蹋鞠：打皮球。鞠，即今之球。

靪 靪 dīng

靪，补履下也。从革，丁声。当经切。

【译文】靪，补鞋底。从革，丁声。

韜 韜 táo

韜，韔辽也。从革，召声。徒刀切。

【译文】韜，又叫韔辽。从革，召声。

鞬 鞬 yuān

鞬，量物之鞬。一曰：抒井鞬。古以革。从革，冤声。于袁切。

【译文】鞬，量物的器具。另一义说：是淘井取泥的器具。古代用皮革制成。从革，冤声。

鞞 鞞 bǐng

鞞，刀室也。从革，卑声。并顶切。

【译文】鞞，刀鞘。从革，卑声。

鞎 鞎 hén

鞎，车革前曰鞎①。从革，艮声。户恩切。

【译文】鞎，车箱前面的革制装饰物，叫鞎。从革，艮声。

【注释】① 车革：即舆革。《尔雅·释器》：“舆革前谓之鞎。”

鞃 鞃 hóng

鞃，车轼也。从革，弘声。《诗》曰：“鞹鞃浅幭①。”读若穹。丘弘切。

【译文】鞃，车轼中段裹扎着的皮革。从革，弘声。《诗经》说：“用皮革裹扎车轼中部，用虎皮浅毛覆盖着车轼。”音读像“穹”字。

【注释】① 鞹鞃浅幭（miè）：《毛传》：“鞹，革也；浅，虎皮浅毛也；幭，覆式也。”正义：“言鞹鞃者，言以去毛之皮，施于轼之中央，持车使牢固也。”

鞪 鞪 mù

鞪，车轴束也①。从革，孜声。莫卜切。

【译文】鞪，用皮革绑扎车轴。从革，孜声。

【注释】① 车轴束：徐锴《系传》：“以革束车轴，制其裂也。”

鞑 鞑 bì

鞑，车束也。从革，必声。毗必切。

【译文】鞑，车上用皮革绑扎的地方。从革，必声。

韝 韝 zuān

韝，车衡三束也。曲辕韝缚，直辕篹缚。从革，纂声。读若《论语》"钻燧"之"钻"。借官切。

【译文】韝，车辕横木上三个用皮革束缚的地方。小车的横木钻孔用皮带束缚，大车的横木全部用皮带束缚。从革，纂声。音读像《论语》"钻燧"的"钻"字。

鞊 鞊 zhì

鞊，盖杠丝也。从革，旨声。脂利切。

【译文】鞊，车盖杠柄上围束的皮绳。从革，旨声。

鞁 鞁 bèi

鞁，车驾具也。从革，皮声。平秘切。

【译文】鞁，驾车被马的器具。从革，皮声。

鞕 鞕 ēng

鞕，辔鞕。从革，弇声。读若膺。一曰：龙头绕者。乌合切。

【译文】鞕，马缰绳。从革，弇声。音读像"膺（yìng）"字。另一义说，鞕是马笼头。

靶 靶 bà

靶，辔革也①。从革，巴声。必驾切。

【译文】靶，缰绳上御人所把之革。从革，巴声。

【注释】①辔革：徐锴《系传》："御人所把处。"

韅 韅 xiǎn

韅，着掖鞯也。从革，顯声。呼典切。

【译文】韅，附着在马的两腋的皮革件。从革，顯声。

韠 韠 chěng

韠，骖具也。从革，蚩声。读若骋、蠡。丑郢切。

【译文】韠，骖马马具的统称。从革，蚩声。音读像"骋"字，又像"蠡"字。

靳 靳 jìn

靳，当膺也。从革，斤声。居近切。

【译文】靳，（服马）当胸的皮革。从革，斤声。

靷 靷 yǐn

靷，引轴也。从革，引声。余忍切。

【译文】靷，系于车轴用来引车前行的皮带。从革，引声。

鞔 鞔 guǎn

鞔，车鞁具也。从革，官声。古满切。

【译文】鞔，驾车被马的器具。从革，官声。

鞋 鞋 dòu

鞋，车鞁具也。从革，豆声。田候切。

【译文】鞋，驾车被马的器具。从革，豆声。

靬 靬 yú

靬，鞔内环靬也。从革，于声。羽俱切。

【译文】靬，鞔内所环绕的柔软皮革。从革，于声。

鞴 鞴 bó

鞴，车下索也①。从革，尃声。补各切。

【译文】鞴，车下索。从革，尃声。

【注释】①车下索：徐锴《系传》："以革为索，终缚舆底也。""终"当作"络"。

鞥 鞥 è

鞥，车具也①。从革，奄声。乌合切。

【译文】鞥，车具。从革，奄声。

【注释】① 车具：徐锴《系传》："有所掩覆处也。"《玉篇》："鞔，车上具也。"谓车上掩覆的器具。

鞍 鞁 zhuó

鞁，车具也。从革，叕声。陟劣切。

【译文】鞁，车具。从革，叕声。

窜 鞌 ān

鞌，马鞁具也。从革，从安。乌寒切。

【译文】鞌，被马的器具。由革、由安会意。

鞘 鞋 róng

鞋，鞌毳饰也。从革，茸声。而陇切。

【译文】鞋，马鞍上的细毛装饰品。从革，茸声。

鞊 鞊 tié

鞊，鞌饰。从革，占声。他叶切。

【译文】鞊，马鞍的装饰。从革，占声。

鞈 鞈 gé

鞈，防（汗）［扞］也①。从革，合声。古洽切。

【译文】鞈，防箭捍身的器具。从革，合声。

【注释】① 防汗：当为防扞，即防捍，谓防捍的器具。

勒 勒 lè

勒，马头络衔也。从革，力声。卢则切。

【译文】勒，马头上用以系着马嚼子的皮革。从革，力声。

鞙 鞙 xuàn

鞙，大车缚轭靷也。从革，肙声。狂沇切。

【译文】鞙，牛车上悬缚车轭的柔软的皮带。从革，肙声。

鞝 鞝 miǎn

鞝，勒鞝也。从革，面声。弥沇切。

【译文】鞝，马勒上的柔软的皮革。从革，面声。

鞬 鞬 jiān

鞬，所以戢弓矢。从革，建声。居言切。

【译文】鞬，（马上）用来藏弓箭的器具。从革，建声。

鞗 鞗 qín

鞗，鞭也。从革，今声。巨今切。

【译文】鞗，皮革制的鞋带。从革，今声。

韇 韇 dú

韇，弓矢韇也。从革，賣声。徒谷切。

【译文】韇，藏弓箭之器。从革，賣声。

鞖 鞖 suī

鞖，綏也。从革，雟声。山垂切。

【译文】鞖，马鞍的绦（tāo，用丝线编成的带子）饰。从革，雟声。

鞏 鞏 jí

鞏，急也。从革，亟声。纪力切。

【译文】鞏，皮革紧牢。从革，亟声。

鞭 鞭 biān

鞭①，驱也。从革，便声。卑连切。

【译文】鞭，用鞭驱赶马。从革，便声。

【注释】① 鞭：鞭子。《尚书·舜典》："鞭作官刑。"孔安国传："以鞭为治官事之刑。"

鞅 鞅 yǎng

鞅，颈靼也。从革，央声。于两切。

【译文】鞅，套在牛马颈上的柔软皮革。从革，央声。

鞞 鞴 hù

鞴，佩刀丝也①。从革，蔓声。乙白切。

【译文】鞴，佩刀把上的皮绳。从革，蔓声。

【注释】① 佩刀丝：《庄子音义》引《三苍》："鞴，佩刀靶韦也。"

鞄 鞄 tuó

鞄，马尾（驼）［鞄］也。从革，它声。今之般缳。徒何切。

【译文】鞄，拴在马尾上的皮带。从革，它声。类似今天的盘秋。

鞹 鞹 xié

鞹，系牛胫也。从革，見声。己彳切。

【译文】鞹，用皮革绊系牛的小腿（使之止步不前）。从革，見声。

鬲部

鬲 鬲 lì

鬲，鼎属。实五觳。斗二升曰觳。象腹交文，三足。凡鬲之属皆从鬲。郎激切。

【译文】鬲，鼎类的空足炊具。容积有五斛大。一斗二升叫作一斛。（中间）像腹部交错的纹饰，（下面）像三只脚。大凡鬲的部属都从鬲。

融 融 róng

融，炊气上出也。从鬲，蟲省声。以戎切。

【译文】融，煮食物的蒸气向上冒出。从鬲，蟲省声。

弼部

弼 弼 lì

弼，歷也。古文，亦鬲字。象孰饪五味气上出也。凡弼之属皆从弼。郎激切。

【译文】弼，歷。是古文，也是鬲字的又一写法。像煮熟了的五味香气向上冒出。大凡弼的部属都从弼。

鬻 鬻 zhōu

鬻，鍵也。从弼，米声。之六切。

【译文】鬻，糜。从弼，米声。

爪部

爪 爪 zhǎo

爪，丮也。覆手曰爪。象形。凡爪之属皆从爪。侧狡切。

【译文】爪，用爪抓持。另一义说，覆着手叫爪。象形。大凡爪的部属都从爪。

孚 孚 fú

孚，卵孚也。从爪，从子。一曰：信也。芳无切。

【译文】孚，卵孵化。由爪、由子会意。另一义说：孚是诚信。

为 为 wéi

为，母猴也。其为禽好爪，爪，母猴象也。下腹为母猴形。王育曰："爪，象形也。"薳支切。

【译文】為，狝猴。狝猴作为走兽，喜欢用爪子。爪子，是狝猴的象征。字的下腹部是狝猴（头目身足）的形体。王育说："爪子，像狝猴之形。"

爪 爪 zhǎng

爪，亦丮也。从反爪。阙。诸两切。

【译文】爪，也是用手抓持。由爪字反过来表示。读音阙。

丮部

丮 jǐ

丮，持也。象手有所丮据也。凡丮之属皆从丮。读若戟。凡剧切。

【译文】丮，握持。像手有所握持。大凡丮的部属都从丮。音读像"戟"字。

𠄔 jú

𠄔，拖持也。从反丮。阙①。居玉切。

【译文】𠄔，拖持。由丮字反过来表示。读音阙。

【注释】①阙：《段注》："亦谓音读不传也。"

鬥部

鬥 dòu

鬥，两士相对，兵杖在后，象斗之形。凡斗之属皆从斗。都豆切。

【译文】鬥，两个士卒的手相对，兵器在后，像争斗的样子。大凡斗的部属都从斗。

鬭 dòu

鬭，遇也。从鬥，斲声。都豆切。

【译文】鬭，接合。从鬥，斲声。

鬨 hòng

鬨，鬭也。从鬥，共声。《孟子》曰："邹与鲁哄。"下降切。

【译文】鬨，争斗。从鬥，共声。《孟子》说："邹国与鲁国争斗。"

又部

又 yòu

又，手也。象形。三指者，手之列多略不过三也。凡又之属皆从又。于救切。

【译文】又，手。象形。字形只见三个指头的原因是：表示手的一类字多是简略不过三个。大凡又的部属皆从又。

右 yòu

右，手口相助也①。从又，从口。于救切。

【译文】右，手和口相互佐助。由口、由又会意。

【注释】①手口相助：姚文田、严可均《校议》："口部已有'右，助也'。此重出。"

厷 gōng

厷，臂上也。从又，从古文〔乚〕。古薨切。

【译文】厷，臂的上部。由又、由古文乚会意。

叉 chā

叉，手指相错也。从又，象叉之形。初牙切。

【译文】叉，手指相交错。从又，（一）像手指叉物的形状。

父 fù

父，矩也，家长，率教者。从又举杖。扶雨切。

【译文】父，坚持规矩，是一家之长，是引导教育子女的人。由手举杖表意。

燮 xiè

燮，和也。从言，从又炎。读若湿。稣叶切。

【译文】爕，调和。由言、由又、炎会意。音读像"湿"字。

曼 màn

曼，引也。从又，冒声。无贩切。

【译文】曼，引长。从又，冒声。

夬 guài

夬，分决也。从又，⺕象决形。古卖切。

【译文】夬，分裂决断。从又，⺕像决裂的形状。

尹 yǐn

尹，治也。从又、丿①，握事者也。余准切。

【译文】尹，治理。由又、丿会意，表示用手掌握事物的意思。

【注释】①从又、丿：《段注》："又为握，丿为事。"

及 jí

及，逮也。从又，从人。乁，古文及。《秦刻石》及如此。巨立切。

【译文】及，追上。由又、由人会意。乁是古文"及"字。《秦刻石》"及"像这个样子。

秉 bǐng

秉①，禾束也。从又持禾。兵永切。

【译文】秉，禾一把。由"又"（手）持握着"禾"表意。

【注释】①秉：一小把禾束。

反 fǎn

反，覆也。从又，厂反形。府远切。

【译文】反，翻覆。从又，厂像物体翻覆的样子。

叔 shū

叔，拾也。从又，尗声。汝南名收芌为叔。式竹切。

【译文】叔，收拾。从又，尗声。汝南地方叫收芋头作叔。从寸。

取 qǔ

取，捕取也。从又，从耳。《周礼》："获者取左耳。"《司马法》曰："载献馘①。"馘者耳也。七庚切。

【译文】取，捕获。由又、由耳会意。《周礼》说："被捕获的野兽割取左耳。"《司马法》曰："献上馘。"馘（guó）是（割下的）耳朵。

【注释】①载：助词。

彗 huì

彗，扫竹也。从又持甡①。祥岁切。

【译文】彗，扫帚。由"又"持握"甡"会意。

【注释】①从又持甡：徐灏《段注笺》："甡盖象竹篲之形，非甡字，犹鸟足从匕而非匕，鱼尾似火而非火。"

度 dù

度，法制也。从又，庶省声。徒故切。

【译文】度，法度。从又，庶省声。

友 yǒu

友，同志为友。从二又，相交友也。云久切。

【译文】友，志趣相同是友。由两个"又"（手）字会意，表示相交为友的意思。

屮部

ナ zuǒ

ナ，ナ手也。象形。凡ナ属皆从ナ。臧可切。

【译文】ナ，左手。象形。大凡ナ的部属都从ナ。

卑 bēi

卑，贱也；执事也。从ナ甲①。补移切。

【译文】卑，卑贱，办事。由'ナ'、'甲'会意。

【注释】①从ナ甲：ナ是左手，引申为执。执甲者指低级人员，故训卑贱。

史部

史 shǐ

史，记事者也。从又持中；中，正也。凡史之属皆从史。疏士切。

【译文】史，记事的人。由"又"（手）持握着"中"字含意。中，是正的意思。大凡史的部属都从史。

支部

支 zhī

支，去竹之枝也。从手持半竹。凡支之属皆从支。章移切。

【译文】支，离开竹茎的竹枝。由"又"（手）字持握半个"竹"字。大凡支的部属都从支。

聿部

聿 niè

聿，手之聿巧也。从又持巾。凡聿之属皆从聿。尼辄切。

【译文】聿，形容手的敏捷灵巧。由"又"（手）字持握着"巾"字会意。大凡聿的部属都从聿。

肅 sù

肅，持事振敬也①。从聿在𣶏上，战战兢兢也。息逐切。

【译文】肃，办事奋勉恭敬。由"聿"字在"𣶏"字上会意，表示"战战兢兢"的意思。

【注释】①振：奋勉。

聿部

聿 yù

聿，所以书也。楚谓之聿，吴谓之不律①，燕谓之弗。从聿，一声。凡聿之属皆从聿。余律切。

【译文】聿，用来书写的笔。楚地叫它作聿，吴地叫它作不律，燕地叫它作弗。从聿，一声。大凡聿的部属都从聿。

【注释】①不律："不律"为"笔"之合音。

聿 jīn

聿，聿饰也。从聿，从彡。俗语以书好为聿。渎若津。将邻切。

【译文】聿，用笔刷饰。由聿、由彡会意。俗话以书写美好为聿。音读像"津"字。

畫部

畫 huà

畫，界也。象田四界。聿，所以画之。凡画之属皆从画。胡麦切。

【译文】畫，画分界限。（画）像田和四周的界画。聿，是用来画分界限的器具。大凡画的部属都从画。

晝 晝 zhòu

晝，日之出入，与夜为界。从畫省，从日。陟救切。

【译文】晝，从日出到日入的一段时间，与夜晚为界限。由畫省田、由日会意。

隶部

隶 隶 dài

隶，及也。从又，从尾省。又持尾者，从后及之也。凡隶之属皆从隶。徒耐切。

【译文】隶，追上去捕获。由又、由尾字省去尸构成。"又"（手）持握着"尾"的意思，表示从后面追上去捕获。大凡隶的部属都从隶。

隸 隸 lì

隸，附箸也。从隶，奈声。郎计切。

【译文】隸，附箸。从隶，奈声。

臤部

緊 緊 jǐn

緊，缠丝急也。从臤，从絲省。纠忍切。

【译文】緊，缠丝紧急的状态。由臤字，由絲字省去一半会意

堅 堅 jiān

堅，刚也。从臤，从土。古贤切。

【译文】堅，刚硬的土。由臤、由土含意。

臣部

臣 臣 chén

臣，牵也。事君也。象屈服之形。凡臣之属皆从臣。植邻切。

【译文】臣，受牵制者，奉事君王者。像屈服的样子。大凡臣的部属都从臣。

臧 臧 zāng

臧，善也。从臣，戕声。则郎切。

【译文】臧，善良。从臣，戕声。

殳部

殳 殳 shū

殳，以杸殊人也。《礼》：殳以积竹，八觚，长丈二尺，建于兵车，车旅贲以先驱。从又，几声。凡殳之属皆从殳。市朱切。

【译文】殳，用杸隔离人。《周礼》说：殳用积竹制成，八条棱，长一丈二尺，树立在兵车上，车上的先锋队拿着它在前面驰驱。从又。几声。大凡殳的部属都从殳。

毆 毆 ōu

毆，捶毇物也。从殳，區声。乌后切。

【译文】毆，用捶杖击打物体。从殳，區声。

殿 殿 diàn

殿，击声也。从殳，屁声。堂练切。

【译文】殿，打击声。从殳，屁声。

殹 殹 yì

殹，击中声也。从殳，医声。于计切。

【译文】殹，被外物击中的声音。从殳，医声。

段 段 duàn

段，椎物也①。从殳，耑省声。徒玩切。

【译文】段，用槌棰击物体。从殳，耑省声。

【注释】①椎物：徐灏《段注笺》："段、锻，古今字。段、破，亦古今字。引申之则为分段。"

殽 xiáo

殽，相杂错也。从殳，肴声。胡茅切。

【译文】殽，彼此混杂殽乱。从殳，肴声。

毅 yì

毅，妄怒也。一曰：有决也。从殳，豙声。鱼既切。

【译文】毅，盛怒。另一义说：有果决能力。从殳，豙声。

几部

㲃 zhěn

㲃，新生羽而飞也。从几，从彡。之忍切。

【译文】㲃，小鸟新生羽而学飞的样子。由几、由彡会意。

凫 fú

凫，舒凫，鹜也。从鸟，几声。房无切。

【译文】凫，舒凫，即鹜。从鸟，几声。

殺部

殺 shā

殺，戮也。从殳，杀声[1]。凡杀之属皆从杀。所八切。

【译文】殺，杀戮。从殳，杀声。大凡杀的部属都从杀。

【注释】① 杀声：《段注》：引张参说："杀，古殺字。"

弑 shì

弑，臣杀君也[1]。《易》曰[2]："臣弑其君。"从殺省，式声。式吏切。

【译文】弑，臣杀君。《易经》说："臣子弑杀他的君主。"从殺省，式声。

【注释】① 臣杀君：《段注》："述其实则曰杀君，正其名则曰弑君。"②《易》：指《坤卦》文言。

寸部

寸 cùn

寸，十分也。人手却一寸，动脈，谓之寸口。从又，从一。凡寸之属皆从寸。仓困切。

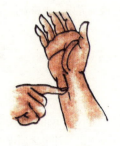

【译文】寸，十分。人手后退一寸，即动脉之处，叫作寸口。由又，由一会意。大凡寸的部属都从寸。

寺 sì

寺，廷也。有法度者也。从寸，之声。祥吏切。

【译文】寺，官府、朝廷。有法制的地方。从寸，之声。

將 jiàng

將，帅也。从寸[1]，牆省声。即谅切。

【译文】將，将帅。从寸，牆省酉为声。

【注释】① 从寸：《段注》："必有法度而后可以主之、先之。故从寸。"

專 zhuān

專，六寸簿也[1]。从寸，叀声。一曰：专，纺专。职缘切。

【译文】專，六寸簿。从寸，叀声。另一义说：专，纺专。

【注释】① 六寸簿：张舜徽《约注》："《始皇本纪》明云：'数以六为纪，符、法、冠皆六寸。'然则所谓六寸薄者，乃秦法之所在，犹云法经耳。小徐以文簿释簿，是矣。"

尃 fū

尃，布也。从寸，甫声。芳无切。

【译文】尃，布施。从寸，甫声。

導 dǎo

導，导引也。从寸，道声。徒皓切。

【译文】導，引导。从寸，道声。

皮部

皮 pí

皮，剥取兽革者谓之皮。从又，为省声。凡皮之属皆从皮。符羁切。

【译文】皮，剥取兽皮叫作皮。从又，为省声。大凡皮的部属都从皮。

皰 pào

皰，面生气也。从皮，包声。旁教切。

【译文】皰，脸上生的疱。从皮，包声。

皯 gǎn

皯，面黑气也。从皮，干声。古旱切。

【译文】皯，皮面黧黑干枯。从皮，干声。

毳部

毳 ruǎn

毳，柔韦也。从北，从皮省，从夐省。凡毳之属皆从毳。读若瓗。一曰：若儶。而兖切。

【译文】毳，鞣制过皮革。由北、由皮省会意，由夐省表声。大凡毳的部属都从毳。音读像"瓗"字。一说，音读像"儶"字。

攴部

攴 pū

攴[1]，小击也。从又，卜声。凡攴之属皆从攴。普木切。

【译文】攴，小击。从又，卜声。大凡攴的部属都从攴。

【注释】①攴：徐灏《段注笺》："疑本象手有所持之形。故凡举手作事之意，皆从之，因用为扑击字耳。"

啟 qǐ

啟，教也。从攴，启声。《论语》曰："不愤不启。"康礼切。

【译文】啟，教导。从攴，启声。《论语》说："不到他求通而未得的时候，不去开导他。"

徹 chè

徹，通也。从彳，从攴，从育。丑列切。

【译文】徹，穿通。由彳、由攴、由育会意。

肇 zhào

肇，击也。从攴，肇省声。治小切。

【译文】肇。打击。从攴，肇省戈为声。

敏 mǐn

敏，疾也。从攴，每声。眉殒切。

【译文】敏，快速。从攴，每声。

敄 wù

敄，强也。从攴，矛声。亡遇切。

【译文】敄，强（qiǎng）勉。从攴，矛声。

整 zhěng

整，齐也。从攴，从束，从正①，正亦声。之郢切。

【译文】整，整齐。由攴、由束、由正会意。正也表声。

【注释】①从攴句：徐锴《系传》："（束，）束之；（攴，）又小击之；（正，）使正。会意。"

效 xiào

效，象也。从攴，交声。胡教切。

【译文】效，效法。从攴，交声。

故 gù

故，使为之也。从攴，古声。古慕切。

【译文】故，使它成为这样。从攴，古声。

政 zhèng

政，正也。从攴，从正，正亦声。之盛切。

【译文】政，正。由攴、由正会意，正也表声。

敷 fū

敷，攽也。从攴，尃声。《周书》曰："用敷遗后人。"芳无切。

【译文】敷，施给。从攴，尃声。《周书》说："因此施给后人（幸福）。"

數 shǔ

數，计也。从攴，婁声。所矩切。

【译文】數，计数。从攴，婁声。

孜 zī

孜，汲汲也。从攴，子声。《周书》曰："孜孜无怠。"子之切。

【译文】孜，勤勉不怠。从攴，子声。《周书》说："孜孜不怠。"

敞 chǎng

敞，平治高土。可以远望也。从攴，尚声。昌两切。

【译文】敞，平整高土。可以登高望远。从攴，尚声。

改 gǎi

改，更也。从攴己。古亥切。

【译文】改，变更。由攴、己会意。

變 biàn

變，更也。从攴，䜌声。秘恋切。

【译文】變，改变。从攴，䜌声。

更 gēng

更，改也。从攴，丙声。古孟切。又，古行切。

【译文】更，改变。从攴，丙声。

敕 chì

敕①，诫也。臿地曰敕。从攴，束声。耻力切。

【译文】敕，告诫。在地中栽插叫敕。从攴，束声。

【注释】①敕：训诫。《史记·乐书》："余每读《虞书》，至于君臣相敕，维是几安。"

斂 liǎn

斂，收也。从攴，僉声。良冉切。

【译文】斂，收聚。从攴，僉声。

敵 dí

敵，仇也。从攴，啻声。徒历切。

【译文】敵，仇敌。从攴，啻声。

救 jiù

救，止也。从攴，求声。居又切。

【译文】救，禁止。从攴，求声。

赦 shè

赦，置也①。从攴，赤声。始夜切。

【译文】赦，舍弃，放置。从攴，赤声。

【注释】①置：《段注》："网部曰：'置，赦也。'二字互训。赦与捨音义同，非专谓赦罪也。后捨行而赦废，赦专为赦罪矣。"

攸 yōu

攸，行水也。从攴，从人，水省。以周切。

【译文】攸，使水平稳地流行。由攴、由人、由水字的省略会意。

敦 dūn

敦，怒也，诋也。一曰：谁何也。从攴，享声。都昆切。

【译文】敦，恼怒，诋毁。另一义说：敦是呵责的意思。从攴，享（chún）声。

敗 bài

败，毁也。从攴、贝。败、贼皆从贝会意。薄迈切。

【译文】败，毁坏。由攴、贝会意。败、贼都从贝会意。

敳 luàn

敳，烦也。从攴，从矞，矞亦声。郎段切。

【译文】敳，烦乱。由攴、由矞会意，矞也表声。

寇 kòu

寇，暴也。从攴，从完①。苦候切。

【译文】寇，暴乱。由攴、由完会意。

【注释】①从攴，从完：攴，攴打；完，完固。

收 shōu

收，捕也①。从攴，丩声。式州切。

【译文】收，逮捕。从攴，丩（jiū）声。

【注释】①捕：捕取罪人。引申为收取、收敛。

鼓 gǔ

鼓，击鼓也。从攴，从壴，壴亦声。公户切。

【译文】鼓，击鼓。由攴、由壴会意，壴也表声。

攻 gōng

攻，击也。从攴，工声。古洪切。

【译文】攻，攻击。从攴，工声。

敲 qiāo

敲，横擿也。从攴，高声。口交切。

【译文】敲，横击。从攴，高声。

畋 tián

畋，平田也。从攴、田。《周书》曰："畋尔田。"待年切。

【译文】畋，平治田地。由攴、田会意。《周书》说："平整好你们的田地。"

叙 xù

叙，次弟也。从攴，余声。徐吕切。

【译文】叙，次第。从攴，余声。

牧 mù

牧，养牛人也。从攴，从牛。《诗》曰："牧人乃梦。"莫卜切。

【译文】牧，养牛的人。由攴、由牛会意。《诗经》说："牧人于是做起梦来。"

教部

教 jiào

教，上所施下所效也。从攴，从孝。凡教之属皆从教。古孝切。

【译文】教，在上位的施教，在下位的仿效行为。由攴、由孝会意。大凡教的部属都从教。

卜部

卜 bǔ

卜，灼剥龟也，象灸龟之形。一曰：象龟兆之从横也。凡卜之属皆从卜。博木切。

【译文】卜，火灼裂龟甲：像火灼龟甲的样

子。一说，像龟甲裂纹纵横之形。大凡卜的部属都从卜。

卦 guà

卦，筮也。从卜，圭声。古坏切。

【译文】卦，用蓍草占卦。从卜，圭声。

贞 zhēn

贞，卜问也。从卜，貝以为贽。一曰：鼎省声。京房所说[1]。陟盈切。

【译文】贞，卜问。从卜，用贝作为占卜的礼品。一说：（贞，从卜）鼎省声。是京房氏的说法。

【注释】① 京房：西汉今文《易》学京氏学的创始人，本姓李。京氏学宣扬"天人感应"。

占 zhān

占[1]，视兆问也。从卜，从口。职廉切。

【译文】占，察兆问疑。由卜、由口会意。

【注释】① 占：林义光《文源》："卜象兆文，从口临其上。"

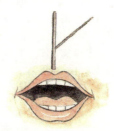

用部

用 yòng

用[1]，可施行也。从卜，从中。卫宏说。凡用之属皆从用。余讼切。

【译文】用，可以施行。由卜、由中会意。是卫宏的说法。大凡用的部属都从用。

【注释】① 用：杨树达《积微居小学述林·释用》："用者，桶之初也。""凡可以受物之器皆名桶。"

甫 fǔ

甫，男子美称也。从用、父，父亦声。方矩切。

【译文】甫，男子的美称。由用、父会意，父也表声。

庸 yōng

庸，用也。从用[1]，从庚[2]。庚，更事也[3]。《易》曰："先庚三日。"余封切。

【译文】庸，施行。由用、由庚会意。庚，表示变更其法。《易经》说；"先干三天而后希望变更。"

【注释】① 用：行。② 庚：变更。谓行事能变为庸。③ 更事：更，变更。变更方法。

爻部

爻 yáo

爻，交也。象《易》六爻头交也[1]。凡爻之属皆从爻。胡茅切。

【译文】爻，交错。象《易》卦六爻相交。大凡爻的部属都从爻。

【注释】① 象《易》句：徐灏《段注笺》：交者交错之义。六爻为重体，故作重义象之。"

㸚部

爾 ěr

爾，丽尔，犹靡丽也。从门，从㸚，其孔㸚，尒声。此与爽同意。儿氏切。

【译文】爾，丽尔，犹如说空明。由门、由㸚会意，㸚表示孔格疏朗，尒声。尔与爽都从㸚，构形之意相同。

爽 shuǎng

爽，明也。从㸚，从大[1]。疏两切。

【译文】爽，明亮。由㸚、由大会意。

【注释】① 从㸚从大：㸚像窗牖之交文。交文宽大，故爽明。

夐部

夐 xuè

夐，举目使人也。从攴，从目①。凡夐之属皆从夐。读若颬。火劣切。

【译文】夐，抬起眼睛攴使别人。由攴、由目会意。大凡夐的部属都从夐。音读象"颬"字。

【注释】①从攴，从目：义为举目，故从目。又为使人，攴与又同，谓以手指使之。

夏 xuàn

夏，营求也。从夐，从人在穴上。《商书》曰："高宗梦得说，使百工夏求，得之傅岩。"岩，穴也。朽正切。

【译文】夏，营求。由夐、由"人"在"穴"上会意。《商书》说："高宗在梦中发现了傅说，使百官去设法寻找，在傅岩那儿找到了他。"岩，就是穴。

闅 wén

闅，低目视也。从夐，门声。弘农湖县有闅乡，汝南西平有闅亭。无分切。

【译文】闅，低着眼睛看。从夐，门声。弘农湖县有闅乡，汝南郡西平县有闅亭。

夏 quán

夏，大视也。从大夐。读略䜌。况晚切。

【译文】夏，睁大眼睛看。由大、夐会意。音读像"䜌"字。

目部

目 mù

目，人眼。象形。重，童子也。凡目之属皆从目。莫六切。

【译文】目，人的眼睛。象形。（眶内的）重划二，表示瞳仁。大凡目的部属都从目。

眼 yǎn

眼，目也。从目，艮声。五限切。

【译文】眼，眼睛。从目，艮（gèn）声。

矏 biǎn

矏，儿初生瞥者。从目，罷声。邦免切。

【译文】矏，小儿刚生时眼睑（jiǎn）遮蔽眼睛。从目，罷声。

眩 xuàn

眩，目无常主也①。从目，玄声。黄绚切。

【译文】眩，眼睛（昏花），（视物摇晃）不定。从目，玄声。

【注释】①目无句：《释名·释疾病》："眩，县也，目视动乱，如县物摇摇然不定也。"

眥 zì

眥，目匡也。从目，此声。在诣切。

【译文】眥，眼眶。从目，此声。

瞞 mán

瞞，平目也。从目，㒼声。母官切。

【译文】瞞，使眼睑低平。从目，㒼声。

睴 gùn

睴，大目出也。从目，军声。古钝切。

【译文】睴，大眼突出。从目，军声。

矕 mǎn

矕，目矕矕也。从目，䜌声。武版切。

【译文】矕，眼睛矕矕而视的样子。从目，䜌声。

旰 gàn

旰，目多白也。一曰：张目也。从目，干声。古旱切。

【译文】盱，眼睛露出许多眼白。另一义说：张开眼睛。从目，于声。

晚 miǎn

晚，晚瞖①，目视皃。从目，免声。武限切。

【译文】晚，晚瞖，直视的样子。从目，免声。

【注释】①晚瞖：连绵词。

眂 shì

眂，眂皃①。从目，氏声。承旨切。

【译文】眂，看的样子。从目，氏声。

【注释】①眂皃：徐锴《系传》作"视皃也"。注云："此又古文视字。"

睨 nì

睨，衺视也。从目，兒声。研计切。

【译文】睨，斜着眼睛看。从目，兒声。

䁅 huò

䁅，视高皃。从目，戉声，读若《诗》曰："施罟濊濊"。呼哲切。

【译文】䁅，高视的样子。从目，戉（yuè）声。音读像《诗经》说的"施罟濊濊"的"濊"字。

眈 dān

眈，视近而志远。从目，冘声。《易》曰："虎视眈眈。"丁含切。

【译文】眈，视线近而意志深远。从目，冘声。《易经》说："虎视眈眈。"

盱 xū

盱，张目也。从目，于声。一曰：朝鲜谓卢童子曰盱。况于切。

【译文】盱，张大眼睛。从目，于声。另一义说：朝鲜叫黑色的瞳仁作盱。

瞟 piǎo

瞟，睽也。从目，票声。敷沼切。

【译文】瞟，察视。从目，票声。

睹 dǔ

睹，见也。从目，者声。当古切。

【译文】睹，看见。从目，者声。

睦 mù

睦，目顺也。从目，坴声。一曰：敬和也。莫卜切。

【译文】睦，目顺。从目，坴声。另一义说：恭敬和顺。

瞻 zhān

瞻，临视也。从目，詹声。职廉切。

【译文】瞻，向下看。从目，詹声。

瞋 chēn

瞋，张目也。从目，真声。昌真切。

【译文】瞋，睁大眼睛。从目，真声。

相 xiāng

相，省视也。从目，从木。《易》曰："地可观者莫可观于木。"《诗》曰："相鼠有皮。"息良切。

【译文】相，察看。由目、由木会意。《易经》说："地上可观的东西，没有什么比树木更可观了。"《诗经》说："察看那老鼠，一定有皮。"

眷 juàn

眷，顾也。从目，关声。《诗》曰："乃眷西顾。"居倦切。

【译文】眷，回顾。从目，关（juàn）声。《诗经》说："于是就回顾着西土。"

督 dū

督，察也。一曰：目痛也。从目，叔声。冬毒切。

【译文】督，察看。另一义说，眼睛痛。从目，叔声。

睡 shuì

睡，坐寐也。从目垂。是伪切。

【译文】睡，坐着睡。由目、垂二字会意。

看 kān

看，晞也。从手下目①。苦寒切。

【译文】看，望。由"手"下加"目"字会意。

【注释】①从手下目：桂馥《义证》："凡物见不审，则手遮目看之，故从手下目。"

瞑 mián

瞑，翕目也①。从目冥②，冥亦声。武延切。

【译文】瞑，闭上眼睛。从目、冥会意，冥也表声。

【注释】①翕目：翕，合。入睡则目合。字或作眠。②从目冥：冥，幽暗，无所见。谓眼无所见。

眚 shěng

眚，目病，生翳也①。从目，生声。所景切。

【译文】眚，眼睛有病，生了翳。从目，生声。

【注释】①翳：眼上长的膜。

瞥 piē

瞥，过目也。又，目翳也。从目，敝声。一曰：财见也。普灭切。

【译文】瞥，眼光掠过。又一义说，眼上的障蔽。从目，敝声。另一义

说，才看见。

昧 mèi

昧，目不明也。从目，未声。莫佩切。

【译文】昧，眼光不明亮。从目，未声。

眺 tiào

眺，目不正也。从目，兆声。他吊切。

【译文】眺，目不正。从目，兆声。

睐 lài

睐，目童子不正也。从目，來声。洛代切。

【译文】睐，眼睛的瞳仁不正。从目，來声。

矇 méng

矇，童矇也。一曰：不明也。从目，蒙声。莫中切。

【译文】矇，瞳仁像被蒙。另一义说：幽暗不明。从目，蒙声。

眇 miǎo

眇，一目小也。从目，从少，少亦声。亡沼切。

【译文】眇，一只眼睛小。由目、由少会意，少也表声。

眄 miǎn

眄，目偏合也。一曰：衺视也。秦语。从目，丏声。莫甸切。

【译文】眄，眼睛的一只闭着。另一义说，斜着看。是秦地方言。从目，丏声。

盲 máng

盲，目无牟子①。从目，亡声。武庚切。

【译文】盲，眼睛里黑白不分。从目，亡声。

【注释】①牟子：牟，俗作眸。

瞽 gǔ

瞽，目但有眹也。从目，鼓声。公户切。

【译文】瞽，眼睛只有缝（而无见物的功能）。

从目，鼓声。

睇 睇 dì

睇，目小视也。从目，弟声。南楚谓眄曰睇。特计切。

【译文】睇，睇目而斜视。从目，弟声。南楚叫眄作睇。

眙 眙 chì

眙，直视也。从目，台声。丑吏切。

【译文】眙，目不转睛地看。从目，台声。

眝 眝 zhù

眝，长眙也。一曰：张目也。从目，宁声。陟吕切。

【译文】眝，久久地看。另一义说，睁大眼睛。从目，宁声。

盻 盻 xì

盻，恨视也。从目，兮声。胡计切。

【译文】盻，忿怒地看。从目，兮声。

朋部

朋 朋 jù

朋，左右视也。从二目。凡朋之属皆从朋。读若拘，又若良士瞿瞿。九遇切。

【译文】朋，左右瞪视着。由两个"目"字会意。大凡朋的部属都从朋。音读像"拘"字，又像"良士瞿瞿"的"瞿"字。

奭 奭 jū

奭，目衺也。从朋。从大。大①，人也。举朱切。

【译文】奭，眼睛斜着。由朋、由大会意。大，就是人。

【注释】①大：像人的正面之形。

眉部

眉 眉 méi

眉，目上毛也。从目，象眉之形，上象额理也。凡眉之属皆从眉。武悲切。

【译文】眉，眼上的眉毛。从目，宀像眉毛的形状，上面像额上的纹理。大凡眉的部属都从眉。

省 省 xǐng

省，视也。从眉省，从屮。所景切。

【译文】省，察视。由眉省去宀，再加上屮会意。

盾部

盾 盾 dùn

盾，瞂也。所以扞身蔽目。象形。凡盾之属皆从盾。食问切。

【译文】盾，盾牌。用来扞卫身体、蔽护头目的东西。象形。大凡盾的部属都从盾。

自部

自 自 zì

自，鼻也①。象鼻形。凡自之属皆从自。疾二切。

【译文】自，鼻子。像鼻形。大凡自的部属都从自。

【注释】①自：即古鼻字。

白部

皆 皆 jiē

皆，俱词也。从比，从白。古谐切。

【译文】皆，表示统括的词。由比、由白(zì)会意。

者 zhě

者，别事词也①。从白，**声。之也切。

【译文】者，区别事物的词。从白，**声。

【注释】①别事词：徐锴《系传》："凡文由'者'字者，所以为分别隔义也。"《段注》："凡俗语云'者个'、'者般'、'者回'，皆取别事之意。"

百 bǎi

百，十十也。从一白。数：十百为一贯。相章也。博陌切。

【译文】百，十个十。由一白会意。数目：十个百是一贯。这样，就章明不乱。

鼻部

鼻 bí

鼻，引气自畀①也。从自②畀。凡鼻之属皆从鼻。父二切。

【译文】鼻，引气以自助。由自、畀会意。大凡鼻的部属都从鼻。

【注释】①畀（bì）：助。②自：鼻。

鼾 hān

鼾，卧息也。从鼻干声。读若汗。矣干切。

【译文】鼾，睡卧时的鼻息声。从鼻，干声。音读像"汗"字。

晶部

晶 bì

晶，二百也①。凡晶之属皆从晶。读若秘。彼力切。

【译文】晶，二百。大凡晶的部属都从晶。音读像"秘"字。

【注释】①二百：《段注》："即形为义。不言从二百。"

奭 shì

奭，盛也。从大，从晶①，晶亦声。此燕召公名。读若郝。《史篇》名丑②。诗亦切。

【译文】奭，盛大的样子。由大、由晶会意，晶也表声。这是燕国召公的名。音读像"郝"字。《史籀篇》说他的名叫作丑。

【注释】①从大，从晶：《段注》晶与大皆盛意。"②《史篇》：徐锴《系传》："《史篇》谓史籀所作仓颉十五篇也。"

習部

習 xí

習，数飞也。从羽从白。凡習之属皆从習。似入切。

【译文】習，鸟儿频频试飞。由羽、由白（zì）会意。大凡習的部属都从習。

翫 wán

翫，習猒也。从習，元声。《春秋传》曰："翫岁而愒日。"五换切。

【译文】翫，习以为满足。从習，元声。《春秋左传》说："岁月的流逝，习以为常，却又急于时日的短暂。"

羽部

羽 yǔ

羽，鸟长毛也。象形。凡羽之属皆从羽。王矩切。

【译文】羽，鸟翅上的长毛。象形。大凡羽的部属都从羽。

翰 hàn

翰，天鸡赤羽也。从羽，倝声。《逸周书》曰："大翰，若翚雉①，一名鹖风。周成王时蜀人献之。"侯干切。

【译文】翰，天鸡的赤色羽毛。从羽，倝声。《逸周书》说："长着五彩羽毛，像锦鸡，又叫鷐（chén）风。周成王时蜀地人献来的。"

【注释】①翚雉：五彩皆备的山雉，又叫锦鸡。

翟 dí

翟，山雉尾长者。从羽，从隹。徒历切。

【译文】翟，长尾野鸡。由羽、由隹会意。

翡 fěi

翡，赤羽雀也。出郁林①。从羽，非声。房味切。

【译文】翡，赤色羽毛的小雀。出在郁林。从羽，卒声。

【注释】①郁林：汉代郡名，在今广西省境。

翠 cuì

翠，青羽雀也。出郁林。从羽，卒声。七醉切。

【译文】翠，青色羽毛的小雀。出在郁林。从羽，非声。

翦 jiǎn

翦，羽生也。一曰：矢羽。从羽，前声。即浅切。

【译文】翦，新羽初生。另一义说：箭羽。从羽，前声。

翁 wēng

翁，颈毛也。从羽，公声。乌红切。

【译文】翁，鸟颈上的毛。从羽，公声。

翮 hé

翮，羽茎也①。从羽，鬲声。下革切。

【译文】翮，羽毛的茎。从羽，茎声。

【注释】①羽茎：《段注》："茎，枝柱也。"王筠《句读》："《释器》：'羽本谓之翮。'则与瓝同义。许君盖谓羽本无毛而空中为瓝，盖毛所附者为翮也。"

翕 xī

翕，起也。从羽，合声。许及切。

【译文】翕，起飞。从羽，合声。

翩 piān

翩，疾飞也。从羽，扁声。芳连切。

【译文】翩，快速地飞。从羽，扁声。

翊 yì

翊，飞皃。从羽，立声。与职切。

【译文】翊，飞的样子。从羽，立声。

翱 áo

翱，翱翔也①。从羽，皋声。五牢切。

【译文】翱，回旋飞翔。从羽，皋声。

【注释】①翱翔：《释名·释言语》："翱，敖也，言敖游也。"

翔 xiáng

翔，回飞也。从羽，羊声。似羊切。

【译文】翔，回旋地飞。从羽，羊声。

翳 yì

翳，华盖也①。从羽，殴声。于计切。

【译文】翳，即华盖。从羽，殴声。

【注释】①华盖：用华丽的羽毛制成，形如车盖。

隹部

隹 zhuī

隹，鸟之短尾总名也①。象形。凡隹之属皆从隹。职追切。

【译文】隹，短尾鸟的总名。象形。大凡隹

的部属都从隹。

【注释】① 鸟之短尾句：桂馥《义证》："析言之，则隹、鸟异类，合言之，则隹、鸟通偶。"

雅 雅 yā

雅，楚乌也。一名鸒，一名卑居。秦谓之雅。从隹，牙声。五下切。又，乌加切。

【译文】雅，即楚乌。又叫鸒，又叫卑居。秦地叫它雅。从隹，牙声。

隻 隻 zhī

隻，鸟一枚也。从又持隹。持一隹曰只，二隹曰双。之石切。

【译文】隻，鸟一只。由"又"（手）持握着"隹"会意。手里拿着一只鸟叫只，两只鸟叫双。

雒 雒 luò

雒，鵋䳢也。从隹，各声。卢各切。

【译文】雒，鵋䳢鸟。从隹，各声。

䨲 䨲 lìn

䨲，今䨲。似雒䳢而黄。从隹，两省声。良刃切。

【译文】䨲，含䨲鸟。像八哥而色黄。从隹，两省去二（上）为声。

雀 雀 què

雀，依人小鸟也。从小隹。读与爵同。即略切。

【译文】雀，依人而宿的小鸟。由小、隹会意。音读与"爵"字同。

雉 雉 zhì

雉①，有十四种：卢诸雉②，乔雉，鳪雉，鷩雉，秩秩海雉，翟山雉，翰雉③，卓雉，伊洛而南曰翚，江淮而南曰摇，南方曰㕜，东方曰甾，北方曰稀，西方曰蹲。从隹，矢声。直几切。

【译文】雉，有十四种：卢诸雉，乔雉，鳪雉，鷩雉，秩秩海雉，翟山雉，翰雉，卓雉，（还有）伊、洛以南叫翚雉的，江淮以南叫摇雉的，南方叫㕜雉的，东方叫甾雉的，北方叫稀雉

的，西方叫蹲雉的。从隹，矢声。

【注释】① 雉：俗称"野鸡"、"山鸡"。② 卢：指黑色。③ 翰雉：王筠《句读》："翰似翚之五采而卓。"

雊 雊 gòu

雊，雄（雌）［雉］鸣①也。雷始动，雉鸣而雊其颈。从隹，从句，句亦声。古候切。

【译文】雊，雄性野鸡叫。（正月）雷才震动，雄野鸡鸣叫，勾着它的颈脖。由隹、由句会意，句也表声。

【注释】① 雄雌鸣：当依《段注》作"雄雉鸣"。

雞 雞 jī

雞①，知时畜也。从隹，奚声。古兮切。

【译文】雞，知道时辰的家畜。从隹，奚声。

【注释】① 雞：罗振玉《增订殷墟书契考释》："象鸡形，高冠修尾。"

雕 雕 diāo

雕，鷻也。从隹，周声。都僚切。

【译文】雕，鷻鸟。从隹，周声。

雁 雁 yàn

雁①，鸟也。从隹，从人，厂声。读若鴈。五晏切。

【译文】雁，鸟名。由隹、由人会意，厂声。音读像"鴈"字。

【注释】① 雁：即鸿雁，候鸟。每年春分后飞往北方，秋分后飞回南方。

雇 雇 hù

雇，九雇。农桑候鸟，扈民不淫者也①。从隹，户声。春雇，鳻盾；夏雇，窃玄；秋雇，窃蓝；冬雇，窃黄；棘雇，窃丹；行雇，唶唶；宵雇，啧啧；桑雇，窃脂②；老雇，鷃也。侯古切。

【译文】雇，有九种雇鸟。农耕桑织的候鸟，防止农民使不误过农时。从隹，户声。春雇鸟，又叫鳻盾鸟；夏雇鸟，浅黑色；秋雇鸟，浅蓝色；冬雇鸟，浅黄色；棘雇鸟，浅赤色；行雇鸟，唶唶地叫；宵雇鸟，啧啧地叫；桑雇鸟，浅白色；老雇鸟，又叫鷃雀。

【注释】①扈民不淫：以扈释雇，是声训。扈，止。淫，过时。②窃脂：浅白色。

雄 xióng

雄，鸟父也。从隹，厷声。羽弓切。

【译文】雄，公鸟。从隹，厷声。

雌 cí

雌，鸟母也。从隹，此声。此移切。

【译文】雌，母鸟。从隹，此声。

奞部

奞 suī

奞，鸟张毛羽自奋也。从大从隹。凡奞之属皆从奞。读若睢。息遗切。

【译文】奞，鸟张毛羽奋起而飞。由大、由隹会意。大凡奞的部属都从奞。

夺 duó

夺，手持隹失之也①。从又，从奞。徒活切。

【译文】夺，手里持握的鸟失去了。由又、由奞会意。

【注释】①手持句：《段注》："引申为凡失去物之偁。凡手中遗落物当作此字。今乃用脱为之，而用夺为争夺字，相承久矣。"

奋 fèn

奋，翚也。从奞在田上。《诗》曰："不能奋飞。"方问切。

【译文】奋，大飞。由"奞"在"田"上会意。《诗经》说："不能奋飞。"

萑部

萑 huán

萑，鸱属。从隹，从屮，有毛角。所鸣，其民有祸。凡萑之属皆从萑。读若和。胡官切。

【译文】萑，鸱鸮之类。由隹、由屮会意，屮，表示头上有簇毛如角。它鸣叫的那地方，人们将有祸害。大凡萑的部属都从萑。音读像"和"字。

蒦 huò

蒦，规蒦，商也。从又持萑。一曰视遽皃。一曰：蒦，度也。乙虢切。

【译文】蒦，规蒦，商量。由"又"持握着"萑"会意。另一义说：看得匆忙的样子。又另一义说：蒦是规度。

雚 guàn

雚，小爵也。从萑，吅声。《诗》曰："雚鸣于垤。"工奂切。

【译文】雚，水雀鸟。从萑，吅声。《诗经》说："雚鸟在蚂蚁冢上叫着"

舊 jiù

舊，鸱旧，旧留也。从萑，臼声。巨救切。

【译文】舊，鸱旧，即旧留鸟。从萑，臼声。

屮部

屮 guǎ

屮，羊角。象形。凡屮之属皆从屮。读若乖。工瓦切。

【译文】屮，羊角。象形。大凡屮的部属都从屮。音读像"乖"字。

芇 mián

芇，相当也。阙。读若宀。母官切。

【译文】芇，相当。构形阙。音读像"宀"字。

苜部

苜 mò

苜，目不正也。从
艸，从目。凡苜之属皆
从苜。莧从此。读若末。
模结切。

【译文】苜，眼睛不
正。由艸、由目会意。大
凡苜的部属都从苜。莧字
从苜。音读像"末"字。

蔑 miè

蔑，劳，目无精也。从苜，人劳则蔑然；从
戍。莫结切。

【译文】蔑，疲劳，眼睛没有精神。从苜，表
示人疲劳就两目无神的样子，从戍。

羊部

羊 yáng

羊，祥也。从，象
头角足尾之形。孔子曰：
牛羊之字以形举也。凡
羊之属皆从羊。与章切。

【译文】羊，吉祥。
从艸，（羊字）像头、
角、足、尾的形状。孔
子说：牛字、羊字根据
形体描绘出来。大凡羊的部属都从羊。

羔 gāo

羔[1]，羊子也。从
羊，照省声。古牢切。

【译文】羔，小羊。
从羊，照省昭为声。

【注释】①羔：徐灏
《段注笺》："疑羔之本义
为羊炙，故从火。小羊
味美，为炙尤宜，因之
羊子谓之羔。"

芈 mǐ

芈，羊鸣也。从羊，象声气上出。与牟同
意。绵婢切。

【译文】芈，羊叫声。从羊，（羊上的丨）像声
音和气向上冒出的样子。与"牟"字构形同意。

羝 dī

羝，牡羊也。从羊，氐声。都兮切。

【译文】羝，公羊。从羊，氐声。

羒 fén

羒，（羒）[牡]羊①也。从羊，分声。符
分切。

【译文】羒，白色公羊。从羊，分声。

【注释】①羒羊：当从《段注》作"牡羊"。

牂 zāng

牂，（牡）[牝]羊①也。从羊，爿声。则
郎切。

【译文】牂，母羊。从羊，爿声。

【注释】①牡羊：当从《段注》作"牝羊"。
《尔雅·释畜》："羊牡羒，牝牂，"

羭 yú

羭，夏羊（牡）[牝]曰羭。从羊，俞声。羊
朱切。

【译文】羭，黑色母羊叫羭。从羊，俞声。

羖 gǔ

羖，夏羊牡曰羖。从羊，殳声。公户切。

【译文】羖，黑色公羊叫羖。从羊，殳声。

羯 jié

羯，羊羖犗也。从羊，曷声。居竭切。

【译文】羯，公羊被阉割。从羊，曷声。

美 měi

美，甘也。从羊，从大。羊在六畜主给膳
也①。美与善同意。无鄙切。

【译文】美，味道甜美。由羊、由大会意。

101

羊在六畜之中，为供给牲肉之主。"美"字与"善"字构形同意。

【注释】① 六畜：马、牛、羊、豕、犬、鸡。

羌 qiāng

羌，西戎牧羊人也。从人，从羊，羊亦声。南方蛮闽从虫，北方狄从犬，东方貉从豸，西方羌从羊：此六种也。西南僰人、僬侥，从人；盖在坤地，颇有顺理之性。唯东夷从大；大，人也。夷俗仁，仁者寿，有君子不死之国。孔子曰："道不行，欲之九夷，乘桴浮于海。"有以也。去羊切。

【译文】羌，西方戎族的牧羊人。由人、由羊会意，羊也表声。南方"蛮"族、"闽"族，其字从虫；北方"狄"族，其字从犬；东方"貉"族，其字从豸；西方"羌"族，其字从羊：这以上，总共四种部族。西南方的"僰"人、"僬侥"，其字都从人；大概是因为他们都生活在西南之地，很有顺从道理的人性。只有东方"夷"族，其字从大；大就是人。夷俗仁爱，仁爱的人长寿，那儿有君子不死的国度。孔子说："仁义之道不能实行，我要到东方的九夷族去，乘着竹木编成的排筏漂浮在大海上。"这话是有原因的。

羑 yǒu

羑，进善也。从羊，久声。文王拘羑里在汤阴。与久切。

【译文】羑，引导向善美前进。从羊，久声。周文王被关在羑里监狱，羑里在汤阴。

羴部

羴 shān

羴，羊臭也。从三羊。凡羴之属皆从羴。式连切。

【译文】羴，羊的气味。由三个羊字会意。大凡羴的部属都从羴。

羼 chàn

羼，羊相厕也。从羴在尸下；尸，屋也。一曰：相出前也。初限切。

【译文】羼，羊互相聚集在一起。由"羴"在"尸"下会意；尸表示屋子。另一义说：羊相争突出在前面。

瞿部

瞿 qú

瞿，鹰隼之视也。从隹，从䀠，䀠亦声。凡瞿之属皆从瞿。读若章句之句。九遇切。又音衢。

【译文】瞿，鹰鹞惊视的样子。由隹、由䀠会意，䀠也表声。音读像章句的"句"字。

矍 jué

矍，隹欲逸走也。从又持之，矍矍也。读若《诗》云"穬彼淮夷"之"穬"。一曰：视遽皃。九缚切。

【译文】矍，隹鸟想逃跑，用"又"（手）持握着它，它矍矍然左右惊顾。音读像《诗经》说的"穬彼淮夷"的"穬"字。另一义说：是看得十分急切的样子。

雠部

雠 chóu

雠，双鸟也。从二隹。凡雠之属皆从雠。读若酬。市流切。

【译文】雠，成对的鸟。由两个"隹"字含意。大凡雠的部属都从雠。音读象"酬"字

靃 huò

靃，飞声也。雨而双飞者，其声靃然。呼郭切。

【译文】靃，飞的声音。雨中成双成对的鸟疾飞，那声音靃靃地响。

雙 shuāng

雙，隹二枚也。从雠，又持之①。所江切。

【译文】雙，鸟两只。从"雠"，"又"（手）持握着它。

【注释】① 又持之：徐灏

《段注笺》："从又持二佳会意。引伸为凡物两两相对之偶。"

雥部

雥 zá

雥，群鸟也。从三佳。凡雥之属皆从雥。徂合切。

【译文】雥，群鸟。由三个"佳"字相叠会意。

雧 jí

雧[1]，群鸟在木上也。从雥，从木。

【译文】雧，群鸟聚集在树木上。由雥、由木会意。

【注释】①雧：古同"集"。《诗经·周南·葛覃》："黄鸟于飞，集于灌木。"

鸟部

鸟 niǎo

鸟，长尾禽总名也。象形。鸟之足似匕[1]，从匕。凡鸟之属都从鸟。都了切。

【译文】鸟，长尾飞禽的总名。象形。鸟的脚像匕字之形，从匕。大凡鸟的部属都从鸟。

【注释】①似匕：似匕字之形。

鳳 fèng

鳳，神鸟也。天老曰：凤之象也，鸿前麟后，蛇颈鱼尾，鹳颡鸳思，龙文虎背，燕颔鸡喙，五色备举。出于东方君子之国，翱翔四海之外，过昆崙，饮砥柱，濯羽弱水，莫宿风穴。见则天下大安宁。"从鸟，凡声。冯贡切。

【译文】鳳，神鸟。黄帝的臣子天老说：凤鸟的样子啊，前面像鸿雁，后面像麒麟；像蛇一样的颈项，像鱼一样的尾巴；像鹳鹊一样的额头，像鸳鸯一样的鳃帮；像龙一样的花纹，像虎一样的背；像燕一样的下巴颔，像鸡一样的嘴；五色全都具备。出产在东方君子的国度，翱翔在四海之外，飞过昆崙山，到黄河的砥柱饮水，在弱水洗濯毛羽，黄昏时宿止在风的洞口。一出现，天下就大安宁。从鸟，凡声。

鸾 luán

鸾，亦神灵之精也。赤色，五采，鸡形。鸣中五音，颂声作则至。从鸟，䜌声。周成王时氐羌献鸾鸟。洛官切。

【译文】鸾，也是神灵的精物。赤色，五彩花纹，像鸡的样子。叫声符合五音，（太平盛世）颂歌起，它就飞来了。从鸟，䜌声。周成王的时候，氐族羌族献来鸾鸟。

鸠 jiū

鸠，鹘鸼也[1]。从鸟，九声。居求切。

【译文】鸠，鹘鸼鸟。从鸟，九声。

【注释】①鹘鸼：一种小鸠。

鸽 gē

鸽，鸠属[1]。从鸟，合声。古沓切。

【译文】鸽，鸠之属。从鸟，合声。

【注释】①鸠属：形似鸠，羽色白、灰或酱紫。飞行力极强，经训练可用来通信。

鸮 xiāo

鸮，鸱鸮[1]，宁鴂也。从鸟，号声。于娇切。

【译文】鸮，鸱鸮鸟，又名宁鴂鸟。从鸟，号声。

【注释】①鸱鸮：《诗经幽风·鸱鸮》毛传："鸱鸮，鵋鵅。"

鴂 jué

鴂，宁鴂也。从鸟，夬声。古穴切。

【译文】鴂，鵋鴂鸟。从鸟，夬声。

鶴 鹤 hè

鶴，鸣九皋[1]，声闻于天。从鸟，隺声。下各切。

【译文】鹤，它在沼泽鸣叫，声音上达云霄。从鸟，隺声。

【注释】① 鸣九皋句：见《诗经·小雅·鹤鸣》。

鷺 鹭 lù

鷺，白鷺也。从鸟，路声。洛故切。

【译文】鹭，白鹭。从鸟，路声。

鵠 鹄 hú

鵠，鸿鹄也。从鸟，告声。胡沃切。

【译文】鹄，鸿鹄鸟。从鸟，告声。

鴻 鸿 hóng

鴻，鸿鹄也。从鸟，江声。户工切。

【译文】鸿，鸿鹄鸟。从鸟，江声。

鶖 鹙 qiū

鶖，秃鶖也。从鸟，未声。七由切。

【译文】鶖，秃鶖鸟。从鸟，未声。

鴛 鸳 yuān

鴛，鸳鸯也[1]。从鸟，夗声。于袁切。

【译文】鸳，鸳鸯鸟。从鸟，夗声。

【注释】① 鸳鸯：崔豹《古今注·鸟兽》："鸳鸯·水鸟，凫类也。雌雄未尝相离，人得其一，则一思而至死，故曰匹（配偶）鸟。"

鴦 鸯 yāng

鴦，鸳鸯也。从鸟，央声。于良切。

【译文】鸯，鸳鸯鸟。从鸟，央声。

䳘 䳘 é

䳘，䶏鹅也。从鸟，我声。五何切。

【译文】䳘，䶏鹅。从鸟，我声。

鴈 雁 yàn

鴈，䳘也[1]。从鸟人，厂声。五晏切。

【译文】雁，（家）鹅。由鸟、人会意，厂声。

【注释】① 䳘：徐灏《段注笺》："凡远举高飞者，为鸿雁，为䶏䳘；养驯者，为鹅，为舒雁。古多通用。《礼经》单言雁者，即人所畜之䳘。"

鶩 鹜 wù

鶩，舒凫也。从鸟，敄声。莫卜切。

【译文】鹜，舒凫。从鸟，敄声。

鷖 鹥 yī

鷖，凫属。从鸟，殹声。《诗》曰："凫鹥在梁。"乌鸡切。

【译文】鹥，凫一类的鸟。从鸟，殹声。《诗经》说："凫鹥在梁。"

鷸 鹬 yù

鷸，知天将雨鸟也。从鸟，矞声。《礼记》曰[1]："知天文者冠鷸。"余律切。

【译文】鹬，知道天将下雨的鸟。从鸟，矞声。《礼记》说："懂得天象的人戴着鹬鸟形的帽子。"

【注释】①《礼记》：礼无此文，见《逸周书》。

鶿 鹚 cí

鶿，鸬鶿也[1]。从鸟，兹声。疾之切。

【译文】鹚，鸬鹚鸟。从鸟，兹声。

【注释】① 鸬鹚：《段注》："今江苏人谓之水

老鸦，畜以捕鱼。”

鴇 bǎo

鴇①，鸟也。肉出尺
䔔。从鳥，𠀀声。博好切。

【译文】鴇，鴇鸟。它的
肉适合做烤肉。从鳥，𠀀声。

【注释】①鴇：徐锴《系
传》：“鴇，虎文，无后趾，
大如雁。”

鴆 zhèn

鴆，毒鸟也。从鳥，尢声。一名运日。直
禁切。

【译文】鴆，毒鸟。从鳥，尢声。又叫运日。

鷇 kòu

鷇，鸟子生哺者。从鳥，𣪊声。口豆切

【译文】鷇，生下来就待母哺食的鸟崽子。从
鳥，𣪊声。

鳴 míng

鳴，鸟声也①。从鳥，
从口。武兵切。

【译文】鳴，鸟的叫
声。由鳥、由口会意。

【注释】①鸟声：《段
注》：“引申之凡出声皆
曰鸣。”

騫 xiān

騫，飞皃。从鳥，寒省声。虚言切。

【译文】騫，（鸟）飞的样子。从鳥，寒省⌒
为声。

鳻 fēn

鳻，鸟聚皃。一曰：飞皃。从鳥，分声。府
文切。

【译文】鳻，鸟儿聚集的样子。另一义说，
鸟儿飞翔的样子。从鳥，分声

烏部

烏 wū

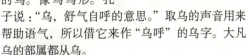

烏，孝乌也①。
象形②。孔子曰：“乌，
盱呼也。”取其助气，
故以为乌呼。凡乌之属
皆从乌。哀都切。

【译文】烏，孝顺
的乌。像乌鸟形。孔
子说：“乌，舒气自呼的意思。”取乌的声音用来
帮助语气，所以借它来作“乌呼”的乌字。大凡
乌的部属都从乌。

【注释】①孝乌：即乌鸦。《段注》：“谓其反
哺（乌雏长大，反哺其母）也。”②象形：《段注》：
“鸟字点睛，乌则不。以纯黑故，不见其睛也。”

舄 què

舄，雒也。象形。七雀切。

【译文】舄，喜鹊。象形。

焉 yān

焉，焉鸟①，黄色，出于江淮。象形。凡
字：朋者②，羽虫之属；乌者③，日中之禽；
舄者④，知太岁之所在；燕者⑤，请子之候，
作巢避戊己⑥。所贵者故皆象形。焉亦是也。
有干切。

【译文】焉，焉鸟，黄色，出产在长江、淮水
一带。象形。大凡是字：朋，是羽虫之类；乌，
是太阳中间的飞禽；舄，是知道太岁星所在位置
的鸟；燕，是表示即将得子的征兆的鸟，取土做
巢，回避戊己这一天。这些都是人们看重的鸟，
所以都象形。焉鸟也是这一类。

【注释】①焉鸟：《段注》“今未审何鸟也。
自借为词助而本义废矣。古多用焉为发声，训
为于，亦训为于是。”②朋：即凤鸟的象形字。
羽虫：鸟类。③乌：古代神话，太阳内有乌鸟。
④舄：《段注》：“鹊巢开户，向天一（星名）而背
岁（太岁星）。”⑤燕：古人以为请子之候也。⑥作
巢句：陆佃《埤雅》：“戊己其日皆土，故燕之往
来避社（土地神），而嗛土不以戊己。”按五行
说，燕为水鸟，戊己属土，怕土克水，不吉利，”

华部

华 華 bān

华，箕属。所以推弃之器也。象形。凡华之属皆从华。官溥说。北潘切。

【译文】华，（有长柄的）箕畚一类的器具。用来推走抛粪的秽物。象形。大凡华的部属都从华。这是官溥所说的。

毕 畢 bì

毕，田冈也。从华，象毕形。微也。或曰：由声。卑吉切。

【译文】毕，田猎用的长柄网。从华，华像毕网的形状，毕比华微小。有人说，（上面的田是由的讹变），由表声。

棄 棄 qì

棄，捐也。从收推华弃之，从㐬。㐬，逆子也。诘利切。

【译文】棄，抛掉。由"收"（双手）推着"华"去抛弃；又，从㐬，㐬是连逆之子。

冓部

冓 冓 gòu

冓，交积材也。象对交之形。凡冓之属皆从冓。古候切。

【译文】冓，交架材料。像相对相交的样子。大凡冓的部属都从冓。

再 再 zài

再，一举而二也。从〔一〕冓省。作代切。

【译文】再，一举而重复。由一、由省略的冓字会意。

爯 爯 chēng

爯，并举也。从爪，冓省。处陵切。

【译文】爯，一手举起两样东西。由爪、由省略的冓字会意。

幺部

幺 幺 yāo

幺，小也[1]。像子初生之形。凡幺之属皆从幺。于尧切。

【译文】幺，小。像婴儿刚刚出生的样子。大凡幺的部属都从幺。

【注释】①小：《段注》："子初生甚小也。俗谓一为幺，亦谓晚生子为幺，皆谓其小也。"

幼 幼 yòu

幼，少也。从幺，从力。伊谬切。

【译文】幼，年少。由幺、由力会意。

丝部

丝 絲 yōu

丝，微也。从二幺。凡丝之属皆从丝。于虬切。

【译文】丝，细微。由两个幺字会意。大凡丝的部属都从丝。

幽 幽 yōu

幽，隐也。从山中丝，丝亦声。于虬切。

【译文】幽，隐蔽。由"山"中有"丝"（幽暗）会意，丝也表声。

幾 幾 jī

幾，微也。殆也。从丝，从戍。戍，兵守也。丝而兵守者，危也。居衣切。

【译文】幾，细微。危机。由丝、由戍会意。戍，用兵把守。发现细微的迹象，而用兵把守，是有危机之感。

诪张为幻。"胡办切。

【译文】幻，相与欺诈惑乱。由予字反倒过来表示。《周书》说："不相互欺骗，相互诈惑。"

叀部

惠 huì

惠，仁也。从心，从叀。胡桂切。

【译文】惠，仁爱。由心、由叀会意。

疐 zhì

疐，碍不行也。从叀，引而止之也。叀者，如叀马［牛］之鼻①。从［冂］，此与牵同意。陟利切。

【译文】疐，滞碍，不能行进。从叀，表示牵引而使之停止。叀，像叀牛鼻子的叀。从冂，这与牵字所从的冂为"引牛之縻"同意。

玄部

玄 xuán

玄，幽远也。黑而有赤色者为玄。象幽而入覆之也。凡玄之属皆从玄。胡涓切。

【译文】玄，隐蔽而深远。黑而带有赤色，叫玄。像幽暗而有物覆盖着。大凡玄的部属都从玄。

予部

予 yǔ

予，推予也。象相予之形。凡予之属皆从予。余吕切。

【译文】予，举物给别人。像用手举物付给别人的样子。大凡予的部属都从予。

舒 shū

舒，伸也。从舍，从予，予亦声。一曰：舒，缓也。伤鱼切。

【译文】舒，伸展。由舍、由予会意，予也表声。另一义说：舒是舒缓。

幻 huàn

幻，相诈惑也。从反予。《周书》曰："无或

放部

放 fàng

放，逐也。从攴，方声。凡放之属皆从放。甫妄切。

【译文】放，放逐。从攴，方声。大凡放的部属都从放。

敖 áo

敖，出游也。从出，从放。五牢切。

【译文】敖，出外遨游。由出、由放会意。

敫 yuè

敫，光景流也。从白，从放。读若龠。以灼切。

【译文】敫，光线流散。由白、由放会意。音读像"龠"字。

𠬪部

𠬪 biào

𠬪，物落；上下相付也。从爪，从又。凡𠬪之属皆从𠬪。读若《诗》"摽有梅"。平小切。

【译文】𠬪，物体下落，上手交付下手。由"瓜"、由"又"会意。太凡𠬪的部属都从𠬪。音读像《诗经》"摽有梅"的"摽"字。

爰 yuán

爰，引也。从𠬪，从于。籀文以为车辕字。羽元切。

【译文】爰，援引。由𠬪、由于会意。籀文借为车辕的"辕"字。

𤔔 luàn

𤔔，治也。幺子相乱，𠬪治之也。读若乱同。一曰：理也。郎段切。

107

【译文】闟，治理。小儿相争斗，用两手分别治理他们。音读像"乱'字，义同。一说"理也"。

争 zhēng

争①，引也。从受丿。侧茎切。

【译文】争，争夺。从受丿会意。

【注释】①争：徐灏《段注笺》："争之本义为两手争一物。"

寽 lù

寽，五指持也①。从受，一声。读若律。吕戌切。

【译文】寽，五指持握。从受，一声。音读像"律"字。

【注释】①五指持：《段注》："凡今俗用五指持物引取之日寽。"

叡部

叡 hè

叡，沟也。从叔，从谷。读若郝。呼各切。

【译文】叡，沟壑。由叔、由谷会意。音读像"郝"字。

叡 ruì

叡，深明也；通也。从叔，从目，从谷省。以芮切。

【译文】叡，深明，通达。由叔、由目、由"谷"字省去"口"会意。

歺部

歺 è

歺，剡骨之残也。从半冎。凡歺之属皆从歺。读若蘗岸之蘗。五割切。

【译文】歺，分解骨肉后的残骨。由冎字的一部分组成。大凡歺的部属都从歺。音读像蘗岸的"蘗"字。

殔 wēi

殔，病也。从歺，委声。于为切。
【译文】殔，殔病。从歺，委声。

殙 hūn

殙，瞀也。从歺，昏声。呼昆切。
【译文】殙，昏眊。从歺，昏声。

殰 dú

殰，胎败也。从歺，賣声。徒谷切。
【译文】殰，胎儿死在腹中。从歺，賣声。

歾 mò

歾，终也。从歺，勿声。莫勃切。
【译文】歾，终其一生。从歺，勿声。

殊 shū

殊，死也。从歺，朱声。汉令曰："蛮夷长有罪，当殊之。"市朱切。

【译文】殊，杀死。从歺，朱声。汉朝的法令说："蛮夷戎狄之长有罪，判决杀死他们。"

殚 zú

殚，大夫死曰殚。从歺，卒声。子聿切。
【译文】殚，大夫死叫作殚。从歺，卒声。

殟 wēn

殟，胎败也。从歺，昷声。乌没切。
【译文】殟，胎儿死在腹中。从歺，昷声。

殇 shāng

殇，不成人也。人年十九至十六死，为长殇；十五至十二死为中殇；十一至八岁死，为下殇。从歺，傷省声。式阳切。

【译文】殇，没有成为成年人（而死去）。人们的年龄在十九至十六岁死去，叫长殇；十五岁到十二岁死去，明中殇；十一岁到八岁死去，叫下殇。从歺，傷省去人旁作声。

𣦵 殂 cú

殂，往、死也。从歺，且声。《虞书》曰[1]："勋乃殂。"昨胡切。

【译文】殂，走了，死了。从歺，且声。《唐书》说："放勋死了。"

【注释】①《虞书》：《段注》："当作《唐书》"。今本《尚书·尧典》作："帝乃殂落。"

𣦶 殡 bìn

殡，死在棺，将迁葬，柩。宾遇之。从歺，从賓，賓亦声。夏后殡于阼阶，殷人殡于两楹之闲，周人殡于宾阶。必刃切。

【译文】殡，尸体在棺材中，将要迁去埋葬，叫作柩。用宾礼对待它。由歺、由賓会意，賓也表声。夏后氏时代停棺待葬在东阶之上，殷人停棺待葬在殿堂前的两根直柱之间，周人停棺待葬在西阶之上。

𣦷 殆 dài

殆，危也。从歺，台声。徒亥切。

【译文】殆，危险。从歺，台声。

𣦸 殃 yāng

殃，咎也。从歺，央声。于良切。

【译文】殃，灾祸。从歺，央声。

𣦺 残 cán

残，贼也[1]。从歺，戔声。昨干切。

【译文】残，伤害。从歺，戔声。

【注释】① 贼：伤害。朱骏声《通训定声》引《仓颉篇》："残，伤也。"

𣦻 殄 tiǎn

殄，尽也。从歺，㐱声。徒典切。

【译文】殄，尽。从歺，㐱声。

𣦼 殱 jiān

殱，微尽也。从歺，韯声。《春秋传》曰："齐人歼于遂。"子廉切。

【译文】殱，纤微都尽。从歺，韯声。《春秋左传》说："齐人在遂地被歼灭尽。"

𣦽 殫 dān

殫，（殛）[极]尽也[1]。从歺，單声。都寒切。

【译文】殫，穷极而尽。从歺，單声。

【注释】① 殛尽：当依徐锴《系传》作"极尽"。

死部

𣦱 死 sǐ

死，澌也，人所离也。从歺，从人。凡死之属皆从死。息姊切。

【译文】死，精气穷尽，是人们形体与魂魄相离的名称。由歺、由人会意。大凡死的部属都从死。

𣨛 薨 hōng

薨，公矦䏍也。从死，瞢省声。呼肱切。

【译文】薨，公侯死亡。从死，瞢省"目"为声。

𣨭 薧 hāo

薧，死人里也。从死，蒿省聲。呼毛切。

【译文】薧，埋死人的地方。从死，蒿省"口"为声。

冎 部

𪒠 冎 guǎ

冎，剔人肉置其骨也[1]。象形。头隆骨也。凡冎之属皆从冎。古瓦切。

【译文】冎，分解人肉，存置其骨头。象形。像头上隆起的骨头。大凡冎的部属都从冎。

【注释】① 剐：分解。

剐 bié

剐，分解也。从冎，从刀。凭列切。

【译文】剐，用刀切割分解。由冎、由刀会意。

牌 bēi

牌，别也。从冎，卑声。读若罴。府移切。

【译文】牌，分裂。从冎，卑声。音读像"罴"字。

骨部

骨 gǔ

骨，肉之核也。从冎，有肉。凡骨之属皆从骨。古忽切。

【译文】骨，附肉的核。由"冎"上附有"肉"会意。大凡骨的部属都从骨。

髑 dú

髑，髑髅，顶也。从骨，蜀声。徒谷切。

【译文】髑，髑髅，人顶骨。从骨，蜀声。

髅 lóu

髅，髑髅也。从骨，娄声。洛侯切。

【译文】髅，髑髅。从骨，娄声。

髆 bó

髆，肩甲也。从骨，尃声。补各切。

【译文】髆，肩髆。从骨，尃声。

骿 pián

骿，并胁也。从骨，并声。晋文公骿胁。部田切。

【译文】骿，肋骨并合。从骨，并声。晋文公

有骿胁。

髀 bǐ

髀，股也。从骨，卑声。并弭切。

【译文】髀，大腿。从骨，卑声。

髁 kē

髁，髀骨也①。从骨，果声。苦卧切。

【译文】髁，大腿骨。从骨，果声。

【注释】① 髀骨：《段注》："犹言股骨也。"

髋 jué

髋，臀骨也。从骨，厥声。居月切。

【译文】髋，尾脊骨。从骨，厥声。

髋 kuān

髋，髀上也。从骨，宽声。苦官切。

【译文】髋，大腿之上。从骨，宽声。

髌 bìn

髌，厀端也①。从骨，宾声。毗忍切。

【译文】髌，膝盖骨。从骨，宾声。

【注释】① 厀端：即膝端。

骺 guā

骺，骨端也。从骨，昏声。古活切。

【译文】骺，骨端。从骨，昏声。

骹 qiāo

骹，胫也。从骨，交声。口交切。

【译文】骹，小腿。从骨，交声。

骸 hái

骸，胫骨也①。从骨，亥声。户皆切。

【译文】骸，小腿骨。从骨，亥声。

【注释】① 胫骨：胫骨为骸，引申为凡人骨之称。

骭 gàn

骭①，骹也。从骨，干声。古案切。

【译文】骭，小腿骨。从骨，干声。

【注释】①骭：《淮南子·俶真篇》"易骭之一毛"高注："骭，自膝以下、胫以上也。"

骼 tì

骼，骨间黄汁也。从骨，易声。读若《易》曰"夕惕若厉"。他历切。

【译文】骼，骨头里面的黄骨髓。从骨，易声。音读像《易经》说的"夕惕若厉"的"惕"字。

體 tǐ

體，总十二属也①。从骨，豊声。他礼切。

【译文】體，总括全身十二分属之称。从骨，豊声。

【注释】①总十二属：《段注》："十二属许未详言，今以人体及许书核之。首之属有三，曰顶，曰面，曰颐。身之属三，曰肩，曰脊，曰臀。手之属三。曰厷，曰臂，曰手。足之属三，曰股，曰胫，曰足。"

骾 gěng

骾，食骨留咽中也①。从骨，更声。古杏切。

【译文】骾，食时骨头留塞在咽喉之中。从骨，更声。

【注释】①食骨句：《段注》："忠言逆耳如食骨在喉，故云骨骾之臣。《汉书》已下皆作骨鲠字。"

骼 gé

骼，禽兽之骨曰骼①。从骨，各声。古核切。

【译文】骼，禽兽的骨头叫作骼。从骨，各声。

【注释】①禽兽之骨：徐灏《段注笺》："引申

之则人以为偶。"

骴 cī

骴，鸟兽残骨曰骴。骴，可恶也。从骨，此声。《明堂月令》曰："掩骼薶骴。"资四切。

【译文】骴，鸟兽的残骨叫骴。骴，表示可恶的意思。从骨，此声。《明堂月令》说："掩盖骼，埋藏骴。"

骪 wěi

骪，骨端骪奊也。从骨，丸声。于诡切。

【译文】骪，骨头弯曲。从骨，丸声。

肉部

肉 ròu

肉，胾肉。象形。凡肉之属皆从肉。如六切。

【译文】肉，大块肉。象形。大凡肉的部属都从肉。

腜 méi

腜，妇始孕腜兆也。从肉，某声。莫杯切。

【译文】腜，妇女开始怀胎的征兆。从肉，某声。

胚 pēi

胚，妇孕一月也。从肉，不声。匹杯切。

【译文】胚，妇女怀孕一个月。从肉，不声。

胎 tāi

胎，妇孕三月也。从肉，台声。土来切。

【译文】胎，妇女怀孕三个月。从肉，台声。

肌 jī

肌，肉也①。从肉，几声。居夷切。

【译文】肌，肌肉。从肉，几声。

【注释】①肉：人曰肌，鸟兽曰肉。肌、肉析言有别，浑言无别。此浑言之。

臚 lú

臚，皮也。从肉，盧声。力居切。

【译文】臚，皮肤。从肉，盧声。

肫 zhūn

肫，面頯也。从肉，屯声。章伦切。

【译文】肫，面上的颧骨。从肉，屯声。

朡 jī

朡，頰肉也。从肉，幾声，读若畿。居衣切。

【译文】朡，面颊肉。从肉，幾声。音读像"畿"字。

脣 chún

脣[1]，口端也。从肉，辰声。食伦切。

【译文】脣，口的边缘。从肉，辰声。

【注释】①脣：《释名·释形体》："脣，缘也。口之缘也。"今作"唇"

脰 dòu

脰，项也。从肉，豆声。徒候切。

【译文】脰，颈后。从肉，豆声。

肓 huāng

肓，心（上）［下］鬲（下）［上］也[1]。从肉，亡声。《春秋传》曰[2]："病在肓之（下）［上］。"呼光切。

【译文】肓，心脏的下面，膈膜的上面。从肉，亡声。《春秋左传》说："病在肓的上面。"

【注释】①心上鬲下：《段注》："'下'、'上'，各本互讹。""今依《左传》音义正。""鬲上肓，肓上膏（心尖脂肪），膏上心。"②《春秋传》原文："疾不可为也，在荒之上，膏之下。"

腎 shèn

腎，水藏也[1]。从肉，臤声。时忍切。

【译文】腎，属水的脏器。从肉，臤声。

【注释】①水藏：腎为

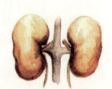

人的泌尿器官。按今文说五行命名，肾属水，又名水藏。藏，今作脏。

肺 fèi

肺，金藏也[1]。从肉，市声。芳吠切。

【译文】肺，属金的脏器。从肉，市声。

【注释】①金藏：肺为人的呼吸器官。按今文说五行命名，肺属金，又名金藏。

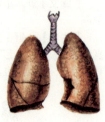

脾 pí

脾，土藏也[1]。从肉，卑声。符支切。

【译文】脾，属土的脏器。从肉，卑声。

【注释】①土藏：按今文说五行命名，脾属土，又名土臟。

肝 gān

肝，木藏也[1]。从肉，干声。古寒切。

【译文】肝，属木的脏器。从肉，干声。

【注释】①木藏：肝是人的消化器官之一。按今文说五行命名，肝属木，又名本臟。

膽 dǎn

膽，连肝之府。从肉，詹声。都敢切。

【译文】膽，连着肝的脏腑。从肉，詹声。

胃 wèi

胃，谷府也。从肉，囫象形。云贵切。

【译文】胃，消化谷物的脏腑。图像胃的形状。

脬 pāo

脬，膀光也[1]。从肉，孚声。匹交切。

【译文】脬，膀胱。从肉，孚声。

【注释】①膀光：今作膀胱，俗称尿脬。

腸 腸 cháng

腸①，大小腸也。从肉，易声。直良切。

【译文】腸，大小肠。从肉，易声。

【注释】① 肠：肠子。《仪礼·少牢馈食礼》："肠三，胃三，举肺一，祭肺三，实于一鼎。"

膏 膏 gāo

膏，肥也。从肉，高声。古劳切。

【译文】膏，肥。从肉，高声。

背 背 bèi

背，脊也。从肉，北声。补妹切。

【译文】背，脊背。从肉，北声。

脅 脅 xié

脅，两膀也。从肉，劦声。虚业切。

【译文】脅，两腋下（至没有肋骨）的地方。从肉，劦声。

膀 膀 bǎng

膀，胁也。从肉，旁声。步光切。

【译文】膀，两腋下。从肉，旁声。

膁 膁 liè

膁，胁肉也。从肉，寽声。一曰：膁，肠间肥也。一曰：膫也。力辍切。

【译文】膁，肋骨部分的肉。从肉，寽声。另一义说，膁，肠子之间的脂肪，又叫膫。

肋 肋 lèi

肋，胁骨也。从肉，力声。卢则切。

【译文】肋，两腋下的肋骨。从肉，力声。

胳 胳 gē

胳，亦下也。从肉，各声。古洛切。

【译文】胳，腋下。从肉，各声。

胠 胠 qū

胠，亦下也。从肉，去声。去劫切。

【译文】胠，腋下（近臂部分）。从肉，去声。

臂 臂 bì

臂，手上也。从肉，辟声。卑义切。

【译文】臂，手腕上部（一直到肩的部分）。从肉，辟声。

肘 肘 zhǒu

肘，臂节也。从肉，从寸。寸，手寸口也。陟柳切。

【译文】肘，上肢与下臂之节。由肉、由寸会意。寸，手的寸口。

腴 腴 yú

腴，腹下肥也。从肉，臾声。羊朱切。

【译文】腴，肚腹下的肥肉。从肉，臾声。

胯 胯 kuà

胯，股也。从肉，夸声。苦故切。

【译文】胯，两大腿之间。从肉，夸声。

股 股 gǔ

股，髀也。从肉，殳声。公户切。

【译文】股，大腿。从肉，殳声。

脚 脚 jiǎo

脚，胫也①。从肉，却声。居勺切。

【译文】脚，脚胫。从肉，却声。

【注释】① 胫：小腿。古称胫为脚，今俗称足为脚。

胫 脛 jìng

脛，胻也。从肉，巠声。胡定切。

【译文】脛，小腿部分。从肉，巠声。

胻 胻 héng

胻，胫端也。从肉，行声。户更切。

【译文】胻，胫骨上端部分。从肉，行声。

腓 féi

腓，胫腨也。从肉，非声。符飞切。
【译文】腓，小腿肚子。从肉，非声。

肖 xiào

肖，骨肉相似也。从肉，小声。不似其先，故曰"不肖"也。私妙切。
【译文】肖，形体容貌相似。从肉，小声。儿女不像他的父母，所以叫"不肖"。

胤 yìn

胤，子孙相承续也。从肉，从八，象其长也；从幺，象重累也。羊晋切。
【译文】胤，子子孙孙递相继承延续。从肉，从八，像世系支分派别的绵长；从幺，像丝的重累继续无穷。

膻 dàn

膻，肉膻也。从肉，亶声。《诗》曰："膻裼暴虎。"徒旱切。
【译文】膻，脱衣露出上身。从肉，亶声。《诗经》说："袒露身体，空手打老虎。"

脱 tuō

脱，消肉臞也。从肉，兑声。徒活切。
【译文】脱，消尽其肉而变瘦。从肉，兑声。

脁 tiǎo

脁，祭也[1]。从肉，兆声。土了切。
【译文】脁，祭肉。从肉，兆声。
【注释】① 祭：《集韵·啸韵》："脁，祭肉。"脁从肉，本义当是祭肉。引申为祭名。

隋 duò

隋，裂肉也。从肉，从隓省。徒果切。
【译文】隋，祭余的肉。从肉，从隓省。

肴 yáo

肴，啖也。从肉，爻声。胡茅切。
【译文】肴，可吃的熟肉。从肉，爻声。

腆 tiǎn

腆，设膳腆腆多也。从肉，典声。他典切。
【译文】腆，设置饭菜美且多。从肉，典声。

胡 hú

胡，牛𩒾垂也[1]。从肉，古声。户孤切。
【译文】胡，牛𩒾下垂的肉。从肉，古声。
【注释】① 牛𩒾垂：《段注》："𩒾，颐（yí，面颊）也。牛自颐至颈下垂肥者也。引申之，凡物皆曰胡。如老狼有胡，鹕胡，龙垂胡𩑦是也。"

膘 piǎo

膘，牛胁后髀前合革肉也。从肉，票声，读若繇。敷绍切。
【译文】膘，牛肋后、大腿前皮肉相合的地方。从肉，票声。音读像"繇"字。

脯 fǔ

脯，干肉也。从肉，甫声。方武切。
【译文】脯，干肉。从肉，甫声。

脩 xiū

脩，脯也。从肉，攸声。息流切。
【译文】脩，干肉。从肉，攸声。

膊 pò

膊，薄脯，膊之屋上。从肉，尃声。匹各切。
【译文】膊，薄薄的肉片，把它贴近在屋上，（让它曝晒干燥。）从肉，尃声。

胥 xū

胥，蟹醢也。从肉，疋声。相居切。
【译文】胥，蟹酱。从肉，疋声。

胜 xīng

胜，犬膏臭也。从肉，生声。一曰：不孰也。桑经切。

【译文】胜，狗油的气味。从肉，生声。另一义说，胜，不熟。

臊 sāo

臊，豕膏臭也。从肉，喿声。稣遭切。

【译文】臊，猎脂膏的气味。从肉，喿声。

膮 xiāo

膮，豕肉羹也。从肉，尧声。许幺切。

【译文】膮，猪肉作的羹。从肉，尧声。

腥 xīng

腥，星见食豕，令肉中生小息肉也。从肉，从星，星亦声。稣佞切。

【译文】腥，星现之时喂猪，会叫猪肉中生长小息肉。由肉、由星会意，星也表声。

脂 zhī

脂，戴角者脂，无角者膏。从肉，旨声。旨夷切。

【译文】脂，有角动物的脂肪叫脂，无角动物的脂肪叫膏。从肉，旨声。

膹 suò

膹，羳也。从肉，贵声。稣果切。

【译文】膹，解剖猪羊头。从肉，贵声。

腻 nì

腻，上肥也[1]。从肉，贰声。女利切。

【译文】腻，身体表面的油腻。从肉，贰声。

【注释】①上肥：上犹外也。

膜 mó

膜，肉闲胲膜也。从肉，莫声。慕各切。

【译文】膜，肉里包裹着的薄皮。从肉，莫声。

散 sàn

散，杂肉也。从肉，㪔声。稣旰切。

【译文】散，杂碎的肉。从肉，㪔声。

腐 fǔ

腐，烂也。从肉，府声。扶雨切。

【译文】腐，肉腐烂。从肉，府声。

肥 féi

肥，多肉也。从肉，从卩[1]。符非切。

【译文】肥，肥胖多肉。由肉、由卩会意。

【注释】①从肉，从卩：徐铉注："肉不可过多，故从卩。"

筋部

筋 jīn

筋，肉之力也[1]。从力，从肉，从竹。竹，物之多筋者。凡筋之属皆从筋。居银切。

【译文】筋，肉中的筋。由力、由肉、由竹会意。竹，多筋的物体。大凡筋的部属都从筋。

【注释】①肉之力：《段注》："力下曰：筋也。筋、力同物。"

刀部

刀 dāo

刀[1]，兵也。象形。凡刀之属皆从刀。都牢切。

【译文】刀，兵器。象形。大凡刀的部属都从刀。

【注释】①刀：用以切、割、砍、削的工具。《礼记·少仪》："刀却刃授颖，削授拊。"

削 xuē

削,鞞也。一曰:析也。从刀,肖声。息约切。

【译文】削,装刀剑的套子。另一义说,(削,)分割。从刀,肖声。

刞 gōu

刞,鎌也。从刀,句声。古侯切。
【译文】刞,鎌刀。从刀,句声。

剀 ái

剀,大镰也。一曰:摩也。从刀,豈声。五来切。

【译文】剀,大镰。另一义说,是磨刀。从刀,豈声。

剞 jī

剞,剞劂,曲刀也。从刀,奇声。居绮切。
【译文】剞,剞劂,弯刀。从刀,奇声。

劂 jué

劂,剞劂也。从刀,屈声。九勿切。
【译文】劂,剞劂。从刀,屈声。

利 lì

利,铦也。从刀。和然后利,从和省。《易》曰:"利者,义之和也。"力至切。

【译文】利,锋利,从刀。和顺协调然后有利,所以从和省。《易经》说:"利益,是由于义的和协。"

剡 yǎn

剡,锐利也。从刀,炎声。以冉切。
【译文】剡,锐利。从刀,炎声。

初 chū

初①,始也。从刀,从衣。裁衣之始也。楚居切。

【译文】初,开始。由刀、由衣会意。裁割衣服的开始。

【注释】① 初:开始。《史记·平准书》:"初置张掖、酒泉郡。"

前 jiǎn

前,齐断也。从刀,歬声。子善切。
【译文】前,整齐地剪断。从刀,歬声。

则 zé

则,等画物也。从刀,从贝。贝,古之物货也。子德切。

【译文】则,按等级区别的物体。由刀、由贝会意。贝是古代的货币。

剛 gāng

剛,强断也。从刀,冈声。古郎切。
【译文】剛,强力折断。从刀,冈声。

剬 duān

剬,断齐也。从刀,耑声。旨兖切。
【译文】剬,切断齐整。从刀,耑声。

劊 guì

劊,断也。从刀,會声。古外切。
【译文】劊,砍断。从刀,會声。

切 qiē

切,刌也。从刀,七声。千结切。
【译文】切,切断。从刀,七声。

劌 guì

劌,利伤也。从刀,歲声。居卫切。
【译文】劌,刺伤。从刀,歲声。

刻 kè

刻,镂也。从刀,亥声。苦得切。

【译文】刻,雕刻。从刀,亥声。

副 pì

副,判也。从刀,畐声。《周礼》曰:"副辜祭。"芳逼切。

【译文】副,剖分。从刀,畐声。《周礼》说:"剖开分裂牲的肢体,来祭祀。"

剖 pōu

剖,判也。从刀,音声。浦后切。

【译文】剖,从中间分开。从刀,音声。

辬 biàn

辬,判也。从刀,辡声。蒲苋切。

【译文】辬,判别。从刀,辡(biàn)声。

判 pàn

判,分也。从刀,半声。普半切。

【译文】判,分开。从刀,半声。

刊 kān

刊①,剟也。从刀,干声。苦寒切。

【译文】刊,削。从刀,干声。

【注释】①刊:《段注》:"凡有所削去谓之刊。"

劈 pì

劈,破也。从刀,辟声。普击切。

【译文】劈,破开。从刀,辟声。

剥 bō

剥,裂也。从刀,从彔;彔,刻割也,彔亦声。北角切。

【译文】剥,割裂。由刀、由彔会意;彔,表示刻、割,彔也兼表声。

割 gē

割,剥也。从刀,害声。古达切。

【译文】割,割裂。从刀,害声。

刷 shuā

刷,刮也。从刀,㕞省声。礼(布)[有]刷巾。所劣切。

【译文】刷,刮削。从刀,㕞省又为声。礼家有"刷巾"之说。

刮 guā

刮,掊把也。从刀,昏声。古八切。

【译文】刀,刮摩。从刀,昏声。

制 zhì

制,裁也。从刀,从未。未,物成,有滋味,可裁断。一曰:止也。征例切。

【译文】制,裁断。由刀、由未会意。未,树木老成,即有滋味,可以裁断。另一义说,制是禁止。

罚 fá

罚,罪之小者。从刀,从詈。未以刀有所贼,但持刀骂詈,则应罚。房越切。

【译文】罚,轻微的犯法行为。由刀、由詈会意。没有用刀对人有所伤害,只拿着刀骂人,就应该处罚。

券 quàn

券,契也。从刀,关声。券别之书①。以刀判契其旁,故曰契券。去愿切。

【译文】券,契据。从刀,关声。契券的文书。用刀分刻契券的

旁边，所以叫契券。

【注释】① 券别：同义连用。券，又名别。《段注》："别，别为两，两家各得一也。"

刺 cì

刺，君杀大夫曰刺。刺，直伤也。从刀，从束，束亦声。七赐切。

【译文】刺，君主杀死大夫叫刺。刺，直伤。由刀、由束会意，束也表声。

剔 tī

剔，解骨也。从刀，易声。他历切。

【译文】剔，分解骨肉。从刀，易声。

刃部

刃 rèn

刃，刀坚也。象刀有刃之形。凡刃之属皆从刃。而振切。

【译文】刃，刀的坚利部分。像刀有锋刃的形状。大凡刃的部属都从刃。

刅 chuāng

刅，伤也。从刃，从一①。楚良切。

【译文】刅，创伤。由刃、由一会意。

【注释】① 从一：徐锴《系传》："一，刃所伤，指事也。"

劎 jiàn

劎，人所带兵也。从刃，僉声。居欠切。

【译文】劎，人们佩带的兵器。从刃，僉声。

韧部

韧 qià

韧，巧韧也。从刀，丰声。凡韧之属皆从韧。恪八切。

【译文】韧，巧妙刻画。从刀，丰声。大凡韧

的部属都从韧。

契 jiá

契，齘契，刮也。从契，夬声。一曰：契，画坚也。古黠切。

【译文】契，齘契，刷刮。从夬，韧声。另一义说，契，（用刀）划坚硬之物。

栔 qì

栔，刻也。从韧，从木。苦计切。

【译文】栔，契刻。由韧、由木会意。

丰部

丰 jiè

丰，艸蔡也。象艸生之散乱也。凡丰之属皆从丰。读若介。古拜切。

【译文】丰，草芥。像草生长散乱的样子。大凡丰的部属都从丰。音读像"介"字。

𦬣 gé

𦬣，枝𦬣也。从丰，各声。古百切。

【译文】𦬣，枝柯。从丰，各声。

耒部

耒 lěi

耒，手耕曲木也。从木推丰。古者垂作耒。相以振民也。凡耒之属皆从耒。卢对切。

【译文】耒，手耕时期的曲木。由"木"推着表示草芥的"丰（jiè）"会意。古时候垂发明了耒和相，用来举救老百姓。大凡耒的部属都从耒。

耕 gēng

耕，犁也。从耒，井声。一曰：古者井田。古茎切。

【译文】耕,犁田。从耒,井声。另一种说法是,上古为井田,(从井会意。)

耤 jí

耤,帝耤千亩也。古者使民如借,故谓之耤。从耒,昔声。秦昔切。

【译文】耤,天子亲率百姓耕种的土地千亩。古时候驱使百姓耕种,好像借用民力,所以叫它耤。从耒,昔声。

耦 ǒu

耦,(耒)[耜]广五寸为伐①,二伐为耦。从耒,禺声。五口切。

【译文】耦,耜宽五寸叫伐,二伐叫耦。从耒,禺声。

【注释】①耒广两句:王筠《句读》:"耒当作耜。"耜:耒下端起土的部分,类似后世的铲或锹。

桂 guī

桂,(冊)[冊](又)[叉],可以划麦,河内用之。从耒,圭声。古携切。

【译文】桂,多齿耙,可用来将麦子扒划均匀,河内地方用它。从耒,圭声。

耘 yún

耘,除苗闲秽也。从耒,员声。羽文切。

【译文】耘,除掉苗间杂草。从耒,员声。

耡 chú

耡,商人七十而耡。耡,耤,税也。从耒,助声。《周礼》曰:"以兴耡利萌。"床倨切。

【译文】耡,商朝人种田七十亩而行"耡"法。耡,就是耤,都是田税。从耒,助声。《周礼》说:"发起人民互相佐助,以便利于百姓。"

角部

角 jiǎo

角,兽角也。象形,角与刀鱼相似。凡角之属皆从角。古岳切。

【译文】角,禽兽的角。象形。小篆角字与刀、鱼二字有相似的地方。大凡角的部属都从角。

觸 chù

觸,抵也。从角,蜀声。尺玉切。

【译文】觸,用角抵触。从角,蜀声。

衡 héng

衡,牛触,横大木其角。从角,从大,行声。《诗》曰:"设其福衡。"户庚切。

【译文】衡,牛好举角抵触,横绑大木在牛的角上,(以防抵触)。由角、由大会意,行声。《诗经》说:"设置那绑在牛角上的横木。"

解 xiè

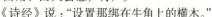

解,判也。从刀判牛角。一曰:解廌,兽也。佳买切。又,户卖切。

【译文】解,分解。由"刀"分解"牛""角"会意。另一义说,解即解廌,兽名。

觳 hú

觳,盛觯巵也。一曰:射具。从角,殻声,读若斛。胡谷切。

【译文】觳,盛觯的圆形大器具。另一义说,用来盛箭的器具。从角,殻声。音读像"斛"字。

竹部

竹 zhú

竹,冬生艹也。象形。下垂者,箁箬也。凡竹之属皆从竹。陟玉切。

【译文】竹,经冬不死的草。象形。两边下垂的笔画。表示笋壳。大凡竹的部属都从竹。

箭 jiàn

箭,矢也。从竹,前声。子贱切。

【译文】箭,可用来作矢的箭竹。从竹,前声。

箘 jùn

箘,箘簬也。从竹,困声。一曰:博棊也。渠陨切。

【译文】箘,箘簬竹。从竹,困声。另一义说,箘是棋子。

簬 lù

簬,箘簬也。从竹,路声。《夏书》曰:"惟箘簬楛。"洛故切。

【译文】簬,箘簬竹。从竹,路声。《夏书》说:"箘簬美竹和楛木。"

筱 xiǎo

筱,箭属。小竹也。从竹,攸声。先杳切。

【译文】筱,箭竹之类,小竹。从竹,攸声。

簜 dàng

簜,大竹也。从竹,湯声。《夏书》曰:"瑶琨筱簜。"簜可为干,筱可为矢。徒朗切。

【译文】簜,大竹。从竹,湯声。《夏书》说:"美玉、美石、小竹、大竹。"簜可作弓干,筱可用箭杆。

節 jié

節,竹约也。从竹,即声。子结切。

【译文】節,竹节。从竹,即声。

笨 bèn

笨,竹里也。从竹,本声。布忖切。

【译文】笨,竹子的里层。从竹,本声。

蓊 wēng

蓊,竹皃。从竹,翁声。乌红切。

【译文】蓊,竹子(茂盛)的样子。从竹,翁声。

篸 cēn

篸,差也。从竹,参声。所今切①。

【译文】篸,篸差。从竹,参声。

【注释】① 今读依《集韵》楚簪切。

篆 zhuàn

篆,引书也。从竹,象声。持兖切。

【译文】篆,运笔书写。从竹,象声。

籀 zhòu

籀,读书也。从竹,摺声。《春秋传》曰"卜籀"云。直又切。

【译文】籀,读书。从竹,摺声。《春秋左传》说"卜读卦爻词"云云。

篇 piān

篇,书。一曰:关西谓榜曰篇。从竹,扁声。芳连切。

【译文】篇,书册。另一义说,关西一带叫榜额作篇。从竹,扁声。

籍 jí

籍,簿书也。从竹,耤声。秦昔切。

【译文】籍,户口册。从竹,耤声。

篁 篁 huáng

篁，竹田也。从竹，皇声。户光切。

【译文】篁，竹田。从竹，皇声。

篜 篜 yè

篜，钥也。从竹，枼声。与接切。

【译文】篜，编的竹简。从竹，枼声。

籥 籥 yuè

籥，书僮竹笿也。从竹，龠声。以灼切。

【译文】籥，习字儿童所用而编成的竹简。从竹，龠声。

飂 飂 liú

飂，竹声也。从竹，劉声。力求切。

【译文】飂，竹声。从竹，劉声。

簡 簡 jiǎn

簡，牒也。从竹，間声。古限切。

【译文】簡，用于书写的狭长竹片。从竹，間声。

笐 笐 gāng

笐，竹列也。从竹，亢声。古郎切。

【译文】笐，竹子的行列。从竹，亢声。

篰 篰 bù

篰，崩爰也。从竹，部声。薄口切。

【译文】篰，简册。从竹，部声。

等 等 děng

等，齐简也。从竹，从寺。寺，官曹之等平也。多肯切。

【译文】等，整齐的竹简。由竹、由寺会意。寺，是官署的竹简整齐的意思。

笵 笵 fàn

笵，法也。从竹，竹，简书也；氾声。古法有竹刑。防妥切。

【译文】笵，法则。从竹，竹表示简册；氾表声。古代法律有竹刑。

箋 箋 jiān

箋，表识书也。从竹，戋声。则前切。

【译文】箋，表明、识别的文字。从竹，戋声。

符 符 fú

符，信也。汉制以竹，长六寸，分而相合。从竹，付声。防无切。

【译文】符，取信之物。汉朝规定用竹，长六寸，分而相合以取信。从竹，付声。

筮 筮 shì

筮，《易》卦用蓍也。从竹从巫。时制切。

【译文】筮，《易经》占卦用的蓍（shī）草。由竹、由巫会意。

第 第 zǐ

第，床箦也。从竹，朿声。阻史切。

【译文】第，竹编的床垫子。从竹，朿声。

筵 筵 yán

筵，竹席也。从竹，延声。《周礼》曰："度堂以筵。"筵一丈。以然切。

【译文】筵，铺在地面的竹席。从竹，延声。《周礼》说，"用筵为标准量度明堂。"筵长一丈。

簟 簟 diàn

簟，竹席也。从竹，覃声。徒念切。

【译文】簟，竹席。从竹，覃声。

箪 箪 dān

箪，笥也。从竹，單声。汉津令：箪，小筐

也。《传》曰①："箪食壶浆。"都寒切。

【译文】箪，圆形的盛饭和盛衣的竹器。从竹，單声。汉朝律令说，箪是小竹筐。古代文献说："用箪盛着饭食，用壶盛着酒浆。"

【注释】①《传》：泛指古代典籍。

箸 zhù

箸，饭敧也。从竹，者声。陟虑切。又，遅倨切。

【译文】箸，饭时取物的筷子。从竹，者声。

篓 lǒu

篓，竹笼也。从竹，婁声。洛侯切。

【译文】篓，竹编的笼子。从竹，婁声。

筤 làng

筤，篮也。从竹，良声。卢党切。

【译文】筤，竹笼。从竹，良声。

篮 lán

篮，大篝也。从竹，監声。鲁甘切。

【译文】篮，大烘笼。从竹，監声。

篝 gōu

篝，笭也，可熏衣。从竹，冓声。宋楚谓竹篝墙以居也。古侯切。

【译文】篝，竹笼，可用来熏干衣服。从竹，冓声。宋楚地方叫熏笼作墙居。

簋 guǐ

簋，黍稷方器也。从竹①，从皿，从皀。居洧切。

【译文】簋，盛黍稷的方形器皿。由竹、由皿、由皀会意。

【注释】① 从竹句：此谓用"竹"编的器"皿"盛着"皀"。

竿 gān

竿，竹梃也。从竹，干声。古寒切。

【译文】竿，竹子挺直。从竹，干声。

笠 lì

笠，簦无柄也。从竹，立声。力入切。

【译文】笠，如簦而没有把。从竹，立声。

箱 xiāng

箱，大车牝服也①。从竹，相声。息良切。

【译文】箱，大车的车箱。从竹，相声。

【注释】① 牝服：郑玄《周礼·考工记》注引郑司农说："牝服谓车箱，服读为负。"

篚 fěi

篚，车笭也。从竹，匪声。敷尾切。

【译文】篚，车笭。从竹，匪声。

篸 tán

篸，搔马也。从竹，剡声。丑廉切。

【译文】篸，洗刷马的污垢。从竹，剡声。

策 cè

策，马棰也①。从竹，束声。楚革切。

【译文】策，马鞭。从竹，束声。

【注释】① 棰：即马鞭。

箠 chuí

箠，击马也。从竹，垂声。之垒切。

【译文】箠，击马。从竹，垂声。

笞 chī

笞，击也。从竹，台声。丑之切。

【译文】笞，鞭打。从竹，台声。

竽 竽 yú

竽，管三十六簧也①。从竹，亏声。羽俱切。

【译文】竽，管乐，三十六簧。从竹，亏声。

【注释】① 簧：乐器里用以振动发声的薄片。

簧 簧 huáng

簧，笙中簧也。从竹，黄声。古者女娲作簧。户光切。

【译文】簧，笙管中用以振动发声的薄叶片。从竹，黄声。古时候女娲造簧。

笙 笙 shēng

笙，十三簧。象凤之身也。笙，正月之音。物生，故谓之笙。大者谓之巢，小者谓之和。从竹，生声。古者随作笙。所庚切。

【译文】笙，十三簧。形状像凤鸟的身躯。笙，是正月之音。这时万物生长，所以叫它笙。大的叫作巢，小的叫作和。从竹，生声。古时候，一个名叫随的人制作了笙。

篎 篎 miǎo

篎，小管谓之篎。从竹，眇声。亡沼切。

【译文】篎，小的管乐器叫作篎。从竹，眇声。

笛 笛 dí

笛，七孔筩也①。从竹，由声。羌笛三孔。徒历切。

【译文】笛，七孔竹管乐器。从竹，由声。羌地的笛管三孔。

【注释】① 筩：竹管。

筑 筑 zhú

筑，以竹［击之成］曲①。五弦之乐也。从

竹，从巩。巩，持之也。竹亦声。张六切。

【译文】筑。用竹尺敲击出各种乐曲。是五弦的乐器。由竹、由巩会意。巩，持握的意思。竹也表声。

【注释】① 以竹：慧林《音义》引《说文》作"以竹击之成曲，五弦之乐。"此有脱文。

筝 筝 zhēng

筝，鼓弦（竹）［筑］身乐也①。从竹，争声。侧茎切。

【译文】筝，拨弦的、像筑身的乐器。从竹，争声。

【注释】① 鼓弦句："竹"当作"筑"。

算 算 suàn

算，数也。从竹，从具。读若筭①。苏管切。

【译文】算，计数。由竹、由具会意。音读像"筭"字。

【注释】① 读若筭：《段注》："筭为算之器，算为筭之用。二字音同而义别。"

箕部

箕 箕 jī

箕，簸也。从竹，甘，象形，下其丌也。凡箕之属皆从箕。居之切。

【译文】箕，簸箕。从竹，甘，像簸箕之形，下面的丌是它的垫座。大凡箕的部属都从箕。

簸 簸 bǒ

簸，扬米去糠也。从箕，皮声。布火切。

【译文】簸，簸扬谷米，去掉糠秕。从箕，皮声。

丌部

丌 丌 jī

丌，下基也。荐物之丌。象形。凡丌之属皆

从丌。读若箕同。居之切。

【译文】丌,物体的下基,安放物体的器具。象形。大凡丌的部属都从丌。音读像"箕"字,义同。

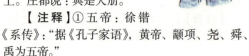 迟 jì

迟,古之遒人,以木铎记诗言。从辵,从丌,丌亦声。读与记同。居吏切。

【译文】迟,古代宣教之官,摇着木铎,沿途采记诗歌和方言。由辵、由丌会意。丌也表声。音读与"记"字相同。

典 diǎn

典,五帝之书也①。从册在丌上,尊阁之也。庄都说,典,大册也。多殄切。

【译文】典,五帝的书册。由"册"在"丌"上会意,把典册高高地搁架在丌上。庄都说:典是大册。

【注释】①五帝:徐错《系传》:"据《孔子家语》,黄帝、颛顼、尧、舜、禹为五帝。"

畀 bì

畀,相付与之。约在阁上也。从丌①,由声。必至切。

【译文】畀,把东西交付给别人。东西捆绑好放在阁板上,所以从丌,由声。

【注释】①从丌:《段注》:"古者物相与必有藉,藉即阁也。故其字从丌。"

巽 xùn

巽,具也。从丌,吅声。苏困切。

【译文】巽,具备。从丌,吅声。

奠 diàn

奠,置祭也。从酋。酋,酒也。下其丌也。《礼》有奠祭者。堂练切。

【译文】奠,置酒食祭奠。从酋。酋,就是酒。下面是垫放酒食的几席之类。《礼》经上有以奠为祭的。

左部

左 zuǒ

左①,手相左助也。从ナ工。凡左之属皆从左。则个切。

【译文】左,用手相辅佐、帮助。由"ナ"和"工"会意。大凡左的部属都从左。

【注释】①左:《段注》:"左者,今之佐字。"

差 chāi

差,贰也。差不相值也。从左,从𠂹。初牙切。又,楚佳切。

【译文】差,差贰,不相当的意思。由左、由𠂹会意。

工部

工 gōng

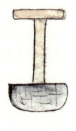

工,巧饰也。象人有规架也。与巫同意。凡工之属皆从工。古红切。

【译文】工,巧于文饰。像人手中有规架形。与巫字构形从工同意。大凡工的部属都从工。

式 shì

式,法也。从工,弋声。赏职切。

【译文】式,法式。从工,弋声。

巧 qiǎo

巧,技也。从工,丂声。苦绞切。

【译文】巧,技能。从工,丂声。

巨 jù

巨，规巨也①。从工，象手持之。其吕切。

【译文】巨，规矩的矩。从工，像用手握着矩。

【注释】①规巨：巨同矩，木工用的方尺。

㥁部

㥁 zhǎn

㥁，极巧视之也。从四工。凡㥁之属皆从㥁。知衍切。

【译文】㥁，极巧地视察着。由四个"工"字会意。大凡㥁的部属都从㥁。

㥁 sāi

㥁，窒也。从㥁，从收；窒宀中。㥁犹齐也。稣则切。

【译文】㥁，填塞。由㥁、由收会意，表示捧着整齐之物填在屋中。㥁，犹如说整齐。

巫部

巫 wū

巫，祝也。女能事无形，以舞降神者也。象人两褎舞形。与工同意。古者巫咸初作巫。凡巫之属皆从巫。武扶切。

【译文】巫，巫祝。女人之能奉事神祇，并能凭借歌舞使神祇降临的人。像人两袖起舞的样子。与"工"字构形同意。古时候，巫咸初作巫术。大凡巫的部属都从巫。

覡 xí

覡，能斋肃事神明也。在男曰覡，在女曰巫。从巫，从見。胡狄切。

【译文】覡，能斋戒、恭敬而奉事神明的人。男的叫覡，女的叫巫。由巫、由見会意。

甘部

甘 gān

甘，美也①。从口含一；一，道也。凡甘之属皆从甘。古三切。

【译文】甘，美味。由"口"含"一"会意；一，表示味道。大凡甘的部属都从甘。

【注释】①美：《段注》："羊部曰：'美，甘也。'甘为五味之一，而五位之可口皆曰甘。"

猒 yàn

猒，饱也。从甘，从肰。于盐切。

【译文】猒，饱足。由甘、由肰会意。

甚 shèn

甚，尤安乐也。从甘，从匹耦也。常枕切。

【译文】甚，异常安乐。由甘、由匹耦之匹字会意。

曰部

曰 yuè

曰，词也。从口，乙声，亦象口气出也。凡曰之属皆从曰。王伐切。

【译文】曰，语助词。从口，乙声，也像口上有气冒出。大凡曰的部属都从曰。

曷 hé

曷，何也。从曰，匃声。胡葛切。

【译文】曷，何。从曰，匃(gài)声。

沓 tá

沓，语多沓沓也。从水，从曰。辽东有沓县①。徒合切。

125

【译文】沓，话多沓沓如流水。由水、由曰会意。辽东郡有沓氏县。

【注释】① 沓县：汉属辽东郡。约在今辽东省金县东南。

曹 cáo

曹，狱之两曹也。在廷东。从棘，治事者；从曰。昨牢切。

【译文】曹，打官司的原告和被告。都在法庭的东边。从棘，（棘）是管理打官司的人；从曰。

乃部

乃 nǎi

乃，曳词之难也①。象气之出难。凡乃之属皆从乃。奴亥切。

【译文】乃，出词很难。像语气出口困难的样子。大凡乃的部属都从乃。

【注释】① 曳词之难：曳当作申。唐写本玉篇引作"申辞之难也"。申词，出词。

丂部

丂 kǎo

丂，气欲舒出。丂上碍于一也。丂，古文以为亏字，又以为巧字。凡丂之属皆从丂。苦浩切。

【译文】丂，气想舒展出来，丂像欲舒出之气上面为"一"所阻碍。丂，古文借于字，又借为巧字。大凡丂的部属都从丂。

寧 nìng

寧，愿词也①。从丂，寍声。奴丁切。

【译文】寧，表示宁愿的词。从丂，寍声。

【注释】① 愿词：徐锴《系传》："今人言宁可如此，是愿如此也。古人云：'宁饮建业水。'是也。"

可部

可 kě

可，肯也。从口丂，丂亦声。凡可之属皆从可。肯我切。

【译文】可，肯许。由口、丂会意，丂也表声。大凡可的部属都从可。

奇 qí

奇，异也。一曰：不耦。从大，从可。渠羁切。

【译文】奇，殊异。另一义说，不成双数。由大、由可会意。

哿 gě

哿，可也。从可，加声。《诗》曰："哿矣富人。"古我切。

【译文】哿，欢乐。从可，加声。《诗经》说："欢乐啊，富人们。"

哥 gē

哥，声也。从二可。古文以为謌字。古俄切。

【译文】哥，歌声。由两个可字会意。古文把它作为謌（歌）唱字。

兮部

兮 xī

兮，语所稽也。从丂，八象气越亏也。凡兮之属皆从兮。胡鸡切。

【译文】兮，语气停留。从丂，八像气分散而舒扬。大凡兮的部属都从兮。

乎 hū

乎，语之余也。从兮，象声上越扬之形也。户吴切。

【译文】乎，语句的余声。从兮，（丿）像声气上升越扬的形状。

羲 羲 xī

羲，气也。从兮，義声。许羁切。

【译文】羲，气。从兮，義声。

号部

羯 号 hào

号，痛声也。从口，在丂上。凡号之属皆从号。胡到切。

【译文】号，号嘷痛哭声。由"口"在"丂"上会意。大凡号的部属都从号。

號 號 háo

號，呼也。从号，从虎。乎刀切。

【译文】號，高叫。由号、由虎会意。

亏部

亏 亏 yú

亏，于也。象气之舒亏。从丂，从一。一者，其气平之也。凡亏之属皆从亏。羽俱切。

【译文】亏，于。像口气的舒展平直。由丂、由一会意。一，表示那口气的平直。大凡亏的部属都从亏。

虧 虧 kuī

虧，气损也。从亏，雐声。去为切。

【译文】虧，气亏损。从亏，雐（hū）声。

粤 粤 yuè

粤，亏也。审慎之词者。从亏，从宷。《周书》曰："粤三日丁亥。"王伐切。

【译文】粤，（发语助词）于。是审度慎重的词。由亏、由宷会意。《周书》说："三日丁亥。"

平 平 píng

平，语平舒也。从亏，从八。八，分也。爱礼说。符兵切。

【译文】平，语气平直舒展。由亏、由八会意。八，表示分匀。是爱礼的说法。

旨部

旨 旨 zhǐ

旨①，美也。从甘，匕声。凡旨之属皆从旨。职雉切。

【译文】旨，味美。从甘，匕声。大凡旨的部属都从旨。

【注释】①旨：味美。《诗经·小雅·頍弁》："尔酒既旨，尔肴既嘉。"郑玄笺："旨、嘉，皆美也。"

嘗 嘗 cháng

嘗，口味之也。从旨，尚声。市羊切。

【译文】嘗，口试其味。从旨，尚声。

喜部

喜 喜 xǐ

喜，乐也。从壴，从口①。凡喜之属皆从喜。虚里切。

【译文】喜，快乐。由壴、由口会意。大凡喜的部属都从喜。

【注释】①从壴，从口：朱骏声《通训定声》："闻乐则乐，故从壴；乐形于谈笑，故从口。"

憙 **憙** xǐ

憙，说也。从心，从喜，喜亦声。许记切。

【译文】憙，喜悦。由心、由喜会意，喜也表声。

嚭 **嚭** pǐ

嚭，大也。从喜，否声。《春秋传》：吴有太宰嚭。匹鄙切。

【译文】嚭，大。从喜，否声。《春秋左传》：吴国有太宰叫嚭。

壴部

尌 **尌** shù

尌，立也。从壴；从寸，持之也。读若驻。常句切。

【译文】尌，树立。由壴、由寸会意，寸表示用手持握着鼓。音读像"驻"字。

彭 **彭** péng

彭①，鼓声也。从壴，彡声。薄庚切。

【译文】彭，鼓声。从壴，彡声。

【注释】①彭：李孝定《甲骨文字集释》："鼓之音读即像伐鼓之声。从壴，即鼓之初字。"

嘉 **嘉** jiā

嘉，美也。从壴，加声。古牙切。

【译文】嘉，美善。从壴，加声。

鼓部

鼓 **鼓** gǔ

鼓，郭也。春分之音，万物郭皮甲而出，故谓之鼓。从壴，支象其手击之也。《周礼》六鼓：靁鼓八面、灵鼓六面、路鼓四面、鼖鼓、皋鼓、晋鼓皆两面。凡鼓之属皆从鼓。工户切。

【译文】鼓，用皮包廓蒙覆的乐器。是春分时节的音乐，万物包廓着皮壳长出来，所以叫作鼓。从壴；支，像手持槌击鼓。《周礼》的六鼓是：雷鼓有八面，灵鼓有六面，路鼓有四面，鼖鼓、皋鼓、晋鼓都是两面。大凡鼓的部属都从鼓。

豈部

豈 **豈** qǐ

豈，还师振旅乐也。一曰：欲也，登也。从豆，微省声。凡豈之属皆从豈。墟喜切。

【译文】豈，得胜归来使军队振奋的乐曲。另一义说，是希望之意，是升登之意。从豆，微省去彴为声。大凡豈的部属都从豈。

愷 **愷** kǎi

愷①，康也。从心、豈，豈亦声。苦亥切。

【译文】愷，康乐。由心、豈会意，豈也表声。

【注释】①愷：朱骏声《通训定声》："按：豈愷实同字，后人加心耳。亦作凯，从豈，几声。"

豆部

豆 **豆** dòu

豆，古食肉器也。从口，象形。凡豆之属皆从豆。徒候切。

【译文】豆，古代吃肉盛用的器皿。从口，象形。大凡豆的部属都从豆。

梪 **梪** dòu

梪，木豆谓之梪。从木、豆。徒候切。

【译文】梪，木制的豆器叫作梪。由木、豆会意。

薼 jǐn

薼，蓏也。从豆，蒸省声。居隐切。

【译文】薼，瓠瓢。从豆，蒸省声。

昱 wān

昱，豆饴也。从豆，夗声。一丸切。

【译文】昱，芽豆煎成的糖。从豆，夗声。

弄 dēng

弄，礼器也。从収持肉在豆上。读若镫同。都滕切。

【译文】弄，礼器。由"収"（双手）持握着"肉"放在"豆"器上。音读与"镫"字相同。

豊部

豊 lǐ

豊，行礼之器也。从豆，象形。凡豊之属皆从豊。读与礼同。卢启切。

【译文】豊，祭祀行礼的器皿。从豆，象形。大凡豊的部属都从豊。音读与"礼"字相同。

醴 zhì

醴，爵之次弟也[1]。从豊，从弟[2]。《虞书》曰："平醴东作。"直质切。

【译文】醴，爵的次序。由豊、由弟会意。《虞书》说："辨别并依次测定太阳东升的时刻。"

【注释】①爵：《段注》："凡酒器皆曰爵。"②从豊，从弟：《段注》："爵者，行礼之器，故从豊；由次弟，故从弟。"

豐部

豐 fēng

豐，豆之丰满者也。从豆，象形。一曰：《乡饮酒》有丰侯者。凡丰之属皆从丰。敷戎切。

【译文】豐，豆器盛物丰满的样子。从豆，象形。另一义说，《乡饮酒礼》上有叫丰的侯国。大凡丰的部属都从丰。

豔 yàn

豔，好而长也。从豐。豐，大也。盍声。《春秋传》曰："美而艳。"以赡切。

【译文】豔，容色美好而又顾长。从豐；豐，表示长大。盍声。《春秋左传》说："美好而又容色丰满。"

虍部

虗 xī

虗，古陶器也。从豆，虍声。凡虗之属皆从虗。许羁切。

【译文】虗，古陶器。从豆，虍（hū）声。大凡虗的部属都从虗。

鶮 hào

鶮，土鏊也。从虗，号声。读若镐。胡到切。

【译文】鶮，敞口陶锅。从虗，号声。音读像"镐"字。

虍部

虍 hū

虍，虎文也。象形。凡虍之属皆从虍。荒鸟切。

【译文】虍，老虎的斑文。象形。大凡虍的部属都从虍。

虞 yú

虞，驺虞也。白虎黑文，尾长于身。仁兽，食自死之肉。从虍，吴声。《诗》曰："于嗟乎，驺虞。"五俱切。

【译文】虞，驺

（zōu）虞。白色的老虎，黑色的花纹，尾巴比身体长。是仁爱的野兽，吃自死之兽的肉。从虍，吴声。《诗经》说："唉哟! 真是驺虞啊。"

虙 fú

虙，虎兒。从虍，必声。房六切。

【译文】虙，老虎的样子。从虍，必声。

虔 qián

虔，虎行兒。从虍，文声。读若矜。渠焉切。

【译文】虔，老虎行步坚定的样子。从虍，文声。音读像"矜"字。

虐 nüè

虐，残也。从虍，虎足反爪人也。鱼约切。

【译文】虐，残害。从虍，像虎爪翻过来抓人。

虎部

虎 hǔ

虎，山兽之君。从虍，虎足象人足。象形。凡虎之属皆从虎。呼古切。

【译文】虎，山中野兽的君长。从虍，虎字的足，像人字的足。像虎蹲踞之形。大凡虎的部属都从虎。

彪 biāo

彪，虎文也。从虎，彡象其文也①。甫州切。

【译文】彪，老虎的花纹。从虎，彡像虎身上的花纹。

【注释】①彡：《段注》："彡，毛、饰、画、文也。故虎文之字从之。"

虢 guó

虢，虎所攫画明文也①。从虎，寽声。古伯切。

【译文】虢，老虎爪子攫画的清楚的痕迹。从虎，寽声。

【注释】①所攫画明文：所攫所画之明文。

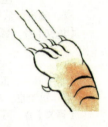

虩 xì

虩，《易》："履虎尾，虩虩。"恐惧。一曰：蝇虎也。从虎，𧻹声。许隙切。

【译文】虩，《易经》："踩着老虎尾巴，虩虩而惧。"虩虩，恐惧之貌。另一义说，虩是蝇虎。从虎，𧻹声。

虒 sī

虒，委虒，虎之有角者也。从虎，厂声。息移切。

【译文】虒，委虒，虎中有角的一种。从虎，厂声。

虤部

虤 yán

虤，虎怒也。从二虎。凡虤之属皆从虤。五闲切。

【译文】虤，老虎发怒。由两个虎字会意。大凡虤的部属都从虤。

皿部

皿 mǐn

皿，饭食之用器也。象形。与豆同意。凡皿之属皆从皿。读若猛。武永切。

【译文】皿，盛饭食的用器。象形。

与豆字构形同意。大凡皿的部属都从皿。音读像"猛"字。

盂 yú

盂，饭器也。从皿，亏声。羽俱切。

【译文】盂，盛饭的器皿。从皿，亏声。

盛 chéng

盛，黍稷在器中以祀者也。从皿，成声。氏征切。

【译文】盛，放在器皿里用以祭祀的黍稷。从皿，成声。

盎 àng

盎，盆也①。从皿，央声。乌浪切。

【译文】盎，盆类器皿。从皿，央声。

【注释】① 盆：《急就篇》第三章颜师古注："缶、盆、盎一类耳。缶即盎也，大腹而敛口；盆则敛底而宽上。"

盆 pén

盆，盎也。从皿，分声。步奔切。

【译文】盆，盎类器皿。从皿，分声。

醯 xī

醯，酸也。作酰以鬻以酒。从鬻、酒并省，从皿。皿，器也。呼鸡切。

【译文】醯，醋。用粥、用酒作成醋。由鬻、酒一并省成"酰"，再与"皿"组合会意。皿，是器皿。

益 yì

益，饶也。从水、皿。皿益之意也①。伊昔切。

【译文】益，富饶有余。由"水"在"皿"上会意，表示"皿"中满溢出水来的意思。

【注释】① 皿益：谓皿水溢出。

盉 hé

盉，调也。从皿，禾声。户戈切。

【译文】盉，调味。从皿，禾声。

盈 yíng

盈，满器也。从皿、夃。以成切。

【译文】盈，贮满器皿。由皿、夃会意。

盡 jìn

盡①，器中空也。从皿，妻声。慈刃切。

【译文】盡，器物中空。从皿，妻声。

【注释】① 盡：《左传·宣公二年》："（宣子）使尽之，而为箪食与肉，寘诸橐以与之。"

盅 chōng

盅，器虚也。从皿，中声。《老子》曰："道盅而用之。"直弓切。

【译文】盅，器皿空虚。从皿，中声。《老子》说："道虚而使用它。"

盦 ān

盦，覆盖也。从皿，酓声。乌合切。①

【译文】盦，覆盖。从皿，酓声。

【注释】① 合：《段注》："合当作含。"

盈 wēn

盈，仁也。从皿，以食囚也。官溥说。乌浑切。

【译文】盈，温仁。从皿，用"皿"器让"囚"犯吃饮。是官溥的说法。

盥 guàn

盥，澡手也。从臼水临皿。《春秋传》曰："奉匜沃盥。"古玩切。

【译文】盥，洗手。由表示两手的"臼"承"水"临于盘"皿"之上会意。《春

秋左传》说：“(怀嬴)捧着灌水的匜浇水,(重耳)洗手。”

凵部

凵 凵 qū

凵,凵卢,饭器,以柳为之。象形。凡凵之属皆从凵。去鱼切。

【译文】凵,凵卢,盛饭的器皿,用柳条编织成。象形。大凡凵的部属都从凵。

去部

去 去 qù

去,人相违也。从大,凵声。凡去之属皆从去。丘据切。

【译文】去,人离开某地。从大,凵声。大凡去的部属都从去。

朅 朅 qiè

朅,去也。从去,曷声。丘竭切。

【译文】朅,离开。从去,曷声。

朘 朘 líng

朘,去也。从去,夌声。读若陵。力膺切。

【译文】朘,离开。从去,夌声。音读像“陵”字。

血部

血 血 xuè

血,祭所荐牲血也。从皿,一象血形。凡血之属皆从血。呼决切。

【译文】血,祭祀时献给神明的牲畜的血。从皿,一象血形。大凡血的部属都从血。

衁 衁 huāng

衁,血也。从血,亡声。《春秋传》曰①:“士刲羊,亦无衁也。”呼光切。

【译文】衁,血。从血,亡声。《春秋左传》说:“士人刺杀了羊,却没有血。”

【注释】①《春秋传》:指《左传·僖公十五年》。

衃 衃 pēi

衃①,凝血也。从血,不声。芳杯切。

【译文】衃,淤血。从血,不声。

【注释】①衃:《素问·五藏生成论》:“赤如衃血者死。”王冰注:“衃血,谓败恶凝聚之血,色赤黑也。”

盡 盡 jīn

盡①,气液也。从血,聿声。将邻切。

【译文】盡,气血的津液。聿血,穿声。

【注释】①盡:《段注》:“此字各书皆假‘津’(渡水)为之。”

粤 粤 tíng

粤①,定息也。从血,甹省声。读若亭。特丁切。

【译文】粤,安定、停息。从血,甹省声。音读像“亭”字。

【注释】①粤:王筠《句读》“停者,粤之俗字。”“人劳则息不循其常,小朅以安定之也。”

衄 衄 nù

衄,鼻出血也。从血,丑声。女六切。

【译文】衄,鼻出血。从血,丑声。

䘒 䘒 nóng

䘒,肿血也①。从血,農省声。奴冬切。

【译文】䘒,肿块的脓血。从血,農省声。

【注释】①肿血:《段注》:“肿,癰(yōng,毒疮)也。停滞之血则为䘒。”

盭 盭 tǎn

盭,血醢也①。从血,肰声②。《礼记》有

盬醢③，以牛干脯、粱、籭、盐、酒也。他感切。

【译文】盬，和血的肉酱。从血，朓声。《礼经》有盬和醢，用干牛肉片、谷子、发酵的曲母、盐和酒酿制而成。

【注释】①血醢（hǎi）：《段注》："以血为醢，故字从血。"②朓（tǎn）声：徐铉："朓，肉汁滓也。故从朓，朓亦声。"③《礼记》："当依《段注》删"记"字，段氏说《礼记》、《周书》皆云醢醢，非出于《记》也。"

衁 衁 jī

衁，以血有所刉涂①，祭也②。从血，幾声。渠稀切③。

【译文】衁，用血在划破的地方涂抹，是祭祀的一种仪式。从血，幾声。

【注释】①以血：桂馥《义证》引赵宦光说："釁钟、釁庙，皆以血涂其隙为用，而通谓之血祭。"刉（jī）涂：王筠《句读》："刉，划伤也。涂，如涂丹臒之涂。刉涂者，谓刉而涂之也。"②祭：王筠《句读》："祭也者，谓衁为祭礼中之一名也。"③拼音依《广韵》居依切。

衂 衂 xù

衂，忧也。从血，卩声。一曰：鲜少也①。辛聿切。

【译文】衂，忧虑。从血，卩声。另一义说，恤是少。

【注释】①鲜少：同义复合。

衋 衋 xì

衋，伤痛也。从血，聿①，丽声。《周书》曰②："民（冈）[罔]不衋伤心。"许力切。

【译文】衋，悲伤痛苦。由血、聿会意，丽声。《周书》说："老百姓没有人不悲痛伤心。"

【注释】①从血、聿：聿，从又持巾。此谓用手持巾洗刷流血的伤口。②《周书》：指《酒诰》。

衉 衉 kàn

衉，羊凝血也①。从血，臽声。苦钳切。

【译文】衉，羊的凝结了的血。从血，臽声。

【注释】①羊凝血：即牲畜的血凝合后切片所作的羹汁。徐锴《系传》："衉，血羹也。"王筠《句读》引《证俗音》说："南方谓凝牛羊鹿血为衉。"

衊 衊 miè

衊，污血也。从血，蔑声。莫结切。

【译文】衊，污浊的血。从血，蔑声。

丶部

丨 丶 zhǔ

丶，有所绝止，丶而识之①。凡丶之属皆从丶。知庾切。

【译文】丶，有断绝、停止的地方，打丶号标志它。大凡丶的部属都从丶。

【注释】①丶而识之：朱骏声《通训定声》："今诵书，点其句读，亦其一端也。"

坣 主 zhǔ

主，镫中火主也。从坣，象形。从丶①，丶亦声。之庾切。

【译文】主，灯中的火炷。从坣，像灯盏、灯架之形；从丶；丶也表声。

【注释】①从丶：《段注》："丶主古今字。主炷亦古今字。"朱骏声《通训定声》："丶像火炎上，其形同丶（表绝止的丶），实非丶字"。

㕐 音 pǒu

音，相与语，唾而不受也。从丶、从否①，否亦声②。天口切③。

【译文】音，一起说话，（一方对另一方）唾弃而不听受。由丶、由否会意，丶也表声。

【注释】①从丶、从否：《段注》："不部曰：'否，不也。'从丶否者，主于不然也。"②否：当从《段注》作"丶"，段氏说"或字从豆声，豆与同部。"③天口切：当音tǒu。今作"㖏"；pǒu音变为pēi，今作"呸"。

丹部

丹 dān

丹，巴越之赤石也。象采丹井，一象丹形。凡丹之属皆从丹。都寒切。

【译文】丹，巴郡、南越出产的朱砂。像采掘朱砂的井，一像朱砂形。大凡丹的部属都从丹。

雘 huò

雘，善丹也。从丹，蒦声。《周书》曰："惟其敿丹雘。"读若隺[霍]。乌郭切。

【译文】雘，美好的朱砂。从丹，蒦声。《周书》说："应该涂抹好美好的颜料。"音读像"霍"字。

彤 tóng

彤，丹饰也。从丹，从彡。彡，其画也。徒冬切。

【译文】彤，用红色涂饰器物。由丹、由彡会意。彡表示涂饰。

青部

青 qīng

青，东方色也。木生火，从生、丹。丹青之信，言（象）[必]然①。凡青之属皆从青。仓经切。

【译文】青，代表东方的颜色。木生火，（丹、火都是赤色），所以由生、丹会意。"丹青之信"这句话，是说一定这样。大凡青的部属都从青。

【注释】①象：段桂王朱钱均作"必"。

静 jìng

静，审也。从青，争声。疾郢切。

【译文】静，明审也。从青，争声。

井部

井 jǐng

井，八家一井，象构韩形，·罋之象也。古者伯益初作井。凡井之属皆从井。子郢切。

【译文】井，八家共汲一井，（井）像四周构架的木栏形，是汲罋的样子。古时候叫伯益的最初作井。大凡井的部属都从井。

阱 jǐng

阱，陷也。从阜，从井，井亦声。疾正切。

【译文】阱，陷阱。由阜、由井会意，井也表声。

刱 xíng

刱，罚辠也。从井，从刀。《易》曰："井，法也。"井亦声。户经切。

【译文】荆，惩罚罪过。由井、由刀会意。《易经》说："井水之平，是法律的象征。"井也表声。

刱 chuàng

刱，造法刱业也。从井，刅声。读若创。初亮切。

【译文】刱，创造法则，创造事物。从井，刅声。音渎像"创伤"的"创"字。

皂部

皂 xiāng

皂，谷之馨香也。象嘉谷在裹中之形；匕，所以扱之。或说，皂，一粒也。凡皂之属皆从皂。又读若香。皮及切。

【译文】皂，谷的芬芳的香气。（白）像美好的谷子在谷皮之中的样子；匕，是用来取饭的工具。另一义说，皂是一粒。大凡皂的部属都从皂。又，音读像"香"字。

即 jí

即①，即食也。从皂，卪声。子力切。

【译文】即，人就食。从皂，卪声。

【注释】① 即：本义是去就、靠近。《周易·鼎》："鼎有实，我仇有疾，不我能即。"孔颖达疏："即，就也。"《诗经·卫风·氓》："匪来贸丝，来即我谋。"郑玄笺："即，就也。"

既 jì

既，小食也。从皂，旡声。《论语》曰："不使胜食既。"居未切。

【译文】既，小的食物。从皂，旡声。《论语》说："不使肉食胜过米食。"

鬯部

鬯 chàng

鬯，以秬酿郁艹，芬芳（攸服）[条畅]，以降神也。从凵，凵，器也；中象米；匕，所以扱之。《易》曰："不丧匕鬯。"凡鬯之属皆从鬯。丑谅切。

【译文】鬯，用黑黍酒和郁金香草酿在一起，使它芬芳条畅，用以降神。从凵，凵，是盛饭食的器具；中间像米；匕，是取食的勺子。《易经》说："不丧失勺子里的鬯酒。"大凡鬯的部属都从鬯。

鬱 yù

鬱，芳艹也。十叶为贯，百廿贯筑以煮之为鬱。从臼、冖、缶、鬯、彡，其饰也。一曰：鬱鬯，百艹之华，远方鬱人所贡芳艹，合酿之以降神。鬱，今鬱林郡也。迂勿切。

【译文】鬱，香草。十片草叶是一贯，以一百二十贯草叶舂捣它，烹煮它，叫作鬱。由臼、冖、缶、鬯会意，彡表示盛鬱器物的装饰品。另一义说，鬱是鬱鬯。由中原百草的花和远方的鬱地人贡献的芳草，混合酝酿在一起，用以降神。鬱地，即今天的鬱林郡。

爵 jué

爵，礼器也。象爵之形，中有鬯酒，又持之也。所以饮。器象爵者，取其鸣节节足足也。即略切。

【译文】爵，行礼用的酒器。像雀之形，中间有鬯酒，"又"表示用手持握着。是用来饮酒的器皿。饮器像雀的缘故，是取其注酒声像雀鸣声节节足足。

食部

食 shí

食，一米也。从皂，人声。或说：人皂也。凡食之属皆从食。乘力切。

【译文】食，聚集的米。从皂，人声。另一义说，（食）由人、皂会意。

飴 yí

飴，米糵煎也。从食，台声。与之切。

【译文】飴，米芽煎熬而成的糖浆。从食，台声。

餅 bǐng

餅，面餈也。从食，并声。必郢切。

【译文】餅，用面粉制成的扁圆形的食品。从食，并声。

籑 zhuàn

籑，具食也。从食，算声。士恋切。

【译文】籑，准备或陈列饮食。从食，算声。

養 yǎng

養①，供养也。从食，羊声。余两切。

【译文】養，供给养护。从食，羊声。

【注释】① 養：本义

是养育。《周易·颐》:"天地养万物。"

飯 fàn

飯,食也。从食,反声。符万切。

【译文】飯,煮熟的谷类食物。从食,反声。

餐 cān

餐,吞也。从食,奴声。七安切。

【译文】餐,吞吃。从食,奴声。

餔 bū

餔,日加申时食也①。从食,甫声。博狐切。

【译文】餔,日头在申时吃晚饭。从食,甫声。

【注释】①日加申:谓日在申时。申时食即夕食。《三苍》:"餔,夕食也。"谓申时食。

鎌 lián

鎌,叽也。从食,兼声。读若风溓溓。一曰:廉洁也。力盐切。

【译文】鎌,小吃。从食,兼声。音读像"风溓溓"的"溓"字。另一义说:鎌是廉洁。

飽 bǎo

飽①,猒也。从食,包声。博巧切。

【译文】飽,吃饱。从食,包声。

【注释】①飽:吃个够。《诗经·秦风·权舆》:"今也每食不饱。"《论语·学而》:"君子食无求饱,居无求安。"

饒 ráo

饒,饱也。从食,尧声。如昭切。

【译文】饒,(很)饱。从食,尧声。

餘 yú

餘,饒也。从食,余声。以诸切。

【译文】餘,丰足。从食,余声。

館 guǎn

館,客舍也。从食,官声。《周礼》:五十里有市,市有馆,馆有积,以待朝聘之客。古玩切。

【译文】館,接待宾客的房屋。从食,官声。《周礼》说:每五十里有集市,集市上有馆舍,馆舍里有聚积的粮草,用以接待朝拜、问候的宾客。

饕 tāo

饕,贪也。从食,號声。土刀切。

【译文】饕,贪食。从食,號声。

餮 tiè

餮,贪也。从食,殄省声。《春秋传》曰:"谓之饕餮。"他结切。

【译文】餮,贪食。从食,殄省声。《春秋左传》说:"叫它作饕餮。"

餲 wèi

餲,饭伤热也。从食,歲声。于废切。

【译文】餲,饭因暑热而臭败。从食,歲声。

饐 yì

饐,饭伤湿也。从食,壹声。乙冀切。

【译文】饐,饭因湿郁而腐臭。从食,壹声。

餲 ài

餲,饭餲也。从食,曷声。《论语》曰:"食饐而餲。"乙例切。又,乌介切。

【译文】餲,饭经久变味。从食,曷声。《论语》说:"饭食腐臭而变味。"

饉 jǐn

饉,蔬不孰为饉。从食,堇声。渠吝切。

【译文】饉,蔬菜不熟叫饉。从食,堇声。

饑 饑 jī

饑①，谷不孰为饥。从食，幾声。居衣切。

【译文】饑，五谷不熟叫饥。从食，幾声。

【注释】① 饑：饥荒。《诗经·小雅·雨无正》："降丧饥馑，斩伐四国。"毛亨传："谷不熟曰饥，蔬不熟曰馑。"

飢 飢 jī

飢，饿也。从食，几声。居夷切。

【译文】飢，饥饿。从食，几声。

餓 餓 è

餓，饥也。从食，我声。五个切。

【译文】餓，饥饿。从食，我声。

亼部

合 合 hé

合，合口也。从亼，从口。候阁切。

【译文】合，两口相合。由亼、由口会意。

今 今 jīn

今，是时也。从亼，从7。7，古文及。居音切。

【译文】今，（目前）这个时候。由亼、由7会意。7，古文及字。

侖 侖 lún

侖，思也。从亼，从冊。力屯切。

【译文】侖，思理。由亼、由冊会意。

舍 舍 shè

舍，市居曰舍。从亼、屮，象屋也；口象筑也。始夜切。

【译文】舍，宾客居住的房子叫舍。从亼、屮，像屋；口像筑的垣墙。

會部

會 會 huì

會，合也。从亼，从曾省。曾，益也。凡会之属皆从会。黄外切。

【译文】會，会合。由亼、由曾省会意。曾，表示增益。大凡会的部属都从会。

𦠊 朇 pí

朇，益也。从會，卑声。符支切。

【译文】朇，增益。从會，卑声。

倉部

倉 倉 cāng

倉，谷藏也。仓黄取而藏之，故谓之仓。从食省，口象仓形。凡仓之属皆从仓。七冈切。

【译文】倉，谷米收藏的地方。趁谷成熟颜色苍黄之时，收藏它，所以叫作仓。（仐）像食字的省略，口像仓的形状。大凡仓的部属都从仓。

牄 牄 qiāng

牄，鸟兽来食声也。从倉，爿声。《虞书》曰："鸟兽牄牄。"七羊切。

【译文】牄，鸟兽来吃食的声音。从倉，爿声。《虞书》说："飞鸟走兽，牄牄而舞。"

入部

入 入 rù

入①，内也。象从上俱下也。凡入之属皆从入。人汁切。

【译文】入，进入。像从上面都下来。大凡入的部属都从入。

【注释】①入：《尚书·君陈》："尔有嘉谋嘉猷，则入告尔后于内。"

内 **内** nèi

内①，入也。从冂，自外而入也。奴对切。

【译文】内，进入。从冂，（入）像从外面进入。

【注释】①内：里面。《左传·庄公十四年》："国内之民，其谁不为臣！

全 **仝** quán

仝，完也。从入，从工。疾缘切。

【译文】仝，完好。由入、由工会意。

缶部

缶 **缶** fǒu

缶，瓦器。所以盛酒浆。秦人鼓之以节歌。象形。凡缶之属皆从缶。方九切。

【译文】缶，陶器。用来盛酒浆的器皿。秦地人敲击着它来为唱歌打拍子。象形。大凡缶的部属都从缶。

𣪘 **𣪘** kòu

𣪘，未烧瓦器也。从缶，𣪘声。读若箪莩。又苦候切。

【译文】𣪘，未经烧制的陶器。从缶，𣪘声。音读像竹筒中莩皮的"莩"字。

匋 **匋** táo

匋，瓦器也。从缶，包省声。古者昆吾作匋。案：《史篇》读与缶同。徒刀切。

【译文】匋，用陶土烧制的器皿。从缶，包省声。古时候名叫昆吾的制作陶器。按：《史籀篇》"陶"的音读与"缶"字同。

罃 **罌** yīng

罌，缶也。从缶，賏声。乌茎切。

【译文】罌，缶器。从缶，賏（yīng）声。

罃 **罃** yīng

罃，备火，长颈瓶也。从缶，熒省声。乌茎切。

【译文】罃，又叫备火，即长颈瓶。从缶，熒省火为声。

缸 **缸** gāng

缸，瓦也①。从缶，工声。下江切。

【译文】缸，陶器。从缶，工声。

【注释】①瓦：各本均作"瓨"。此作瓦，误。朱骏声《通训定声》说："缸即瓨之异体。"

缺 **缺** quē

缺，器破也。从缶，决省声。倾雪切。

【译文】缺，陶器破缺。从缶，决省声。

罅 **罅** xià

罅，裂也。从缶，虖声。缶烧善裂也。呼迓切。

【译文】罅，陶器裂开。从缶，虖声。陶器烧制，多破裂。

罊 **罄** qìng

罄，器中空也①。从缶，殸声。殸，古文磬字。《诗》云："缾之罄矣。"苦定切。

【译文】罄，器皿中空。从缶，殸声。殸，古文磬字。《诗经》说："瓶瓮已是空空的了。"

【注释】①器中空：徐灏《段注笺》："器中空则物尽，故罄有尽义，引伸为凡空之偁。"

罊 **罊** qì

罊，器中尽也。从缶，戠声。苦计切。

【译文】罊，器中尽。从缶，戠声。

缿 xiàng

缿，受钱器也。从缶，后声。古以瓦，今以竹。大口切。又，胡讲切。

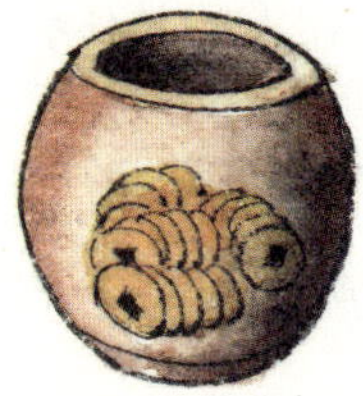

【译文】缿，储存钱的器皿。从缶，后声。古代用陶制成，今天用竹制成。

矢部

矢 shǐ

矢，弓弩矢也。从入，象镝栝羽之形。古者夷牟初作矢。凡矢之属皆从矢。式视切。

【译文】矢，弓弩用的箭。从入，像箭头、箭末扣弦处、箭羽的样子。古时候，名叫夷牟的人最早制作箭。大凡矢的部属都从矢。

矯 jiǎo

矯，揉箭箝也。从矢，喬声。居夭切。

【译文】矯，把箭揉直的箝子。从矢，喬声。

短 duǎn

短，有所长短，以矢为正。从矢，豆声。都管切。

【译文】短，有所测量，用箭作标准。从矢，豆声。

知 zhī

知，词也[①]。从口，从矢。陟离切。

【译文】知，识的意思。由口、由矢会意。

【注释】① 词：当依《玉篇》作“识”。

矣 yǐ

矣，语已词也。从矢，以声。于已切。

【译文】矣，表示语意已止的虚词。从矢，以声。

高部

高 gāo

高，崇也。象台观高之形。从冂，口与仓舍同意。凡高之属皆从高。古牢切。

【译文】高，崇高。像台观高耸的样子。从冂；口，与仓字舍字下部从口，构形同意。大凡高的部属都从高。

亳 bó

亳，京兆杜陵亭也[①]。从高省，乇声。旁各切。

【译文】亳，京兆地方杜陵亭。从高省，乇(zhé)声。

【注释】① 京兆：汉代京畿的行政区划名，为三辅之一，即今陕西西安市以东至华县之地。

亭 tíng

亭，民所安定也。亭有楼，从高省，丁声。特丁切。

【译文】亭，人们安定的处所。亭上有楼，从高省，丁声。

冂部

冂 jiōng

冂，邑外谓之郊，郊外谓之野，野外谓之林，林外谓之冂。象远界也。凡冂之属皆从冂。古荧切。

【译文】冂，国都之外叫作郊，郊外叫作野，野外叫作林，林外叫作冂。冂，像远方的界画。大凡冂的部属都从冂。

市 shì

市，买卖所之也[①]。市有垣，从冂；从㇇，㇇，古文及，象物相及也；之省声。时止切。

【译文】市，买卖时去的处所。集市有垣墙，所以从冂；又从㇆，㇆是古文及字，表示物与物相连及的意思；之省声。

【注释】①买卖所之：之，往。徐灏《段注笺》："古之为市，聚散有常，交易而退，故曰：'买卖所之。'非如今世俗之店铺也。今之墟集犹存古意。"

 尤 yín

尤，淫淫①，行皃。从人出冂。余箴切。

【译文】尤，淫淫，行走的样子。由"人"走出远界的"冂"会意。

【注释】①淫淫：《文选·羽猎赋》："淫淫与与。"李善注："淫淫、舆舆，皆行皃也。"

隺 崔 hú

崔，高至也。从隹上欲出冂①。《易》曰："夫干崔然②。"胡沃切。

【译文】隹，高到了极点。由"隹"向上飞翔想飞出远界的"冂"会意。《易经》说："天高高的。"

【注释】①从隹：《段注》："上翔欲远行也。"②《易》：指《系辞》。"崔"今作"确"。干：代表天。

央 央 yāng

央，中央也。从大在冂之内，大，人也。央旁同意①。一曰：久也。于良切。

【译文】央，中央。"大"字在"冂"字的内中，大就是正立的人。央、旁二字构形同意。另一义说：央是久。

【注释】①央旁同意：央字所从之冂，与旁字之㇅，都表示旁边，所以说央旁同意。

亭部

亭 亭 guō

亭，度也①，民所度居也。从回，象城亭之重，两亭相对也。或但从冂。凡亭之属皆从亭。

古博切。

【译文】亭，居住，人们居住的地方。从回，像内城外亭一层又一层的样子，亭像两亭相对。有的写法只从冂，不从回。大凡亭的部属都从亭。

【注释】①度：《诗经·皇矣》："爰究爰度"传："度，居也。"

京部

京 京 jīng

京，人所为绝高丘也①。从高省，丨象高形。凡京之属皆从京。举卿切。

【译文】京，人工筑起的最高的丘。从高字省，丨像高的样子。大凡京的部属都从京。

【注释】①人所为：朱骏声《通训定声》："对文则人力所作者为京，地体自然者为邱；散文则亦通称也。"

就 就 jiù

就，就高也①。从京，从尤②。尤异于凡也。疾僦切。又，普庚切。又，许庚切。

【译文】就，趋向高地而居住。由京、由尤会意。尤，表示比一般不同的意思。

【注释】①就高：桂馥《义证》："此言人就高以居也。"②从京，从尤：孔广居《疑疑》："京，高丘也。古时洪水横流，故高丘之异于凡者，人就之。"

亯部

亯 亯 hēng

亯，献也。从高省，曰象进孰物形。《孝经》曰①："祭则鬼亯之。"凡亯之属皆从亯。许两切。又，普庚切。又，许庚切。

【译文】亯，献。高字省去冋，曰像进献的熟食之形。《孝经》说："祭祀，鬼神就来享用食物。"大凡亯的部属都从亯。

【注释】①《孝经》：指《孝治章》。

篤 篤 dǔ

篤，厚也。从亯，竹声。读若笃。冬毒切。

【译文】篤，厚。从亯，竹声。音读像"笃"字。

𠄌部

厚 厚 hòu

厚，山陵之厚也①。从𠄌，从厂。胡口切。

【译文】厚，山陵的高厚。由𠄌、由厂会意。

【注释】① 山陵之厚：王筠《句读》："𠄌是饮食之𠄌，厚则山陵之厚。各有专义也。"今厚、𠄌通用。

畐部

良 良 liáng

良，善也。从畐省①，亡声。吕张切。

【译文】良，善良。从畐省，亡声。

【注释】① 从畐省：章太炎《文始》："畐，满也，象高厚之形。"

靣部

靣 靣 lǐn

靣，谷所振入。宗庙粢盛，仓黄靣而取之①，故谓之靣。从入，回象屋形，中有户牖。凡靣之属皆从靣。力甚切。

【译文】靣，百谷收藏的地方。宗庙祭祀的谷物，颜色苍黄之际，小心谨慎地取来，所以叫作靣。从入，回像收藏的屋的样子，内中的口表示有窗户。大凡靣的部属都从靣。

【注释】① 靣：饶炯《部首订》："靣者，有谨慎爱惜之意。"

稟 稟 bǐng

稟，赐谷也①。从靣，从禾。笔锦切。

【译文】稟，赐给的谷物。由靣、由禾会意。

【注释】① 赐谷：《段注》："凡赐谷曰稟，受赐亦曰稟。"

亶 亶 dǎn

亶，多谷也①。从靣，旦声。多旱切。

【译文】亶，谷物多。从靣，旦声。

【注释】① 多谷：《段注》："亶之本义为多谷，故其字从靣。引伸之义为厚也，信也，诚也。"

嗇部

嗇 嗇 sè

嗇，爱濇也。从来，从靣①。来者，靣而藏之。故田夫谓之嗇夫。凡嗇之属皆从嗇②。所力切。

【译文】嗇，爱惜。由来、由靣会意。麦子之类的谷物，用仓廪把它收藏起来。所以农夫叫作嗇夫。大凡嗇的部属都从嗇。

【注释】① 从来，从靣：来，麦。靣，藏。② 嗇：朱骏声《通训定声》："此字本训当为收谷，即穑之古文也。"

牆 牆 qiáng

牆，垣蔽也。从嗇，爿声。才良切。

【译文】墙，墙垣蔽障。从嗇，爿声。

來部

來 來 lái

來，周所受瑞麦来麰①。一来二缝②，象芒束之形。天所来也，故为行来之来③。《诗》曰："诒我来麰。"凡来之属皆从来。洛哀切。

【译文】来，周地所接受的优良麦子——来

141

和夽。一根麦杆两颗麦穗，像麦芒麦刺的形状。（来是）上天赐来的，所以用作往来的来字。《诗经》说："送给我们小麦和大麦。"大凡来的部属都从来。

【注释】① 来：来本为麦名，后又加旁作稜。假借为行来之来。② 缝：通锋。一来二缝，谓一茎二穗。③ 行来：往来。《后汉书·陆康传》："不得行来。"章怀注："行来犹往来也。"

麥部

麥 mài

麥，芒谷①，秋种厚薶②，故谓之麦。麦，金也。金王而生，火王而死③。从來④，有穗者；从夊⑤。凡麦之属皆从麦。莫获切。

【译文】麦，有芒刺的谷。秋天种下，厚厚地埋着，所以叫它作麦。麦，属金。金旺就生长，火旺就死亡。从来，因麦是有穗的谷物；从夊。大凡麦的部属都从麦。

【注释】① 芒谷：《段注》："有芒刺之谷也。"② 秋种句：《淮南·地形训》："麦秋生夏死。"薶（埋）、麦，叠韵为训。③ 王：通旺。金旺，指秋天。火旺，指夏天。五行说，秋属金，夏属火。④ 从來：《段注》："有穗犹有芒也，有芒故从來，來象芒束也。"⑤ 从夊（suī）：夊，训行。从夊者，表示自天降下之意。郑樵谓夊像其根，非许意。

麧 hé

麧，坚麦也。从麥，气声。乎没切。

【译文】麧，坚硬的麦粒。从麦粒，气声。

麸 fū

麸①，小麦屑皮也。从麥，夫声。甫无切。

【译文】麸，小麦的碎屑和麦皮。从麥，夫声。

【注释】① 麸：麸子。《齐民要术·大小麦》："青稞麦，……石八九斗面，堪作饭及饼饦，甚美，磨，总尽无麸。"

夊部

夊 cuī

夊，行迟曳夊夊，象人两胫有所躧也。凡夊之属皆从夊。楚危切。

【译文】夊，行路迟缓、播曳，绥绥（不能举步），像人的两腿上有所拖曳的样子。大凡夊的部属都从夊。

致 zhì

致，送诣也①。从夊，从至。陟利切。

【译文】致，送到。由夊、由至会意。

【注释】① 送诣：《段注》："言部曰：'诣，候至也。'送诣者，送而必至其处也。引伸为召致之致。"

憂 yōu

憂，和之行也①。从夊②，惪声。《诗》曰③："布政忧忧。"于求切。

【译文】忧，从容不迫地行走。从夊，惪（yōu）声。《诗经》说："发布政令十分宽和。"

【注释】① 和之行：柳荣宗《引经考异》："行和者从容不迫。"② 从夊：夊有行义。③《诗》：指《诗经·商颂·长发》。今本作"敷政优优。"

愛 ài

愛，行皃。从夊，㤅声。乌代切。

【译文】爱，行走的样子。从夊，㤅（ài）声。

夏 xià

夏①，中国之人也。从夊，从頁，从臼。臼，两手；夊，两足也。胡雅切。

【译文】夏，中原地区的人。由夊、由頁、由臼会意。臼，表示两只手；夊，表示两只脚。

【注释】① 夏：《段注》："以别于北方狄、东北貉、南方蛮闽、西方羌、西南焦侥、东方夷也。"徐灏笺："夏时夷狄始入中国，因谓中国人为夏人，沿旧称也。"

畟 畟 cè

畟，治稼畟畟进也。从田人，从夊。《诗》曰①："畟畟良耜。"初力切。

【译文】畟，治理庄稼，测测前进。由田人、由夊会意。《诗经》说："测测而进，锋利的耜刃。"

【注释】①《诗》：指《诗经·周颂·良耜》。毛传："畟畟，犹测测也。"《段注》："畟、测皆进意。"

夒 夒 kuí

夒，神魖也。如龙，一足，从夊；象有角、手、人面之形。渠追切。

【译文】夒，神奇的怪物。样子像龙，一只脚，所以从夊；像有头角、手、人面的样子。

舛部

舛 舛 chuǎn

舛，对卧也。从夊牛相背。凡舛之属皆从舛。昌兖切。

【译文】舛，相对而卧，由夊、牛相背会意。大凡舛的部属都从舛。

舞 舞 wǔ

舞，乐也。用足相背，从舛，無声。文抚切。

【译文】舞，乐的一种形式。用两足相背（表示起舞踩踏），所以从舛，無声。

舜部

舜 舜 shùn

舜①，艸也。楚谓之葍，秦谓之蔓。蔓地连华。象形。从舛，舛亦声。凡舜之属皆从舜。舒闰切。

【译文】舜，草名。楚地叫它葍(fú)，秦地叫它蔓(qióng)。蔓延布地，连花而生。象形。从舛，舛也表声。大凡舜的部属都从舜。

【注释】①舜：《段注》："艸部曰：'蔓，茅葍也。一名舜。'是一物三名也。"按：隶省作"舜"，因变为"舜"。

韋部

韋 韋 wéi

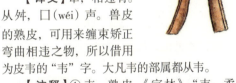

韋，相背也。从舛，口声。兽皮之韦①，可以束枉戾相韦背②，故借以为皮韦。宇非切。

【译文】韋，相违背。从舛，口(wéi)声。兽皮的熟皮，可用来缠束矫正弯曲相违之物，所以借用为皮韦的"韦"字。大凡韦的部属都从韦。

【注释】①韦：熟皮。《字林》："韦，柔皮也。"②可以句：可以束枉戾而违背的物体。

靺 靺 mèi

靺，茅搜染韦也，一入曰靺。从韦，末声。莫佩切。

【译文】靺，用茅搜草染熟牛皮，初次染入叫靺。从韦，末声。

韘 韘 shè

韘，射决也。所以拘弦，以象骨，韦系，着右巨指。从韦，枼声。《诗》曰："童子佩韘。"失涉切。

【译文】韘，射箭用的决。用来钩弦的器具，用象骨制成，用熟牛皮作纽带，附着在右手大拇指上。从韦，枼声。《诗经》说："童子佩带着射箭用的决。"

韜 韜 tāo

韜，剑衣也。从韦，舀声。土刀切。

【译文】韜，剑套。从韦，舀声。

鞶 quàn

鞶，革中辨谓之鞶。从韋，叕声。九万切。

【译文】鞶，皮革中间相交合的皮条叫作鞶。从韋，叕（juàn）声。

韉 jiū

韉[1]，收束也。从韋，糫声[2]。读若酋。即由切。

【译文】韉，收束。从韋，糫声。音读像"酋"字。

【注释】①韉：《方言》二："挈（韉），细也。敛物而细，秦晋谓之挈。"②糫（zhuó）声：糫从焦声。吴人读如焦。

韓 hán

韓，井垣也。从韋，取其匝也；倝声。胡安切。

【译文】韓，井栏。从韋，取其周围的意思；倝（gàn）声。

弟部

弟 dì

弟，韦束之次弟也。从古字之象。凡弟之属皆从弟。特计切。

【译文】弟，用牛皮束物的次序。小篆采用古文的样子。大凡弟的部属都从弟。

夊部

夊 zhǐ

夊，从后至也。象人两胫后有致之者。凡夊之属皆从夊。读若黹。陟侈切。

【译文】夊，从后面送到。像人的两腿后面有送它的力量。大凡夊

的部属都从夊。音读像"黹"字。

夆 fēng

夆，牾也。从夊，半声。读若缝。敷容切。

【译文】夆，相逢。从夊，半（fēng）声。音读像"缝"字。

夅 xiáng

夅，服也。从夊屮相承，不敢并也。下江切。

【译文】夅，降服。由夊、屮二字相承会意，表示不敢相并的意思。

久部

久 jiǔ

久，（以）［从］后灸之，象人两胫后有距也。《周礼》曰："久诸墙以观其桡。"凡久之属皆从久。举友切。

【译文】久，从后面支拒着，像人的两腿后面有抵拒的东西。《周礼》说："（把矛戟的柄）支拒在两墙之间，看它是否弯曲。"大凡久的部属都从久。

桀部

桀 jié

桀，磔也。从舛在木上也。凡桀之属皆从桀。渠列切。

【译文】桀，分张肢体。由"舛"在"木"上会意。大凡桀的部属都从桀。

磔 zhé

磔，辜也。从桀，石声。陟格切。

【译文】磔，分裂肢体令其干枯而不收。从桀，石声。

木部

木 mù

木，冒也。冒地而生。东方之行①。从中，下象其根。凡木之属皆从木。莫卜切。

【译文】木，冒覆。冒覆土地而生长着。是代表东方的物质。上从中，下面像它的根。大凡木的部属都从木。

【注释】① 东方句：古五行说，东方属木。

橘 jú

橘，果。出江南。从木，矞声。居聿切。

【译文】橘，果木名。出产在江南。从木，矞声。

橙 chéng

橙，橘属。从木，登声。丈庚切。

【译文】橙，橘树一类。从木，登声。

樝 zhā

樝①，果似梨而酢。从木，虘声。侧加切。

【译文】樝，果实像梨而味酸。从木，虘声。

【注释】① 樝：桂馥《义证》："字又作楂。"

柚 yòu

柚，条也①。似橙而酢。从木，由声。《夏书》曰："厥包橘柚。"余救切。

【译文】柚，又叫条。像橙子而味酸。从木，由声。《夏书》说："他们包裹着橘、柚（作为贡品）。"

【注释】① 条：《埤雅·释木》："柚似橙而大于橘"，"一名条。"

棃 lí

棃，果名。从木，称声。力脂切。

【译文】棃，果木名。从木，称声。

樗 yǐng

樗①，枣也，似柿。从木，粤声。以整切。

【译文】樗，樗枣，像柿子。从木，粤声。

【注释】① 樗：即樗枣。《玉篇》注："樗枣似柿而小。"

柿 shì

柿，赤寅果①。从木，𧀒声。鉏里切。

【译文】柿，赤心果。从木，𧀒声。

【注释】① 赤寅果：《段注》："言果又言实者，寅谓其中也。赤中，与外同也。"

枏 nán

枏，梅也①。从木，冄声。汝阎切。

【译文】枏，梅树。从木，冄声。

【注释】① 枏：桂馥《义证》："字或作楠。"指楠木。

梅 méi

梅，枏也。可食。从木，每声。莫桮切。

【译文】梅，楠木。又是可吃的酸果。从木，每声。

杏 xìng

杏，果也。从木，可省声。何梗切。

【译文】杏，果木名。从本，可省声。

柰 nài

柰，果也。从木，示声。奴带切。

【译文】柰，果木名。从木，示声。

李 lǐ

李，果也。从木，子声。良止切。

【译文】李，果木名。从木，子声。

楸 máo

楸，冬桃。从木，孜声。读若髦。莫侯切。

【译文】楸，冬桃。从木，孜声。音读像"髦"字。

桃 táo

桃[1]，果也。从木，兆声。徒刀切。

【译文】桃，果木名。从木，兆声。

【注释】① 桃：《诗经·大雅·抑》："投我以桃，报之以李。"

楷 jiē

楷，木也。孔子冢盖树之者。从木，皆声。苦骇切。

【译文】楷，树木。孔子墓上覆盖的树。从木，皆声。

梫 qǐn

梫[1]，桂也。从木，侵省声。七荏切。

【译文】梫，肉桂。从木，侵省声。

【注释】① 梫：《蜀都赋》刘逵注："梫桂，木桂也。《本草》谓之牡桂。一名肉桂。"

桂 guì

桂[1]，江南木，百药之长。从木，圭声。古惠切。

【译文】桂，江南出产的树木，是百药之长。从木，圭声。

【注释】① 桂：肉桂。树皮可作香料，通称"桂皮"。张舜徽《约注》："流俗所称桂花，木名木犀。唐以来始有桂花之名，其皮薄而不辣，不堪入药。与唐以前书所称之桂，绝然二物。"

棠 táng

棠，牡曰棠[1]，牝曰杜。从木，尚声。徒郎切。

【译文】棠，公的叫棠，母的叫杜。

尚声。

【注释】① 牡：徐锴《系传》："木之性有牝牡。牡者华而不实。"

杜 dù

杜，甘棠也[1]。从木，土声。徒古切。

【译文】杜，甘棠。从木，土声。

【注释】① 甘棠：即杜梨。《段注》："棠不实，杜实而可食则谓之甘棠。""牡棠、牝杜，析言之也；杜得偁甘棠，互言之也。"

榴 xí

榴，木也。从木，习声。似入切。

【译文】榴，树木名。从木，习声。

樿 zhǎn

樿[1]，木也。可以为栉。从木，單声。旨善切。

【译文】樿，树木名。可用来作梳篦。从木，單声。

【注释】① 樿：《礼记·玉藻》："栉（zhì）用樿栉。"正义云："樿，白理木也。"

樟 wěi

樟，木也。可屈为杅者[1]。从木，韋声。于鬼切。

【译文】樟，树木名。可以把它弯曲起来做成杯盘。从木，韋声。

【注释】① 杅（yú）：徐锴《系传》："杅即《孟子》所谓杯桊（杯盘）也，若今屈柳器然。"

楢 yóu

楢，柔木也。工官以为耎轮[1]。从木，酉声。读若糗。以周切。

【译文】楢，柔软的树木。工匠用它做成柔软坚韧的车轮。从木，酉声。音读像"糗（qiǔ）"字。

【注释】① 耎（ruǎn）轮：《段注》："安车之

轮也。"奊：《玉篇》引作"软"。软是柔韧的
意思。

梓 zǐ

梓[1]，楸也。从木，宰省声。即里切。

【译文】梓，楸树（一类）。从木，宰省声。

【注释】① 梓：《尔雅·释木》："梓为木王，
盖木莫良于梓。"

楸 qiū

楸[1]，梓也。从木，秋声。七由切。

【译文】楸，梓树（一类）。从木，秋声。

【注释】① 楸：《本草纲目·木部·楸》："楸
有行列，茎干直耸可爱，至上垂条如线，其木湿
时脆，燥则坚，故谓之良材，宜作棋枰，即梓之
赤者也。"

櫄 chūn

櫄，杶也。从木，𡩻声。相伦切。

【译文】櫄，杶树。从木，𡩻声。

桵 ruí

桵，白桵[1]，棫。从
木，妥声。儒佳切。

【译文】桵，白桵（一
类），即棫树（之属）。从
木，妥声。

【注释】① 桵：赤心
桵。陆玑《诗疏》："《三仓》
说，棫即柞也。其材理全
白，无赤心者为白桵。"《尔雅·释木》郭璞注：
"桵，小木，丛生有刺，实如耳珰，紫赤可啖。"

棫 yù

棫，白桵也。从木，或声。于逼切。

【译文】棫，白桵树。从木，或声。

槵 xī

槵，木也。从木，息声。相即切。

【译文】槵，树木名。从木，息声。

椐 jū

椐[1]，樻也。从木，居声。九鱼切。

【译文】椐，樻树。从木，居声。

【注释】① 椐：灵寿树。《尔雅·释木》："椐，
樻。"郭注："肿节（节巴肿大），可以为杖（手
杖）。"《汉书·孔光传》："赐太师灵寿杖。"颜注
云："木似竹，有枝节。长过八九尺，围三四寸。
自然有合杖制，不须削治也。"

樻 kuì

樻，椐也。从木，贵声。求位切。

【译文】樻，椐树。从木，贵声。

栩 xǔ

栩，（柔）[柔]也[1]。
从木，羽声。其阜[2]，一
曰样。况羽切。

【译文】栩，柔树。从
木，羽声。它的阜斗之实，
一说叫样斗。

【注释】① 柔：当依
宋本作"柔（shù）"。《段注》："陆玑曰：栩，今
柞栎也。徐州人谓栎为杼，或谓之栩。'"② 其
阜（zǎo）：栩木的果实，它一名样。下文说："样，
栩实"，可证。

样 xiàng

样[1]，栩实。从木，羕声。徐两切。

【译文】样，栩树的果实。从木，羕声。

【注释】① 样：后作"橡"。《段注》："今人
用样为式样字，像之假借也。唐人式样字从手
作样。"

杙 yì

杙[1]，刘，刘杙[2]。从木，弋声。与职切。

【译文】杙，刘树，（又叫）刘杙树。从木，
弋声。

【注释】① 杙：《尔雅·释木》："刘，刘杙。"
郭注："刘子（树名）生山中，实如梨，酢甜，核
坚，出交趾。"② 刘，刘杙：徐灏《段注笺》："盖
单呼'刘'，絫呼'刘杙'。"

枇 pí

枇，枇杷，木也。从木，比声。房脂切。

【译文】枇，枇杷，树木名。从木，比声。

柞 zuò

柞[1]，木也。从木，乍声。在各切。

【译文】柞，树木名。从木，乍声。

【注释】①柞：《本草纲目·木部·柞木》："此木坚韧，可为凿枘，故俗名凿子木。"

桔 jié

桔，桔梗[1]，药名。从木，吉声。一曰：直木。古屑切。

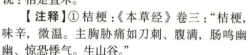

【译文】桔，桔梗，药名。从木，肩声。另一义说：桔是直木。

【注释】①桔梗：《本草经》卷三："桔梗，味辛，微温。主胸胁痛如刀刺、腹满、肠鸣幽幽、惊恐悸气。生山谷。"

梢 shāo

梢，木也。从木，肖声。所交切。

【译文】梢，树木名。从木，肖声。

梭 xùn

梭[1]，木也。从木，夋声。私闰切。

【译文】梭，树木名。从木，夋声。

【注释】①梭：徐铉："今人别音稣禾切(suō)，以为机杼之属。"

椑 bì

椑，木也。从木，畢声。卑吉切。

【译文】椑，树木名。从木，畢声。

棘 là

棘[1]，本也。从木，剌声。卢达切。

【译文】棘，树木名。从木，剌声。

【注释】①棘：王筠《说文释例》说："此木吾乡多有，用亦甚广。叶似槐而微尖，丛生，作长条。一二年者，中(zhòng，符合，下同)为筐笼之属；大一扼而短者，中为田器之柄，长者为枪柄。其质坚而性柔。"

枸 jǔ

枸，木也[1]。可为酱。出蜀。从木，句声。俱羽切。

【译文】枸，树木名。（它的果实）可以制成酱。出产在蜀地。从木，句声。

【注释】①枸：即蒌叶，又名蒟酱、扶留藤。王筠《句读》引《汉书音义》："枸木似谷树，其叶如桑叶，用其实作酱，酢美，蜀人以为珍味。"

枋 fāng

枋，木。可作车。从木，方声。府良切。

【译文】枋，树木名。可用来造车。从木，方声。

樺 huà

樺[1]，木也。以其皮裹松脂。从木，雩声。读若华。乎化切。

【译文】樺，树木名。用它的皮包裹着松脂油，（点燃它当作烛火）。从木，雩声。音读像"华"字。

【注释】①樺：徐锴《系传》："此即今人书桦字。今人以其皮卷之，燃以为烛。裹松脂亦所以为烛也。"

楊 yáng

楊[1]，木也。从木，易声。与章切。

【译文】楊，树木名。从木，易声。

【注释】①楊：《尔雅·释木》："杨，蒲柳。"郭璞注："可以为箭。"按：蒲柳即水杨。朱骏声《通训定声》："杨与柳别。杨，枝劲脆而短，叶圆阔而尖；柳，叶长而狭，枝软而韧。""散文则称柳亦通称耳。"

果小，味酸，不能食，可入药。未成熟者，中药称为"枳实"，成熟而又干制者为"枳壳"。

樫 樫 chēng

樫，河柳也①。从木，聖声。敕贞切。

【译文】樫，河柳树。从木，聖声。

【注释】①河柳：《尔雅·释木》："柽，河柳。"郭璞注："今河旁赤茎小杨。"叶细如丝，婀娜可爱。又名雨师、垂丝柳、人柳、观音柳。

柳 柳 liǔ

柳①，小杨也。从木，丣声。丣，古文酉。力九切。

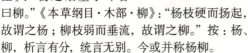

【译文】柳，小杨。从木，丣声。丣，古文"酉"字。

【注释】①柳：《段注》："杨之细茎小叶者曰柳。"《本草纲目·木部·柳》："杨枝硬而扬起，故谓之杨；杨枝弱而垂流，故谓之柳。"按：杨、柳，析言有分，统言无别。今或并称杨柳。

栘 栘 yí

栘，棠棣也①。从木，多声。弋支切。

【译文】栘，棠棣。从木，多声。

【注释】①棠棣：《尔雅·释木》："唐棣，栘。"郭璞注："似白杨，江东呼夫栘。"按：棠棣即唐棣。

棣 棣 dì

棣①，白棣也。从木，隶声。特计切。

【译文】棣，白棣。从木，隶声。

【注释】①棣：《尔雅·释木》："常棣，棣。"郭璞注："今山中有棣树，子如樱桃，可食。"按：棠棣、白棣之别在于花色。《段注》"栘"字下："以棠对白，则棠为赤可知。"

枳 枳 zhǐ

枳①，木。似橘。从木，只声。诸氏切。

【译文】枳。树木名。像橘树。从木，只声。

【注释】①枳：枸橘，又称臭橘。有粗刺，

楓 楓 fēng

楓，木也。厚叶，弱枝，善摇。一名欇①。从木，風声。方戎切。

【译文】楓，树木名。厚叶，弱枝，善于摇动。一名欇树。从木，風声。

【注释】①欇（shè）：木叶摇白也。厚叶弱枝，故善摇。善摇，故名为欇。

權 權 quán

權，黄华木。从木，雚声。一曰：反常。巨员切。

【译文】權，黄华木。从木，雚声。另一义说，权是权变反常。

柜 柜 jǔ

柜①，木也。从木，巨声。其吕切。

【译文】柜，树木名。从木，巨声。

【注释】①柜：《段注》："今俗作榉，又音讹为鬼柳树。"

槐 槐 huái

槐①，木也。从木，鬼声。户恢切。

【译文】槐，树木名。从木，鬼声。

【注释】①槐：槐树。《山海经·中山经》："（历山）其木多槐。"

楮 楮 chǔ

楮，谷也。从木，者声。丑吕切。

【译文】楮，谷树。从木，者声。

檵 檵 jì

檵，枸杞也。从木，繼省声。一曰：（监）[坚]木也。古诣切。

【译文】檵，枸杞。从木，繼省声。另一义说，檵是坚木。

杞 杞 qǐ

杞①，枸杞也。从木，己声。墟里切。

【译文】杞，枸杞。从木，己声。

【注释】① 杞：《广韵·止韵》："杞，木名，苟杞。春名天精子，夏名苟杞叶，秋名卸老枝，冬名地骨根。"

枒 枒 yá

枒①，木也。从木，牙声。一曰：车辋会也。五加切。

【译文】枒，树木名。从木，牙声。另一义说，枒(yá)是车轮外辋。

【注释】① 枒：同"椰"。王筠《句读》引《异物志》："枒树似槟榔，无枝条，高十余丈，叶在其末，如束蒲，实大如瓠，系在树颠，若挂物也。"

檀 檀 tán

檀①，木也。从木，亶声。徒干切。

【译文】檀，树木名。从木，亶声。

【注释】① 檀：《本草纲目·木部·檀》："檀有黄白二种，叶皆如槐，皮青而泽，肌细而腻，体重而坚，状与梓榆筴蒾相似。""檀木宜杵楤锤器之用。"

梂 梂 qiú

梂，栎实①。一曰：凿首②。从木，求声。巨鸠切。

【译文】梂，栎树的果实。另一义说，是凿子的把。从木，求声。

【注释】① 栎实：《尔雅·释木》："栎，其实梂。"郝懿行义疏："栎实外有裹橐，形如汇(猬)毛，状类球子。"② 凿首：《段注》："凿，所以穿木也。凿首，谓凿柄。凿柄必以木为之，今木工尚然矣，故字从木。"

櫟 櫟 lì

櫟①，木也。从木，樂声。郎击切。

【译文】櫟，树木名。从木，樂声。

【注释】① 栎：《本草纲目·果部·橡实》："秦人谓之栎，徐人谓之杼，或谓之栩"，"盖五方通语，皆一物也。"栎，柞木也。实名橡斗，皁斗。"朱骏声《通训定声》："惟木衺理（斜纹），故匠石以为不材之木。"

楝 楝 liàn

楝①，木也。从木，柬声。郎电切。

【译文】楝，树木名。从木，柬声。

【注释】① 楝：又名苦楝。桂馥《义证》引《图经》："木高丈余，叶密如槐而长，三四月开花，红紫色，芬香满庭闲。实如弹丸，生青熟黄。"

檿 檿 yǎn

檿，山桑也。从木，厌声。《诗》曰："其檿其柘。"于琰切。

【译文】檿，山桑树。从木，厌声。《诗经》说："那山桑树和那柘树。"

柘 柘 zhè

柘①，桑也。从木，石声。之夜切。

【译文】柘，柘桑。从木，石声。

【注释】① 柘：柘桑。《淮南子·时则训》："乃禁野虞，毋伐桑柘。"

梧 梧 wú

梧，梧桐也①。从木，吾声。一名榇②。五胡切。

【译文】梧，梧桐树。从木，吾声。又叫榇树。

【注释】① 梧桐：桂馥《义证》引贾思勰说："桐，华而不实者曰白桐，实而皮青者曰梧桐。"今叫青桐。《段注》："其华五出，子如珠，缀于瓢边，瓢如羹匙。"② 榇(chèn)：《本草纲目·木部·梧桐》："《尔雅》谓之榇，因其可为棺。"本书："榇，棺也。"

桐 桐 tóng

桐①，荣也。从木，同声。徒红切。

【译文】桐。荣树。从木，同声。

【注释】① 桐：颜师古注《急就篇》："桐即今之白桐木也。一名荣。"

橎 橎 fán

橎，木也。从木，番声。读若樊。附袁切。

【译文】橎，树木名。从木，番声。音读像"樊"字。

榆 榆 yú

榆①，榆，白枌。从木，俞声。羊朱切。

【译文】榆，榆树，白枌树。从木，俞声。

【注释】① 榆：《本草纲目·木部·榆》："邢昺《尔雅》疏云：'榆有数十种，今人不能尽别，唯知荚榆、白榆、刺榆、梛榆敷者而已。'荚榆、白榆皆大榆也，有赤白二种，白者名枌。"

樵 樵 qiáo

樵①，散［木］也②。从木，焦声。昨焦切。

【译文】樵，不中用的木。从木，焦声。

【注释】① 樵：徐锴《系传》："樵，散木也。散木不入于用也。"桂馥《义证》："既不入用，惟堪作薪焚烧耳。"② 散：当依徐锴《系传》作"散木"。

松 松 sōng

松①，木也。从木，公声。祥容切。

【译文】松，树木名。从木，公声。

【注释】① 松：松树（常年乔木，耐寒）。《论语·子罕》："岁寒，然后知松柏之后凋也。"

樠 樠 mán

樠，松心木①。从木，㒼声。莫奔切。

【译文】樠，松心树。从木，㒼声。

【注释】① 松心木：王绍兰《段注订补》："谓樠木之心微赤，故偁松心木。"《段注》："盖松心微赤。"

檜 檜 guì

檜，柏叶松身。从木，會声。古外切。

【译文】檜，柏树的叶，松树的干。从木，會声。

樅 樅 cōng

樅，松叶柏身。从木，從声。七恭切。

【译文】樅，松树的叶，柏树的身。从木，從声。

柏 柏 bǎi

柏，鞠也①。从木，白声。博陌切。

【译文】柏，椈树。从木，白声。

【注释】① 鞠：《尔雅》作"椈"。柏有侧柏、圆柏、刺柏多种。其性耐寒，本质坚硬，纹理致密，是良材。

机 机 jī

机①，木也。从木，几声。居履切。

【译文】机，树木名。从木，几声。

【注释】① 机：徐锴《系传》："《山海经》：'单狐山多机木。'（郭璞）注曰：'似榆，可烧以粪稻田，出蜀中。'"《段注》："（机）盖即桤木也。今成都桤木树。渎若岂，平声。"

栀 栀 zhī

栀①，黄木。可染者。从木，危声。（过委切）［章移切］。

【译文】栀，黄木。是果实可作染料的树。从木，卮声。

【注释】① 栀：今之栀子树，实可染黄。

某 某 méi

某①，酸果也。从木，从甘。阙。莫厚切。

【译文】某，酸果。由木、由甘会意。阙其会意之由。

【注释】① 某：徐灏《段注笺》："'某'即今酸果'梅'字。因假借为'谁某'，而为借义所专，遂假'梅'字为之。古文'楳'或省作'呆'，皆从木，象形。"

樹 shù

樹①，生植之总名。从木，尌声。常句切。

【译文】樹，生物中直立的东西的总称。从木，尌声。

【注释】① 樹：张舜徽《约注》："生物之直立者，皆谓之樹。"《段注》："植，立也。"

本 běn

本，木下曰本。从木，一在其下①。布忖切。

【译文】本，树木下部叫本。从木，记号"一"标志在树木的下部。

【注释】① 一：徐铉："徐锴曰：'一，记其处也。'本、末、朱皆同义。"

柢 dǐ

柢①，木根也。从木，氏声。都礼切。

【译文】柢，树根。从木，氏声。

【注释】① 柢：桂馥《义证》引戴侗说："凡木命根（指主根，直根）为氏，旁根为根，通曰本。"许以根训柢，是浑言不别。

朱 zhū

朱①，赤心木。松柏属。从木，一在其中。章俱切。

【译文】朱，赤心树木。松柏一类。从木，一，标志着树木的中心。

【注释】① 朱：《山海经·大荒西经》："有树赤皮、支干、青叶，名曰朱木。"

根 gēn

根，木株也①。从木，艮声。古痕切。

【译文】根，树兜。从木，艮声。

【注释】① 株：即兜。张舜徽曰："株字古读兜，湖湘间称株为兜。伐木之余称为树兜。"

株 zhū

株，木根也。从木，朱声。陟输切。

【译文】株，树根。从木，朱声。

樭 jì

樭①，细理木也。从木，畟声。子力切。

【译文】樭，细纹树木。从木，畟声。

【注释】① 樭：李调元《南越笔记》卷十三："水松者，樭也。喜生水旁。其干也，得杉十之六，其枝叶得松十之四，故一名水杉。言其干则曰水杉，言其枝叶则曰水松也。"

末 mò

末①，木上曰末。从木，一在其上。莫拨切。

【译文】末，树梢叫末。从木，一，标志在树木顶上。

【注释】① 末：树梢。（与本相对）。

樏 léi

樏，木实也。从木，絫声。力追切。

【译文】樏，树木的果实。从木，絫声。

果 guǒ

果①，木实也。从木，象果形，在木之上。古火切。

【译文】果，树木的果实。从木，⊗像果形，在"木"字的上面。

【注释】① 果：《周易·说卦》："（艮）为果蓏。"陆德明《经典散文》："应劭云：'木实为果，草实曰蓏'。"

杈 chā

杈①，枝也。从木，叉声。初牙切。

【译文】杈，树枝。从木，叉声。

【注释】①杈：《广韵·麻韵》引《方言》："江东言树枝为桠杈也。"

枝 zhī

枝，木别生条也。从木，支声。章移切。

【译文】枝，树木（主干）分生的枝条。从木，支声。

朴 pò

朴①，木皮也。从木，卜声。匹角切。

【译文】朴，树皮。从木，卜声。

【注释】①朴：徐锴《系传》："今药有厚朴，一名厚皮，是木之皮也。古质朴字多作朴。"

條 tiáo

條①，小枝也。从木，攸声。徒辽切。

【译文】條，小的树枝。从木，攸声。

【注释】①條：《段注》："《毛传》曰：'枝曰条。'浑言之也。條为枝之小者，析言之也。"

枚 méi

枚，干也。可为杖。从木，从攴①。《诗》曰："施于条枚。"莫桮切。

【译文】枚，树干。可作手杖。由木、由攴会意。《诗经》说："蜿蜒在树枝和树干上。"

【注释】①从攴：《段注》："攴，小击也。因为鞭扑字。杖可以击人者也，故取木、攴会意。"

枯 kū

枯，稾也。从木，古声。《夏书》曰①："唯箘簵枯。"木名也。苦孤切。

【译文】枯，枯槁。从木，古声。《夏书》说："箘竹、簵竹和枯木。"（枯），树木名。

【注释】①《夏书》：指《禹贡》。今本作"唯箘、簵、楛"。枯假为楛。

樸 pǔ

樸，木素也①。从木，丵声。匹角切。

【译文】樸，未经加工的木材。从木，丵声。

【注释】①木素：《段注》："素犹质也。以木为质，未雕饰，如瓦器之坯然。"

楨 zhēn

楨，刚木也①。从木，贞声。上郡有桢林县②。陟盈切。

【译文】楨，刚硬的树木。从木，贞声。上郡地方有桢林县。

【注释】①刚木：《段注》："此谓木之刚者曰桢，非谓木名也。"②上郡句：张舜徽《约注》："汉时上郡，有今陕西鄜县、宜川以北，吴旗以东，及内蒙古乌审旗南部地。桢林县在今陕西省境内。"

柔 róu

柔①，木曲直也。从木，矛声。耳由切。

【译文】柔，树木可曲可直。从木，矛声。

【注释】①柔：《段注》："凡木曲者可直，直者可曲，曰柔。""引伸为凡耎（软）弱之偁。"

柝 tuò

柝，判也。从木，㡿声。《易》曰："重门击柝。"他各切。

【译文】柝，分判开来。从木，㡿声。《易经》说："设置重门，击柝巡夜。"

材 cái

材，木梃也①。从木，才声。昨哉切。

【译文】材，树干。从木，才声。

【注释】①木梃：王筠《句读》："谓干。干为栋梁，乃是大材；若其枝柯，小材，不足道也。"

朸 lè

朸，木之理也。从木，力声①。平原有朸县②。卢则切。

【译文】朸，树木的纹理。从木，力声。平原郡有

枋县。

【注释】①力声:《段注》:"以形声包会意也。'防'下曰'地理','枋'下曰'木理',渤下云'水理',皆从力。力者,筋也,人身之理也。"②枋县:约在今山东省商河县东北。

柴 chái

柴①,小木散材。从木,此声。士佳切。

【译文】柴,小的木头,不中用的木材。从木,此声。

【注释】①柴:《礼记·月令》郑玄注:"大者可析谓之薪,小者合束谓之柴。薪施炊爨,柴以给燎。"

榑 fú

榑,榑桑①,神木,日所出也。从木,尃声。防无切。

【译文】榑,榑桑,神树,太阳出来的地方。从木,尃声。

【注释】①榑桑:即扶桑。

杲 gǎo

杲,明也。从日在木上。古老切。

【译文】杲,(日出)明亮。由"日"字在"木"字上会意。

榔 hé

榔,角械也。从木,卻声。一曰:木下白也。其逆切。

【译文】榔,角斗的器械。从木,卻声。另一义说,榔是木下白。

杳 yǎo

杳①,冥也。从日在木下。乌皎切。

【译文】杳,幽暗。由"日"在"木"下会意。

【注释】①杳:《段注》:"莫为日且冥,杳为全冥矣。"此杳与莫(暮)之别。

栽 zài

栽①,筑墙长版也。从木,𢦍声。《春秋传》曰:"楚围蔡,里而栽。"昨代切。

【译文】栽,(竖立)筑墙的长版。从木,𢦍声。《春秋左传》说:"楚国包围蔡国,离蔡都一里设立版筑堡垒。"

【注释】①栽:《段注》:"古筑墙,先引绳营其广轮为制之正。"绳直则竖桢干,题(端)曰桢,植于两头之长杙也;旁曰干,植于两边之长杙也。植之谓之栽,栽之言立也,而后横施版两边干内,以绳束干,实土,用筑筑之。一版竣,则层絫而上。"然则栽者,合桢干与版而言,许云筑墙长版为栽者,以版该(包括)桢干也。"

築 zhù

築,捣也。从木,筑声。陟玉切。

【译文】築,捣土(使坚实)。从木,筑声。

檥 yǐ

檥,干也。从木,義声。鱼羁切。

【译文】檥,干木。从木,義声。

構 gòu

構,盖也①。从木,冓声。杜林以为椽桷字②。古后切。

【译文】構,架屋。从木,冓声。杜林用它作为"椽桷"的"桷"字。

【注释】①盖:《玉篇》:"构,架屋也。"②杜林:徐锴《系传》:"杜林,说文字者,杜业之子也。"椽(chuán):俗称椽皮,安在屋檩上承接屋面和瓦的木条。桷(jué):方形椽子。构训桷,假借义。

模 mú

模①,法也。从木,莫声。读若嫫母之嫫②。莫胡切。

【译文】模,法式。从木,莫声。音读像"嫫母"的"嫫"字。

【注释】①模:徐

锴《系传》："以木为规模也。"朱骏声《通训定声》："水曰法，木曰模，土曰型，金曰镕，竹曰笵。"②嫫母：古代的丑女人。

棟 dòng

棟[1]，极也。从木，東声。多贡切。

【译文】棟，屋子的最中最高的地方。从木，東声。

【注释】①棟：王筠《句读》："栋为正中一木之名，今谓之脊檩者是。"朱骏声《通训定声》："屋内至中至高之处，亦曰阿，俗谓之正梁。"

桴 fú

桴，栋名[1]。从木，孚声。附柔切。

【译文】桴，房栋名。从木，孚声。

【注释】①栋名：王筠《句读》："今人谓之檐檩。"即房屋的二梁。

極 jí

極，栋也。从木，亟声。渠力切。

【译文】極，屋子的中栋。从木，亟声。

柱 zhù

柱，楹也。从木，主声。直主切。

【译文】柱，屋柱。从木，主声。

樘 chēng

樘[1]，衺柱也。从木，堂声。丑庚切。

【译文】樘，用斜柱支撑。从木，堂声。

【注释】①樘：《段注》："或作牚，或作撑，皆俗字耳。"今作撑。

楹 yíng

楹，柱也。从木，盈声。《春秋传》曰[1]："丹桓宫楹。"以成切。

【译文】楹，屋柱。从木，盈声。《春秋左传》说："把桓公庙的屋柱漆成红色。"

【注释】①《春秋传》：

指《左传·庄公二十三年》。桓宫：鲁桓公之庙。

椽 chuán

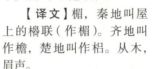

椽[1]，榱也。从木，彖声。直专切。

【译文】椽，椽皮。从木，彖声。

【注释】①椽：安在檩子上承接屋面和瓦片的木条。湖湘间称为椽皮，言其木板之薄。李诚《营造法式·大木作制度二·椽》："椽，其名有四：一曰桷，二曰椽，三曰榱，四曰橑。"

楣 méi

楣[1]，秦名屋櫋联也[2]。齐谓之檐，楚谓之梠。从木，眉声。武悲切。

【译文】楣，秦地叫屋上的櫋联（作楣）。齐地叫作檐，楚地叫作梠。从木，眉声。

【注释】①楣：屋檐口椽木底端的横板。②秦名句：《段注》："秦人名屋櫋联曰楣也。"

植 zhí

植，户植也[1]。从木，直声。常职切。

【译文】植，门（外闭时）用以落锁的中立直木。从木，直声。

【注释】①户植：朱骏声《通训定声》："古门外闭，中竖直木，以铁了鸟（门窗搭扣）关之，可加锁者。"

樀 dí

樀，户樀也[1]。从木，啻声。《尔雅》曰："檐谓之樀。"读若滴。都历切。

【译文】樀，屋檐。从木，啻声。《尔雅》说，"屋檐叫作樀。"音读像"滴"字。

【注释】①户樀：《段注》："谓门檐也。郭注《尔雅》及《篇》、《韵》皆云'屋梠'，则不专谓门。"

樞 shū

樞，户枢也[1]。从木，區声。昌朱切。

【译文】樞，门的转轴或承轴臼。从木，區声。

【注释】①户枢：《段注》："户所以转动开闭之枢机也。"

槏 qiǎn

槏，户也①。从木，兼声。苦减切。

【译文】槏，斗槏。从木，兼声。

【注释】①户：桂馥《义证》："疑有阙文。《广韵》：'槏，牖旁柱也。'"

楯 shǔn

楯，阑楯也①。从木，盾声。食允切。

【译文】楯，栏杆。从木，盾声。

【注释】①阑楯：玄应《一切经音义》卷一："栏楯，殿上临边之饰也，亦所以防人坠堕也，今言钩阑是也。"按：今称栏杆。

㝱 máng

㝱，栋也①。从木，亡声。《尔雅》曰②："㝱廇谓之梁。"武方切。

【译文】㝱，大梁。从木，亡声。《尔雅》说："㝱廇叫作梁。"

【注释】①栋：《释名·释宫室》说："橝或谓之望，言高可望也。或谓之栋。"望㝱同从亡声，望谓之栋，即㝱谓之栋也。②《尔雅》：指《释宫》。郭璞注："屋大梁也。"此谓㝱廇二字训梁，与㝱单字训栋者有别。

梀 sù

梀①，短椽也。从木，束声。丑録切。

【译文】梀，短的椽皮。从木，束声。

【注释】①梀，徐锴《系传》："今大屋重橑下四隅多为短椽，即此也。"

杇 wū

杇①，所以涂也。秦谓之杇，关东谓之槾。从木，亏声。哀都切。

【译文】杇，用来涂墙壁的工具。秦地叫作杇，关东叫作槾。从木，亏声。

【注释】①杇：泥镘，俗称瓦刀。傅云龙《古语考补正》："今顺天人谓涂具曰抹子，四川人谓之泥掌子。"

槾 màn

槾，杇也。从木，曼声。母官切。

【译文】槾，泥掌子。从木，曼声。

椳 wēi

椳，门枢谓之椳①。从木，畏声。乌恢切。

【译文】椳，门臼叫作椳。从木，畏声。

【注释】①门枢：徐灏《段注笺》："盖削木为半弧形，宛中以居门轴也。"

栅 zhà

栅，编树木也。从木，从册，册亦声。楚革切。

【译文】栅，编成的竖立的竹木。由木、由册会意，册也表声。

杝 lí

杝，落也。从木，也声。读若（他）[阤]①。池尔切。

【译文】杝，篱落。从木，也声。音读像"阤"字。

【注释】①读若他：莫友芝《本部笺异》认为：读若他，与池尔切不相应。当依赵凡夫本作阤（zhì）。

幄 wò

幄，木帐也。从木，屋声。于角切。

【译文】幄，木帐。从木，屋声。

桓 huán

桓，亭邮表也①。从木，亘声。胡官切。

【译文】桓，邮亭旁的表识。从木，亘声。

【注释】①亭邮表：徐锴《系传》："亭邮立木为表（标识），交木于其端，则谓之华表。""邮，过也，所以止过客也。表双立为桓。"朱骏声《通训定声》："（桓表）声之转曰和表，亦曰华表。"

橦 chuáng

橦，帐极也。从木，童声。宅江切。

【译文】橦，帐屋高处的横梁。从木，童声。

杠 gāng

杠[①]，床前横木也。从木，工声。古双切。

【译文】杠，床前横木。从木，工声。

【注释】①杠：徐锴《系传》："即今人谓之床牀也。"谓床前高出床席的横木。

桯 tīng

桯[①]，床前几。从木，呈声。他丁切。

【译文】桯，床前矮而小的桌子。从木，呈声。

【注释】①桯：《方言》卷五："榻前几，江沔之间曰桯。"

樫 jìng

樫，樫樫也，东方谓之荡。从木，坙声。古零切。

【译文】樫，强劲挺直的横木。东方叫作荡。从木，坙声。

牀 chuáng

牀[①]，安身之坐者。从木，爿声。仕庄切。

【译文】牀，安身的坐具。从木，爿声。

【注释】①牀：《释名·释床帐》："人所坐卧曰床。"黄廷鉴《考床》："古之床主于坐而兼卧。""大约如今之榻而小。或与今凳之阔者相类。"

枕 zhěn

枕，卧所荐首者。从木，冘声。章衽切。

【译文】枕，睡卧时用来垫着脑袋的用具。从木，冘声。

梳 shū

梳，理发也[①]。从木，疏省声。所菹切。

【译文】梳，梳理头发。从木，疏省声。

【注释】①理发：体、用同训。既指梳理头发，也指理发之器。

袷 gé

袷[①]，剑柙也。从木，合声。胡甲切。

【译文】袷，剑鞘。从木，合声。

【注释】①袷：《广雅·释器》："袷，剑削也。"王念孙疏证："凡刀剑室通谓之削，字或作鞘。"

槈 nòu

槈，薅器也。从木，辱声。奴豆切。

【译文】槈，除草器。从木，辱声。

枷 jiā

枷[①]，拂也。从木，加声。淮南谓之柍。古牙切。

【译文】枷，连枷。从木，加声。淮南叫作柍（yàng）。

【注释】①枷：《释名·释用器》："枷，加也。加杖于柄头，以挝穗而出其谷也。"

杵 chǔ

杵，春杵也。从木，午声[①]。昌与切。

【译文】杵，捣粟用的棒槌。从木，午声。

【注释】①午声：徐锴《系传》："春字注：'午，杵也。'臣以为午者直春之意。此当言'从午，午亦声。'"

杚 gài

杚，平也。从木，气声。古没切。

【译文】杚，刮平。从木，气声。

楮 shěng

楮，木参交以枝炊篡者也[①]。从木，省声。读若骊驾[②]。所绠切。

【译文】楮，木头三根相交，用以支撑炊煮时的筲箕。从木，省声。音读像骊驾的

"骊"字。

【注释】①木参句:《段注》"枝"作"支",注:"谓米既淅将炊,而漉之令干,又以三交之木支此㮂,则沥干尤易也。三交之木是为楷。"㮂(yù):淘米的竹器,今称筲箕。②读若:钱大昕说:"古洒酾纚字俱有蓰音。省、徙声相近,故楷取省声而读若骊驾之骊也。"

柶 sì

柶,《礼》有柶。柶①,匕也。从木,四声。息利切。

【译文】柶,《礼经》有"柶"字。柶,匕匙。从木,四声。

【注释】①柶:《仪礼·士冠礼》郑玄注:"柶,状如匕,以角为之者,欲滑也。"《段注》:"盖常用器曰匕,礼器曰柶。"

桮 bēi

桮,䥶也。从木,否声。布回切。

【译文】桮,杯。从木,否声。

槭 sī

槭,盘也。从木,虒声。息移切。

【译文】槭,木盘。从木,虒声。

槃 pán

槃①,承盘也。从木,般声。薄官切。

【译文】槃,承受物体的盘子。从木,般声。

【注释】①槃:商承祚《〈说文〉中之古文考》:"盘以木为之,则从木;以金为之,则从金;示其器,则从皿,其意一也。"

案 àn

案①,几属。从木,安声。乌旰切。

【译文】案,几一类。从木,安声。

【注释】①案:进食用的短足木盘。徐灏《段注笺》:"《急就篇》颜注:'无足曰盘,有足曰案。所以陈举食也。'盖古人席地而坐,置食于器,而以案承之,故曰陈举食也。"

檈 xuán

檈,圜案也。从木,瞏声。似沿切。

【译文】檈,圆形的几案。从木,瞏声。

椷 jiān

椷,箧也。从木,咸声。古咸切。

【译文】椷,箱匣。从木,咸声。

枓 zhǔ

枓①,勺也。从木,从斗。之庾切。

【译文】枓,勺子。由木、由斗会意。

【注释】①枓:《玉篇·斗部》:"枓,有柄,形如北斗星,用以斟酌也。"

櫑 léi

櫑,龟目酒尊,刻木作云雷象①,象施不穷也。从木,畾声。鲁回切。

【译文】櫑,饰有龟眼的盛酒容器。刻成为云和雷的样子,象征广施恩泽没有穷尽。从木,畾声。

【注释】①刻木句:《段注》:"刻为龟目,又通体刻为云靁。所以刻为云靁者,以云靁施泽不穷。"

杓 biāo

杓,枓柄也①。从木,从勺。甫播切。

【译文】杓,勺子把。由木、由勺会意。

【注释】①枓柄:《段注》:"枓柄者,勺柄也。勺谓之枓,勺柄谓之杓。"

椑 pí

椑①,圜榼也。从木,卑声。部迷切。

【译文】椑,(扁)圆形的盛酒器。从木,卑声。

【注释】①椑:《汉书》颜注云:"椑榼,即今之扁榼,所以盛酒者也。"

榼 kē

榼①，酒器也。从木，盍声。枯蹋切。

【译文】榼，盛酒器。从木，盍声。

【注释】①朱骏声《通训定声》："此字疑即盍（hé，同盍）之或体。盍为'何不'之词所专，因加木旁耳。"

橢 tuǒ

橢，车笭中橢橢器也①。从木，隋声。徒果切。

【译文】橢，车箱木格栏内椭圆而狭长的容器。从木，隋声。

【注释】①椭椭：王筠《句读》："谓车笭中器，其形椭椭然。即以其形为之名也。《众经音义》：'椭，狭长器也。'"

槌 zhuì

槌，关东谓之槌，关西谓之杼。从木，追声。直类切。

【译文】槌，关东叫作槌，关西叫作杼。从木，追声。

杼 zhé

杼①，槌也。从木，特省声②。陟革切。

【译文】杼，蚕槌。从木，特省声。

【注释】①杼：《玉篇·木部》："杼，槌，横木也。"按：杼是蚕箔搁架上的横木，槌是竖木。以"槌"释"杼"，浑言之。②特省声：唐写本木部残卷也作特省声，未详。

栚 zhèn

栚，槌之横者也。关西谓之㯕。从木，关声。直衽切。

【译文】栚，蚕槌中的横木。关西叫作㯕。从木，关声。

杼 zhù

杼①，机之持纬者。从木，予声。直吕切。

【译文】杼，织布机上夹持纬纱的构件。从木，予声。

【注释】①杼：织布的梭子。《段注》："此与木名之'柔'，以左形右声、下形上声为别。"

核 gāi

核，蛮夷以木皮为箧，状如㑒尊。从木，亥声。古哀切。

【译文】核，蛮夷等少数民族用核树的皮做成箱箧，样子像镜匣、冠箱之类。从木，亥声。

棚 péng

棚①，栈也。从木，朋声。薄衡切。

【译文】棚，即栈。从木，朋声。

【注释】①棚：在上者为棚，在下者为栈。

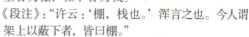

《段注》："许云：'棚，栈也。'浑言之也。今人谓架上以蔽下者，皆曰棚。"

栈 zhàn

栈，棚也。竹木之车曰栈①。从木，戋声。士限切。

【译文】栈，即棚。用竹木编成的车也叫栈。从木，戋声。

【注释】①竹木句：《段注》："谓以竹若（或）木散材，编之为箱，如栅（竖编之木）然。"

根 chéng

根，杖也①。从木，长声。一曰：法也。宅耕切。

【译文】根，斜柱。从木，长声。另一义说，（挽救倾斜使平正的）方法。

【注释】①杖：持，谓用柱撑持。黄侃《蕲春语》："今吾乡谓门后衺（斜）柱一端当门中、一端鐏地者，曰门根。"

杖 zhàng

杖，持也①。从木，丈声。直两切。

【译文】杖，持握的木棍。从木，丈声。

【注释】①持：体用同训。《段注》："凡可持及人持之皆曰杖。"指手杖。

枹 枹 bā

枹，棓也。从木，发声。北末切。

【译文】枹，木杖。从木，发声。

椎 椎 chuí

椎，击也。齐谓之终葵①。从木，隹声。直追切。

【译文】椎，捶击之器。齐地叫作"终葵"。从木，隹声。

【注释】① 终葵：徐锴《系传》："终葵，椎之别名也。"朱骏声《通训定声》："终葵之合音为椎。"

棓 棓 bàng

棓，棁也。从木，音声。步项切。

【译文】棓，棍杖。从本，音声。

柯 柯 kē

柯，斧柄也。从木，可声。古俄切。

【译文】柯，斧头的把。从木，可声。

棁 棁 tuō

棁，木杖也。从木，兑声。他活切。又，之说切①。

【译文】棁（tuō），木棒。从木，兑声。

【注释】① 之说切：其义为梁上的短柱。《论语·公冶长》邢昺疏："棁，梁上短柱也。"

柲 柲 bì

柲，攒也①。从木，必声。兵媚切。

【译文】柲，戈矛的把。从木，必声。

【注释】① 攒（cuán）：《段注》："此即下文'积竹杖也'。""戈戟矛柄皆用积竹杖，不比他柄用木而已。殳则用积竹杖而无刃。柲之引伸为凡柄之偁。"

柄 柄 bǐng

柄①，柯也。从木，丙声。陂病切。

【译文】柄，斧头的把。从木，丙声。

【注释】① 柄：《段注》："柄之本义专谓斧柯，引伸为凡柄之偁。"

欑 欑 cuán

欑，积竹杖也。从木，赞声。一曰：穿也。一曰：丛木。在丸切。

【译文】欑，积合竹青作成的杖。从木，赞声。另一义说，钻穿。又另一义说，聚集的材木。

屎 屎 chì

屎，籰柄也①。从木，尸声。女履切。

【译文】屎，络丝车的摇把。从木，尸声。

【注释】① 籰（yuè）柄：《段注》："籰即络车也。所以转络车者，即屎也。"

榜 榜 bēng

榜，所以辅弓弩①。从木，旁声。补盲切。

【译文】榜，用来辅正弓弩的器具。从木，旁声。

【注释】① 辅弓弩：王绍兰《段注订补》："弓弩或有枉戾，缚木辅其旁，矫之令直，谓之榜。"

栝 栝 kuò

栝，檃也。从木，昏声。一曰：矢栝筑弦处①。古活切。

【译文】栝，矫正竹木的器具。从木，昏声。另一义说，箭末扣弦的地方。

【注释】① 矢栝句：《释名·释兵》："其（指矢）末曰栝，栝，会也。与弦会也。"筑：犹言着。

棊 棊 qí

棊，博棊。从木，其声。渠之切。

【译文】棊，比输赢的棋具。从木，其声。

楼 jié

楼，续木也①。从木，妾声。子叶切。

【译文】楼，嫁接花木。从木，妾声。

【注释】①续木：《段注》："今栽华植果者，以彼枝移接此树。而华果同彼树矣。楼之言接也。后接行而楼废。"

桦 xiáng

桦，桦双也①。从木，夅声。读若鸿。下江切。

【译文】桦，桦双。从本，夅声。音读像"鸿"字。

【注释】①桦双：用篾席做的船帆。

栝 tiǎn

栝，炊灶木。从木，舌声。他念切。

【译文】栝，在灶里烧煮饭用的木棍。从木，舌声。

槽 cáo

槽，畜兽之食器①。从木，曹声。昨牢切。

【译文】槽，牲畜食用的器具。从木，曹声。

【注释】①畜兽：《段注》改为"嘼"（chù）。唐写本木部残卷也无畜字，段说可信。嘼，六嘼也。

臬 niè

臬，射准的也。从木，从自①。五结切。

【译文】臬，射箭的靶子。由木、由自会意。

【注释】①朱骏声《通训定声》："从自者，鼻于面居中特出之形，凡臬似之。"唐写本木部残卷、小徐本、韵会均引作"从木自声"。

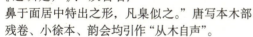

桶 tǒng

桶，木方［器］，受［十］六升。从木，甬声。他奉切。

【译文】桶，木制方形（斛）。容受十六升。从木，甬声。

柎 fū

柎，阑足也。从木，付声。甫无切。

【译文】柎，钟鼓架下装饰的足。从木，付声。

枹 fú

枹，击鼓杖也。从木，包声。甫无切。

【译文】枹，击鼓的槌子。从木，包声。

椌 qiāng

椌，柷，乐也。从木，空声。苦江切。

【译文】椌，柷。（打击）乐器。从木，空声。

柷 zhù

柷①，乐，木空也。所以止音为节。从木，祝省声。昌六切。

【译文】柷，（打击）乐器，木制而中空。可用柷止之音，以为节奏。从木，祝省声。

【注释】①柷：《尔雅·释乐》："所以鼓柷谓之止。"郭注："柷如漆桶，方二尺四寸，深一尺八寸，中有椎，柄连底，撞（dòng，来回摇动）之，令左右击。止者，其椎名。"

札 zhá

札①，牒也。从木，乙声。侧八切。

【译文】札，书写用的小木片。从木，乙声。

【注释】①札：《段注》："长大者曰椠，薄小者曰札。"

檄 xí

檄①，二尺书。从木，敫声。胡狄切。

【译文】檄，长二尺的文书。从木，敫声。

【注释】①檄：徐锴《系传》："征兵之书也。汉高祖曰：'吾以羽檄征天下兵。'有急，则插以羽也。"《急就篇》颜注："檄者以木为书，长二尺。"

棨 qǐ

棨，传，信也①。从木，启省声。康礼切。

【译文】棨，又叫传，用作凭证。从木，启省声。

【注释】① 传（zhuàn）信：王筠《句读》："谓棨一名传，所以为信也。《古今注》：'凡传皆以木为之，长五寸，书符信于上，又以一板封之，皆封以御史印章，所以为信也，如今之过所。'"

棵 棵 mù

棵，车历録束文也①。从木，敄声。《诗》曰②："五棵梁辀。"莫卜切。

【译文】棵，车辕上明显的束纹。从木，敄声。《诗经》说："有五束明显的花纹在那弯曲的车辕上。"

【注释】① 车历録句：王筠《句读》："谓车辕以革束之，其文历録然也。"段氏谓历録，分明貌。②《诗》：指《诗经·秦风·小戎》。毛传："五，五束也。棵，历録也。"辀（zhōu）：大车左右两木直而平者谓之辕，小车居中一木曲而上者谓之辀。车辕穹隆如屋之梁，谓之梁辀。

柜 柜 hù

柜①，行马也②。从木，互声。《周礼》曰："设梐柜再重。"胡误切。

【译文】柜，行马。从木，互声。《周礼》说，"设置行马两层。"

【注释】① 柜：王筠《句读》："交互其木，以为遮阑也。"② 行马：官府门前阻挡通行的障碍物，用木头交叉制成。

梐 梐 bì

梐，梐柜也①。从木，陛省声。边兮切。

【译文】梐，即梐柜。从木，陛省声。

【注释】① 梐柜：王筠《句读》："单言'互'，便是行马；连言'梐柜'，仍是行马。"

极 极 jí

极，驴上负也①。从木，及声。或读若急。其辄切。

【译文】极，驴背上负载物（的木架）。从木，及声。音读像"急"字。

【注释】① 驴上负：体、用同训。徐锴《系传》："今人为木床以跨驴背，以负载物，即古之极也。"《段注》："若今驮鞍。"

梁 梁 liáng

梁，水桥也①。从木，从水，刅声。吕张切。

【译文】梁，跨水的桥梁。由木、由水会合用木跨水之意。刅（chuāng）声。

【注释】① 水桥：《段注》："梁之字，用木跨水，则今之桥也。"

楫 楫 jí

楫①，舟棹也。从木，咠声。子叶切。

【译文】楫，船桨。从木，咠声。

【注释】① 楫：桂馥《义证》："或作'檝'。"《字书》：楫，舟旁拨水者。短曰楫，长曰棹（zhào）。"

校 校 jiào

校，木囚也①。从木，交声。古孝切。

【译文】校，木制的囚系（人的桎梏）。从木，交声。

【注释】① 木囚：《段注》："囚，系也。木囚者，以木羁之也。"

樔 樔 cháo

樔，泽中守艸楼。从木，巢声。鉏交切。

【译文】樔，泽中守望的草楼。从木，巢声。

采 采 cǎi

采①，捋取也。从木，从爪。仓宰切。

【译文】采，摘取。由木、由爪会意。

【注释】① 采：《段注》："《周南·芣苢》传曰：'采，取也。'又曰：'捋，取也。'是采、捋同训也。"

柿 柿 fèi

柿①，削木札朴也。从木，市声。陈楚谓（椟）［牍］为柿。芳吠切。

【译文】柿，削木皮或削小木片的皮。从木，市声。陈楚地方叫简牍作柿。

【注释】①削木句：朴当依徐锴《系传》作"朴"。谓削木与札之朴，皆谓之柿。札：用于书写的小木片。朴：木皮。

横 héng

横，阑木也①。从木，黄声。卢盲切。

【译文】横，拦门的木。从木，黄声。

【注释】①阑木：《段注》："阑，门遮也。引伸为凡遮之偁。凡以木阑之，皆谓之横也。"

梜 jiā

梜，检柙也①。从木，夹声。古洽切。

【译文】梜，收藏物品的器具。从木，夹声。

【注释】①检柙：《段注》："检柙皆函物之称，然则梜亦谓函物之器也。"

桄 guàng

桄，充也。从木①，光声。古旷切。

【译文】桄，充满。从木，光声。

【注释】①从木：朱骏声《通训定声》："桄字本训当为横木，与横略同。凡床桄梯桄皆是。"

椓 zhuó

椓，击也。从木，豖声。竹角切。

【译文】椓，敲击。从木，豖声。

打 chéng

打，（橦）[撞]也。从木，丁声。宅耕切。

【译文】打，撞击。从木，丁声。

柧 gū

柧，棱也①。从木，瓜声。又，柧棱②，殿堂上最高处也。古胡切。

【译文】柧，棱角。从木，瓜声。又，柧棱，殿堂上最高的地方。

【注释】①棱：《段注》："《通俗文》曰：'木四方为棱，八棱为柧。'按《通俗文》析言之。

若浑言之，则《急就》'奇觚'（即柧）谓四方版也。"②柧棱：徐锴《系传》："（殿堂）最高转角处也。"桂馥《义证》："王观国曰：'屋角瓦脊，成方角棱瓣之形，故谓之觚棱。'"

棱 léng

棱，柧也。从木，夌声。鲁登切。

【译文】棱，四方木。从木，夌声。

枰 píng

枰，平也①。从木，从平，平亦声。蒲兵切。

【译文】枰，棋盘。由木、由平会意，平也表声。

【注释】①平：《段注》："谓木器之平。偁枰，如今言棋枰是也。"

柆 lā

柆，折木也。从木，立声。卢合切。

【译文】柆，折断树木。从木，立声。

槎 chá

槎，衺斫也。从木，差声。《春秋传》曰①："山不槎。"侧下切。

【译文】槎，斜砍。从木，差声。《春秋国语》说："山林不砍不伐。"

【注释】①《春秋传》：即指《国语》。《唐写本·木部残卷》作："《春秋国语》曰：'山不槎枿（即蘗）。'"

柮 duò

柮，断也。从木，出声。读若《尔雅》"貀无前足"之貀①。女滑切。

【译文】柮，断。从木，出声。音读像《尔雅》"貀无前足"的"貀"字。

【注释】①《尔雅》：指《释兽》。貀（duò）：郭璞注："似狗，豹文，有角，两脚。"或说："似虎而黑，无前两足。"

析 xī

析，破木也。一曰：折也。从木，从斤[1]。先激切。

【译文】析，劈开木头。另一义说，断折。由木、由斤会意。

【注释】①从木句：桂馥《义证》："谓以斤（斧头）分木为析也。"

休 xiū

休，息止也[1]。从人依木[2]。许尤切。

【译文】休，休息。由"人"依傍着"木"会意。

【注释】①息止：同义复合。②人依木：《五经文字》："休象人息木阴。"

械 xiè

械，桎梏也。从木，戒声。一曰：器之總名。一曰：（持）[治]也。一曰：有盛为械，无盛为器。胡戒切。

【译文】械，木制的束缚手脚的刑具。木，戒声。另一义说，器物的总称。另一义说，治理。另一义说，有盛物的构件叫械，没有盛物的构件叫器。

杽 chǒu

杽[1]，械也。从木，从手，手亦声。敕九切。

【译文】杽，木制刑具。由木、由手会意，手也表声。

【注释】①杽：木制手铐。徐锴《系传》："义取木在乎手，会意。"《段注》："杽、杻，古今字。"

桎 zhì

桎[1]，足械也。从木，至声。之日切。

【译文】桎，束缚脚的刑具。从木，至声。

【注释】①桎：《周易·蒙》："利用刑人，用

说桎梏。"孔颖达疏："在足曰桎，在手曰梏。"

梏 gù

梏，手械也。从木，告声。古沃切。

【译文】梏，束缚手的刑具。从木，告声。

柙 xiá

柙，槛也。以藏虎兕。从木，甲声。乌匣切。

【译文】柙，关养禽兽的木笼。可以用来藏养老虎和犀牛。从木，甲声。

棺 guān

棺，关也，所以掩尸。从木，官声。古丸切。

【译文】棺，关，用来掩埋尸体的器具。从木，官声。

椁 guō

椁，葬有木椁也[1]。从木，亭声。古博切。

【译文】椁，葬有木制的外棺。从木，亭声。

東部

東 dōng

東，动也[1]。从木。官溥说，从日在木中。凡东之属皆从东。得红切。

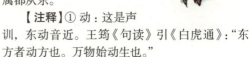

【译文】東，动。从木。官溥说，由"日"在"木"中会意。大凡东的部属都从东。

【注释】①动：这是声训，东动音近。王筠《句读》引《白虎通》："东方者动方也。万物始动生也。"

林部

林 lín

林，平土有丛木曰林。从二木[1]。凡林之属皆从林。力寻切。

【译文】林，平地上有丛聚的树木叫林。由两个木字会意。大凡林的部属都从林。

【注释】①从二木：王筠《释例》："林从二木，非云止有二木也，取木与木连属不绝之意也。"

㷊 無 wú

無，丰也。从林奭。或说规模字。从大；冊，数之积也；林者，木之多也。冊与庶同意。《商书》曰："庶草繁无。"文甫切。

【译文】無，丰茂。由林、奭会意。（奭）有人说是规模的模字。从大，冊（xì），表示数目的累积；林，表示树木的多。冊（表多盛）与庶（从茻表盛大）同意。《商书》说："百草繁茂。"

鬱 鬱 yù

鬱，木丛生者。从林，（鬱）［鬱］省声。迂弗切。

【译文】鬱，树木丛生的样子。从林，鬱省声。

楚 楚 chǔ

楚，丛木。一名荆也。从林，疋声。创举切。

【译文】楚，丛生的树木。另一名称是荆树。从林，疋声。

棽 棽 chēn

棽，木枝条棽俪兒。从林，今声。丑林切。

【译文】棽，树木枝条茂密的样子。从林，今声。

楙 楙 mào

楙，木盛也。从林，矛声。莫候切。

【译文】楙，树木茂盛。从林，矛声。

棼 棼 fén

棼，复屋栋也。从林①，分声。符分切。

【译文】棼，阁楼的栋梁。从林，分声。

【注释】①从林：朱骏声《通训定声》："从林者，从二木也。复屋，故从二木为意。复屋者，如苏俗所云阁，不可居；重屋，如楼，可居。"

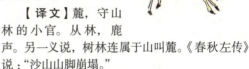

麓 麓 lù

麓，守山林吏也。从林，鹿声。一曰：林属于山为麓①。《春秋传》曰②："沙麓崩。"卢谷切。

【译文】麓，守山林的小官。从林，鹿声。另一义说，树林连属于山叫麓。《春秋左传》说："沙山山脚崩塌。"

【注释】①属：连接。②《春秋传》：指《春秋经·僖公十四年》。沙麓：沙山之麓。《段注》："盖凡山足皆得称麓。"地在今河北省大名县东。

森 森 sēn

森①，木多兒。从林，从木。读若曾参之参。所今切。

【译文】森，树木众多的样子。出林、由木会意。音读像曾参的"参"字。

【注释】①森：《玉篇》："森，长木兒。"《六书故》："林木高耸茂密也。"

才部

才 才 cái

才，艹木之初也。从丨上贯一①，将生枝叶；一，地也。凡才之属皆从才。昨哉切。

【译文】才，草木初生的样子。由"丨（gǔn）"向上面贯穿"一"，表示（草木发芽抽苗）将生枝叶；"一"，表示地面。大凡才的部属都从才。

【注释】①一：指地。地下之一像根荄之状。

叒部

叒 ruò

叒，日初出东方汤谷①，所登榑桑②，叒木也。象形。凡叒之属皆从叒。尔灼切。

【译文】叒，太阳从东方的汤谷刚刚升起时登上的榑（扶）桑树，又叫若木。像（扶桑婀娜之）形。大凡叒的部属都从叒。

【注释】① 汤谷：古人疑东方海上为日之所出，名叫旸谷。或作汤谷。言其热如汤。② 榑桑：木部："榑，榑桑，神木，日所出也。"榑桑即扶桑。

桑 sāng

桑，蚕所食叶木。从叒木①。息郎切。

【译文】桑，蚕儿所吃的桑叶树。由叒、木会意。

【注释】① 叒木：张文虎《舒艺室随笔》："叒本象叶重沓之貌。桑以叶重，故从叒，象形。"

之部

之 zhī

之，出也。象艹过中，枝茎益大，有所之。一者，地也。凡之之属皆从之。止而切。

【译文】之，长出。像草经过了中的阶段，枝和茎渐渐长大了，有滋长而出的样子。一，表示地。大凡之的部属都从之。

帀部

帀 zā

帀，周也。从反之而帀也。凡帀之属皆从帀。周盛说。子苔切。

【译文】帀，环绕周遍。把"之"字倒过来就成了"帀"。大凡帀的部属都从帀。这是周盛的说法。

师 shī

师，二千五百人为师①。从帀，从自②。自，四帀，众意也。疏夷切。

【译文】师，二千五百人成为一师。由帀、由自会意。自，四帀，都表示众多的意思。

【注释】① 师：徐锴《系传》："周制也。"② 从帀，从自(duī)：孔广居《疑疑》："自，俗作堆，积聚也。聚则众，散则寡，故自有众意。帀，俗作匝，周徧也。众则周，寡则不周，故匝亦有众意。"

出部

出 chū

出，进也。象艹木益滋，上出达也①。凡出之属皆从出。尺律切。

【译文】出，长进。像草木渐渐滋生，向上长出来。大凡出的部属都从出。

【注释】① 出达：同义连用。《礼记·月令》："句者毕出，萌者尽达。"

敖 áo

敖，游也。从出，从放。五牢切。

【译文】敖，出游。由出、由放会意。

糶 tiào

糶，出谷也。从出，从糴，糴亦声。他吊切。

【译文】糶，卖出谷物。由出、由糴会意，糴也表声。

賣 mài

賣，出物货也。从出，从買①。莫邂切。

【译文】賣，出卖物货。由出、由買会意。

【注释】① 从出，从買：《段注》："出而与人买之也。"

朩部

索 suǒ

索，艹有茎叶，可作绳索。从朩糸[①]。杜林说：朩亦朱（木）[巿]字。苏各切。

【译文】索，草有茎和叶，可用来做绳索。由木、系会意。杜林说：朩也是朱巿的"巿"字。

【注释】① 从朩系：王筠《句读》："字从系者，系篆本象纠结之形，纠艹为索，故从系，比象之义。" ② 朱木：当依徐锴《系传》"木"作"巿"（fú）。巿即韨。朱巿：熟牛皮做的朱红色的蔽膝，用于祭祀。

孛 bèi

孛，㜸也[①]，从朩；人色也，从子，《论语》曰："色孛如也。"蒲妹切。

【译文】孛，草木盛美，故从朩；人容色（勃然壮盛），故从子，《论语》说："面色勃然庄重。"

【注释】① 㜸（wèi）：王筠《句读》："㜸下云'㜸孛'，明其为叠韵连语也。此云'㜸'者，又明其独字使成义也。"

南 nán

南，艹木至南方[①]，有枝任也。从朩，羊声。那含切。

【译文】南，草木到南方（其叶畅茂），有枝枒可胜任。从朩，羊声。

【注释】① 南方：徐锴《系传》："南方主化育。"

生部

生 shēng

生，进也[①]。象艹木生出土上。凡生之属皆从生。所庚切。

【译文】生，长进。像草木从土上生出。大凡生的部属都从生。

【注释】① 进：徐灏《段注笺》："《广雅》曰：'生，出也。'生與出同义，故皆训为进。"

産 chǎn

産，生也。从生，彦省声。所简切。

【译文】産，生长。从生，彦省声。

丰 fēng

丰，艸盛丰丰也。从生，上下达也[①]。敷容切。

【译文】丰，草木丰盛。从生，（生的中竖向下延伸）表示上下通达。

【注释】① 上下达：徐锴《系传》："察草之生，上其盛者，其下必深根也。"

隆 lóng

隆，丰、大也。从生，降声。力中切。

【译文】隆，丰盛，高大。从生，降声。

甡 shēn

甡，众生并立之皃[①]。从二生。《诗》曰："甡甡其鹿。"所臻切。

【译文】甡，众多草木并立的样子。由两个"生"字会意。《诗经》说："何其多啊，那些野鹿。"

【注释】① 众生并立：王筠《句读》："据字形为义也。二'生'，故曰众；分左右，故曰并。""许君以字从'生'也，故主艹木言。"

乇部

乇 zhé

乇，艹叶也。从垂穗[①]，上贯一，下有根。象形。凡乇之属皆从乇。陟格切。

【译文】乇，草叶。（丿）像下垂的穗，（丨）向上穿"丨"，（表示草茎长出地面，）（凵）表示地下有根。象形。大凡毛的部属都从毛。

【注释】① 垂穗：《段注》："直者，茎也。斜垂者，华之采（穗）也。"

烾部

烾 chuí

烾，艸木华叶烾。象形。凡烾之属皆从烾。是为切。

【译文】烾，草木的花和叶下垂。象形。大凡烾的部属都从烾。

華部

華 huā

華①，荣也。从艸，从蔓。凡华之属皆从华。户瓜切。

【译文】华，花朵。由艸、由蔓会意。大凡华的部属都从华。

【注释】① 華：花朵。《诗经·周南·桃夭》："逃之夭夭，灼灼其华。"引申为开花，有文采，华丽。

曄 yè

曄，艸木白华也。从華，从白。筶辄切。

【译文】曄，草木的白花。由華（花）、由白会意。

禾部

禾 jī

禾，木之曲头。止不能上也。凡禾之属皆从禾。古兮切。

【译文】禾，像树木弯曲的梢头。受物碍止不能上长。大凡禾的部属都从禾。

稽部

稽 jī

稽，留止也。从禾，从尤，旨声。凡稽之属皆从稽。古兮切。

【译文】稽，停留。由禾、由尤会意，旨声。大凡稽的部属都从稽。

巢部

巢 cháo

巢，鸟在木上曰巢，在穴曰窠。从木，象形。凡巢之属皆从巢。鉏交切。

【译文】巢，鸟在树上的窝叫巢，在洞中的窝叫窠。从木，像鸟在巢中之形。大凡巢的部属都从巢。

桼部

桼 qī

桼，木汁。可以鬃物。象形。桼如水滴而下。凡桼之属皆从桼。亲吉切。

【译文】桼，树汁。可用来漆饰物体。像树木形。表示桼像水滴而下。大凡桼的部属都从桼。

麭 pào

麭，桼垸已①，复桼之。从桼，包声。匹皃切。

【译文】麭，用漆掺合骨灰捒抹器物完毕，（干后磨平）再漆。从桼，包声。

【注释】① 桼垸（huán）两句：王筠《句读》："作桼器者，以木片为骨，灰桼涂之，暴之旷日，故曰'桼垸已'也。石磨令平，乃复以桼，发其光也。"垸：土部："以桼如灰而鬃也。"桼垸：同义连用。

束部

 束 shù

束，缚也。从囗木①。凡束之属皆从束。书玉切。

【译文】束，捆缚。由囗、木会意。大凡束的部属都从束。

【注释】①从囗木：徐锴《系传》："束薪也。囗音围，象缠。"

柬 jiǎn

柬，分别简之也①。从束，从八。八，分别也。古限切。

【译文】柬，分开捆缚的东西来选择。由束、由八会意。八，表示分开。

【注释】①分别句：徐锴《系传》："开其束而柬之也。"简：拣选。王筠《句读》："以简说柬，发明假借也。"

刺 là

刺，戾也①。从束，从刀②。刀者，刺之也。卢连切。

【译文】刺，违背。由束、由刀会意。刀，表示乖戾不容。

【注释】①戾：《段注》："违背之意。"②从束从刀：王筠《句读》："刀性坚强，虽束之，不能互相附属如薪也。"

橐部

橐 gǔn

橐①，橐也②。从束，圂声。凡橐之属皆从橐。胡本切。

【译文】橐，捆缚囊橐。从束，圂(hùn)声。大凡橐的部属都从橐。

【注释】①橐：徐锴《系传》："束缚囊橐之

名。"②橐(tuó)：宋育仁《部首笺正》："橐从束，束缚也，即今语之捆。捆物者，韬其中身，露其两端；橐为无底之囊，用以韬物，形正与捆物类，故说橐为橐。"按：囊、橐以有底、无底为别，诸家说法各异，宋说只是其中之一。

 橐 tuó

橐①，囊也。从橐省，石声。他各切。

【译文】橐，袋子。橐省豕为形旁，石声。

【注释】①橐：朱骏声《通训定声》："小而有底曰橐，大而无底曰囊。"按：析言有分，浑言无别。

囊 náng

囊①，橐也。从橐省，襄省声。奴当切。

【译文】囊，袋子。橐省豕为形旁，襄省声。

【注释】①囊：黄以周《橐囊考》："囊之两端无底"，"中实其物，括其两端内物不出。""橐之两端皆有底，其口在旁，既实其物，中举之，物在两端，可以担之于肩。""(囊、橐)对文有异"，"浑言无别"。

㯱 gāo

㯱，车上大橐。从橐省，咎声。《诗》曰："载㯱弓矢。"古劳切。

【译文】㯱，车上盛物的大袋子。橐省豕为形旁，咎声。《诗经》说："用袋子收藏弓和箭。"

囗部

囗 wéi

囗①，回也。象回帀之形。凡囗之属皆从囗。羽非切。

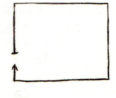

【译文】囗，回绕。像回转一周的样子。大凡囗的部属都从囗。

【注释】①囗：《段注》："围绕、周围字当用此。围行而囗废矣。"

圜 yuán

圜^①，天体也。从囗，睘声。王权切。

【译文】圜，天体圆环。从囗，睘（huán）声。

【注释】① 圜：《段注》："许书圜圆圜三字不同。""言天当作圜，言平圆当作圆，言浑圆当作圆。"

圆 yuán

圆，圜全也。从囗，员声。读若员。王问切。

【译文】圆，浑圆无缺。从囗，员声。音读像"员"字。

回 huí

回，转也。从囗^①，中象回转形。户恢切。

【译文】回，绕圈运转。从囗，中间的囗像回旋运转的样子，

【注释】① 从囗两句：《段注》："外为大囗，内为小囗，皆回转之形也。"钱桂森："此就古文为说，而于篆文亦合。"

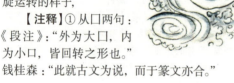

图 tú

圖，画计难也^①。从囗，从啚。啚，难意也。同都切。

【译文】图，谋画而苦其难。由囗、由啚会意。啚表示困难的意思。

【注释】① 画计难：《段注》："谋之而苦其难也。"王筠《句读》："画计乃汉之恒言。"乃同义连用。

圛 yì

圛，回行也。从囗，睪声。《尚书》："曰圛"。圛，升云半有半无。读若驿。羊益切。

【译文】圛，回曲而行。从囗，睪声。《尚书》说："（有的）叫作圛。"圛，云气升腾，半有半无。音读像"驿"字。

國 guó

國，邦也^①。从囗，从或。古惑切。

【译文】国，封地。由囗、由或会意。

【注释】① 邦：《段注》："邦、国互训，浑言之也。《周礼》注曰：'大曰邦，小曰国。''邦之所居亦曰国。'析言之也。"

囷 qūn

囷，廪之圜者。从禾在囗中。圜谓之囷，方谓之京。去伦切。

【译文】囷，圆形的仓廪。由"禾"在"囗"中会意。圆形的叫作囷，方形的叫作京。

壼 kǔn

壼，宫中道。从囗，象宫垣、道、上之形。《诗》曰："室家之壼。"苦本切。

【译文】壼，宫中的道路。从囗，像宫中的矮墙、道路、屋顶的样子。《诗经》说："房屋是那么广大。"

圈 juàn

圈，养畜之闲也。从囗，卷声。渠篆切。

【译文】圈，养牲畜的栅栏。从囗，卷声。

囿 yòu

囿，苑有垣也。从囗，有声。一曰：禽兽曰囿。于救切。

【译文】囿，园苑有矮墙护卫。从囗，有声。另一义说，养禽兽的地方叫囿。

園 yuán

園，所以树果也。从囗，袁声。羽元切。

【译文】园，用来种植果木的地方。从囗，袁声。

圃 pǔ

圃，种菜曰圃。从囗，甫声。博古切。

【译文】圃，种菜的地方叫圃。从囗，甫声。

囙 yīn

囙，就也。从口大。于真切。

【译文】囙，依凭。由口、大会意。

囹 líng

囹，狱也。从口，令声。郎丁切。

【译文】囹，牢狱。从口，令声。

圄 yǔ

圄，守之也。从口，吾声。鱼举切。

【译文】圄，守御。从口，吾声。

固 gù

固，四塞也。从口，古声。古慕切。

【译文】固，四周阻塞。从口，古声。

囚 qiú

囚，系也。从人在口中①。似由切。

【译文】囚，拘系。由"人"在"口"中会意。

【注释】①从人句：桂馥《义证》：《风俗通》："'礼，罪人寘诸圜土（牢狱）。'故囚字为'口'守'人'。"

困 kùn

困，故庐也。从木在口中。苦闷切。

【译文】困，因衰败而倒塌的房屋。由"木"在"口"中会意。

員部

員 yuán

員，物数也。从貝，口声。凡員之属皆从員。王横切。

【译文】員，物的数量。从貝，口声。大凡員的部属都从員。

貝部

貝 bèi

貝，海介虫也。居陆名猋，在水名蜬。象形。古者货貝而宝龟，周而有泉，至秦废只行钱。凡貝之属皆从貝。博盖切。

【译文】貝，海中有甲壳的软骨动物。在陆上叫猋，在水中叫蜬。像貝壳之形。古时候，以貝壳为财富，以龟甲为珍宝。周朝（币制）有泉（而不废貝），到了秦朝时，废除貝而通行钱。大凡貝的部属都从貝。

賄 huì

賄，财也①。从貝，有声。呼罪切。

【译文】賄，财物。从貝，有声。

【注释】①财：《段注》："《周礼注》曰：'金玉曰货，布帛曰賄。'析言之也。许浑言之，货賄皆释曰财。"

貨 huò

貨，财也①。从貝，化声。呼卧切。

【译文】貨，财物。从貝，化声。

【注释】①财：《汉书·食货志》："货谓布帛可衣，及金刀龟贝，所以分财布利、通有无者也。"按：货本指金玉。

財 cái

財①，人所宝也。从貝，才声。昨哉切。

【译文】財，人们所宝贵的东西。从貝，才声。

【注释】①财：物资和货币的总称。《玉篇·貝部》："财，谓食谷也、货也、赂也。"

資 zī

資，货也。从貝，次声。即夷切。

【译文】資，财物。从貝，次声。

賑 zhèn

賑，富也。从貝，辰声。之忍切。

【译文】賑，富裕。从貝，辰声。

賢 xián

賢，多才也。从貝，臤声。胡田切。

【译文】贤，多才能。从貝，臤声。

賁 bì

賁，饰也。从貝，卉声。彼义切。

【译文】賁，文饰。从貝，卉声。

賀 hè

賀，以礼相奉庆也。从貝，加声。胡个切。

【译文】賀，把礼物奉献给人，向人庆祝。从貝，加声。

貢 gòng

貢，献、功也①。从貝，工声。古送切。

【译文】貢，进献，努力做所从事的工作。从貝，工声。

【注释】①献、功也：桂馥《义证》："当为'献也，功也'。"王筠《句读》："贡、献同义，贡、功同声。"徐灏《段注笺》："功谓力作所有事。如谷麦为农功，丝枲为妇功也。"

贊 zàn

贊，见也。从貝，从兟。则旰切。

【译文】贊，进见。由貝、由兟会意。

貸 dài

貸，施也。从貝，代声。他代切。

【译文】貸，施给。从貝，代声。

賂 lù

賂，遗也。从貝，各声。洛故切。

【译文】賂，赠送财物。从貝，各声。

贈 zèng

贈，玩好相送也。从貝，曾声。昨邓切。

【译文】贈，用玩好之物相送。从貝，曾声。

贛 gòng

贛，赐也。从貝，竷省声。古送切。

【译文】贛，赐予。从貝，竷（kǎn）省声。

賚 lài

賚，赐世。从貝，來声。《周书》曰："赉尔秬鬯。"洛带切。

【译文】賚，赐予。从貝，來声。《周书》说，"赐给你黑黍和郁草合酿的香酒。"

賞 shǎng

賞，赐有功也。从貝，尚声①。书两切。

【译文】賞，奖赐有功的人。从貝，尚声

【注释】①尚声：声中有义。徐锴《系传》："赏之言尚也。尚（崇尚）其功也。赏以偿（回报）之也。"

賜 cì

賜，予也。从貝，易声。斯义切。

【译文】賜，给予。从貝，易声。

貤 yì

貤，重次弟物也。从貝，也声。以豉切。

【译文】貤，重迭的有次第的物体。从貝，也声。

贏 yíng

贏，有余、贾利也。从貝，𧵋声。以成切。

【译文】贏，有余，做买卖获利。从貝，𧵋声。

賴 賴 lài

賴，贏也。从貝，剌聲。洛帶切。

【译文】賴，贏利。从貝，剌聲。

負 負 fù

負①，恃也。从人守貝，有所恃也。一曰：受貸不償。房九切。

【译文】負，凭恃。由"人"守"貝"会意，表示有所凭仗。另一义说，受人施予却不回报。

【注释】① 負：徐灝《段注笺》："負之古音古义皆为背。《释名》曰：'负，背也。置项背也。'""因之为自负，故训为恃。又为背人（背德忘恩）之称，即受贷不偿之谓也。凡战败必背走，故又为胜负之称。"

貯 貯 zhù

貯①，积也。从貝，宁声。直吕切。

【译文】貯，积藏。从貝，宁声。

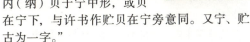

【注释】① 貯：罗振玉《增订殷墟书契考释》："象内（纳）贝于宁中形，或贝在宁下，与许书作贮贝在宁旁意同。又宁、贮古为一字。"

貳 貳 èr

貳，副、益也。从貝，弍声。弍，古文二。而至切。

【译文】貳，居于次要地位者，增益。从貝，弍声。弍，古文二字。

賒 賒 shē

賒，贳买也。从貝，余声。式车切。

【译文】賒，用亏欠的方式买物。从貝，余声。

贅 贅 zhuì

贅，以物质钱。从敖貝。敖者，犹放；貝，当复取之也。之芮切。

【译文】贅，用物抵押钱。由敖、貝会意。从

"敖"，好比说"发放（诸物）"；从貝，是说应当用钱贝再赎取它回来。

質 質 zhì

質，以物相贅。从貝，从所。闕。之日切。

【译文】質，用物相抵押。由貝、由所会意。闕其从所的意思。

貿 貿 mào

貿，易财也。从貝，卯声。莫候切。

【译文】貿，交换财物。从貝，卯声。

贖 贖 shú

贖，贸也。从貝，賣声。殊六切。

【译文】贖，（用财物）交换回（抵押品）。从貝，賣（yù）声。

費 費 fèi

費，散财用也。从貝，弗声。房未切。

【译文】費，散去钱财。从貝，弗声。

責 責 zé

責，求也。从貝，束声。侧革切。

【译文】責，索求。从貝，束声。

賈 賈 gǔ

賈，賈市也①。从貝，襾声。一曰：坐卖售也。公户切。

【译文】賈，做买卖。从貝，襾（yà）声。另一义说，（储货）坐卖。

【注释】① 賈市：同义连用。《段注》："市，买卖所之也。因之凡买凡卖皆曰市。賈者，凡买卖之偁也。""引伸之，凡卖者之所得，买者之所出，皆曰賈。"

販 販 fàn

販，买贱卖贵者。从貝，反声。方愿切。

【译文】販，用低价买进来，用高价卖出去的商人。从貝，反声。

買 mǎi

買,市也。从网貝。《孟子》曰:"登垄断而网市利。"莫蟹切。

【译文】買,购进。由网、貝会意。《孟子》说:"登上独立的高地(窥视),(企图)网罗买卖的好处。"

賤 jiàn

賤,贾少也。从貝,戔声。才线切。

【译文】賤,价格低少。从貝,戔声。

賦 fù

賦[1],敛也。从貝,武声。方遇切。

【译文】賦,征敛。从貝,武声。

【注释】① 赋:《段注》:"敛之曰赋,班(分布)之亦曰赋。经传中凡言以物班布与人曰赋。"

貪 tān

貪,欲物也。从貝,今声。他含切。

【译文】貪,想要得到财物。从貝,今声。

貶 biǎn

貶,损也。从貝,从乏。方敛切。

【译文】貶,减损。由貝、由乏会意。

貧 pín

貧,财分少也。从貝,从分,分亦声。符巾切。

【译文】貧,财物因分散而少。由貝、由分会意,分也表声。

賃 lìn

賃,庸也。从貝,任声。尼禁切。

【译文】賃,受雇佣。从貝,任声。

賕 qiú

賕,以财物枉法相谢也[1]。从貝,求声。一

曰:戴质也。巨留切。

【译文】賕,用财物违法谢罪。从貝,求声。另一义说,装载着抵押品(而去求人借贷)。

【注释】① 以财句:《段注》:"枉法者,违法也。法当有罪而以财求免,是曰赇;受之者亦曰赇。"

購 gòu

購,以财有所求也[1]。从貝,冓声。古候切。

【译文】購,用钱财有所征求。从貝,冓声。

【注释】① 以财句:《段注》:"县(悬)重价以求得其物也。"

貲 zī

貲,小罚以财自赎也。从貝,此声。汉律:民不繇,貲钱二十二。即夷切。

【译文】貲,轻微地罚其用钱财自我赎补罪过。从貝,此声。汉律规定:百姓不供徭役,罚缴人头钱二十二。

貴 guì

貴,物不贱也。从貝,臾声。臾,古文蒉。居胃切。

【译文】貴,物价不低贱。从貝,臾声。臾,古文蒉字。

賣 yù

賣,衔也。从貝,𪓑声。读若育。余六切。

【译文】賣,边走边叫卖。从目,𪓑声。音读像"育"字。

邑部

邑 yì

邑,国也[1]。从囗;先王之制尊卑有大小,从卪。凡邑之属皆从邑。于汲切。

【译文】邑,国。从囗;先王的制度,(公侯伯

子男）尊卑（不同），有（不同）大小的（疆域），所以从卩。大凡邑的部属都从邑。

【注释】①国：《段注》："凡称人曰大国，凡自称曰敝邑。古国、邑通称。"

邦 bāng

邦，国也。从邑，丰声。博江切。

【译文】邦，诸侯封国之偁。从邑，丰声。

郡 jùn

郡，周制：天子地方千里，分为百县，县有四郡。故《春秋传》曰①："上大夫受郡。"是也。至秦初置三十六郡，以监其县。从邑，君声。渠运切。

【译文】郡，周朝的制度：天子土地纵横千里，分成百县，每县有四个郡。所以《春秋左传》说："（能战胜敌人的人，）上大夫受封郡。"就是这个意思。到秦朝初年全国设置三十六个郡，用来监督它下属的县。从邑，君声。

【注释】①《春秋传》：指《左传·哀公二年》。原文："克敌者，上大夫受县，下大夫受郡。"

都 dū

都，有先君之旧宗庙曰都①。从邑，者声。周礼②：距国五百里为都。当孤切。

【译文】都，有已故君王的旧宗庙的城邑叫都。从邑，者声。周朝的礼制：离王城五百里之地叫都。

【注释】①有先句：《左传·庄公二十八年》："凡邑有宗庙先君之主（神主牌位）曰都，无曰邑。"②周礼：王筠《句读》："周礼者，谓周制也，非谓语出《周官》。《周礼·载师》注引《司马法》曰：'王国百里为郊……五百里为都。'"

鄰 lín

鄰，五家为邻①。从邑，粦声。力珍切。

【译文】鄰，五家（比连）叫作邻。从邑，

粦声。

【注释】①五家句：《段注》："见《周礼·遂人职》。按引伸为凡亲密之称。"《释名·释州国》："邻，连也，相接连也。"

酇 zàn

酇，百家为酇①。酇，聚也。从邑，赞声。南阳有酇县②。作管切。又，作旦切。

【译文】酇，百家叫作酇。酇，聚居。从邑，赞声。南阳地方有酇县。

【注释】①百家句：《周礼·地官·遂人》："五家为邻，五邻为里，四里为酇，五酇为鄙。"②南阳：张舜徽《约注》："汉南阳郡，有今河南熊耳山以南、叶县内乡闲及湖北大洪山以北应山、郧县地。酇县在今湖北省光化县西北。"

鄙 bǐ

鄙，五酇为鄙。从邑，啚声。兵美切。

【译文】鄙，五百家叫鄙。从邑，啚声。

郊 jiāo

郊，距国百里为郊。从邑，交声。古肴切。

【译文】郊，离都城百里叫作郊。从邑，交声。

郛 fú

郛①，郭也。从邑，孚声。甫无切。

【译文】郛，外城。从邑，孚声。

【注释】①郛：徐锴《系传》："郛犹柎也。草木华房为柎，在外苞裹之也。"

邸 dǐ

邸①，属国舍。从邑，氐声。都礼切。

【译文】邸，天子所隶属的诸侯国（为朝见而设置在京城的）馆舍。从邑，氐声。

【注释】①邸：《段注》引颜师古《汉书》注："郡国朝宿之舍在京师者，率名邸。邸，至也。言所归至也。"

郵 yóu

郵①，境上行书舍。从邑垂。垂，边也。羽

求切。

【译文】邮,国境上传递文书的客舍。由邑、垂会意。垂是边境的意思。

【注释】① 邮:王筠《句读》引《汉书·黄霸传》注:"邮亭书舍,谓传送文书所止处,亦如今之驿馆矣。"

郙 shào

郙,国甸,大夫稍。稍,所食邑。从邑,肖声。《周礼》曰:"任郙地。"在天子三百里之内。所教切。

【译文】郙,京城的郊外,是大夫的稍地。稍,是大夫(受封后收赋税而)享食的土地。从邑,肖声。《周礼》说:"任用郙地(作为大夫食邑的田地)。"(郙地)指距天子京畿三百里之内的地面。

鄯 shàn

鄯,鄯善,西胡国也。从邑,从善,善亦声。时战切。

【译文】鄯,鄯善,西域国名。由邑、由善会意,善也表声。

邰 tāi

邰,炎帝之后,姜姓所封,周弃外家国。从邑,台声。右扶风斄县是也。《诗》曰:"[即]有邰家室。"土来切。

【译文】邰,炎帝的后裔,姜嫄氏的封国,周始祖后稷外祖家的领地。从邑,台声。右扶风郡的斄县就是这里。《诗经》说:"(封后稷)到邰地安家立业。"

郂 qí

郂,周文王所封。在右扶风美阳中水乡。从邑,支声。巨支切。

【译文】郂,周文王的邦国。在右扶风郡美阳县中水乡。从邑,支声。

邠 bīn

邠,周太王国。在右扶风美阳。从邑,分声。补巾切。

【译文】邠,周太王的诸侯国。在右扶风郡

美阳县。从邑,分声。

郿 méi

郿,右扶风县。从邑,眉声。武悲切。

【译文】郿,右扶风郡的县名。从邑,眉声。

扈 hù

扈,夏后同姓所封,战于甘者。在鄠,有扈谷、甘亭。从邑,户声。胡古切。

【译文】扈,夏后氏同姓诸侯(有扈氏)的封地,是(与夏启)战于甘地之野的部落。(夏朝的有扈)在(汉朝的)鄠县,这里有扈谷、甘亭。从邑,户声。

郁 yù

郁,右扶风郁夷也。从邑,有声。于六切。

【译文】郁,右扶风郡郁夷县。从邑,有声。

郝 hǎo

郝,右扶风鄠、盩厔乡。从邑,赤声。呼各切。

【译文】郝,右扶风郡鄠县、盩厔县的乡名。从邑,赤声。

酆 fēng

酆,周文王所都。在京兆杜陵西南①。从邑,豐声。敷戎切。

【译文】酆,周文王的国都。在京兆尹郡杜陵县的西南。从邑,豐声。

【注释】① 京兆:汉代京畿的行政区划名。为三辅(三个职官。武帝时为京兆尹、左冯翊、右扶风。也称三辅所辖地区)之一,即今陕西西安市以东至华县之地。杜陵:在今陕西西安市东南。

鄭 zhèng

鄭,京兆县。周厉王子友所封。从邑,奠声。宗周之灭,郑徙溱洧之上,今新郑是也。直正切。

【译文】鄭,京兆尹郡的县名。周厉王的儿

子友的封地。从邑，奠声。西周灭亡的时候，郑（武公）迁徙到溱水、洧水一带，今天的新郑县就是这个地方。

郃 郃 hé

郃，左冯翊合阳县。从邑，合声。《诗》曰："在合之阳。"候合切。

【译文】合，左冯翊郡合阳县。从邑，合声。《诗经》说："在合水的北面。"

邮 邮 yóu

邮，左冯翊高陵（亭）。从邑，由声。徒历切。

【译文】邮，左冯翊郡高陵县（的亭名）。从邑，由声。

邽 邽 guī

邽，陇西上邽也。从邑，圭声。古畦切。

【译文】邽，陇西郡上邽县。从邑，圭声。

部 部 bù

部①，天水狄部。从邑，音声。蒲口切。

【译文】部，天水郡狄部。从邑，音声。

【注释】① 部：汉地名，约在今甘肃省天水、清水、秦安、两当、礼县、徽县一带。《段注》："《地理志》天水无狄部，未详。"

邵 邵 shào

邵，晋邑也。从邑，召声。寔照切。

【译文】邵，（春秋）晋国城邑。从邑，召声。

郈 郈 hóu

郈，晋之温地。从邑，侯声。《春秋传》曰："争郈田"。胡遘切。

【译文】郈，（春秋）晋国温地。从邑，侯声。《春秋左传》说："（晋国郈至与周王朝）争郈城的田地。"

邲 邲 bì

邲，晋邑也。从邑，必声。《春秋传》曰："晋楚战于邲。"毗必切。

【译文】邲，晋国的城邑。从邑，必声。《春秋左传》说："晋国和楚国在邲地作战。"

郤 郤 xì

郤，晋大夫叔虎邑也。从邑，谷声。绮戟切。

【译文】郤，晋国大夫叔虎的城邑。从邑，谷声。

邢 邢 xíng

邢，周公子所封，地近河内怀。从邑，开声。户经切。

【译文】邢，周公之子的封国。地方挨近河内郡怀县。从邑，开声。

鄥 鄥 wū

鄥，太原县。从邑，乌声。安古切。

【译文】鄥，太原郡的县名。从邑，乌声。

祁 祁 qí

祁，太原县。从邑，示声。巨支切。

【译文】祁，太原郡的县名。从邑，示声。

邯 邯 hán

邯，赵邯郸县。从邑，甘声。胡安切。

【译文】邯，赵国邯郸县。从邑，甘声。

郇 郇 xún

郇，周（武）[文]王子所封国，在晋地。从邑，旬声。读若泓。相伦切。

【译文】郇，周文王之子所封的诸侯园，在晋国的土地上。从邑，旬声。音读像"泓"字。

鄲 鄲 dān

鄲，邯郸县。从邑，單声。都寒切。

【译文】鄲，邯郸县。从邑，單声。

郅 zhì

郅，北地郁郅县。从邑，至声。之日切。

【译文】郅，北地郡郁郅县。从邑，至声。

郾 yǎn

郾，颍川县。从邑，匽声。于建切。

【译文】郾，颍川郡的县名。从邑，匽声。

郏 jiá

郏，颍川县。从邑，夾声。工洽切。

【译文】郏，颍川郡的县名。从邑，夾声。

鄛 cháo

鄛，南阳（枣）〔棘〕阳乡。从邑，巢声。鉏交切。

【译文】鄛，南阳郡棘阳县的乡名。从邑，巢声。

穰 ráng

穰，今南阳穰县是。从邑，襄声。汝羊切。

【译文】穰，当朝南阳郡穰县就是这个地方。从邑，襄声。

鄻 lú

鄻，南阳穰乡。从邑，婁声。力朱切。

【译文】鄻，南阳郡穰县的乡名。从邑，婁声。

郢 lǐ

郢，南阳西鄂亭。从邑，里声。良止切。

【译文】郢，南阳郡西鄂县的亭名。从邑，里声。

郢 yǐng

郢，故楚都。在南郡江陵北十里。从邑，呈声。以整切。

【译文】郢，（春秋战国）旧时楚国的都城。在南郡江陵县北十里。从邑，呈声。

鄳 méng

鄳，江夏县。从邑，黽声。莫杏切。

【译文】鄳，江夏郡的县名。从邑，黽声。

鄢 yān

鄢，南郡县。孝惠三年改名宜城。从邑，焉声。于干切。

【译文】鄢，南郡的县名。汉孝惠帝三年改名宜城。从邑，焉声。

鄂 è

鄂，江夏县。从邑，咢声。五各切。

【译文】鄂，江夏郡的县名。从邑，咢声。

墉 yōng

墉，南夷国。从邑，庸声。余封切。

【译文】墉，南方少数民族的诸侯国。从邑，庸声。

郫 pí

郫，蜀县也。从邑，卑声。符支切。

【译文】郫，蜀郡的县名。从邑，卑声。

邡 fāng

邡，什邡，广汉县。从邑，方声。府良切。

【译文】邡，什邡，广汉郡的县名。从邑，方声。

鄢 mà

鄢，存鄢①，犍为县。从邑，馬声。莫驾切。

【译文】鄢，存鄢，犍为郡的县名。从邑，馬声。

【注释】①存鄢：在今四川省乐山地区。《汉书·地理志》"存"作"鄩"。

鷩 bì

鷩，牂牁县。从邑，敝声。读若鷩雉之鷩。必袂切。

【译文】鳖，牂牁郡的县名。从邑，敝声。音读像鷩雉的"鷩"字。

鄱 pó

鄱，鄱阳，豫章县。从邑，番声。薄波切。

【译文】鄱，鄱阳，豫章郡的县名。从邑，番声。

那 nuó

那，西夷国。从邑，冄声。安定朝那县。诺何切。

【译文】那，西方少数民族的诸侯国。从邑，冄声。安定郡有朝那县。

郴 chēn

郴，桂阳县。从邑，林声。丑林切。

【译文】郴，桂阳郡的县名。从邑，林声。

郎 láng

郎，鲁亭也。从邑，良声。鲁当切。

【译文】郎，（春秋）鲁国的亭名。从邑，良声。

邳 pī

邳，奚仲之后，汤左相仲虺所封国。在鲁薛县。从邑，丕声。敷悲切。

【译文】邳，奚仲的后裔，商汤左相仲虺分封的诸侯国。在（汉代）鲁国的薛县。从邑，丕声。

鄣 zhāng

鄣，纪邑也。从邑，章声。诸良切。

【译文】鄣，（春秋）纪国的城邑名。从邑，章声。

郯 tán

郯①，东海县。帝少昊之后所封②。从邑，炎声。徒甘切。

【译文】郯，东海郡的县名。帝少昊的后裔的封地。从邑，炎声。

【注释】① 郯：在今山东省临沂地区郯城北。② 少昊：传说古部落首领名。名挚，字青阳，皇帝子，己姓。

邗 hán

邗，国也，今属临淮。从邑，干声。一曰：邗本属吴。胡安切。

【译文】邗，国名，当朝属临淮郡。从邑，干声。或说，邗地本属吴国。

邪 yé

邪，琅邪①。从邑，牙声。以遮切。

【译文】邪，琅邪郡。反邑，牙声。

【注释】① 琅邪：也作"琅玡"、"琅琊"。《段注》："许从前汉之制，故曰郡。"前汉琅玡郡治东武，即今山东省诸城县治。

𨛜部

𨛜 xiàng

𨛜①，邻道也。从邑，从邑②。凡𨛜之属皆从𨛜。阙。胡绛切。

【译文】𨛜，巷道。由邑、由邑会意。大凡𨛜的部属都从𨛜。阙其音。

【注释】① 𨛜：《甲骨文编》："𨛜，象二人相向之形。"② 从邑，从邑：王筠《句读》："从二邑相向。""两邻望衡对宇，中央阙然为道，故曰邻道。居南者北向，居北者南向，故反一邑以见意。"

𨞖 xiàng

𨞖，里中道①。从𨛜，从共②。（皆）[言]在邑中所共也。胡绛切。

【译文】𨞖，街里中的道路。由𨛜、由共会意。是说在城邑之中、人们共同经过的地方。

【注释】① 里：《段注》："言里可该邑也。"② 从共：《段注》："共亦声也。"共、巷上古同属东部。

日部

日 rì

日，实也。太阳之精不亏。从口一。象形。凡日之属皆从日。人质切。

【译文】日，（光明）盛实。太阳的精华不亏损。由口、一会意。象形。大凡日的部属都从日。

旻 mín

旻，秋天也。从日，文声。《虞书》曰[1]："仁闵覆下，则称旻天。"武巾切。

【译文】旻，秋天。从日，文声。《虞书》的（解说）说："（上天）仁慈，怜悯覆佑天下，就称为旻天。"

【注释】①《虞书》曰：徐锴《系传》："当言'《虞书》说'也。"汪宪《系传考异》："是锴所谓虞书说者，欧阳说也。欧阳本说《书》而其语又见于《诗传》也。"

时 shí

时，四时也[1]。从日，寺声。市之切。

【译文】时，四时。从日，寺声。

【注释】① 四时：《段注》："本春、夏、秋、冬之称。引伸之为凡岁、月、日、刻之用。"

早 zǎo

早，晨也。从日在甲上。子浩切。

【译文】早，早晨。由"日"在"甲"上会意。

昒 hū

昒，尚冥也[1]。从日，勿声。呼骨切。

【译文】昒，还在昏暗之际。从日，勿声。

【注释】① 尚冥：《段注》："冥者，窈也，幽也。自日入至于此，尚未出也。"即指天将明而未明之时。

昧 mèi

昧，爽，（旦）[且]明也[1]。从日，未声。一曰：闇也。莫佩切。

【译文】昧，昧爽，将明之际。从日，未声。另一义说：昧是昏暗。

【注释】①旦：当依《段注》作"且"。

睹 dǔ

睹，旦明也。从日，者声。当古切。

【译文】睹，天亮。从日，者声。

晢 zhé

晢，昭晢，明也。从日，折声。《礼》曰："晢明行事。"旨热切。

【译文】晢，昭晢，明亮。从日，折声。《仪礼》说："天已大明才办加冠礼之事。"

昭 zhāo

昭，日明也。从日，召声。止遥切。

【译文】昭，太阳明亮。从日，召声。

晤 wù

晤，明也。从日，吾声。《诗》曰："晤辟有摽。"五故切。

【译文】晤，（因受启发而）明白。从日，吾声。《诗经》说："（审慎地想起这件事，）翻然醒悟，用手拍打胸口，以至于重重地拍击起来。"

昤 dì

昤，明也。从日，勺声。《易》曰："为昤额。"都历切。

【译文】昤，明显。从日，勺声。《易经》说："（震）是白额。"

晋 jìn

晋，进也。日出万物进。从日，从臸。《易》曰："明出地上，晋。"即（刀）[刃]切[1]。

【译文】晋，长进。太阳出来，万物前进滋长。由日、由臸会意。《易经》说："明亮的太阳从地上出来，（万物）长进。"

【注释】① 刀：当依《续古逸丛书》影印之北宋本作"刃"字。

晄 晄 huàng

晄，明也。从日，光声。胡广切。

【译文】晄，明晃。从日，光声。

曠 曠 kuàng

曠，明也。从日，廣声。苦谤切。

【译文】曠，明朗。从日，廣声。

旭 旭 xù

旭，日旦出皃。从日，九声。[读]若勖①。一曰：明也。许玉切。

【译文】旭，太阳在天明时出来的样子。从日，九声。音读像"勖"字。另一义说：旭是阳光明亮。

【注释】① 若勖："若"上当依《续古逸丛书》影印之北宋本增"读"字。

暘 暘 yáng

暘，日出也。从日，易声。《虞书》曰："暘谷。"与章切。

【译文】暘，太阳出来。从日，易声。《虞书》说："太阳出来的山谷。"

晵 晵 qǐ

晵，雨而昼姓也。从日，啟省声。康礼切。

【译文】晵，下雨而白天放晴。从日，啟省声。

暘 暘 yì

暘，日覆云，暂见也。从日，易声。羊益切。

【译文】暘，太阳被云彩覆盖着，迅速出没。从日，易声。

昫 昫 xù

昫，日出温也。从日，句声。北地有昫衍

县。火于切。又，火句切。

【译文】昫，太阳出来的温暖。从日，句声。（秦朝）北地郡有昫衍县。

晛 晛 xiàn

晛，日见也。从日，从见，见亦声。《诗》曰："见晛曰消。"胡甸切。

【译文】晛，太阳显现出来。由日、由见会意，见也表声。《诗经》说："（下雪瀌瀌盛大，）见到太阳热气就消融了。"

晏 晏 yàn

晏，天清也。从日，安声。乌谏切。

【译文】晏，天空清朗。从日，安声。

景 景 jǐng

景，光也。从日，京声。居影切。

【译文】景，日光。从日，京声。

皓 皓 hào

皓，日出皃。从日，告声。胡老切。

【译文】皓，太阳出来的样子。从日，告声。

暤 暤 hào

暤，皓旰也。从日，皋声。胡老切。

【译文】暤，皓旰。从日，皋声。

旰 旰 gàn

旰，晚也。从日，干声。《春秋传》曰①："日旰君劳。"古案切。

【译文】旰，天晚。从日，干声。《春秋左传》说："天色晚了。国君勤劳了。"

【注释】①《春秋传》：指《左传·昭公十二年》。

暉 暉 huī

暉，光也。从日，軍声。许归切。

【译文】暉，日光。从日，軍声。

暑 guǐ

暑，日景也。从日，咎声。居洧切。

【译文】暑，日影。从日，咎声。

昃 zè

昃，日在西方时。侧也。从日，仄声。《易》曰："日昃之离。"阻力切。

【译文】昃，太阳在西方的时候。偏侧在一边了。从日，仄声。《易经》说："太阳偏西时的山神兽。"

晚 wǎn

晚，莫也。从日，免声。无远切。

【译文】晚，日暮。从日，免声。

昏 hūn

昏，日冥也。从日，氏省。氏者[1]，下也。一曰：民声。呼昆切。

【译文】昏，太阳落土的时候。由日、由氏省会意。氏是降下的意思。另一说，（昏）从民声。

【注释】①氏：《段注》："氏部曰：'氏者至也。'其引伸之义则为下。"

晻 ǎn

晻，不明也。从日，奄声。乌感切。

【译文】晻，不明亮。从日，奄声。

暗 àn

暗，日无光也。从日，音声。乌绀切。

【译文】暗，太阳没有光亮。从日，音声。

晦 huì

晦，月尽也。从日，每声。荒内切。

【译文】晦，月终的一天。从日，每声。

瞖 yì

瞖，阴而风也。从日，壹声。《诗》曰："终风且瞖。"于计切。

【译文】瞖，天阴而有风。从日，壹声。《诗经》说："既刮着风，而又阴沉着天。"

旱 hàn

旱，不雨也。从日，干声。乎旰切。

【译文】旱，（久晴）不雨。从日，干声。

昴 mǎo

昴，白虎宿星。从日，卯声。莫饱切。

【译文】昴，白虎七宿的中星。从日，卯声。

曩 nǎng

曩，向也。从日，襄声。奴朗切。

【译文】曩，从前，从日，襄声。

昨 zuó

昨，（垒）[絫]日也[1]。从日，乍声。在各切。

【译文】昨，重絫其日。从日，乍声。

【注释】①垒：当依《段注》作"絫"。

暇 xià

暇，闲也。从日，叚声。胡嫁切。

【译文】暇，空闲。从日，叚声。

暂 zàn

暂，不久也。从日，斩声。藏滥切。

【译文】暂，短时间。从日，斩声。

昌 chāng

昌，美言也。从日，从曰。一曰：日光也。《诗》曰："东方昌矣。"尺良切。

【译文】昌，美善的言辞。由日、由曰会意。另一义说，昌是太阳的光明。

《诗经》说："东方明亮了。"

眅 bǎn

眅，大也。从日，反声。补绾切。

【译文】眅，大。从日，反声。

昱 yù

昱，明日也。从日，立声。余六切。

【译文】昱，明天。从日，立声。

暑 shǔ

暑，热也①。从日，者声。舒吕切。

【译文】暑，炎热。从日，者声。

【注释】①热：《段注》："暑与热，浑言则一。故许以热训暑。析言则二……暑之义主谓湿，热之义主谓燥。"

曬 shì

曬，暴也。从日，麗声。所智切。

【译文】曬，晒干。从日，麗声。

暵 hàn

暵，干也。耕暴田曰暵。从日，堇声。《易》曰："燥万物者莫暵于离。"呼旰切。

【译文】暵，干燥。翻耕后再曝晒田地叫暵。从日，堇声。《易经》说："使万物干燥的东西没有什么比火更易干枯。"

晞 xī

晞①，干也。从日，希声。香衣切。

【译文】晞，干燥。从日，希声。

【注释】①晞：本义是日出，天明。《诗经·齐风·东方未明》："东方未晞，颠倒衣裳。"毛亨传："晞，明之始升。"

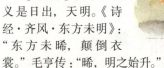

昔 xī

昔，干肉也。从残肉，日以晞之。与俎同意①。思积切。

【译文】昔，干肉。（仌表示）残余、零星的肉，（日表示）用太阳来晒干它。与"俎"字从"仌"的构形同意。

【注释】①与俎句：《段注》："俎，从半肉（指仌），且（进献礼品的器具）荐（垫）之；昔，从残肉，日晞之。其作字之恉同也，故曰同意。"

暱 nì

暱，日近也。从日，匿声。《春秋传》曰："私降昵燕。"尼质切。

【译文】暱，一天天亲近。从日，匿声。《春秋左传》说："私下里减少与亲近者宴饮之乐。"

昆 kūn

昆，同也。从日，从比。古浑切。

【译文】昆，同。由日、由比会意。

晐 gāi

晐，兼晐也。从日，亥声。古哀切。

【译文】晐，（日光）全面覆照。从日，亥声。

普 pǔ

普，日无色也。从日，从並。滂古切。

【译文】普，太阳没有光色。由日、由从並会意。

曉 xiǎo

曉，明也。从日，堯声。呼鸟切。

【译文】曉，光明，从日，堯声。

昕 xīn

昕，旦明，日将出也。从日，斤声。读若希。许斤切。

【译文】昕，天明，太阳将要出来了。从日，斤声。音读像"希"字。

旦部

旦 dàn

旦，明也。从日见一上①。一，地也。凡旦之属皆从旦。得案切。

【译文】旦，天明。由"日"出现在"一"之上。一，表示地。大凡旦的部属都从旦。

【注释】①从日句：徐灏《段注笺》："日初出地平线也。"

暨 jì

暨，日颇见也。从旦，既声。其异切。

【译文】暨，旭日略微呈现（在地平线上）。从旦，既声。

倝部

倝 gàn

倝，日始出，光倝倝也。从旦，㫃声。凡倝之属皆从倝。古案切。

【译文】倝，太阳刚刚出来，光辉闪耀。从旦，㫃声。大凡倝的部属都从倝。

㫃部

㫃 yǎn

㫃，旌旗之游，㫃蹇之皃。从中，曲而下；垂㫃，相出入也。读若偃。古人名㫃、字子游。凡㫃之属皆从㫃。于幰切。

【译文】㫃，旌旗的飘带，随风飘舞的样子。从中，弯曲而下伸（表示旗竿）；（右边）下垂的飘带，（像随风）一出一

入。音读像"偃"字。古人名叫㫃，字就叫（子）游。大凡㫃的部属都从㫃。

旐 zhào

旐，龟蛇四游，以象营室①，（游游）[悠悠]而长②。从㫃，兆声。《周礼》曰："县鄙建旐。"治小切。

【译文】旐，画有龟和蛇的旗帜有四根飘带，用来象征营室二星（和东壁二星），（旗帜和飘带）悠悠而长。从㫃，兆声。《周礼》说："县和鄙一类行政单位竖立旐旗。"

【注释】①营室：星名，属玄武宿。②游游：当依徐锴《段注》作"悠悠"。

旗 qí

旗，熊旗（五）[六]游①，以象罚星。士卒以为期。从㫃，其声。《周礼》曰："率都建旗。"渠之切。

【译文】旗，画有熊的旗帜有六根飘带，用来象征罚星。士卒把熊旗的竖立当作聚集的时间。从㫃，其声。《周礼》说："将帅和都主竖立熊旗。"

【注释】①五：当依《鸷工纪·考人》作"六"。

旆 pèi

旆，继旐之旗也，沛然而垂。从㫃，宋声。蒲盖切。

【译文】旆，接连镶在旐旗边幅上的旗饰，沛然而下垂。从㫃，宋（pò）声。

旌 jīng

旌，游车载旌，析羽注旄首，所以精进士卒。从㫃，生声。子盈切。

【译文】旌，木辂车上竖建着旌旗，剪下鸟羽附箸在饰有旄牛尾的旗竿上端，是用以激励士卒精锐前进的一种旗帜。从㫃，生声。

旂 qí

旂，旗有众铃，以令众也。从㫃，斤声。渠

希切。

【译文】旐，旗上有许多铃铛，用以命令士众。从㫃，斤声。

施 shī

施，旗皃。从㫃，也声。齐栾施字子旗，知施者旗也。武支切。

【译文】施，旗帜（飘动）的样子。从㫃，也声。齐国栾施字子旗，知道施就是旗。

游 yóu

游，旌旗之流也。从㫃，汓声。以周切。

【译文】游，旌旗的飘带。从㫃，汓声。

旋 xuán

旋，周旋，旌旗之指麾也。从㫃，从疋；疋，足也。似沿切。

【译文】旋，转动，随着旌旗的指挥。由㫃、由疋会意，疋是足的意思。

旄 máo

旄，幢也。从㫃，从毛，毛亦声。莫袍切。

【译文】旄，像幢翿一类的旗帜。由㫃、由毛会意，毛也表声。

旛 fān

旛，幅胡也。从㫃，番声。孚袁切。

【译文】旛，长幅下垂的旗帜。从㫃，番声。

族 zú

族，矢锋也。束之族族也。从㫃，从矢。昨木切。

【译文】族，箭头。一捆箭聚在一起。由㫃、由矢会意。

冥部

冥 míng

冥，幽也。从日，从六，冖声。日数十。

十六日而月始亏幽也。凡冥之属皆从冥。莫经切。

【译文】冥，幽暗。由日、由六会意，冖表声。计算日期的规律以十天干为一轮。每月十六日，月亮开始亏损而幽暗。大凡冥的部属都从冥。

晶部

晶 jīng

晶，精光也[1]。从三日。凡晶之属皆从晶。子盈切。

【译文】晶，精华的光亮。由三个"日"字会意。太凡晶的部属都从晶。

【注释】① 精光：王筠《句读》："物之精者必有光。"

曟 chén

曟，房星；为民田时者。从晶，辰声。所今切。

【译文】曟，房星，又是农民下田耕种之时。从晶，辰声。

月部

月 yuè

月，阙也[1]。大阴之精。象形。凡月之属皆从月。鱼厥切。

【译文】月，亏阙。太阴的精华。像（不满之）形。大凡月的部属都从月。

【注释】① 阙：徐锴《系传通论》："亏阙也。"《释名·释天》："月，阙也。满则阙也。"

朔 shuò

朔[1]，月一日始苏也。从月，屰声。所角切。

【译文】朔，月亮在初一开始复生。从月，屰声。

【注释】① 朔：《释名·释天》："朔，月初之名也。朔，苏也。月死复苏生也。"按：朔，月相名。这是指：夏历每月初一，月亮运行到太阳和地球之间，跟太阳同时出没，地球上看不到月光。

朏 pěi

朏①，月未盛之明。从月出。《周书》曰："丙午朏。"普乃切。又，芳尾切。

【译文】朏，月光未盛之明。由月、出会意。《周书》说："丙午那天月光初现光明。"

【注释】① 朏：徐灏《段注笺》："月朔（初一）初生明，至初三乃可见。故三日曰朏。从月、出会意，出亦声。"

霸 pò

霸，月始生，霸然也。承大月，二日；承小月，三日。从月，霹声。《周书》曰："哉生霸。"普伯切。

【译文】霸，月亮开始呈现，旁有微光似的。上承大月，初二（生霸）；上承小月，初三（生霸）。从月，霹声。《周书》说："开始出现月光。"

朗 lǎng

朗，明也。从月，良声。卢党切。

【译文】朗，明亮。从月，良声。

朓 tiǎo

朓，晦而月见西方谓之朓①。从月，兆声。土了切。

【译文】朓，夏历月底，月亮在西方出现，叫作朓。从月，兆声。

【注释】① 晦而句：孔广居《疑疑》："晦、朔之交，乃月与日会之时。未至此时，月在日前；既过此时，月在日后。故晦或有日将出而东方见月之时，朔或有日初入而西方见月之时。晦而月现西方谓之朓者，未朔而先见朔之象也。故曰朓也。"

朒 nù

朒，朔而月见东方谓之缩朒。从月，内声。女六切。

【译文】朒，夏历月初，月亮出现在东方，叫作缩朒。从月，内声。

期 qī

期，会也。从月，其声。渠之切。

【译文】期，约会。从月，其声。

有部

有 yǒu

有，不宜有也。《春秋传》曰①："日月有食之。"从月，又声。凡有之属皆从有。云九切。

【译文】有，不应当有。《春秋左传》说："日有日蚀、月蚀现象。"从月，又声。大凡有的部属都从有。

【注释】①《春秋传》：指《春秋经·隐公三年》。今本无"月"字。《段注》："此引经释'不宜有'之恉。"按：古以日蚀月蚀为不祥之兆，故曰"不宜有"。

龓 lóng

龓，兼有也。从有，龍声。读若聋。卢红切。

【译文】龓，笼统。从有，龍声。音读像"聋"字。

明部

朙 míng

朙①，照也。从月，从囧。凡朙之属皆从朙。武兵切。

【译文】朙，照耀。由月、由囧会意。大凡朙的部属都从朙。

【注释】① 朙：今字体作"明"。明亮。

萌 huāng

萌，翌也①。从明，亡声。呼光切。

【译文】萌，明日。从明，亡声。

【注释】① 翌：《段注》："当作昱。昱，明也。"

囧部

囧 jiǒng

囧，窗牖丽廔闿明。象形。凡囧之属皆从囧。读若犷。贾侍中说，读与明同。俱永切。

【译文】囧，窗牖格格交错而敞亮。象形。大凡囧的部属都从囧。音读像"犷"字。贾侍中说，音读与"明"同。

夕部

夕 xī

夕，莫也。从月半见。凡夕之属皆从夕。祥易切。

【译文】夕，傍晚。由月字现出一半来表意。大凡夕的部属都从夕。

夜 yè

夜，舍也。天下休舍也。从夕，亦省声。羊谢切。

【译文】夜，止息。是天下休息之时。从夕，亦省声。

夗 yuàn

夗，转卧也。从夕，从卪。卧有卪也。于阮切。

【译文】夗，转身侧卧。由夕、由卪会意。侧卧就曲膝。

夢 mèng

夢，不明也。从夕，瞢省声。莫忠切。又，亡贡切。

【译文】夢，不明。从夕，瞢省声。

夤 yín

夤，敬惕也。从夕，寅声。《易》曰："夕惕若（夤）[厉]①。"翼真切。

【译文】夤，庄敬。从夕，寅声。《易经》说："（君子终日振作，）晚上警惕着，遇着危险（也没有祸害）。"

【注释】① 夤：徐灏《段注笺》："'夕惕若夤'之夤当作厉。"

外 wài

外，远也。卜尚平旦，今夕卜，于事外矣①。五会切。

【译文】外，疏远。占卜崇尚平明日出之时，今在夜晚占卜，就卜筮之事而言是例外了。

【注释】① 于事句：《段注》："此说从夕卜之意。"

多部

多 duō

多，重也。从重夕。夕者，相绎也①，故为多。重夕为多，重日为叠。凡多之属皆从多。得何切。

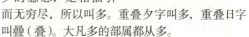

【译文】多，重复。由重叠的夕字构成夕的意思，是相抽引而无穷尽，所以叫多。重叠夕字叫多，重叠日字叫叠（叠）。大凡多的部属都从多。

【注释】① 相绎：段注："相绎者，相引于无穷也。抽丝曰绎。"张舜徽《约注》引宋育人说："夕而又朝，朝而又夕，相引无穷。"

冊部

冊 guān

冊，穿物持之也。从一横贯，象宝货之形。凡冊之属皆从冊。读若冠。古丸切。

【译文】冊，贯穿物体、持握着它。由"一"横着贯穿，（□）像钱贝之形。大凡冊的部属者从

187

册。音读像"冠"字。

垂之形。大凡卤的部属都从卤。音读像"调"字。

貫 **貫** guàn

貫，钱贝之贯。从毌贝。古玩切。

【译文】貫，（贯穿）钱贝的绳索。由毌、贝会意。

虜 **虜** lǔ

虜，获也。从毌，从力，虍声。郎古切。

【译文】虜，俘获。由毌、由力会意，虍声。

丂部

甬 **甬** yǒng

甬①，艹木华甬然。从丂，用声。余陇切。

【译文】甬，草木之花含苞欲放的样子。从丂，用声。

【注释】①甬：王筠《句读》引《广雅》："甬，草木花欲发皃。"

㯯部

㯯 **㯯** hàn

㯯，木垂华实。从木、丂，丂亦声。凡㯯之属皆从㯯。胡感切。

【译文】㯯，树木悬挂花和果实。由木、丂会意，丂也表声。大凡㯯的部属都从㯯。

卤部

卤 **卤** tiáo

卤，艹木实垂卤卤然。象形。凡卤之属皆从卤。读若调。徒辽切。

【译文】卤，草木之实，下垂卤卤的样子。像果实下

齊部

齊 **齊** qí

齊①，禾麦吐穗上平也。象形。凡齐之属皆从齐。徂兮切。

【译文】齊，禾麦吐穗，其上平整。象形。大凡齐的部属都从齐。

【注释】①齐：《段注》："从二者，象地有高下也。禾麦随地之高下为高下，似不齐而实齐。参差其上者，盖明其不齐而齐也。"

束部

束 **束** cì

束①，木芒也②。象形。凡束之属皆从束。读若刺。七赐切。

【译文】束，树木的刺。象形。大凡束的部属都从束。音读像"刺"字。

【注释】①束：今作刺。②芒：《段注》："艹耑（草端）也。"

棗 **棗** zǎo

棗，羊枣也①。从重束②。子皓切。

【译文】棗，羊矢枣。由重叠两个束字会意。

【注释】①羊枣：《尔雅·释木》郭璞注："实小而员，紫黑色，今俗呼之为羊矢枣。"②重束：王筠《句读》："枣高，故重之。"

棘 **棘** jí

棘①，小枣丛生者。从并束。己力切。

【译文】棘，丛生的低小的酸枣树。由两个束字并列会意。

【注释】①棘：《急就篇》："棘，酸枣之树也。"

片部

片 **片** piàn

片，判木也①。从半木②。凡片之属皆从片。匹见切。

【译文】片，已分剖的木。由小篆木字的右半构成。大凡片的部属都从片。

【注释】①判木：《段注》："谓一分为二之木。"②半木：徐锴《系传》："木字之半也。"

版 **版** bǎn

版①，判也。从片，反声。布绾切。

【译文】版，分剖（的木板）。从片，反声。

【注释】①版：《段注》："凡施于宫室器用者皆曰版，今字作板。"

牖 **牖** pì

牖，判也①。从片，畐声。芳逼切。

【译文】牖，分剖（的木板）。从片，畐声。

【注释】①判：王筠《句读》："与版同训，即与版同物。""吾乡于版之薄削者，谓之牖片。"

牘 **牘** dú

牘，书版也。从片，賣声。徒谷切。

【译文】牘，写字的木板。从片，賣声。

牒 **牒** dié

牒，札也。从片，枼声。徒叶切。

【译文】牒，书写用的木片。从片，枼声。

牑 **牑** biān

牑，床版也。从片，扁声。读若边。方田切。

【译文】牑，床板。从片，扁声。音读像"边"字。

牏 **牏** tóu

牏，筑墙短版也。从片，俞声。读若俞。一曰若纽。度侯切。

【译文】牏，筑墙（用于两端的）短木板。从片，俞声。音读像"俞"字。一说像"纽"字。

牖 **牖** yǒu

牖，穿壁以木为交窻也。从片、户、甫。谭长以为甫上日也，非户也。牖，所以见日。与久切。

【译文】牖，凿穿墙壁，用木板做成横直相交的窗棂。由片、户、甫会意。谭长认为："甫"字之上是"日"字，不是"户"字，窗牖是用来照见阳光的地方。

鼎部

鼎 **鼎** dǐng

鼎，三足两耳，和五味之宝器也。昔禹收九牧之金，铸鼎荆山之下，入山林川泽，魑魅魍魉，莫能逢之，以协承天休。《易》卦：巽木于[火]下者为鼎①，象析木以炊也。籀文以鼎为贞字。凡鼎之属皆从鼎。都挺切。

【译文】鼎，三只御，两只耳朵，是调和各种味料的珍贵的器物。过去夏禹收集九州长贡献的金属，在荆山底下铸鼎。进入山林、江河、湖泽，螭魅魍魉，没有什么山怪能遇见他，他凭借铸鼎十分和谐地接受苍天的恩赐。《易经》的卦象，用"木"进入火下，是鼎卦。像剖开木头用以烧火煮饭。籀文假借鼎作贞字。大凡鼎的部属都从鼎。

【注释】①鼎：《象传》说："《鼎》象也以木巽（入）火，亨（烹）饪（煮熟）也。"王筠《句读》："巽者，入也。""巽木于火下，犹云：入木于火下。"据此补"火"字。

鼐 nài

鼐，鼎之绝大者。从鼎，乃声。《鲁诗》说："鼐，小鼎。"奴代切。

【译文】鼐，鼎中最大的。从鼎，乃声。《鲁诗》说："鼐，小鼎。"

克部

克 kè

克，肩也；象屋下刻木之形。凡克之属皆从克。苦得切。

【译文】克，肩任，（又，）像屋下刻割木头的样子。大凡克的部属都从克。

彔部

彔 lù

彔，刻木彔彔也。象形。凡彔之属皆从彔。卢谷切。

【译文】彔，刻镂木头历历可数。象形。大凡彔的部属都从彔。

禾部

禾 hé

禾，嘉谷也。二月始生，八月而孰，得时之中，故谓之禾。禾，木也[1]。木王而生，金王而死。从木，从丿省。丿象其穗。凡禾之属皆从禾。户戈切。

【译文】禾，美好的谷子。二月开始发芽生长，到八月成熟，得四时中和之气，所以叫它禾。禾是木属。春天木旺就生长，秋天金旺就死去。由木、由丿省构成。下垂的像它的谷穗。大凡禾的部属都从禾。

【注释】①禾，木也：《淮南子·地形篇》："木胜土，土胜水，水胜火，火胜金，金胜木，故禾春生秋死。"高诱注："禾者木，春木王而生，秋金王而死。"按：此以五行生、克之理释禾的荣枯。五行中木代表春，金代表秋。禾是春天发芽生长，所以说"木也"。此"木"本非树木，而是五行之"木"。但从字的构形而言，又"为从木张本"（王筠《句读》）。

秀 xiù

秀[1]，上讳[2]。息救切。

【译文】秀，已故汉光武帝之名。

【注释】①秀：徐锴《系传》："禾实也。有实之象，下垂也。"②讳：封建社会称死去了的帝王或尊长的名。

稼 jià

稼，禾之秀实为稼，茎节为禾。从禾，家声。一曰：稼，家事也。一曰：在野曰稼。古讶切。

【译文】稼，禾的穗实叫稼，秸秆叫禾。从禾，家声。另一义说：（种植五谷）叫稼，就像嫁女之事。另一义说：在田野中（的作物）叫稼。

穑 sè

穑，谷可收曰穑。从禾，啬声[1]。所力切。

【译文】穑，五谷（成熟）可以收敛叫穑。从禾，啬声。

【注释】①啬声：徐锴《系传》："啬，收也。""当言啬亦声。"

稙 zhí

稙，早穜也。从禾，直声。《诗》曰："稙稚尗麦。"常职切。

【译文】稙，早种。从禾，直声。《诗经》说："先种的稙，后种的稚，以及菽豆和麦麰。"

種 chóng

種，先種后孰也。从禾，重声。直容切。

【译文】種，早种晚熟（的谷物）。从禾，重声。

稑 lù

稑，疾孰也。从禾，坴声。《诗》曰："黍稷种稑。"力竹切。

【译文】稑，迅速成熟（的谷物）。从禾，坴声。《诗经》说："黍米、稷米、早种晚熟的谷物和晚种早熟的谷物。"

稺 zhì

稺，幼禾也。从禾，屖声。直利切。

【译文】稺，幼小的禾。从禾，屖声。

稹 zhěn

稹，穊概也。从禾，真声。《周礼》曰："稹理而坚。"之忍切。

【译文】稹，种植稠密。从禾，真声。《周礼》说："稠密的文理，坚固（的木质）。"

稠 chóu

稠，多也。从禾，周声。直由切。

【译文】稠，多密。从禾，周声。

穊 jì

穊，稠也。从禾，既声。几利切。

【译文】穊，稠密。从禾，既声。

稀 xī

稀，疏也。从禾，希声。香依切。

【译文】稀，稀疏。从禾，希声。

穆 mù

穆①，禾也。从禾，㣎声。莫卜切。

【译文】穆，禾名。从禾，㣎声。

【注释】①穆：一种禾的名字。《段注》："盖禾有名穆者也。"

私 sī

私①，禾也。从禾，厶声。北道名禾主人曰私主人。息夷切。

【译文】私，禾名。从禾，厶声。北方叫禾主人作私主人。

【注释】①私：今借为公厶（私）字。

稷 jì

稷，齌也。五谷之长。从禾，畟声。子力切。

【译文】稷，粟米。五谷的首领。从禾，畟声。

秫 shú

秫，稷之黏者。从禾；朮，象形。食聿切。

【译文】秫，有黏性的粟米。从禾；朮，象形。

穄 jì

穄，𪎭也。从禾，祭声。子例切。

【译文】穄，似黍而不黏的谷物。从禾，祭声。

稻 dào

稻，稌也。从禾，舀声。徒皓切。

【译文】稻，稻谷的通称。从禾，舀声。

穬 gǒng

穬，芒粟也①。从禾，廣声。古猛切。

【译文】穬，有芒刺的谷物。从禾，廣声。

【注释】①芒粟：指稻麦。《段注》："稻麦得評粟者，从嘉谷之名也。"

秜 lí

秜①，稻今年落，来年自生，谓之秜。从禾，尼声。里之切。

【译文】秜，稻谷今年落地，至来年自生，叫作秜。从禾，尼声。

【注释】①秜：《段注》："谓不种而自生者也。"

稗 bài

稗，禾别也。从禾，卑声。琅邪有稗县。旁卦切。

【译文】稗，似禾而别于禾。从禾，卑声。琅玡郡有稗县。

移 yí

移，禾相倚移也①。从禾，多声。一曰：禾名。弋支切。

【译文】移，禾（从风）而相阿那。从禾，多声。另一义说：是禾名。

【注释】① 倚移：朱骏声《通训定声》："倚移，叠韵连语。犹旖旎、旖施、橢施、猗傩、阿那也。'禾名'当为此字本训。"

颖 yǐng

颖，禾末也。从禾，顷声。《诗》曰："禾颖穟穟。"余顷切。

【译文】颖，禾穗的末端。从禾，顷声。《诗经》说："禾穗美好。"

秒 miǎo

秒①，禾芒也。从禾，少声。亡沼切。

【译文】秒，禾谷的芒刺。从禾，少声。

【注释】① 秒：谷子芒儿。《汉书·叙传》："产气黄钟，造计秒忽。"颜师古注引刘德曰："秒，禾芒也。"

穖 jǐ

穖，禾穖也。从禾，幾声。居豨切。

【译文】穖，禾穗籽实如成串珠玑。从禾，幾声。

秠 pī

秠，一稃二米。从禾，丕声。《诗》曰："诞降嘉谷，惟秬惟秠。"天赐后稷之嘉谷也。敷悲切。

【译文】秠，一只谷壳两粒米（的黑黍）。从禾，丕声。《诗经》说："降下那美好的谷物。有一般的黑黍，有一只谷壳两粒米的黑黍。"是苍天赐给后稷的美好的谷物。

秨 zuó

秨，禾摇皃。从禾，乍声。读若昨。在各切。

【译文】秨，禾苗摇摆的样子。从禾，乍声。音读像"昨"字。

穮 biāo

穮，耕禾间也。从禾，麃声。《春秋传》曰："是穮是袞。"甫娇切。

【译文】穮，在禾苗间耘草。从禾，麃声。《春秋左传》说："在田间除草，培土扶苗根。"

案 àn

案，轹禾也。从禾，安声。乌旰切。

【译文】案，碾轧禾穗取谷。从禾，安声。

秄 zǐ

秄，壅禾本。从禾，子声。即里切。

【译文】秄，给禾麦的根部培土。从禾，子声。

穧 jì

穧，获刈也。一曰：撮也。从禾，齐声。在诣切。

【译文】穧，收割。另一义说，是撮聚。从禾，齐声。

穫 huò

穫，刈谷也。从禾，蒦声。胡郭切。

【译文】穫，收割谷物。从禾，蒦声。

襍 穧 zī

穧,积禾也①。从禾,資声。《诗》曰:"穧之秩秩。"即夷切。

【译文】穧,堆积(已割)的禾。从禾,資声。《诗经》说:"堆积已割的禾,是那样的众多。"

【注释】①积禾:徐锴《系传》:"堆积已刈之禾也。"

襍 积 jī

积,聚也。从禾,責声。则历切。

【译文】积,积聚(谷物)。从禾,責声。

秩 秩 zhì

秩,积也。从禾,失声。《诗》曰:"穧之秩秩。"直质切。

【译文】秩,聚积。从禾,失声。《诗经》说:"聚积已割的禾,是那样的众多。"

稇 稇 kǔn

稇,絭束也。从禾,困声。苦本切。

【译文】稇,用绳捆束。从禾,困声。

穅 穅 kāng

穅,谷皮也。从禾,从米,庚声。苦冈切。

【译文】穅,谷物的皮壳。由禾、由米会意,庚声。

稃 稃 zhuó

稃,禾皮也。从禾,羔声。之若切。

【译文】稃,禾秆的皮。从禾,羔声。

秸 秸 jiá

秸①,禾稿去其皮,祭天以为席。从禾,皆声。古黠切。

【译文】秸,禾秆除去它的皮,祭天时用它作为垫席。从禾,皆声。

【注释】①秸:《段注》:"谓禾茎既刈之,上去其穗,外去其皮,存其净茎,是曰秸。"从前吾湘农民打草鞋、织蒲丁,退去稻草衣毛,使之成为净秆,再来编织。

秆 秆 gǎn

秆,禾茎也。从禾,旱声。《春秋传》曰①:"或投一秉秆。"古旱切。

【译文】秆,禾茎。从禾,旱声。《春秋左传》说:"有人扔下一把禾秆。"

【注释】①《春秋传》:指《左传·昭公二十七年》。今作:"或取一编菅焉,或取一秉(把)秆焉,国人投之。"

稿 稿 gǎo

稿①,秆也。从禾,高声。古老切。

【译文】稿,禾秆,从禾,高声。

【注释】①稿:谷类植物的茎秆。《汉书·贡禹传》:"已奉谷租,又出稿税。"引申义为诗文的草稿。《汉书·孔光传》:"时有所言,辄削草稿。"

秕 秕 bǐ

秕,不成粟也。从禾,比声。卑履切。

【译文】秕,不成粟米(的瘪谷)。从禾,比声。

稍 稍 juān

稍,麦茎也。从禾,肙声。古玄切。

【译文】稍,麦茎。从禾,肙声。

㪿 㪿 liè

㪿,黍穰也①。从禾,列声。良薛切。

【译文】㪿,黍秆。从禾,列声。

【注释】①穰:已脱粒的黍秆。

穰 穰 ráng

穰,黍㪿已治者①。从禾,襄声。汝羊切。

【译文】穰，已脱粒的黍秆。从禾，襄声。

【注释】①已治：《段注》："已治谓已治去其箨（竹皮）皮也。谓之穰者，茎在皮中如瓜瓤在瓜皮中也。"

秧 yāng

秧，禾（若）[苗]秧穰也①。从禾，央声。于良切。

【译文】秧，禾苗叶多的样子。从禾，央声。

【注释】①若：当依《玉篇》作"苗"。

穀 gǔ

穀，续也。百谷之总名。从禾，殳声。古禄切。

【译文】穀，继续。百谷总名。从禾，殳声。

稔 rěn

稔，谷孰也。从禾，念声。《春秋传》曰："鲜不五稔。"而甚切。

【译文】稔，百谷成熟。从禾，念声。《春秋左传》说："少不止五年。"

租 zū

租，田赋也。从禾，且声。则吾切。

【译文】租，按田亩收敛谷税。从禾，且声。

税 shuì

税，租也。从禾，兑声。输芮切。

【译文】税，按田亩收敛谷物。从禾，兑声。

秋 qiū

秋，禾谷孰也①。从禾，爇省声。七由切。

【译文】秋，百谷成熟。从禾，爇（jiāo）省声。

【注释】①禾谷：《段注》：

"言禾复言谷者，晐百谷也。"

穌 sū

穌，（把）[杷]取禾若也①。从禾，鱼声。素孤切。

【译文】穌，杷取禾秆之皮。从禾，鱼声。

【注释】①把：当依徐锴《段注》作"杷"。

稍 shào

稍，出物有渐也。从禾，肖声。所教切。

【译文】稍，谷物长出而渐进。从禾，肖声。

秦 qín

秦①，伯益之后所封国。地宜禾。从禾、舂省。一曰：秦，禾名。匠邻切。

【译文】秦，伯益的后裔被封的国名。此地适宜禾谷的生长。由禾、舂字省去臼会意。另一义说，秦，禾名。

【注释】①秦：《段注》引《诗谱》："秦者，陇西谷名。"

稱 chēng

稱，铨也。从禾，爯声。春分而禾生。日夏至，晷景可度。禾有秒，秋分而秒定。律数：十二秒而当一分，十分而寸。其以为重：十二粟为一分，十二分为一铢。故诸程品皆从禾。处陵切。

【译文】稱，测量物体的轻重。从禾，爯声。春分之日，禾苗生长。日子到了夏至，日影可以测量。禾有芒刺，秋分之日芒刺定了形。乐律之数（以十二为准），所以十二根芒刺（并排起来）当一分长，十分而成一寸。用它来衡量重量，十二颗粟为一分重，十二分为一铢重。所以下文各量度单位的字都用禾作形符。

程 chéng

程，品也①。十发为程，十程为分，十分为寸。从禾，呈声。直贞切。

【译文】程，程品。十根毛发并排起来叫一

程，十程叫一分，十分叫一寸。从禾，呈声。

【注释】①品：《段注》："品者，众庶也。因众庶而立之法，则斯谓之程品。"程品：为众多事物确立的程度等级。

科 kē

科，程也。从禾，从斗。斗者，量也。苦禾切。

【译文】科，程品等级。由禾、由斗会意。斗，是量器。

秝部

秝 lì

秝，稀疏适也。从二禾。凡秝之属皆从秝。读若历。郎击切。

【译文】秝，稀疏适宜。由两个禾字会意。大凡秝的部属都从秝。音读像"历"字。

兼 jiān

兼，并也。从又持秝。兼持二禾，秉持一禾。古甜切。

【译文】兼，同时涉及（两件或两件以上的事物）。由（手）持握着秝（二禾）会意。兼是（同时）持握两把禾。秉是持握一把禾。

黍部

黍 shǔ

黍，禾属①而黏者也。以大暑而（種）[孰]②，故谓之黍。从禾，雨省声。孔子曰③："黍可为酒，禾入水也。"凡黍之属皆从黍。舒吕切。

【译文】黍，禾一类而性黏的谷物。因在大暑时成熟，所以叫作黍。从禾，雨省声。

孔子说："黍子可以酿酒，（所以'黍'字）由禾、入、水三字会意。"大凡黍的部属都从黍。

【注释】①禾属：张舜徽《约注》引米育仁说："禾者，黍稻之大名。析言则禾属之不黏者谓之稻，禾属黏者谓之黍。"②種：王筠《句读》："種当作孰。""大暑乃六月之气，即晚孰者已登场矣。"按：黍、暑上古声韵同。③孔子《段注》："此说字形这异说也。凡云'孔子曰'者，通人所传。""今隶书则从'禾、入、水'。"

黏 nián

黏，相箸也。从黍，占声。女廉切。

【译文】黏，糊物使相胶着。从黍，占声。

黏 hú

黏①，黏也。从黍，古声。户吴切。

【译文】黏，黏糊。从黍，古声。

【注释】①黏：《段注》："俗作糊。"

麋 méi

麋，穄也。从黍，麻声。靡为切。

【译文】麋，黍类而性不黏的谷物。从黍，麻声。

香部

香 xiāng

香，芳也。从黍，从甘。《春秋传》曰①："黍稷馨香。"凡香之属皆从香。许良切。

【译文】香，芬芳。由黍、由甘会意。《春秋左传》说："黍、稷气味芬芳。"大凡香的部属都从香。

【注释】①《春秋传》：指《左传·僖公十五年》。

馨 xīng

馨，香之远闻者。从香，殸声。呼形切。

【译文】馨，香气远闻。从香，殸声。

米部

米 米 mǐ

米[1]，粟实也。象禾实之形。凡米之属皆从米。莫礼切。

【译文】 米粟的籽实。像禾籽实的形状。大凡米的部属都从米。

【注释】 ① 罗振玉《增订殷虚书契考释》："象米粒琐碎纵横之状。"

粱 粱 liáng

粱[1]，米名也。从米，梁省声。吕张切。

【译文】 粱，粟米名。从米，梁省声。

【注释】 ① 粱：即粟。

粲 粲 càn

粲，稻重一秅，为粟二十斗[1]，为米十斗，曰毇[2]；为米六斗太半斗，曰粲。从米，奴声。仓案切。

【译文】 粲，稻子重量一担，合粟二十斗，舂成米十斗，叫作糳米；舂成米六斗又大半斗，叫作粲米。从米，奴声。

【注释】 ① 为：折合。秅言重量，斗言容量。② 毇：徐灏《段注笺》："乃糳之误。"糳米：今俗称糙米。

精 精 jīng

精[1]，择也。从米，青声。子盈切。

【译文】 精，拣择米粒。从米，青声。

【注释】 ① 精：司马彪《庄子》注说："简（拣）米曰精。"

粺 粺 bài

粺，毇也。从米，卑声。旁卦切。

【译文】 粺，半熟米。从米，卑声。

粗 粗 cū

粗，疏也。从米，且声。徂古切。

【译文】 粗，糙米。从米，且声。

粒 粒 lì

粒，糂也[1]。从米，立声。力入切。

【译文】 粒，米粒。从米，立声。

【注释】 ① 糂：《段注》："此当作米粒也。米粒是常语。"

糜 糜 mí

糜[1]，糁也。从米，麻声。靡为切。

【译文】 糜，稠粥。从米，麻声。

【注释】 ① 糜：《释名·释饮食》："糜，煮米使烂也。"《尔雅·释言》注："粥之稠者曰糜。"

糟 糟 zāo

糟，酒滓也[1]。从米，曹声。作曹切。

【译文】 糟，带滓的酒。从米，曹声。

【注释】 ① 酒滓：朱骏声《通训定声》："古以带滓之酒为糟，今谓漉酒所弃之粕为糟。"

糗 糗 qiǔ

糗，熬米麦也[1]。从米，臭声[2]。去九切。

【译文】 糗，炒熟的米麦。从米，臭声。

【注释】 ① 熬米麦：徐锴《系传》："爆干米麦也。"② 臭声：声中有义。桂馥《义证》："米麦火干之乃有香气，故谓之糗。"

糈 糈 xǔ

糈，粮也。从米，胥声。私吕切。

【译文】 糈，粮食。从米，胥声。

糧 糧 liáng

糧，谷也。从米，量声。吕张切。

【译文】 糧，谷物。从米，量声。

粹 suì

粹，不杂也①。从米，卒声。虽遂切。

【译文】粹，无杂质（的米）。从米，卒声。

【注释】①不杂：《段注》："粹本是精米之偁。引伸为凡纯美之称。"

氣 xì

氣，馈客刍米也。从米，气声。《春秋传》曰："齐人来气诸侯。"许既切。

【译文】氣，赠送客人饲料和粮食。从米，气声。《春秋左传》说："齐国人来赠给各诸侯国军队以饲料和粮食。"

粉 fěn

粉①，傅面者也。从米，分声②。方吻切。

【译文】粉，傅布在脸上的粉末。从米，分声。

【注释】①粉：徐锴《系传》："古傅面亦用米粉。"②分声：声中有义。《释名·释首饰》："粉，分也，研米使分散也。"

毇部

毇 huǐ

毇，米一斛舂为（八）[九]斗也②。从臼，从殳。凡毇之属皆从毇。许委切。

【译文】毇，糙米一斛舂成九斗。由臼（jiù）、由殳会意。大凡毇的部属都从毇。

臼部

臼 jiù

臼，舂也①。古者掘地为臼，其后穿木石。象形。中，米也。凡臼之属皆从臼。其九切。

【译文】臼，舂米的臼。古时候在地上掘坎成臼，后来挖穿木头或石头（作臼）。凵像臼形，中间的二是米。大凡臼的部属都从臼。

【注释】①舂：饶炯《部首订》："盖以事诂

物。因器为人所共解，不必通之以名，但言用而亦识之故也。"

舂 chōng

舂，捣粟也。从收持杵临臼上。午①，杵省也。古者雝父初作舂②。书容切。

【译文】舂，舂捣粟米一类谷物。由"收"（双手）持握着"午"在"臼"上会意。午是杵的省略。古时候雝父开始制作舂。

【注释】①午：徐灏《段注笺》："即古杵字。"②雝父：王筠《句读》引《郡国志》："许州雍城，即皇帝臣雍父始作杵臼处。"

舀 yǎo

舀，抒臼也①。从爪臼。《诗》曰②："或簸或舀。"以沼切。

【译文】舀，从臼里舀出来。由爪、臼会意。《诗经》说："时而簸去糠皮，时而把米从臼里舀出来。"

【注释】①抒臼：《段注》："抒，挹也。既舂之，乃于臼中挹出之。今人凡酌彼注此皆曰舀，其引申之语也。"②《诗》：指《诗经·大雅·生民》。原文："或舂或揄，或簸或蹂（脚踏）。"《段注》："毛传云：'揄，抒臼也。'然则揄者，舀之假借字也。"

臽 xiàn

臽，小阱也①。从人在臼上②。户猎切。

【译文】臽，小陷阱。由"人"在"臼"上会意。

【注释】①阱：《段注》："阱者陷也。臽谓阱之小者。"②从人句：《段注》："古者掘地为臼，从人臼会意。臼犹坑也。"徐锴《系传》："舂地坎可臽人。""若今人作坑以臽虎也。"

凶部

凶 xiōng

凶，恶也①。象地穿交陷其中也。凡凶之属皆从凶。许容切。

【译文】凶，险恶（之地）。象穿地为坑，有物交相陷入其中。大凡凶的部属都从凶。

【注释】①恶：徐锴《系传》："恶不可居，象地之堑也。恶可以陷人也。"

兇 xiōng

兇，扰恐也①。从人在凶下。《春秋传》曰："曹人凶惧。"许拱切。

【译文】兇，喧扰恐惧（之声）。由"人"在"凶"下会意。《春秋左传》说："曹国人恐惧。"

【注释】①扰恐：王筠《句读》："扰，其状也；恐，其意也。加声字而凶之声情始备。"

木部

朮 pìn

朮，分枲茎皮也。从中，八象枲之皮茎也。凡朮之属皆从朮。读若髌。匹刃切。

【译文】朮，分剥麻秆的皮。中象麻秆，八象剥离的麻皮。大凡朮的部属都从朮。音读像"髌（bìn）"字。

枲 xǐ

枲①，麻也。从朮，台声。胥里切。

【译文】枲，麻。从朮，台声。

【注释】①枲：朱骏声《通训定声》："牡（雄）麻无实者也。夏至开花，荣而不实，亦曰夏麻。"（引申）为凡麻之大名。"

林部

林 pài

林，（萉）[萉]之总名也①。林之为言微也，微纤为功。象形。凡林之属皆从林。匹卦切。

【译文】林，麻的总称。林借表微小的意思，微小纤细是麻的功能。像麻秆密立之形。大凡林的部属都从林。

【注释】①萉：《段注》作萉。

纞 qǐng

纞，枲属①。从林，荧省。《诗》曰："衣锦苘衣。"去颖切。

【译文】纞，麻一类植物。从林，荧省声。《诗经》说："在锦衣上面穿着麻纱做的单罩衣。"

【注释】①枲属：《段注》："类枲而非枲，言属而别见也。"

麻部

麻 má

麻①，与林同。人所治，在屋下。从广，从林。凡麻之属皆从麻。莫遐切。

【译文】麻，与林字意义相同。是人们刮治的植物，在敞屋之下。由广、由林会意。大凡麻的部属都从麻。

【注释】①麻：《段注》："未治谓之枲，治谓之麻。以治之称加诸未治，则统谓之麻也。"

未部

未 shú

未，豆也①。像未豆生之形也。凡未之属皆从未。式竹切。

【译文】未，豆。像菽豆生长的样子。大凡未的部属都从未。

【注释】①豆：朱骏声《通训定声》："古谓之未，汉谓之豆。今字作菽。菽者，众豆之总名。"

敊 shì

敊①，配盐幽未也。从未，支声。是义切②。

【译文】敊，用盐调配大豆，把大豆放在幽暗潮湿的地方。从未，支声。

【注释】① 尗：张舜徽《约注》："俗称腊八豆，晒干后可久藏不变，即古人所谓豉也。"② 当读 shì，今音 chǐ。

耑部

 耑 duān

耑，物初生之题也①。上象生形，下象其根也。凡耑之属皆从耑。多官切。

【译文】耑，植物初生的顶。上（⻌）像生长的形状，下（⺈）像它的根。大凡耑的部属都从耑。

【注释】① 题：徐锴《系传》："题犹额也，端也。古发端之端直如此而已。一，地也。"

韭部

韭 jiǔ

韭，菜名。一种而久者，故谓之韭。象形，在一之上。一，地也。此与耑同意。凡韭之属皆从韭。举友切。

【译文】韭，菜名。一经种下，就长久生长，所以叫它韭。（韭）像韭菜之形，在一的上面。一，表示地。这与耑的中间一横表示地同意。大凡韭的部属都从韭。

蘠 fán

蘠，小蒜也。从韭，番声。附袁切。

【译文】蘠，小蒜、从韭，番声。

瓜部

 瓜 guā

瓜，（瓜）[蓏]也①。象形②。凡瓜之属皆从瓜。古华切。

【译文】瓜，瓜蓏。象

形。大凡瓜的部属都从瓜。

【注释】① 蓏：当依段注作"蓏"。② 象形：《段注》："瓜者，縢生布于地者也。"

瓣 bàn

瓣，瓜中实。从瓜，辡声。蒲苋切。

【译文】瓣，瓜中的子实。从瓜，辡声。

瓠部

瓠 hù

瓠①，匏也。从瓜，夸声。凡瓠之属皆从瓠。胡误切。

【译文】瓠，匏（páo）瓜。从瓜，夸声。大凡瓠的部属都从瓠。

【注释】① 瓠：王筠《句读》："今人以细长者为瓠，圆而大者为壶卢，古无此别也。"按：湖湘间称前者为护瓜，后者为瓢瓜。

瓢 piáo

瓢①，蠡也。从瓠省，票声。符宵切。

【译文】瓢，剖瓠瓜作成的瓢。从瓠省，票声。

【注释】① 瓢：朱骏声《通训定声》："一瓠劙为二曰瓢。"

宀部

宀 mián

宀，交覆深屋也①。象形。凡宀之属皆从宀。武延切。

【译文】宀，交相覆盖的深邃的屋子。象形。大凡宀的部属都从宀。

【注释】① 交覆句：《段注》："古者屋四注（屋檐滴水处），东西与南北，皆交覆也。有堂有室，是为深屋。"

199

家 jiā

家①，居也。从宀，豭省声②。古牙切。

【译文】家，居处的地方。从宀，豭省声。

【注释】①家：家庭。《诗经·周南·桃夭》："之子于归，宜其室家。"②豭：公猪。

宅 zhái

宅，所讬也。从宀，乇声。场伯切。

【译文】宅，寄托身躯的地方。从宀，乇（zhé）声。

室 shì

室，实也①。从宀，从至。至，所止也。式质切。

【译文】室，内室。由宀、由至会意。至表示止息之地。

【注释】①实：《段注》："以叠韵为训，古者前堂后室。"《释名》："室，实也。人物实满其中也。"

向 xiàng

向，北出牖也①。从宀，从口。《诗》曰："塞向墐户。"诈谅切。

【译文】向，朝北开出的窗子。由宀、由口会意。《诗经》说："塞住朝北的窗子，用泥巴涂住门缝。"

【注释】①牖（yǒu）：徐灏《段注笺》："古者前堂后室，室之前为牖，后为向，故曰北出牖。"

宣 xuān

宣，天子宣室也①。从宀，亘声。须缘切。

【译文】宣，天子宽大的正室。从宀，亘声。

【注释】①宣室：《段注》："盖谓大室。"徐锴《系传》引《汉书音义》："未央（殿）前正室也。"

宛 wǎn

宛，屈草自覆也。从宀，夗声。于阮切。

【译文】宛，把草弯曲用以覆盖自身。从宀，夗声。

宸 chén

宸①，屋宇也。从宀，辰声。植邻切。

【译文】宸，屋檐。从宀，辰声。

【注释】①宸：屋边。《国语·越语》："君若不忘周室，而为弊邑宸宇。"韦昭注："宸，屋溜。"

寷 fēng

寷，大屋也。从宀，豊声。《易》："寷其屋。"敷戎切。

【译文】寷，大屋。从宀，豊声。《易经》说："扩大他的房屋。"

宇 yǔ

宇①，屋边也。从宀，于声。《易》曰："上栋下宇。"王榘切。

【译文】宇，屋的边檐。从宀，于声。《易经》说："上有栋梁下有屋檐。"

【注释】①宇：《周易·系辞下》："后世圣人易之以宫室，上栋下宇，以待风雨。"

奂 yuàn

奂，周垣也。从宀，免声。胡官切。又，爰眷切。

【译文】奂。围墙。从宀，免声。

宏 hóng

宏，屋深响也①。从宀，厷声。户萌切。

【译文】宏，房屋幽深而有回响。从宀，厷声。

【注释】①屋深响：朱骏声《通训定声》：

"深大之屋，凡声如有应响。"

定 dìng

定，安也。从宀，从正。徒径切。

【译文】定，安定。由宀、由正会意。

寔 shí

寔，止也。从宀，是声。常支切。

【译文】寔，止息。从宀，是声。

安 ān

安，（静）[竫]也①。从女在宀下②。乌寒切。

【译文】安，安宁。由"女"在"宀"下会意。

【注释】①静：当依《段注》作"竫"，注："静者审也，非其义。""竫者亭安也，与此为转注。"②从女句：桂馥《义证》引《六书故》："室家之内，女所安也。"

宓 mì

宓，安也。从宀，必声。美毕切。

【译文】宓，安定。从宀，必声。

寏 yì

寏，静也。从宀，契声。于计切。

【译文】寏，安静。从宀，契声。

宴 yàn

宴，安也。从宀，晏声。于甸切。

【译文】宴，安息。从宀，晏（yàn）声。

宋 jì

宋，无人声。从宀，未声。前历切。

【译文】宋，没有人的声音。从宀，未声。

察 chá

察，覆也①。从宀，祭[声]②。初八切。

【译文】察，屋檐向下覆盖。从宀，祭声。

【注释】①覆：郑知同《商义》："乃屋宇下覆之名。""覆之义引伸为自上审下，察义亦然。"②祭：当依徐锴《系传》作"祭声"。

完 huán

完，全也。从宀，元声。古文以为宽字。胡官切。

【译文】完，完全。从宀，元声。古文把它假借为"宽"字。

富 fù

富，备也。一曰：厚也。从宀，畐声①。方副切。

【译文】富，完备。另一义说：富是多、厚。从宀，畐声。

【注释】①畐声：桂馥《义证》："本书：'畐，象高厚之形。'"声中有义。

實 shí

實，富也。从宀，从贯①。贯，货贝也。神质切。

【译文】實，富裕。由宀、由贯会意。贯，表示货贝。

【注释】①从宀，从贯：会货贝充满屋内之意。

容 róng

容，盛也。从宀谷。余封切。

【译文】容，盛纳。由宀、谷会意。

宂 rǒng

宂，散也。从宀，人在屋下，无田事。《周书》曰①："宫中之宂食。"而陇切。

【译文】宂，闲散。从宀，人在屋子底下，没有农田之事。《周书》说："（供给）宫廷中的闲散的臣吏的饮食。"

【注释】①周书：《段注》："'书'当作'礼'。"

寶 bǎo

寶，珍也。从宀，从玉，从貝，缶声①。博皓切。

【译文】寶，珍宝。由宀、由玉、由貝会意，缶声。

【注释】①缶声：徐灏《段注笺》："缶，古重唇音，与宝近，故用为声。"缶、宝上古同属幽部。

宭 qún

宭，羣居也。从宀，君声。渠云切。

【译文】宭，羣居。从宀，君声。

宦 huàn

宦，仕也。从宀，从臣。胡惯切。

【译文】宦，学习做官的事。由宀、由臣会意。

宰 zǎi

宰，辠人在屋下执事者。从宀，从辛。辛，辠也。作亥切。

【译文】宰，在屋子底下做事的罪人。由宀、由辛会意。辛，表示罪人。

守 shǒu

守，守官也。从宀，从寸。寺府之事者。从寸；寸，法度也。书九切。

【译文】守，官吏的职守。由宀、由寸会意。（宀，）表示衙门里的事。从寸，寸表示法度。

寵 chǒng

寵，尊居也。从宀，龍声。丑垄切。

【译文】寵，崇高的位置。从宀，龍声。

宥 yòu

宥，宽也。从宀，有声。于救切。

【译文】宥，宽仁。从宀，有声。

宜 yí

宜，所安也。从宀之下，一之上，多省声。鱼羁切。

【译文】宜，令人心安的地方。由"宀"之下，"一"之上表意，多省去一半为声。

宵 xiāo

宵，夜也。从宀，宀下冥也；肖声。相邀切。

【译文】宵，夜晚。从宀，表示室下窈冥，肖为声。

宿 sù

宿①，止也。从宀，佰声。息逐切。

【译文】宿，止宿。从宀，佰声。

【注释】①宿：本义为住宿，过夜。《荀子·儒效》："暮宿于百泉。"引申为住的地方。《周礼·地官·遗人》："三十里有宿，宿有路室。"

寫 xiě

寫①，置物也。从宀，舄声。悉也切。

【译文】寫，移置物体。从宀，舄声。

【注释】①寫：徐灏《段注笺》："古谓置物于屋下曰写，故从宀，盖从他处传置于此室也。"

寢 qǐn

寢，卧也。从宀，寑声。七荏切。

【译文】寢，躺卧。从宀，寑声。

寬 kuān

寬，屋宽大也。从宀，莧声。苦官切。

【译文】寬，房屋宽敞。从宀，莧声。

寡 guǎ

寡，少也。从宀，从頒。頒，分赋也，故为少。古瓦切。

【译文】寡，少。由宀、由頒会意。頒，表示分授（房屋），所以有"少"义。

客 kè

客，寄也[1]。从宀，各声。苦格切。

【译文】客，寄居。从宀，各声。

【注释】①寄：王筠《句读》："偶寄于是，非久居也。"

寄 jì

寄，讬也。从宀，奇声。居义切。

【译文】寄，托付。从宀，奇声。

寓 yù

寓[1]，寄也。从宀，禺声。牛具切。

【译文】寓，寄居。从宀，禺声。

【注释】①寓：寄托。《庄子·齐物论》："唯达者知通为一，为是不用而寓诸庸。"

㝈 jiù

㝈，贫病也。从宀，久声。《诗》曰："嬛嬛在㝈。"居又切。

【译文】㝈，贫穷，疾病。从宀，久声。《诗经》说："茕茕孤立啊又在害病。"

寒 hán

寒[1]，冻也。从人在宀下，以茻荐覆之，下有仌。胡安切。

【译文】寒，冷冻。由"人"在"宀"下，用"茻"（草）垫着盖着，下面有"仌"来会意。

【注释】①寒：王筠《句读》："此冻之别义也。"

害 hài

害，伤也。从宀，从口。宀口，言从家起也。丯声。胡盖切。

【译文】害，伤害。由宀、由口会意。宀口，是说伤害之言，从家中发起。丯（jiè）为声。

宄 guǐ

宄，奸也[1]。外为盗，内为宄。从宀，九声。读若轨。居洧切。

【译文】宄，奸诈。起自外部，为盗；起自内部，为宄。从宀，九声。音读像"轨"字。

【注释】①奸：《段注》："奸宄者通偁，内外者析言之也。凡盗起外为奸，中出为宄。"

宕 dàng

宕，过也。一曰：洞屋。从宀，碭省声。汝南项有宕乡。徒浪切。

【译文】宕，放荡不拘。另一义说，石洞如屋。从宀，碭省声。汝南郡项县有宕乡。

宋 sòng

宋，居也。从宀，从木。读若送。苏统切。

【译文】宋，居住。由宀、由木会意。音读像"送"字。

㝎 diàn

㝎，屋倾下也。从宀，執声。都念切。

【译文】㝎，房屋倾斜下陷。从宀，執声。

宗 zōng

宗，尊、祖庙也。从宀，从示。作冬切。

【译文】宗，尊崇的先人；祖庙。由宀、由示会意。

宔 zhǔ

宔，宗庙宔祏。从宀，主声。之庾切。

【译文】宝，宗庙中藏神主的石函。从宀，主声。

宙 zhòu

宙，舟舆所极、覆也。从宀，由声。直又切。

【译文】宙，舟车所到的地方，屋宇覆盖的栋梁。从宀，由声。

宫部

宫 gōng

宫，室也[1]。从宀，躬省声。凡宫之属皆从宫。居戎切。

【译文】宫，宫室。从宀，躬省声。大凡宫的部属都从宫。

【注释】①室：《段注》："宫言其外之围绕，室言其内。析言则殊，统言不别也。"

吕部

吕 lǚ

吕，脊骨也。象形。昔太岳为禹心吕之臣，故封吕侯。凡吕之属皆从吕。力与切。

【译文】吕，脊椎骨。象形。过去太岳官是大禹像心脏和脊骨一样的臣子，所以封为吕侯。大凡吕的部属都从吕。

躬 gōng

躬，身也。从身，从吕。居戎切。

【译文】躬，身体。由身、由吕会意。

穴部

穴 xué

穴，土室也。从宀，八声。凡穴之属皆从穴。胡决切。

【译文】穴，土室。从宀，八声。大凡穴的部属都从穴。

窑 mǐng

窑，北方谓地空，因以为土穴，为窑户。从穴，皿声。读若猛。武永切。

【译文】窑，北方叫作地孔，凭借地孔用作土室，用作洞窟。从穴，皿声。音读像"猛"字。

窨 yìn

窨，地室。从穴，音声。于禁切。

【译文】窨，地室。从穴，音声。

窑 yáo

窑，烧瓦灶也。从穴，羔声。余招切。

【译文】窑，烧制陶器的灶。从穴，羔声。

覆 fù

覆[1]，地室也。从穴，复声。《诗》曰："陶覆陶穴。"芳福切。

【译文】覆，土室。从穴，复声。《诗经》说："横掏出土室，直掏出地穴。"

【注释】①覆：朱骏声《通训定声》："凡直穿曰穴，旁穿曰覆。地覆于上，故曰覆也，"

穿 chuān

穿，通也。从牙在穴中[1]。昌缘切。

【译文】穿，穿透。由"牙"在"穴"中会意。

【注释】①从牙句：意谓用牙齿啮物成洞穴，使之通透。

窠 kē

窠，空也；穴中曰窠，树上曰巢。从穴，果声。苦禾切。

【译文】窠，孔穴，（鸟类）穴中居住的地方叫窠，树上的叫巢。从穴，果声。

空 kōng

空，窍也。从穴，工声。苦红切。

【译文】空，孔穴。从穴，工声。

窖 jiào

窖，地藏也。从穴，告声。古孝切。

【译文】窖，地下储藏物品的洞穴。从穴，告声。

窥 kuī

窥，小视也。从穴，规声。去陆切。

【译文】窥，从小孔隙中偷看。从穴，规声。

窥 chēng

窥，正视也。从穴中正见也，正亦声。敕贞切。

【译文】窥，直视。由"穴"中"正""见"会意，正也表声。

突 tū

突①，犬从穴中暂出也。从犬在穴中。一曰：滑也。徒骨切。

【译文】突，狗在洞中突然而出。由"犬"在"穴"中会意。另一义说，挑抉。

【注释】①突：徐锴《系传》："犬匿于穴中伺人，人不意之，突然而出也。"

窘 jiǒng

窘，迫也①。从穴，君声。渠陨切。

【译文】窘，困迫。从穴，君声。

【注释】①迫：徐锴《系传》："入于穴，窘迫也。"因洞穴局促狭隘的缘故。

竄 cuàn

竄，（坠）[匿]也①。从鼠在穴中。七乱切。

窜 sū

窜，从穴中卒出。从穴，卒声。苏骨切。

【译文】窜，从洞穴中突然出来。从穴，卒声。

窕 tiǎo

窕，深肆极也①。从穴，兆声。读若挑。徒了切。

【译文】窕，深邃之极。从穴，兆声。音读像"挑"字。

【注释】①深肆：《尔雅·释言》："窕，肆也。"王引之《述闻》："窕、肆，皆谓深之极也。"可见"深肆"是同义复合。王筠《句读》："深肆，盖即深邃。"

穹 qióng

穹，穷也。从穴，弓声。去弓切。

【译文】穹，穷尽。从穴，弓声。

究 jiū

究①，穷也。从穴，九声。居又切。

【译文】究，穷尽。从穴，九声。

【注释】①究：《汉书·司马迁传》："当年不能究其礼。"颜师古注："究，尽也。"

窈 yǎo

窈，深远也。从穴，幼声。乌皎切。

【译文】窈，深远。从穴，幼声。

窀 zhūn

窀，葬之厚夕。从穴，屯声。《春秋传》曰："窀穸从先君于地下。"陟伦切。

【译文】窀，葬在长夜。从穴，屯声。《春秋左传》说："追随先君埋葬在地下。"

穸 xī

穸，窀穸也①。从穴，夕声。词亦切。

【译文】穸，窀穸。从穴，夕声。

【译文】竄，隐藏。由"鼠"在"穴"中会意。

【注释】①坠：当依徐锴《段注》作"匿"。

【注释】①窀穸：长夜。喻埋葬。人埋葬了，好比进入漫漫长夜，因谓窀穸为长夜。

寢部

寢 mèng

寢，寐而有觉也。从宀，从爿，夢声。《周礼》："以日月星辰占六寢之吉凶：一曰正寢，二曰噩寢，三曰思寢，四曰悟寢，五曰喜寢，六曰惧寢。"凡寢之属皆从寢。莫凤切。

【译文】寢，梦寐中如有知觉。由宀、由爿（chuáng）会意，夢声。《周礼》说："用日月星辰的变化来预测六种梦的吉和凶。第一种是正常的梦，第二种是因惊愕而梦，第三种是因思念而梦，第四种是因醒时有所见而梦，第五种是因喜悦而梦，第六种是因恐惧而梦。"大凡寢的部属都从寢。

寐 mèi

寐①，卧也。从寢省，未声。蜜二切。

【译文】寐，睡着。寢省梦为形符，未声。

【注释】①寐：《段注》："俗所谓睡着也。"朱骏声《通训定声》："在床曰寝，病寝曰寝，隐几曰卧，合目曰眠，眠而无知曰寐，坐寐曰睡，不脱冠带而眠曰假寐。"

寤 wù

寤，寐觉而有（信）[言]曰寤。从寢省，吾声。一曰：昼见而夜寢也。五故切。

【译文】寤，从睡眠中觉醒过来而又有话说，叫寤。寢省梦为形符，吾声。另一义说，白昼遇见的，夜晚梦见。

疒部

疒 nè

疒①，倚也。人有疾病，象倚箸之形。凡疒之属皆从疒。女戹切。

【译文】疒，倚靠。人有疾病，像靠着、挨着的样子。大凡疒的部属都从疒。

【注释】①疒：徐灏《段注笺》："丬即古床

字。"饶炯《部首订》："而以一象倚箸之形……指其义为疾病。"

痛 tòng

痛，病也。从疒，甬声。他贡切。

【译文】痛，病痛。从疒，甬声。

疾 jí

疾，病也①。从疒，矢声②。秦悉切。

【译文】疾，疾病。从疒，矢声。

【注释】①病：《段注》："析言之则病为疾加（重病），浑言之则疾亦病也。"②矢声：上古属脂部，疾属质部。

病 bìng

病，疾加也。从疒，丙声。皮命切。

【译文】病，轻病加重。从疒，丙声。

瘀 yù

瘀，积血。从疒，於声。依倨切。

【译文】瘀，积血。从疒，於声。

疛 fǔ

疛，偃病也①。从疒，付声。方矩切。

【译文】疛，俯伏的病。从疒，付声。

【注释】①偃病：余岩《古代疾病名候疏义》卷四："（疛偻），盖即今之脊椎后弯也，亦名龟背。"

痀 qú

痀，曲脊也。从疒，句声①。其俱切②。

【译文】痀，驼背。从疒，句声。

【注释】①句声：声中有义。句部："句，曲也。"②今读依《广韵》举朱切。

瘚 jué

瘚，屰气也。从疒，从屰，从欠。居月切。

【译文】瘚，气逆。由疒、由屰、由欠会意。

瘈 jì

瘈①，气不定也。从疒，季声。其季切。

【译文】瘈，气喘不定。从疒，季声。

【注释】① 瘈：《广韵·至韵》："瘈，病中恐也。"瘈是因心中恐惧而气喘不定。

痱 bèi

痱，风病也。从疒，非声。蒲罪切。

【译文】痱，中风病。从疒，非声。

瘤 liú

瘤①，肿也。从疒，留声。力求切。

【译文】瘤，肿瘤。从疒，留声。

【注释】① 瘤：《释名·释疾病》："瘤，流也。血流聚而生瘤肿也。"

痤 cuó

痤，小肿也。从疒，坐声。一曰族絫①。昨禾切。

【译文】痤，小的肿疖。从疒，坐声。又叫族絫。

【注释】① 族絫：王筠《句读》："谓痤一名族絫也。"《左传》释文：蠡，力果切，絫之音当如是。痤絫叠韵。短言之为痤，长言之为絫。"

疽 jū

疽①，痈也。从疒，且声。七余切。

【译文】疽，痈疽。从疒，且声。

【注释】① 疽：深陷的块状恶疮。徐锴《系传》："久痈也。"《正字通·疒部》："痈之深者曰疽，疽深而恶，痈浅而大。"

痁 shān

痁，有热疟。从疒，占声。《春秋传》曰："齐侯疥，遂痁。"失廉切。

【译文】痁，有热的疟疾。从疒，占声。《春秋左传》说："齐侯也患了疥疮，同时又患了热疟。"

痎 jiē

痎①，二日一发疟。从疒，亥声。古谐切。

【译文】痎，隔两天发作一次的疟疾。从疒，亥声。

【注释】① 痎：《段注》："今人谓间二日一发为大疟。"

痳 lín

痳①，疝病。从疒，林声。力寻切。

【译文】痳，小便难下的病。从疒，林声。

【注释】① 痳：《释名·释疾病》："痳，懔也。小便难，懔懔然也。"张舜徽《约注》："今俗称尿道内刺痛而小便难下者为淋病。"

痔 zhì

痔，后病也。从疒，寺声。直里切。

【译文】痔，肛门病。从疒，寺声。

痍 yí

痍，伤也。从疒，夷声。以脂切。

【译文】痍，创伤。从疒，夷声。

瘢 pán

瘢，痍也。从疒，般声。薄官切。

【译文】瘢，创伤（愈后的疤痕）。从疒，般声。

痕 hén

痕，胝瘢也①。从疒，艮声。户恩切。

【译文】痕，瘢痕。从疒，艮声。

【注释】① 胝：手脚掌上的厚皮，俗称茧巴。胝瘢：同义复合。

痉 jìng

痉①，强急也。从疒，巠声。其颈切。

【译文】痉，僵硬坚直。从疒，巠声。

【注释】①痉：徐锴《系传》："中寒体强（jiàng，僵硬）急（坚）也。"

痋 tóng

痋①，动（病）[痛]也。从疒，蟲省声。徒冬切。

【译文】痋，因跳动而痛。从疒，蟲省声。

【注释】①痋：《段注》："即疼字。"

疢 chèn

疢，热病也。从疒，从火。丑刃切。

【译文】疢，热病。由疒、由火会意。

瘅 dàn

瘅，劳病也①。从疒，單声。丁干、丁贺二切。

【译文】瘅，因疲劳而出现的病态。从疒，單声。

【注释】①劳病：王筠《句读》："凡《诗》、《书》言瘅，未有真是疾病者也。"故译为"病态"。

疸 dàn

疸，黄病也①。从疒，旦声。丁干切。

【译文】疸，黄疸病。从疒，旦声。

【注释】①黄病：张舜徽《约注》："今俗称黄胆病。""凡患是疾者，目黄、面黄、溲溺黄，故总名之曰黄病。"

痃 qiè

痃，病[小]息也①。从疒，夾声。苦叶切。

【译文】痃，病人气息微弱。从疒，夾声。

【注释】①病息：当依徐锴《系传》作"病小息"。王筠《句读》："小息即少气之谓也。"

痞 pǐ

痞①，痛也。从疒，否声。符鄙切。

【译文】痞，（因腹内结块而）痛。从疒，否声。

【注释】①痞：朱骏声《通训定声》："腹内结滞而痛。"

瘍 yì

瘍，胝瘍也①。从疒，易声。羊益切。

【译文】瘍，发狂的病。从疒，易声。

【注释】①胝瘍：王念孙《广雅疏证》："胝瘍，犹辟易也。《吴语》：'称疾辟易。'韦昭注云：'辟易，狂疾。'"

疲 pí

疲，劳也。从疒，皮声。符羁切。

【译文】疲，劳累。从疒，皮声。

疧 qí

疧，病也①。从疒，氏声。渠支切。

【译文】疧，病（不止）。从疒，氏声。

【注释】①病：徐锴《系传》作"病不翅"。徐灏《段注笺》："病不翅犹言病不止。"

疫 yì

疫①，民皆疾也。从疒，役省声。营只切。

【译文】疫，人们都传染成疾。从疒，役省声。

【注释】①疫：急性传染病。王筠《句读》引《字林》："病流行也。"

冖部

冖 mì

冖，覆也。从一下垂也。凡冖之属皆从冖。莫狄切。

【译文】冖，覆盖。由一向两边下垂。大凡冖的部属都从冖。

冠 guān

冠，絭也。所以絭发，弁冕之总名也。从冂，从元，元亦声。冠有法制，从寸。古丸切。

【译文】冠，卷束。是用来卷束头发的东西，是帽子的总名。由冖、由元会意，元也表声。戴帽子有尊卑法制，所以从寸。

冂部

冂 mǎo

冂，重覆也。从冖、一。凡冂之属皆从冂。读若㚅苺苺。莫保切。

【译文】冂，重复。由"冖"又重加"一"表示。大凡冂的部属都从冂。音读像草"苺"字。

同 tóng

同，合会也。从冂，从口。徒红切。

【译文】同，会合。由冂、由口会意。

冃部

冃 mào

冃，小儿蛮夷头衣也。从冂；二，其饰也。凡冃之属皆从冃。莫报切。

【译文】冃，小孩、蛮夷等少数民族头上的便帽。从冖，（表示覆盖的帽子）；二，帽子上的装饰物。大凡冃的部属都从冃。

冕 miǎn

冕①，大夫以上冠也。邃延、垂瑬、紞纩。从冃，免声。古者黄帝初作冕。亡辡切。

【译文】冕，大夫以上官员的礼帽。覆版长长，垂下玉瑬，又悬着充塞两耳的瑱玉。从冃，免声。古时候黄帝最初制作冕。

【注释】①冕：朱骏声《通训定声》："冕尊于弁，其制以木为干，广八寸，长倍之，前圆后方，前下后高，差一寸二分，有俛伏之形，故谓之冕。衣以三十升布，上元下繻，前后各十二旒，长六寸，饰以玉。"

胄 zhòu

胄，兜鍪也①。从冃，由声。直又切。

【译文】胄，头盔。从冃，由声。

【注释】①兜鍪：《段注》："兜部兜下曰：'兜鍪，首铠也。'按：古谓之胄，汉谓之兜鍪，今谓之盔。"

冒 mào

冒，冡而前也。从冃，从目。莫报切。

【译文】冒，蒙覆着前进。由冃、由目会意。

最 zuì

最，犯而取也，从冃，从取。祖外切。

【译文】最，冒犯而取之。由冃、由取会意。

㒳部

㒳 liǎng

㒳，再也。从冖，闕。《易》曰："参天㒳地。"凡㒳之属皆从㒳。良奖切。

【译文】㒳，两次。从冖，（屮的构形）闕。《易经》说："用'三'一类的奇数为天数，用'㒳'一类的偶数为地数。"大凡㒳的部属都从㒳。

两 liǎng

两，二十四铢为一两。从一；㒳，平分，亦声。良奖切。

【译文】两，二十四铢重为一两。从一，㒳，表示从中平分，也表声。

网部

网 wǎng

网，庖牺所结绳，以渔。从冖，下象网交文。凡网之属皆从网。文纺切。

【译文】网，庖牺氏结绳编织的工具，用以捕鱼。从冖，（表示蒙覆；）下面的㸚，像绳网交织的花纹。大凡网的部属都从网。

罩 zhào

罩①，捕鱼器也。从网，卓声。都教切。

【译文】罩，捕鱼竹笼。从网，卓声。

【注释】①罩：郝懿行《尔雅义疏》："今鱼罩皆以竹，形似鸡罩，渔人以手抑按于水中以取鱼。"

罾 zēng

罾，鱼网也。从网，曾声。作腾切。

【译文】罾，鱼网。从网，曾声。

罪 zuì

罪，捕鱼竹网。从网、非。秦以罪为辠字。徂贿切。

【译文】罪，捕鱼的竹网。由网、非会意。秦始皇用罪字代替辠字。

罽 jì

罽，鱼网也。从网，厥声。居例切。

【译文】罽，鱼网。从网，厥声。

罛 gū

罛，鱼罟也。从网，瓜声。《诗》曰："施罛濊濊。"古胡切。

【译文】罛，鱼网。从网，瓜声。《诗经》说："撒下鱼网，张目濊濊。"

罟 gǔ

罟①，网也。从网，古声。公户切。

【译文】罟，网罟。从网，古声。

【注释】①罟：网的通称。《周易·系辞下》："（庖牺氏）作结绳而为网罟，以佃以渔。"陆德明《经典释文》："取兽曰网，取鱼曰罟。"

罶 liǔ

罶，曲梁寡妇之笱①。鱼所留也。从网留，留亦声。力九切。

【译文】罶，弯曲的竹梁（空阙处安放的）连寡妇也能使用的笱。是鱼留滞的地方。由网、留会意，留也表声。

【注释】①寡妇句：萧凤仪说："此笱实竹器，与筐笼相似，口阔颈狭，腹大而长，无底，施之则以索束其尾，喉内编细竹而倒之，谓之曲薄，入则顺，出则逆，故鱼入其中而不能出，谓之罶者。罶从网从留，言能留鱼而不使去也。多就曲梁施之，以承其空。人不必入水，虽妇人亦能用。"

羅 luó

羅，以丝罟鸟也①。从网，从维。古者，芒氏初作罗。鲁何切。

【译文】羅，用丝网络缚鸟。由网、由维会意。古时候芒氏开始制作罗网。

【注释】①以丝句：丝指丝网。罟用作动词。

罦 fú

罦，兔罟也。从网，否声。缚牟切。

【译文】罦，捕兔网。从网，否声。

罜 hù

罜，[兔]罟也①。从网，互声。胡误切。

【译文】罜，（捕兔）网。从网，互声。

【注释】①罝：王筠《句读》："据上'罟'下'罝'补'兔'字。"《广韵·暮韵》："罝，兔网。"

罝 罝 jū

罝①，兔网也。从网，且声。子邪切②。

【译文】罝，捕兔网。从网，且声。

【注释】①罝：捕兔网。《诗经·周南·兔罝》："肃肃兔罝，椓之丁丁。" ② 今读依《集韵》子余切。

𦊵 𦊵 wǔ

𦊵，牖中网也。从网，舞声。文甫切。

【译文】𦊵，窗牖中的网络。从网，舞声。

署 署 shǔ

署，部署，有所网属。从网，者声。常恕切。

【译文】署，按部居处，各有系联、分属的地方。从网，者声。

罷 罷 bà

罷，遣有辠也。从网能，言有贤能而入网，而贳遣之。《周礼》曰："议能之辟。"薄蟹切。

【译文】罷，放遣有罪的人。由网、能会意，是说有贤能人进入法网，而赦免放遣他。《周礼》说："商议关于有才能的人的刑法。"

置 置 zhì

置，赦也。从网直①。陟吏切。

【译文】置，赦免。由网、直会意。

【注释】①从网直：直指正直人。网直与网能同。

罨 罨 ǎn

罨，覆也。从网，音声。乌感切。

【译文】罨，覆盖。从网，音声。

詈 詈 lì

詈，骂也。从网，从言。网辠人①。力智切。

【译文】詈，骂。由网、由言会意，表示搜罗罪人般的语言（骂人）。

【注释】①网辠人：网取包罗、搜罗义。一说，疑有缺误。

西部

西 西 xià

西，覆也。从冂，上下覆之。凡西之属皆从西①。呼讶切。

【译文】西，包覆。从冂，上（冂）下（凵）互相覆盖着。大凡西的部属都从西。

【注释】①西，王筠《句读》："冂是正冂，自上覆乎下；凵是倒冂，自下覆乎上。"《释例》："上又加一，如包物者重复裹之也。重复裹之，斯反覆矣。故部中字皆取反覆之义。"

覆 覆 fù

覆，覂也。一曰：盖也。从西，复声。敷救切。

【译文】覆，翻覆。另一义说，是覆盖。从西，复声。

巾部

巾 巾 jīn

巾，佩巾也①。从冂，丨象糸也。凡巾之属皆从巾。居银切。

【译文】巾，佩带的巾帛。从巾形的冂，丨像系佩的绳索。大凡巾的部属都从巾。

【注释】①佩巾：徐灏《段注笺》："巾以覆物……亦用拭物"，"因系于带，谓之佩巾。"

帥 帥 shuài

帥，佩巾也。从巾自[声]①。所律切。

【译文】帥，佩带的巾帛。从巾，自声。

【注释】①自：当依徐锴《系传》作"自声"，注："自即堆字。"

211

帨 shuì

帨，礼巾也。从巾，从执。输芮切。

【译文】帨，行礼所执巾帛。由巾、由执会意。

帗 bō

帗，一幅巾也①。从巾，发声。读若拨。北末切。

【译文】帗，一幅宽的巾帛。从巾，发声。音读像"拨"字。

【注释】①一幅巾：王筠《句读》："帛幅（宽）二尺四寸，比一幅为之，故曰一幅巾。"

牣 rèn

牣，枕巾也。从巾，刃声。而振切。

【译文】牣，枕巾。从巾，刃声。

幋 pán

幋，覆衣大巾。从巾，般声。或以为首磐。薄官切。

【译文】幋，覆盖在衣上的大巾帛。从巾，般声。有人认为幋是指头巾。

帤 rú

帤，巾帤也。从巾，如声。一曰：（币）[敝]巾①。女余切。

【译文】帤，巾帛。从巾，如声。另一义说，破旧的巾帛。

【注释】①币：当依《段注》作"敝"。

幣 bì

幣①，帛也。从巾，敝声。毗祭切。

【译文】幣，帛。从巾，敝声。

【注释】①幣：徐灏《段注笺》："币，本缯帛之名。因车马玉帛同为聘享之礼，故浑言之称币，引申之，货帛亦曰币。"

幅 fú

幅①，布帛广也。从巾，畐声。方六切。

【译文】幅，布帛的宽度。从巾，畐声。

【注释】①幅：王筠《句读》引《汉书·食货志》："布帛广二尺四寸为幅。"

幌 huāng

幌，设色之工，治丝练者。从巾，亢声。呼光切。

【译文】幌，染色的工匠，治丝治帛的人。从巾，亢声。

带 dài

带，绅也①。男子鞶带，妇人带丝。象系佩之形。佩必有巾，从巾②。当盖切。

【译文】带，大的衣带。男子佩皮革的衣带，妇人以丝为衣带。（带）像系佩的样子。佩一定有巾，所以从巾。

【注释】①绅：《段注》："古有大带，有革带；革带以系佩韨（丝带），而后加之大带，则革带统于大带，故许于绅于鞶，皆曰大带。"②从巾：徐锴《系传》作"从重巾"。

帻 zé

帻，发有巾曰帻。从巾，责声。侧革切。

【译文】帻，发有头巾包裹叫帻。从巾，责声。

帔 pèi

帔，弘农谓帬帔也①。从巾，皮声。披义切。

【译文】帔，弘农郡叫裙作帔。从巾，皮声。

【注释】①弘农：汉代郡名。管今河南的一部分和陕西的一部分。

常 cháng

常，下帬也①。从巾②，尚声。市羊切。

【译文】常，下身的裙子。从巾，尚声。

【注释】①下帬：王筠《句读》："汉谓裳为帬，而冠之以下者，帬亦为在上者之名，故言下以别之。"②从巾：徐锴《系传》："裳下直而垂，象巾，故从巾。"

帬 qún

帬，下裳也。从巾，君声。渠云切。

【译文】帬，下裳。从巾，君声。

幔 màn

幔①，幕也。从巾，曼声。莫半切。

【译文】幔，帐幕。从巾，曼声。

【注释】①幔：朱骏声《通训定声》："以巾弇蔽在上曰幔，在旁曰帷。"

帷 wéi

帷，在旁曰帷。从巾，隹声。洧悲切。

【译文】帷，围在四旁的帘幕叫帷。从巾，隹声。

帐 zhàng

帐①，张也。从巾，长声。知谅切。

【译文】帐，张（在床上）。从巾，长声。

【注释】①帐：《释名·释床帐》："张也。张施于床上也。"

幕 mù

幕，帷在上曰幕，覆食案亦曰幕。从巾，莫声。慕各切。

【译文】幕，帷幔遮盖在上面叫幕，蒙覆盛食物的几案也叫幕。从巾，莫声。

帖 tiè

帖①，帛书署也。从巾，占声。他叶切。

【译文】帖，帛上写的题签。从巾，占声。

【注释】①帖：《段注》："木部曰：'检，书署也。'木为之，谓之检；帛为之，谓之帖。皆谓标题，今人所谓签也。"

帙 zhì

帙，书衣也①。从巾，失声。直质切。

【译文】帙，书的封套。从巾，失声。

【注释】①书衣

《段注》："谓用裹书者，亦谓之幒，……今人曰函。"

幡 fān

幡，书儿拭觚布也①。从巾，番声。甫烦切。

【译文】幡，学习写字时儿童揩拭写字木简的布。从巾，番声。

飾 shì

飾，刷也①。从巾，从人，食声。读若式。一曰：襐飾。赏只切。

【译文】飾，刷拭。由巾、由人会意，食表声。音读像"式"字。另一义说，是首饰。

【注释】①刷：《段注》："凡物去其尘垢，即所以增其光采，故刷者，饰之本义。而凡踵事增华皆谓之饰，则其引伸之义也。"

帣 juàn

帣，囊也。今盐官三斛为一帣。从巾，养声。居倦切。

【译文】帣，囊袋。当今汉朝盐官之法，三斛为一帣。从巾，养声。

帚 zhǒu

帚，粪也。从又持巾埽门内。古者少康初作箕、帚、秫酒。少康，杜康也，葬长垣。支手切。

【译文】帚，扫除。由"又"（手）持握"巾"扫除"门"界之内会意。古时候少康开始制作筲箕、扫帚和秫酒。少康，就是杜康，葬在长垣。

席 xí

席，籍也。《礼》：天子、诸侯席，有黼绣纯饰。从巾，庶省[声]。祥易切。

【译文】席，铺垫（的席子）。《周礼》说：天子、诸侯的席子，有用黑白斧形图案绣边的装饰物。从巾，庶省声。

布 bù

布，枲织也。从巾，父声。博故切。

【译文】布，麻织品。从巾，父声。

帑 nú

帑，金币所藏也。从巾，奴声。乃都切。

【译文】帑，金帛收藏的地方。从巾，奴声。

輒 zhé

輒，领端也。从巾，耴声。陟叶切。

【译文】輒，衣领端。从巾，耴声。

市部

市 fú

市，韠也。上古衣蔽前而已，市以象之。天子朱市，诸侯赤市，大夫葱衡。从巾，象连带之形。凡市之属皆从市。分勿切。

【译文】市，蔽膝。是上古衣裳的遮前面的布韦罢了，用市来描绘它。天子，朱色的蔽膝；诸侯，赤色的蔽膝；大夫，青色的玉衡。从巾，（一）像连系皮革带的样子。大凡市的部属都从市。

袷 jiá

袷，士无市有袷。制如榼，缺四角。爵弁服，其色韎。贱不得与裳同。司农曰："裳，纁色。"从市，合声。古洽切。

【译文】袷，士人的蔽膝没有市而有袷。袷的制作，像酒榼，切削四角（而成八角）。（士人祭祀时）戴着雀形的帽子，穿着礼服，它们的颜色都是赤黄色。由于地位低贱，袷不能与下裳颜色相同。司农说："下裳，浅红色。"从市，合声。

帛部

帛 bó

帛，缯也。从巾，白声。凡帛之属皆从帛。旁陌切。

【译文】帛，缯帛。从巾，白声。大凡帛的部属都从帛。

锦 jǐn

锦，襄（邑）[色]织文。从帛，金声。居饮切。

【译文】锦，用五彩色织出各种花纹。从帛，金声。

白部

白 bái

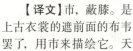

白，西方色也。阴用事，物色白。从入合二；二，阴数。凡白之属皆从白。旁陌切。

【译文】白，西方的颜色。在阴暗处用事，物体的颜色容易剥落为白色。字形由"入"字包含着"二"字构成；二，表示阴数。大凡白的部属都从白。

皎 jiǎo

皎，月之白也。从白，交声。《诗》曰："月出皎兮。"古了切。

【译文】皎，月光洁白。从白，交声。《诗经》说："月亮出来真皎洁啊。"

晓 xiǎo

晓，日之白也。从白，尧声。呼鸟切。

【译文】晓，阳光的洁白。从白，尧声。

皙 xī

皙，人色白也。从白，析声。无击切。

【译文】皙，人的肤色洁白。从白，析声。

皤 pó

皤，老人白也。从白，番声。《易》曰："贲如皤如。"薄波切。

【译文】皤，老人须发白。从白，番声。《易经》说："（马儿）有斑文，而又洁白。"

皬 hú

皬，鸟之白也。从白，隺声。胡沃切。

【译文】皬，鸟羽的洁白。从白，隺声。

皑 ái

皑，霜雪之白也。从白，豈声。五来切。

【译文】皑，霜雪的洁白。从白，豈声。

皅 pā

皅，艸华之白也。从白，巴声。普巴切。

【译文】皅，草花的洁白。从白，巴声。

皦 jiǎo

皦，玉石之白也。从白，敫声。古了切。

【译文】皦，玉石的洁白。从白，敫声。

皢 xì

皢，际见之白也。从白，上下小见。起戟切。

【译文】皢，隙缝里露现的光线洁白。由"白"字，由"白"字上下的"小"字体现。

皛 yǎo

皛，显也。从三白。读若皎。乌皎切。

【译文】皛，显明。由三个"白"字会意。音读像"皎"字。

㡀部

㡀 bì

㡀，败衣也。从巾，象衣败之形。凡㡀之属皆从㡀。毗祭切。

【译文】㡀，破旧的衣服。从巾，（八）像衣服破败的样子。大凡㡀的部属都从㡀。

敝 bì

敝，帗也①。一曰：败衣。从攴，从㡀，㡀亦声。毗祭切。

【译文】敝，一幅巾。另一义说，破败的衣服。由攴、由㡀会意，㡀也表声。

【注释】①帗也：《段注》："帗者，一幅巾也。"

黹部

黹 zhǐ

黹，箴缕所紩衣。从㡀，丵省。凡黹之属皆从黹。陟几切。

【译文】黹，针线所缝的衣服。由㡀，由丵省而会意。大凡黹的部属都从黹。

黼 chǔ

黼，合五采鲜色。从黹，虘声。《诗》曰："衣裳黼黼。"创举切。

【译文】黼，会合五彩鲜明的颜色。从黹，虘声。《诗经》说："衣裳楚楚鲜明。"

黼 fǔ

黼，白与黑相次文。从黹，甫声。方榘切。

【译文】黼，白色与黑色相间为序的花纹。从黹，甫声。

黻 fú

黻，黑与青相次文。从黹，犮声。分勿切。

【译文】黻，黑色与青色相间为序的花纹。从黹，犮声。

黺 zuì

黺，会五采缯（色）[也]。从黹，绝省声。子对切。

【译文】黺，会集五彩的缯帛。从黹，卒声。

人部

人 rén

人，天地之性最贵者也①。此籀文。象臂胫之形。凡人之属皆从人。如邻切。

【译文】人，天地中生物的最可宝贵的东西。这是籀文。像手臂腿胫的样子。

【注释】① 性：《段注》："性，古文以为生字。"

保 bǎo

保①，养也。从人，从采省。博衰切。

【译文】保，养育。由人，由采省会意。

【注释】① 保：小儿被，后来写作"褓"。《尚书·召诰》："夫知保抱携持厥妇子。"

僮 tóng

僮①，未冠也②。从人，童声。徒红切。

【译文】僮，未成年的男子。从人，童声。

【注释】① 僮：朱骏声《通训定声》："十九以下、八岁以上也。经传多以童为之。"② 冠（guàn）：冠礼、行冠礼，表示已经成人。《礼记·曲礼上》："男子二十冠而字。"

仁 rén

仁，亲也。从人，从二。如邻切。

【译文】仁，亲爱。由"人"、由"二"会意。

企 qǐ

企，举踵也。从人，止声①。去智切。

【译文】企，踮起脚跟。从人，止声。

【注释】① 止声：声中有义。

仞 rèn

仞，伸臂一寻，八尺。从人，刃声。而震切。

【译文】仞，伸直两臂叫一寻，长八尺。从人，刃声。

仕 shì

仕，学也①。从人，从士。鉏里切。

【译文】仕，学习（仕宦的事）。由人、由士会意。

【注释】① 学：徐灏《段注笺》："宀部：'宦，仕也。'此云'仕，学也。'是仕宦皆学习之义。学职事为宦。"

佩 pèi

佩，大带佩也①。从人，从凡②，从巾②。佩必有巾，巾谓之饰。蒲妹切。

【译文】佩，系在大衣带上的佩玉之类的装饰品。由人、由凡、由巾会意。佩物一定有巾，巾叫作饰。

【注释】① 大带佩：《段注》："谓佩必系于大带也。古者有大带，有革带，佩系于革带。革带统于大带也。"② 从人句：《段注》："从人者，人所以利用也。从凡者，所谓无所不佩也。从巾者，其一耑（端）也。"

儒 rú

儒，柔也。术士之偁。从人，需声。人朱切。

【译文】儒，性格柔和的人。又是道术之士的名称。从人，需声。

伉 kàng

伉①，人名。从人，亢声。《论语》有陈伉②。苦浪切。

【译文】伉，人名。从人，亢声。《论语》中有陈伉这个人。

【注释】① 伉：敌对，对抗。《战国策·秦策》："天下莫之能伉。"高诱注："伉，对也。"② 陈伉：字子禽。见《学而篇》。今本"伉"作"亢"。

216

俊 jùn

俊，材千人也。从人，夋声。子峻切。

【译文】俊，才智超过千人。从人，夋声。

伯 bó

伯，长也。从人，白声。博陌切。

【译文】伯，长。从人，白声。

仲 zhòng

仲，中也。从人，从中，中亦声。直众切。

【译文】仲，中。由人，由中会意，中也表声。

伊 yī

伊，殷圣人阿衡，尹治天下者。从人，从尹。于脂切。

【译文】伊，殷朝的圣人阿衡，正确治理天下的人。由人、由尹会意。

偰 xiè

偰，高辛氏之子，尧司徒，殷之先。从人，契声。私列切。

【译文】偰，高辛氏的儿子，尧的司徒官，殷代的祖先。从人，契声。

倩 qiàn

倩，人字。从人，青声。东齐壻谓之倩。仓见切。

【译文】倩，人的"字"。从人，青声。东齐地方壻叫作倩。

伃 yú

伃，妇官也①。从人，予声。以诸切。

【译文】伃，妇人的官名。从人，予声。

【注释】①妇官：婕伃。又作婕妤。《汉书·外戚传》："妇官十四等，婕伃视上卿（按上卿对待），比列侯。"

倓 tán

倓，安也。从人，炎声。读若谈。徒甘切。

【译文】倓，安然不疑。从人，炎声。音读像"谈"字。

忪 zhōng

忪，志及众也。从人，公声。职茸切。

【译文】忪，志向顾及众人。从人，公声。

儇 xuān

儇，慧也。从人，睘声。许缘切。

【译文】儇，小聪明。从人，睘声。

侚 xùn

侚，疾也。从人，旬声。辞闰切。

【译文】侚，疾速。从人，旬声。

佳 jiā

佳，善也。从人，圭声。古膎切。

【译文】佳，美好。从人，圭声。

伟 wěi

伟，奇也。从人，韦声。于鬼切。

【译文】伟，奇异。从人，韦声。

份 bīn

份，文质（借）[备]也①。从人，分声。《论语》曰："文质份份。"府巾切。

【译文】份，形式和内容兼备。从人，分声。《论语》说："文彩和质地，那么齐备。"

【注释】①借：钮树玉《校录》："宋本备作借，误。"徐锴《系传》："（文质备），文质相半也。"

倭 wēi

倭，顺皃。从人，委声。《诗》曰①："周道倭迟。"于为切。

【译文】倭，顺从的样子。从人，委声。《诗经》说："大路总是那么弯弯曲曲。"

【注释】①《诗》：指《诗经·小雅·四牡》。倭迟：连绵词。路迂曲貌。

俟 sì

俟,大也。从人,矣声。《诗》曰:"伾伾俟俟。"床史切。

【译文】俟,大。从人,矣声。《诗经》说:"有力而且壮大。"

侗 tōng

侗,大皃。从人,同声。《诗》曰:"神罔时侗。"他红切。

【译文】侗,大的样子。从人,同声。《诗经》说:"神明没有什么时间悲痛。"

健 jiàn

健,伉也。从人,建声。渠建切。

【译文】健,强壮有力。从人,建声。

伴 bàn

伴,大皃。从人,半声。薄满切。

【译文】伴,大的样子。从人,半声。

俺 yè

俺,大也。从人,奄声。于业切。

【译文】俺,大。从人,奄声。

儆 jǐng

儆,戒也。从人,敬声。《春秋传》曰:"儆宫。"居影切。

【译文】儆,戒备。从人,敬声。《春秋左传》说:"在宫廷内警戒。"

俶 chù

俶,善也。从人,叔声。《诗》曰:"令终有俶。"一曰:始也。昌六切。

【译文】俶,美好。从人,叔声。《诗经》说:"有善终必有善始。"另一义说,俶是始。

傭 yōng

傭,均直也。从人,庸声。余封切。

【译文】傭,平均,工钱。从人,庸声。

僾 ài

僾,仿佛也。从人,爱声。《诗》曰:"僾而不见。"乌代切。

【译文】僾,(所见)依稀不分明。从人,爱声。《诗经》说:"(那可爱的人儿)隐蔽起来了,我不能见着。"

仿 fǎng

仿,相似也。从人,方声。妃罔切。

【译文】仿,相似。从人,方声。

佛 fú

佛,见不审也。从人,弗声。敷勿切。

【译文】佛,看不清楚。从人,弗声。

佗 tuó

佗①,负何也。从人,它声。徒何切。

【译文】佗,用背负载物体。从人,它声。

【注释】①佗:朱骏声《通讯定声》:"本训为人负物,故畜产载负亦曰佗。俗字作驼,作驮"《段注》:"隶变佗为他,用为彼之称。"

何 hé

何,儋也。从人,可声。胡歌切。

【译文】何,担荷。从人,可声。

儋 dān

儋①,何也。从人,詹声。都甘切。

【译文】儋,肩荷。从人,詹声。

【注释】①儋:《段注》:"儋俗作担。韦昭《齐语》注曰:'背曰负;肩曰儋;任,抱也;何,揭也。'按:统言之,则以肩、以手、以背、以首,皆得云儋也。"

供 gōng

供,设也。从人,共声。一曰:供给。俱

容切。

　　【译文】供，摆设。从人，共声。另一义说，（供）是供给。

位 wèi

　　位，列中庭之左右谓之位①。从人立。于备切。

　　【译文】位，排列在朝廷中的左右位置叫作位。由人立会意。

　　【注释】①庭：《段注》作"廷"。《段注》："中廷犹言廷中。古者朝不屋，无堂阶，故谓之朝廷。"

伦 lún

　　伦，辈也。从人，侖声。一曰：道也。（田）[力] 屯切①。

　　【译文】伦，辈。从人，侖声。另一义说，伦是道理。

　　【注释】①田：乃"力"之误。

侪 chái

　　侪，等辈也。从人，齊声。《春秋传》曰："吾侪小人。"仕皆切。

　　【译文】侪，等同之辈。从人，齊声。《春秋左传》说："我们这辈小人。"

伴 móu

　　伴，齐等也。从人，牟声。莫浮切。

　　【译文】伴，均齐等同。从人，牟声。

偕 xié

　　偕，强也。从人，皆声。《诗》曰："偕偕士子。"一曰：俱也。古谐切。

　　【译文】偕，强壮。从人，皆声。《诗经》说："强壮啊，那些在职的官员。"另一义说，偕是共同。

俱 jù

　　俱，偕也。从人，具声。举朱切。

　　【译文】俱，共同。从人，具声。

併 bìng

　　併①，并也。从人，并声。卑正切。

　　【译文】併，并列。从人，并声。

　　【注释】①併：并列。《礼记·祭义》："行肩而不併。"孔颖达注："谓老少并行，言肩臂不得并行。"併引申为一起。《汉书·贾谊传》："高皇帝与诸公併起。"颜师古注："併，骏杂也。"

儹 zǎn

　　儹，（最）[冣]也①。从人，赞声。作管切。

　　【译文】儹，聚集。从人，赞声。

　　【注释】①最：当依《段注》作"冣"。《广韵·缓韵》曰："儹，聚也。"冣、聚，古通用。

傅 fù

　　傅，相也。从人，専声。方遇切。

　　【译文】傅，辅佐。从人，専声。

伐 chì

　　伐，惕也。从人，式声。《春秋国语》曰："于其心伐然。"耻力切。

　　【译文】伐，惊恐不安。从人，式声。《春秋国语》说："在他的心里总是惊恐不安的。"

傅 fǔ

　　傅，辅也①。从人，甫声。读若抚。芳武切。

　　【译文】傅，辅佐。从人，甫声。音读像"抚"字。

　　【注释】①辅：《段注》："谓人之傅犹车之辅也。"

倚 yǐ

　　倚，依也。从人，奇声。于绮切。

　　【译文】倚，依靠（物体）。从人，奇声。

依 依 yī

依，倚也。从人，衣声。于稀切。

【译文】依，倚靠。从人，衣声。

仍 仍 réng

仍，因也。从人，乃声。如乘切。

【译文】仍，依就。从人，乃声。

佽 佽 cì

佽，便利也。从人，次声。《诗》曰[1]："决拾既佽。"一曰：遞也。七四切。

【译文】佽，便利。从人，次声。《诗经》说："右手大拇指上的扳指和左臂上皮制护袖已是十分便利。"另一义说，佽是顺次。

【注释】①《诗》：指《诗经·小雅·车攻》。决：戴在右手大拇指上的骨制套子，射箭时用以钩弦，俗称扳指。拾：射箭时套在左臂上的皮制护袖。

佴 佴 èr

佴，佽也。从人，耳声。仍吏切。

【译文】佴，次第。从人，耳声。

倢 倢 jié

倢，佽也。从人，妻声。子叶切。

【译文】佽，便捷。从人，妻声。

侍 侍 shì

侍，承也。从人，寺声。时吏切。

【译文】侍，承奉。从人，寺声。

傾 傾 qīng

傾，仄也。从人，从頃，頃亦声。去营切。

【译文】傾，偏斜。由人、由頃会意，頃也表声。

側 侧 cè

侧，旁也。从人，则声。阻力切。

【译文】侧，旁边。从人，则声。

侐 侐 xù

侐，静也。从人，血声。《诗》曰："閟宫有侐。"况逼切。

【译文】侐，清静。从人，血声。《诗经》说："神宫多么清静。"

付 付 fù

付，与也。从（寸）[又]持物对人[1]。方遇切。

【译文】付，交授。由"又"（手）持握着物对着"人"会意。

【注释】①从寸：依桂馥《义证》："从又"。又持物对人。又是手。又下一画即物。

僤 僤 tán

僤，僤何也[1]。从人，亶声。徒干切。

【译文】僤，僤回。从人，亶声。

【注释】①僤何：《段注》："或当作僤回。"僤回又作僤個，即徘徊不进。

仰 仰 yǎng

仰，举也。从人，从卬。鱼两切。

【译文】仰，抬头。由人，由卬会意。

伍 伍 wǔ

伍，相参伍也。从人，从五。疑古切。

【译文】伍，或三或五以相错杂交互。由人、由五会意。

什 什 shí

什，相什保也。从人十。是执切。

【译文】什，以十户或十人为单位，相互担保。由人、十会意。

佸 佸 kuò

佸，会也。从人，昏声。《诗》曰："曷其有佸？"一曰：佸佸，力皃。古活切。

【译文】佸，相会。从人，昏声。《诗经》说："什么时候该有相会之期？"另一义说，佸佸，有力的样子。

佰 bǎi

佰，相什佰也。从人百。博陌切。

【译文】佰，以百户或百人为单位，（相互担保。）由人、百会意。

作 zuò

作①，起也。从人，从乍。则洛切。

【译文】作，起立。由人、由乍会意。

【注释】① 作：站起来。《论语·先进》："鼓瑟希，铿尔舍瑟而作。"

假 gé

假，非真也。从人，叚声。一曰：至也。《虞书》曰①："假于上下。"古頟切。

【译文】假，不真实。从人，叚声。另一义说：假是到。《虞书》说："到达天地。"

【注释】①《虞书》：指《尧典》。

借 jiè

借，假也。从人，昔声。资昔切。

【译文】借，借用（非己真有的物品）。从人，昔声。

儥 yù

儥，卖也。从人，賣声。余六切。

【译文】儥，出卖。从人，賣声。

侵 qīn

侵，渐进也。从人又持帚。若埽之进；又，手也。七林切。

【译文】侵，渐进。由"人""又"（手）持握着"帚"会意。（帚）好像用扫帚清埽而前进；又，表示手。

候 hòu

候，伺望也。从人，矦声。胡遘切。

【译文】候，观察守望。从人，矦声。

償 cháng

償，还也。从人，賞声。食章切。

【译文】償，归还。从人，賞声。

僅 jǐn

僅，材能也。从人，堇声。渠吝切。

【译文】僅，才能够。从人，堇声。

代 dài

代，更也。从人，弋声。徒耐切。

【译文】代，更替。从人，弋声。

儀 yí

儀，度也。从人，義声。鱼羁切。

【译文】儀，法度。从人，義声。

傍 bàng

傍，近也。从人，旁声。步光切。

【译文】傍，靠近。从人，旁声。

佀 sì

佀，象也。从人，㠯声。详里切。

【译文】佀，相像。从人，㠯声。

任 rén

任，（符）[保]也①。从人，壬声。如林切。

【译文】任，保举。从人，壬声。

【注释】① 符：当依徐锴《系传》作"保"。徐注："相保任也。"

便 pián

便，安也。人有不便，更之。从人更。房连切。

【译文】便，安适。人有不安适之处，就变更它。由人、更会意。

倩 qiàn

倩，臂谕也。一曰："间见。从人，从見。

《诗》曰：“俔天之妹。”苦甸切。

【译文】俔，譬喻。另一义说，从空隙中（乍然）看见。由人、由见会意。《诗经》说：“（大国有女儿，）好像上天的妹妹。”

優 優 yōu

優，饶也。从人，憂声。一曰：倡也。于求切。

【译文】優，宽裕。从人，憂声。另一义说，是俳优。

儉 儉 jiǎn

儉，约也。从人，僉声。巨险切。

【译文】儉，行为约束。从人，僉声。

俗 俗 sú

俗，习也。从人，谷声。似足切。

【译文】俗，习惯，从人，谷声。

俾 俾 bǐ

俾，益也。从人，卑声。一曰：俾，门侍人。并弭切。

【译文】俾，增益。从人，卑声。另一义说，俾是守门人。

偭 偭 miàn

偭，乡也。从人，面声。《少仪》曰：“尊壶者偭其鼻。”弥箭切。

【译文】偭，面向。从人，面声。《少仪》说：“酒尊和酒壶都将它们的巴鼻面向（设尊的人）。”

倪 倪 ní

倪，俾也。从人，兒声。五鸡切。

【译文】倪，裨益。从人，兒声。

億 億 yì

億，安也。从人，意声。于力切。

【译文】億，安。从人，意声。

使 使 shǐ

使，伶也。从人，吏声。疏士切。

【译文】使，命令。从人，吏声。

伶 伶 líng

伶，弄也。从人，令声。益州有建伶县。郎丁切。

【译文】伶，戏弄。从人，令声。益州郡有建伶县。

儷 儷 lí

儷，棽儷也。从人，麗声。吕支切。

【译文】儷，棽儷。从人，麗声。

傳 傳 zhuàn

傳，遽也。从人，專声。直恋切。

【译文】傳，传车驿马。从人，專声。

倌 倌 guàn

倌，小臣也。从人，从官。《诗》曰：“命彼倌人。”古患切。

【译文】倌，地位低下的臣仆。由人、由官会意。《诗经》说：“命令那主管车马的臣仆。”

价 价 jiè

价，善也。从人，介声。《诗》曰：“价人惟藩。”古拜切。

【译文】价，善。从人，介声。《诗经》说：“善人就是国家的藩篱。”

仔 仔 zī

仔，克也。从人，子声。子之切。

【译文】仔，肩任。从人，子声。

伸 伸 shēn

伸，屈伸。从人，申声。失人切。

【译文】伸，弯曲和伸展的伸。从人，申声。

僭 jiàn

僭，假也。从人，朁声。子念切。

【译文】僭，（下级）假冒（上级的职权）。从人，朁声。

倍 bèi

倍，反也。从人，音声。薄亥切。

【译文】倍，违反。从人，音声。

傿 yàn

傿，引为贾也。从人，焉声。于建切。

【译文】傿，夸大成价。从人，焉声。

偏 piān

偏，颇也。从人，扁声。芳连切。

【译文】偏，偏斜。从人，扁声。

佃 diàn

佃，中也。从人，田声。《春秋传》曰："乘中佃。"一辕车。堂练切。

【译文】佃，中等车乘（shèng）。从人，田声。《春秋左传》说："驾着中等车乘。"（中等车乘）是一辕夹在两马之中的车。

僻 pì

僻，避也。从人，辟声。《诗》曰："宛如左僻。"一曰：从旁牵也。普击切。

【译文】僻，避开。从人，辟声。《诗经》说："宛转地回避。"另一义说，从旁边牵掣。

侈 chǐ

侈，掩胁也。从人，多声。一曰：奢也。尺氏切。

【译文】侈，蒙蔽在上位的，胁迫控制其他人。从人，多声。另一义说，是奢侈。

伪 wèi

伪，诈也。从人，为声。危睡切。

【译文】伪，欺诈。从人，为声。

倡 chàng

倡，乐也。从人，昌声。尺亮切。

【译文】倡，（歌舞）乐人。从人，昌声。

俳 pái

俳，戏也。从人，非声。步皆切。

【译文】俳，杂戏。从人，非声。

俄 é

俄，行顷也。从人，我声。《诗》曰："仄弁之俄。"五何切。

【译文】俄，行步而头倾侧。从人，我声。《诗经》说："歪戴着的帽子是那样地倾斜。"

侮 wǔ

侮，（伤）[慯]也。从人，每声。文甫切。

【译文】侮，轻慢。从人，每声。

僵 jiāng

僵，偾也。从人，畺声。居良切。

【译文】僵，倒地。从人，畺声。

仆 pú

仆，顿也。从人，卜声。芳遇切。

【译文】仆，以头叩地。从人，卜声。

偃 yǎn

偃，僵也。从人，匽声。于蹇切。

【译文】偃，仰卧。从人，匽声。

侉 kuā

侉，备词。从人，夸声。苦瓜切。

【译文】侉，表示疲惫的虚词。从人，夸声。

催 cuī

催，相（俦）[擣]也。从人，崔声。《诗》曰："室人交遍催我。"仓回切。

【译文】催，相迫促。从人，崔声。《诗经》

说："家里的人一个接着一个都来讥刺我。"

伏 fú

伏①，司也②。从人，从犬③。房六切。

【译文】伏，伺候。由人、由犬会意。

【注释】①伏：埋伏。《周易·同人》："九三，伏戎于莽，升其高陵。"②司：今伺字。③从人，从犬：《段注》："小徐本有'犬司人'，谓犬伺人而吠之。"

俑 yǒng

俑，痛也。从人，甬声。他红切。又，余陇切。

【译文】俑，痛。从人，甬声。

係 xì

係①，絜束也。从人，从系，系亦声。胡计切。

【译文】系，用麻绳围束。由人、由系会意，系也表声。

【注释】①係：捆绑。《左传·僖公二十五年》："秦人过析隈，入而系舆人。"杜预注："系，缚也。"

伐 fá

伐，击也。从人持戈。一曰：败也。房越切。

【译文】伐，击杀。由"人"持握"戈"会意。另一义说，是败坏。

促 cù

促，迫也。从人，足声。七玉切。

【译文】促，急迫。从人，足声。

例 lì

例，比也。从人，列声。力制切。

【译文】例，类。从人，列声。

俘 fū

俘，军所获也。从人，孚声。《春秋传》曰："以为俘聝。"芳无切。

【译文】俘，军队擒获的敌人。从人，孚声。《春秋左传》说："以至成为您的俘虏。"

但 dàn

但，裼也。从人，旦声。徒旱切。

【译文】但，（上身）肉外现，无衣。从人，旦声。

伛 yǔ

伛，偻也。从人，区声。于武切。

【译文】伛，驼背。从人，区声。

偻 lǚ

偻，尪也。从人，娄声。周公韤偻，或言背偻。力主切。

【译文】偻，背脊弯曲。从人，娄声。周公韤偻，或说成"背"脊伛"偻"。

僇 liù

僇，痴行僇僇也。从人，翏声。读若雡。一曰：且也。力救切。

【译文】僇，痴病者行走，僇僇迟缓。从人，翏声。音读像"雡"字。另一义说，僇是聊且。

仇 qiú

仇，雠也。从人，九声。巨鸠切。

【译文】仇，配偶。从人，九声。

儡 léi

儡，相败也。从人，畾声。读若雷。鲁回切。

【译文】儡，容颜败坏。从人，畾声。音读像"雷"字。

咎 jiù

咎，灾也。从人，从各。各者，相违也。其久切。

【译文】咎，灾祸。由人、由各会意。各，表示相违背。

值 zhí

值，措也。从人，直声。直吏切。

【译文】值，措置。从人，直声。

像 xiàng

像，象也。从人，象亦声。读若养。徐两切。

【译文】像，像似。由人、由象会意，象也表声。音读像"养"字。

倦 juàn

倦，罢也。从人，卷声。渠眷切。

【译文】倦，疲劳。从人，卷声。

偶 ǒu

偶，桐人也。从人，禺声。五口切。

【译文】偶，桐木雕的人像。从人，禺声。

弔 diào

弔，问终也。古之葬者，厚衣之以薪。从人持弓，会驱禽。多啸切。

【译文】弔，慰问死丧。古代的安葬，用柴薪厚厚地覆盖着尸体。由"人"持握着"弓"，会合驱赶禽兽之意。

佋 zhāo

佋，庙佋穆。父为佋，南面。子为穆，北面。从人，召声。市招切。

【译文】佋，宗庙排列的佋、穆次序。（始祖庙居中，）父庙为佋，（居左）面向南方。子庙为穆，（居右）面向北方。从人，召声。

七部

七 huà

七，变也。从到人。凡七之属皆从七。呼跨切。

【译文】七，变化。由倒着的人字表示。大凡七的部属都从七。

化 huà

化，教行也①。从七，从人，七亦声。呼跨切。

【译文】化，教化实行。由七、由人会意，七也表声。

【注释】① 教行：《段注》："教行于上则化成于下。"徐灏笺："教化者。移风易俗之义。"

真 zhēn

真，僊人变形而登天也。从七，从目，从乚；八，所乘载也。侧邻切。

【译文】真，长生不死的人变化形体而升天。由七、由目、由乚会意；八，是乘坐的风云之类的工具。

匕部

匕 bǐ

匕，相与比叙也。从反人。匕，亦所以（用比）取饭，一名栖。凡匕之属皆从匕。卑履切。

【译文】匕，一起比较而排列次第。由反向的人字表示。匕，也是用来舀取饭食的勺匙，又叫栖。大凡匕的部属都从匕。

匙 chí

匙，匕也。从匕，是声。是支切。

【译文】匙，匕勺。从匕，是声。

頃 qīng

頃，头不正也。从匕，从頁。去营切。

【译文】頃，头不正。由匕、由頁会意。

卬 áng

卬，望，欲有所庶及也。从匕，从卪。《诗》曰："高山卬止。"伍冈切。

【译文】卬，仰望，希望有可能达到这种境界。由匕、由卪会意。《诗经》说："高山，要仰望啊。"

卓 zhuó

卓，高也。早匕为卓，匕卪为卬，皆同义。竹角切。

【译文】卓，高。早、匕成卓字，匕、卪成卬字，从匕都同义。

艮 gèn

艮，很也。从匕目。匕目，犹目相匕，不相下也。《易》曰："艮其限。"匕目为艮，七目为真也。古恨切。

【译文】艮，互不听从，停滞不前。由匕目会意。"匕目"的意思，好比两人怒目相视，互不相让。《易经》说："目光停止在腰部的界限上。"匕、目会意成艮字，匕、目会意成真字。

从部

从 cóng

从，相听也[1]。从二人。凡从之属都从从。疾容切。

【译文】从，相听从。由两个人字相随会意。大凡从的部属都从从。

【注释】① 相听也：犹相从。

從 cóng

從，随行也。从辵，从从，从亦声。慈用切。

【译文】從，跟随行走。由辵、由从会意，从也表声。

并 bìng

并，相从也。从从，开声。一曰：从持二为并[1]。府盈切。

【译文】并，相跟随。从从，开（jiān）声。另一义说，"从"持握着"二"为并。

【注释】① 从持句：《段注》："二人持二竿，是人持一竿，并合之意。"

比部

比 bǐ

比，密也。二人为从，反从为比。凡比之属皆从比。毗至切。

【译文】比，亲密。两个"人"字相随为"从"，把"从"字反过来成了"比"。大凡比的部属都从比。

毖 bì

毖，慎也。从比，必声。《周书》曰："无毖于卹。"兵媚切。

【译文】毖，谨慎。从比，必声。《周书》说："不要被忧患吓倒。"

北部

北 běi

北，乖也[1]。从二人相背。凡北之属皆从北。博墨切。

【译文】北，违背。由两个"人"字背靠背表示。大凡北的部属都从北。

【注释】① 乖：相违背。

冀 jì

冀，北方州也。从北，異声。几利切。

【译文】冀，北方的州名。从北，異声。

丘部

丘 qiū

丘，土之高也，非人所为也。从北，从一。一，地也，人居在丘南，故从北。中邦之居，在昆崙东南。一曰：四方高，中央下为丘。象形，凡丘之属皆从丘。去鸠切。

【译文】丘，高高的土堆，不是人力堆造的。由北、由一会意。一表示地。人们住在丘南面，所以由"北"字表意。中国的集居，在昆崙山的东南。另一说说，四方高而中央低下叫丘。象形。大凡丘的部属都从丘。

虚 xū

虚，大丘也。昆崙丘谓之昆崙虚。古者九夫为井，四井为邑，四邑为丘。丘谓之虚。从丘，虍声。丘如切。又，朽居切。

【译文】虚，大丘。昆崙丘叫作昆崙虚。古时侯，九个成年男子成一井，四井成一邑，四邑成一丘。丘又叫作虚。从丘，虍声。

似部

似 yín

似，众立也。从三人。凡似之属皆从似。读若钦崟。鱼音切。

【译文】似众人并立。由三个"人"字并立。大凡似的部属都从似。音读像"钦崟"的"崟"字。

聚 jù

聚，会也。从似，取声。邑落云聚。才句切。

【译文】聚，会合。从似，取声。乡邑中村落叫作聚。

眾 zhòng

眾①，多也。从似目，眾意。之仲切。

【译文】眾，多。由似、目会合众多的意思。

【注释】①眾：许多人。《左传·襄公十年》："众怒难犯。"

壬部

壬 tǐng

壬，善也。从人士；士，事也。一曰：象物出地，挺生也。凡壬之属皆从壬。他鼎切。

【译文】壬，善好。由人、士会意，士就是办事。另一义说，像植物长出地面，挺然而生的样子。大凡壬的部属都从壬。

徵 zhēng

徵，召也。[从壬，] 从微省，壬为徵。行于微而（文）[闻]达者，即征之。陟陵切。

【译文】徵，征召。由壬、由微省会意。壬是古征字。行为隐蔽而声望显达挺著于外的人，就征召他。

重部

重 zhòng

重，厚也①。从壬，東声。凡重之属皆从重。柱用切。

【译文】重，厚重。从壬，東声。大凡重的部属都从重。

【注释】①厚：《段注》："厚斯重矣。引申之为郑重、重叠。

量 liáng

量，称轻重也。从重省，曐省声。吕张切。

【译文】量，称轻重。由重省亻为形旁，曐省乡为声旁。

卧部

卧 wò

卧，休也。从人臣，取其伏也。凡卧之属皆从卧。吾货切。

【译文】卧，休息。由人、臣会意，取"臣"字屈伏之意。大凡卧的部属都从卧。

监 jiān

监①，临下也。从卧，䘓省声。古衔切。

【译文】监，居上视下。从卧，䘓省声。

【注释】① 监：《书·酒诰》："古人有言曰：'人无于水监，当于民监。'"

临 lín

临①，监临也。从卧，品声。力寻切。

【译文】临，临下监视。从卧，品声。

【注释】① 临：从高处往下看。《诗经·小雅·小旻》："战战兢兢，如临深渊。"

身部

身 shēn

身①，躳也。象人之身。从人，厂声。凡身之属皆从身。失人切。

【译文】身，全身躯。像人的身躯。从人，厂声。大凡身的部属都从身。

【注释】① 身：有了身子。《诗经·大雅·大明》："大任有身，生此文王。"

軀 qū

軀，体也。从身，區声。岂俱切。

【译文】軀，身体。从身，區声。

月部

月 yī

月，归也。从反身。凡月之属皆从月。于机切。

【译文】月，归依。由身字反向表示。大凡月的部属都从月。

殷 yīn

殷，作乐之盛称殷。从月，从殳。《易》曰："殷荐之上帝。"于身切。

【译文】殷，制作盛大乐舞叫殷。由月、由殳会意。《易经》说："用这盛大的乐舞奉献给上帝。"

衣部

衣 yī

衣，依也。上曰衣，下曰裳。象覆二人之形。凡衣之属皆从衣。于稀切。

【译文】衣，（人们）依赖（其遮体身体）。上身穿的叫衣，下身穿的叫裳。像（用"人"）覆盖两个"人"字的形状。大凡衣的部属都叫衣。

裁 cái

裁，制衣也。从衣，㦰声。昨哉切。

【译文】裁，剪裁衣服。从衣，㦰声。

袞 gǔn

袞，天子享先王，卷龙绣于下幅，一龙蟠阿上乡。从衣，公声。古本切。

【译文】袞，天子用食物供奉先王之灵，卷曲的龙绣在龙衣的下面一幅，一条龙弯弯曲曲昂首向上。从衣，公声。

襁 襁 jiǎng

襁，负儿衣。从衣，强声。居两切。

【译文】襁，背负婴儿的衣物。从衣，强声。

衽 衽 rěn

衽，衣裣也①。从衣，壬声。如甚切。

【译文】衽，衣襟。从衣，壬声。

【注释】①裣：后作襟，指衣服胸前交领部分，也指衣的两旁掩盖下裳与上衣交际的地方。

褛 褛 lǚ

褛，衽也。从衣，娄声。力主切。

【译文】褛，衣襟。从衣，娄声。

襲 襲 xí

襲，左衽袍。从衣，龍省声。似入切。

【译文】襲，（死者穿的）衣襟在左边的内衣。从衣，龍省声。

袍 袍 páo

袍①，襺也。从衣，包声。《论语》曰："衣弊缊袍。"薄褒切。

【译文】袍，有夹层、中装绵絮的长衣。从衣，包声。《论语》说："穿着破烂的旧丝绵袍子。"

【注释】①袍：徐灏《段注笺》："此云：'袍，茧也。'浑言之。"

袤 袤 mào

袤，衣带以上。从衣，矛声。一曰：南北曰袤，东西曰广。莫候切。

【译文】袤，衣带以上。从衣，矛声。另一义说：南北之间的距离叫袤，东西之间叫广。

衹 衹 dī

衹，衹裯，短衣。从衣，氏声。都兮切。

【译文】衹，衹裯，短衣。从衣，氏声。

裯 裯 dāo

裯，衣袂，祗裯。从衣，周声。都牢切。

【译文】裯，衣袖；短衣。从衣，周声。

襤 襤 lán

襤，裯谓之襤褛。襤，无缘也。从衣，監声。鲁甘切。

【译文】襤，衣被破败叫作襤褛。（又，）襤，无边饰的衣服。从衣，監声。

袂 袂 mèi

袂，袖也。从衣，夬声。弥弊切。

【译文】袂，衣袖。从衣，夬声。

祛 祛 qū

祛，衣袂也。从衣，去声。一曰：祛，褱也；褱者，袌也。祛，尺二寸。《春秋传》曰："披斩其祛。"去鱼切。

【译文】祛，衣袖。从衣，去声。另一义说，祛，怀；怀，怀抱。袖（口直径），长一尺二寸。《春秋左传》说："（宦官）披斩断他的衣袖。"

褌 褌 duò

褌，无袂衣谓之褌。从衣，惰省声。徒卧切。

【译文】褌，无袖衣叫作褌。从衣，惰省声。

裾 裾 jū

裾，衣（袍）[褱]也。从衣，居声。读与居同。九鱼切。

【译文】裾，衣服的前襟。从衣，居声。音读与"居"同。

複 複 fú

複，重衣皃。从衣，复声。一曰：褚衣。方

六切。

【译文】複，夹衣的样子。从衣，复声。另一义说，夹层里面装铺丝棉的衣服。

褆 褆 tí

褆，衣厚褆褆。从衣，是声。杜兮切。

【译文】褆，衣厚褆褆的样子。从衣，是声。

襛 襛 róng

襛，衣厚皃。从衣，農声。《诗》曰："何彼襛矣。"汝容切。

【译文】襛，衣服厚的样子。从衣，農声。《诗经》说："为什么它那么浓艳呢？"

裻 裻 dú

裻，新衣声。一曰：背缝。从衣，叔声。冬毒切。

【译文】裻，穿新衣的声音。另一义说，是衣背缝。从衣，叔声。

裔 裔 yì

裔，衣裾也。从衣，冏声。余制切。

【译文】裔，衣边。从衣，冏（nè）声。

褍 褍 diāo

褍，短衣也。从衣，鳥声。《春秋传》曰："有空褍。"都僚切。

【译文】褍，短衣。从衣，鳥声。《春秋左传》说："有空褍。"

袳 袳 chǐ

袳，衣张也。从衣，多声。《春秋传》曰："公会齐侯于袳。"尺氏切。

【译文】袳，衣服（因宽大而）张开。从衣，多声。《春秋左传》说："鲁

桓公在袳地与齐侯会盟。"

袁 袁 yuán

袁，长衣皃。从衣，叀省声。羽元切。

【译文】袁，长衣的样子。从衣，叀省声。

衯 衯 fēn

衯①，长衣皃。从衣，分声。抚文切。

【译文】衯，长衣的样子。从衣，分声。

【注释】①衯：衣服长大的样子。《史记·司马相如列传》："衯衯裶裶，扬袘卹削。"《类篇》："衣大谓之衯。"

襦 襦 rú

襦，短衣也①。从衣，需声。一曰曍衣。人朱切。

【译文】襦，短袄。从衣，需声。又叫曍衣。

【注释】①短衣：朱骏声《通训定声》："其长及骹，若今之短袄。"

襄 襄 xiāng

襄，汉令：解衣耕谓之襄。从衣，㱼声。息良切。

【译文】襄，汉朝的律令说：解脱衣服耕种田地叫作襄。从衣，㱼声。

褊 褊 biǎn

褊，衣小也。从衣，扁声。方沔切。

【译文】褊，衣服狭小。从衣，扁声。

袷 袷 jiā

袷，衣无絮。从衣，合声。古洽切。

【译文】袷，衣中不装铺绵絮。从衣，合声。

被 被 bèi

被，寝衣，长一身有半。从衣，皮声。平义切。

【译文】被，被子，长度为身体的一又二分之一。从衣，皮声。

宽裕待时，就没有祸害。"

衾 衾 qīn

衾，大被。从衣，今
声。去音切。

【译文】衾，大被。从
衣，今声。

裂 裂 liè

裂，缯余也。从衣，列声。良薛切。

【译文】裂，缯帛的残余。从衣，列声。

衷 衷 zhōng

衷，里亵衣。从衣，中
声。《春秋传》曰："皆衷其衵
服。"陟弓切。

【译文】衷，里面贴肉穿
的私居之衣。从衣，中声。
《春秋左传》说："（陈灵公
与孔宁、仪行父）都贴肉穿着夏姬天天常穿的
汗衣。"

裂 裂 ná

裂，弊衣。从衣，奴声。女加切。

【译文】裂，破旧的衣服。从衣，奴声。

袒 袒 zhàn

袒，衣缝裂开。从衣，旦声。丈苋切。

【译文】袒，衣缝裂开。从衣，旦声。

亵 亵 xiè

亵，私服。从衣，埶声。《诗》曰："是亵袢
也。"私列切。

【译文】亵，私居在家的衣服。从衣，埶声。
《诗经》说："这贴身的内衣无色泽了。"

襭 襭 xié

襭①，以衣衽扱物谓之
襭。从衣，頡声。胡结切。

【译文】襭，把衣襟（插在
腰带上）收盛东西叫作襭。从
衣，頡声。

【注释】① 襭：朱骏声《通
训定声》："今苏俗谓之衣兜。
按：兜而扱（chā，插）于带间曰襭。"

雜 雜 zá

雜，五彩相会①。从
衣，集声。徂合切。

【译文】雜，各种彩
色，相互配合（来制作衣
服）。从衣，集声。

【注释】① 五彩句：
《段注》："所谓五采彰施于
五色作服也。引伸为凡参错之偁。"

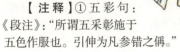

衺 衺 xié

衺，（衺）也。从衣，牙声。似嗟切。

【译文】衺，回邪乖僻。从衣，牙声。

裝 裝 zhuāng

裝，裹也。从衣，壮声。侧羊切。

【译文】裝，包裹。从衣，壮声。

裕 裕 yù

裕，衣物饶也。从
衣，谷声。《易》曰：
"（有）[冈]孚，裕无咎。"
羊孺切。

【译文】裕，衣物富
余。从衣，谷声。《易经》
说："没有见信于人，暂且

裹 裹 guǒ

裹，缠也。从衣，果声。古火切。

【译文】裹，缠束。从衣，果声。

褐 褐 hè

褐，编枲袜。一曰：粗衣。从衣，曷声。胡
葛切。

【译文】褐，编织粗麻而成的袜子。另一义说，用兽毛或粗麻织成的衣服。从衣，曷声。

袹 yǎn

袹，褗谓之袹。从衣，奄声。依检切。

【译文】袹，衣领叫作袹。从衣，奄声。

卒 zú

卒，隶人给事者衣为卒。卒，衣有题识者。臧没切。

【译文】卒，隶役供给差事的人的衣服叫卒。卒，指衣上有标记的符号。

衰 suō

衰①，草雨衣。秦谓之萆。从衣，象形。稣禾切。

【译文】衰，草作的避雨衣。秦地叫作萆。从衣，像雨衣之形。

【注释】① 衰：徐灏《段注笺》："衰本象艹雨衣之形，假借为衰经字。而艹雨衣加艹作蓑。其后衰经字又加纟作缞。"按衰又借为盛衰字。

褚 chǔ

褚，卒也。从衣，者声。一曰：（制）[装]衣。丑吕切。

【译文】褚，士卒。从衣，者声。另一义说，（用丝绵）装铺衣服。

制 zhì

制，裁也。从衣，从制。征例切。

【译文】制，剪裁。由衣、由制会意。

裘部

裘 qiú

裘，皮衣也。从衣，求声。一曰：象形，与衰同意。凡裘之属皆从裘。巨鸠切。

【译文】裘，皮衣。从衣，求声。另一说，

（求）像衣之形，与"衰"字像草雨衣之形，是同一构形原则。大凡裘的部属都从裘。

老部

老 lǎo

老，考也。七十曰老。从人毛匕，言须发变白也。凡老之属皆从老。卢皓切。

【译文】老，老年人。七十岁叫老。由人、毛、匕会意。是说髭须毛发变白。大凡老的部属都从老。

耋 dié

耋，年八十曰耋。从老省，从至①。徒结切。

【译文】耋，年岁八十叫耋。由老省、由至会意。

【注释】① 从至：徐锴《繫传》作"至声"。按至是意兼声。

薹 mào

薹，年九十曰薹。从老，从蒿省。莫报切。

【译文】薹，年岁九十叫薹。由老、由蒿省会意。

耆 qí

耆①，老也。从老省，旨声。渠脂切。

【译文】耆，老年。由老省匕，旨声。

【注释】① 耆：《释名·释长幼》："六十曰耆。耆，指也，不从力设，指事使人也。"

壽 shòu

壽①，久也。从老省，畴声。殖酉切。

【译文】壽，长久。从老省，畴声。

【注释】① 壽：长命，长寿。《诗经·小雅·天保》："如南山之寿，不骞不崩。"

考 kǎo

考，老也。从老省，丂声。苦浩切。

【译文】考，老年人。从老省，丂声。

孝 xiào

孝，善事父母者。从老省，从子；子承老也。呼教切。

【译文】孝，善于奉侍父母的人。由老省、由子会意，表示子女承奉父老。

毛部

毛 máo

毛，眉发之属及兽毛也。象形。凡毛之属皆从毛。莫袍切。

【译文】毛，眉毛须发之类以及禽兽的毛。像毛之形。大凡毛的部属都从毛。

毦 rǒng

毦，毛盛也。从毛，隼声。《虞书》曰："鸟兽毦髦。"而尹切。又，人勇切。

【译文】毦，毛茂盛。从毛，隼声。《虞书》说："鸟兽长出了茂密的毛。"

毨 xiǎn

毨，仲秋，鸟兽毛盛，可选取以为器用。从毛，先声。读若选。稣典切。

【译文】毨，中秋时，鸟和兽的毛茂盛，可选取制作器具用品。从毛，先声。音读像"选"字。

乾 hàn

乾①，兽豪也。从毛，倝声。侯干切。

【译文】乾，兽的鬃毛。从毛，倝声。

【注释】①乾：古书作翰。

毳部

毳 cuì

毳，兽细毛也。从三毛①。凡毳之属皆从毳。此芮切。

【译文】毳，鸟兽的细毛。由三个毛字会意。大凡毳的部属都从毳。

【注释】①从三毛：《段注》："毛细则丛密，故从三毛，众意也。"

尸部

尸 shī

尸①，陈也。象卧之形。凡尸之属皆从尸。式脂切。

【译文】尸，陈列。像人卧的样子。大凡尸的部属都从尸。

【注释】①尸：古代祭祀时，代表死者受祭的人。《仪礼·士虞礼》："祝迎尸。"

展 zhǎn

展①，转也。从尸，衰省声。知衍切。

【译文】展，展转。从尸，衰（zhàn）省声。

【注释】①展：朱骏声《通训定声》："单言之曰展，絫言之曰辗转。""辗转者，忽屈忽伸，不适之意态也。"

居 jū

居①，蹲也②。从尸古者，居从古。九鱼切。

【译文】居，蹲踞。由尸、古会意的缘故，是说蹲踞是从古而来的习俗。

【注释】①居：今作踞。②蹲：《段注》："蹲则足底着地而下其臀，耸其䯒曰蹲。"

尼 ní

尼，从后近之①。从尸，匕声。女夷切。

【译文】尼，从后面接近他。从尸，匕声。

【注释】①从后句：王筠《句读》："从后者，于字形得之。尸是卧人，匕是反人。匕者，比也。人与人比，是相近也。人在人下，是从后也。"

屟 chā

屟，[屟屟，]从后相（畓）[蹑]也。从尸，从畓①。楚洽切。

【译文】屟，屟屟，从后面相随叠积。由尸、由畓会意。

【注释】①从尸，从畓：《段注》作："畓声。"

屟 rǎn

屟，屟屟也。从尸，乏声。直立切。

【译文】屟，屟屟。从尸，乏声。

㞑 rǎn

㞑，柔皮也。从[又]申尸之后①。尸或从又②。人善切。

【译文】㞑，使皮革柔软。由"又"伸在"尸"的后面会意。"尸"下有时从"又"。

【注释】①从申句：当依王筠《句读》"从"后加"又"。王注："尸，乃皮省也。申者，展之使平也。"按：此字会合的意思是：皮匠用手伸展皮革使之平软。②又：王筠《句读》："又、又皆手，乃柔皮之工之手也。"

屒 zhěn

屒，伏皃。从尸①，辰声。一曰：屋宇。珍忍切。

【译文】屒，伏着的样子。从尸，辰声。另一义说，是屋檐。

【注释】①从尸：《段注》："尸象屋形。"

屖 xī

屖，屖遟也①。从尸，辛声。先稽切。

【译文】屖，栖迟。从尸，辛声。

【注释】①屖遟：《段注》："即《陈风》之'栖遟'也。《毛传》曰'栖遟，游息也。'"即滞留不进。

扉 fèi

扉，履也。从尸，非声。扶沸切。

【译文】扉，鞋履。从尸，非声。

屠 tú

屠，刳也。从尸，者声。同都切。

【译文】屠，刳剥。从尸，者声。

屋 wū

屋，居也。从尸①，尸，所主也。一曰：尸，象屋形。从至，至，所至止。室、屋皆从至。乌谷切。

【译文】屋，人们居处的地方。从尸，尸，表示人为屋主。另一说，尸像屋子（上有覆盖，旁有墙壁）的样子。从至，至，表示到了应该休止的地方。室字、屋字都从至。

【注释】①从尸：《段注》："凡尸皆得训主，屋从尸者，人为屋主也。"

屧 xiè

屧，履中荐也。从尸，枼声。稣叶切。

【译文】屧，木制鞋履挖空中间而用以垫脚的底板。从尸，枼声。

屏 bǐng

屏，屏蔽也。从尸，并声。必郢切。

【译文】屏，隐蔽的（屋室）。从尸，并声。

層 céng

層，重屋也①。从尸，曾声。昨棱切。

【译文】層，重叠的楼屋。从尸，曾声。

【注释】①重屋：《段注》："曾之言重也。曾祖、曾孙皆是也。故从曾之層为重屋。"

尺部

尺 chǐ

尺，十寸也。人手却十分动脉为寸口。十寸为尺。尺，所以指标尺榘事也。从尸，从乙。乙，所识也。周制，寸、尺、咫、寻、常、仞诸度量，皆以人之体为法。凡尺之属皆从尺。昌石切。

【译文】尺，十寸。人手后退十分，得动脉之处，就是寸口。十寸是一尺。尺（一类的长度），是用来标明方圆一类事物的标准。由尺、由乙会意。乙，是标志的符号。周朝的制度，寸、尺、咫、寻、常、仞各长度单位，都用人的身体作标准。大凡尺的部属都从尺。

咫 zhǐ

咫，中妇人手长八寸①，谓之咫。周尺也。从尺，只声。诸氏切。

【译文】咫，长短适中的妇人手长八寸，叫作咫。这是周朝的尺度。从尺，只声。

【注释】① 中：王筠《句读》："中者，长短适中也。"

尾部

尾 wěi

尾，微也。从到毛在尸后。古人或饰系尾，西南夷亦然。凡尾之属皆从尾。无斐切。

【译文】尾，微细的（尾巴）。由倒着的"毛"字在"尸"字之后会意。古人有的装饰着尾巴，西南少数民族也是这样。大凡尾的部属都从尾。

屬 zhǔ

屬，连也。从尾，蜀声。之欲切。

【译文】屬，连续。从尾，蜀声。

屈 jué

屈，无尾也。从尾，出声。九勿切。

【译文】屈，（衣服短得好像）没有尾巴。从尾，出声。

尿 niào

尿，人小便也。从尾，从水。奴吊切。

【译文】尿，人的小便。由尾、由水会意。

履部

履 lǐ

履，足所依也。从尸，从彳，从夂，舟象履形。一曰：尸声。凡履之属皆从履。良止切。

【译文】履，脚所依托的用具。由尸、由彳、由夂会意，舟像鞋履的样子。另一说，尸表声。大凡履的部属都从履。

屨 jù

屨，履也。从履省，娄声。一曰：鞮也。九遇切。

【译文】屨，鞋履。由履省作形符，娄声。另一义说，屦是皮鞋。

屐 jī

屐，屩也。从履省，支声。奇逆切。

【译文】屐，木屩。由履省为形符，支声。

舟部

舟 zhōu

舟，船也。古者，共鼓、货狄，刳木为舟，剡木为楫，以济不通。象形。凡舟之属皆从舟。职流切。

【译文】舟，船。古时候，共鼓、货狄两人，把木挖空作船，把木削作桨，来渡过不能通过的水流。像船的形状。大凡舟的部属都从舟。

俞 yú

俞，空中木为舟也。从亼，从舟，从〡。〡，水也。羊朱切。

【译文】俞，用中间空了的树木作船。由亼、由舟、由〈〈会意。〈〈，表示水。

船 chuán

船，舟也。从舟，鉛省声。食川切。

【译文】船，舟的今名。从舟，鉛省声。

舳 zhú

舳，艫也。从舟，由声。汉律名船方（长）[丈]为舳艫。一曰：舟尾。直六切。

【译文】舳，舳艫。从舟，由声。汉朝的律令叫船只的计量单位每一方丈作舳艫。另一义说，舳是船尾。

朕 zhèn

朕，我也。闕。直禁切。

【译文】朕，我。闕其构形。

舫 fàng

舫①，船师也。《明堂月令》曰"舫人"。习水者。从舟，方声。甫妄切。

【译文】舫，船师。《明堂月令》曰"舫人"。（舫人）是熟悉水性的捕鱼的人。从舟，方声。

【注释】①舫：本指相并联的两只船。《尔雅·释言》："舫，舟也。"郭璞注："并两船。"

般 bān

般，辟也。象舟之旋，从舟；从殳，殳，所以旋也。北潘切。

【译文】般，盘旋。像船的旋转，所以从舟；从殳，殳是使之旋转的篙类工具。

服 fú

服，用也。一曰：车右騑，所以舟旋。从舟，㕛声。房六切。

【译文】服，使用。另一义说，车右边的骖马，是用来（向右边）周旋的马。从舟，㕛

（fú）声。

方部

方 fāng

方，并船也。象两舟省、緫头形。凡方之属皆从方。府良切。

【译文】方，相并的两只船。（下）像两个舟字省并为一个的形状，（上）像两个船头用绳索总缆在一起的形状。大凡方的部属都从方。

斻 háng

斻，方舟也。从方，亢声。礼：天子造舟，诸侯维舟，大夫方舟，士特舟。胡郎切。

【译文】斻，两船相并。从方，亢声。礼制规定：天子（渡水），船连着船一直到对岸，诸侯用绳索连着四只船，大夫并连两只船，士人用一只船。

儿部

儿 rén

儿，仁人也。古文奇字人也。象形。孔子曰："在人下，故诘屈。"凡儿之属皆从儿。如邻切。

【译文】儿，仁爱的人。是古文"人"字的异体。象形。孔子说："儿在字的下部，所以形体蛮曲。"大凡儿的部属都从儿。

兀 wù

兀，高而上平也。从一在儿上。读若夐。茂陵有兀桑里①。五忽切。

【译文】兀，高而上面平坦。由"一"在"儿"上会意。音读像"夐"字。茂陵县有兀桑里。

【注释】①茂陵：《汉书·地理志》："右扶风有茂陵县。"在今陕西省兴平县东北。

兒 ér

兒，孺子也①。从儿，象小头囟（xìn）未合。汝移切。

【译文】兒，婴儿。从儿，（囟）像小孩脑盖顶门没有合拢来。

【注释】① 孺子：《段注》："子部曰：'孺，乳子也。乳子，乳下子也。《（礼记）·杂纪》谓之婴儿。"

允 yǔn

允，信也。从儿，目声。乐准切。

【译文】允，诚信。从儿，目声。

兑 duì

兑，说也。从儿，台声。大外切。

【译文】兑，喜悦。从儿，台（yǎn）声。

充 chōng

充，长也；高也。从儿，育省声。昌终切。

【译文】充，长，高。从儿，育省声。

兄部

兄 xiōng

兄，长也①。从儿，从口。凡兄之属皆从兄。许荣切。

【译文】兄，滋长。由儿、由口会意。大凡兄的部属都从兄。

【注释】① 长：《段注》："兄之本义训益，许所谓长也。许不云'兹'者，许意言长则可晐长幼之义也。"

競 jīng

競，竞也。从二兄；二兄，竞意。从羊声。读若矜。一曰：競，敬也。居陵切。

【译文】競，强劲。由两个兄字会意，两个兄字，表示竞相滋长的意思。羊表声。音读像"矜"字。另一义说，竞，小心谨慎。

先部

先 zēn

先，首笄也。从人，匕象簪形。凡先之属皆从先。侧岑切。

【译文】先，头上的簪子。从人，匕像簪子的形状。大凡先的部属都从先。

兊部

兊 mào

兊，颂仪也。从人，白象人面形。凡兊之属皆从兊。莫教切。

【译文】兊，容貌。从人，白像人的面部的形状。大凡兊的部属都从兊。

兆部

兜 dōu

兜，兜鍪，首铠也。从兆，从兊省。兊像人头也。当侯切。

【译文】兜，兜鍪，头盔。由兆、由兊省会意。兊像人的头部。

先部

先 xiān

先，前进也。从儿，从之①。凡先之属皆从先。稣前切。

【译文】先，前进。由儿、由之会意。大凡先的部属都从先。

【注释】① 从儿，从之：王筠《句读》："之，出也。出人头地。是先也。"

兟 shēn

兟，进也。从二先。赞从此。阙。所臻切。

【译文】兟，进。由两个先字会意。赞字从这个兟字。阙其音读。

秃部

秃 tū

秃，无发也。从儿，上象禾（粟）[秀]之形，取其声。凡秃之属皆从秃。王育说：苍颉出见秃人伏禾中，因以制字。未知其审。他谷切。

237

【译文】秃，没有头发。从儿，上面的禾，像谷物开花吐穗的样子，又取秀表声。大凡秃的部属都从秃。王育说：（造字的圣人）仓颉外出看见秃顶的人伏在禾中，于是就用（人、禾会意）制秃字。不知其详细情况如何。

穨 穨 tuí

穨，秃皃。从秃，贵声。杜回切。

【译文】穨，没有头发的样子。从秃，贵声。

見部

見 見 jiàn

見，视也①。从儿，从目。凡见之属皆从见。古甸切。

【译文】见，看见，由儿、由目会意。大凡见的部属都从见。

【注释】① 视：《段注》："析言之，有视而不见者。""浑言之，则视与见一也。"

視 視 shì

視，瞻也。从見，示 [声]。神至切。

【译文】视，看。从見，示声。

觀 觀 guàn

觀，谛视也。从見，雚声。古玩切。

【译文】观，仔细看。从見，雚声。

覽 覽 lǎn

覽，观也。从見監，監亦声。卢敢切。

【译文】览，观察。由見、監会意，監也表声。

覜 覜 lài

覜，内视也。从見，來声。洛代切。

【译文】覜，（凝神）内顾。从見，來声。

覻 覻 qù

覻，拘覻，未致密也。从見，盧声。七句切。

【译文】覻，拘覻，不细致周密的意思。从見，盧声。

覺 覺 jué

覺，寤也。从見，學省声。一曰：发也。古岳切。

【译文】觉，睡醒。从見，學省声。另一义说，是发觉。

覷 覷 jì

覷，目赤也。从見，睯省声。才的切。

【译文】覷，眼睛红赤。从見，睯省声。

靚 靚 jìng

靚，召也。从見，青声。疾正切。

【译文】靓，召见。从見，青声。

覲 覲 jìn

覲，诸侯秋朝曰覲，劳王事①。从見，堇声。渠吝切。

【译文】觐，诸侯秋天朝见天子叫觐，意思是为天子之事而勤劳。从見，堇声。

【注释】① 劳王事：《段注》作"勤劳王事也"，注："郑（玄）曰：'觐之言勤也，欲其勤王之事。'"

親 親 qīn

親，至也。从見，亲声。七人切。

【译文】亲，密切之至。从見，亲声。

覞部

覞 覞 yào

覞，并视也。从二見。凡覞之属皆从覞。弋笑切。

【译文】覞，两人相对而视。由两个见字会意。大凡覞的部属都从覞。

覹 覹 qiān

覹，很视也。从覞，肩声。齐景公之勇臣有成覹者。苦闲切。

【译文】覹，凶狠地注视。从覞，肩声。齐

景公的勇敢的臣子有叫成臏的人。

霺 霺 xì

霺，见雨而比息。从覞，从雨。读若欷。虚
器切。

【译文】霺，遇雨（急行）而呼吸急促。由
覞、由雨会意。音读像"欷"字。

欠部

欠 欠 qiàn

欠，张口气悟也。象
气从人上出之形。凡欠之
属皆从欠。去剑切。

【译文】欠，张开口，
（壅塞、阻滞的）气伸散而
出。像"气"从"人"上部
出去的样子。大凡欠的部
属都从欠。

欽 欽 qīn

欽，欠皃。从欠，金声。去音切。

【译文】欽，打呵欠的样子。从欠，金声。

吹 吹 chuī

吹，出气也。从欠，从口。昌垂切。

【译文】吹，（撮起嘴唇急促地）吐出气流。
由欠、由口会意。

歑 歑 hū

歑，温吹也。从欠，虖声。虎乌切。

【译文】歑，（缓缓）呵气使温暖。从欠，虖声。

歇 歇 xiē

歇，息也。一曰：气越泄。从欠，曷声。许
谒切。

【译文】歇，休息。另一义说：气散发、泄
漏。从欠，曷声。

歡 歡 huān

歡，喜乐也。从欠，雚声。呼官切。

【译文】欢，喜悦欢乐。从欠，雚声。

欣 欣 xīn

欣，笑喜也。从欠，斤声。许斤切。

【译文】欣，欣笑喜悦。从欠，斤声。

弞 弞 shěn

弞，笑不颜曰弞。从欠，引省声。式忍切。

【译文】弞，微笑而不改变面容的常态叫弞。
从欠，引省声。

款 款 kuǎn

款，意有所欲也。从欠，窾省。苦管切。

【译文】款，（内中空空，）思想上有（向外羡
慕、追求的）欲望。由欠、由窾省会意。

欲 欲 yù

欲，贪欲也。从欠，谷声。余蜀切。

【译文】欲，贪图得到。从欠，谷声。

歌 歌 gē

歌，咏也。从欠，哥声。古俄切。

【译文】歌，（依旋律）咏唱。从欠，哥声。

歂 歂 chuán

歂，口气引也。从欠，嵩声。读若车辁。市
缘切。

【译文】歂，张口出气连续不绝。从欠，嵩
声。音读像车辁的"辁（quán）"字。

歔 歔 xū

歔，欷也。从欠，虚声。一曰：出气也。朽
居切。

【译文】歔，抽泣。从欠，虚声。另一义说，
歔是出气。

欷 欷 xī

欷，歔也。从欠，稀省声。香衣切。

【译文】欷，抽泣。从欠，稀省声。

歃 歃 shà

歃，歠也。从欠，臿声。《春秋传》曰："歃
而忘。"山洽切。

【译文】歃，饮（血）。从欠，臿声。《春秋左传》说："临近喝血时却忘记了盟誓之辞。"

欶 shuò

欶，吮也。从欠，束声。所角切。

【译文】欶，吮吸。从欠，束声。

欱 hē

欱，歠也。从欠，合声。呼合切。

【译文】欱，饮。从欠，合声。

歉 qiàn

歉，歉食不满。从欠，兼声。苦簟切。

【译文】歉，食物少吃不饱。从欠，兼声。

欿 kǎn

欿，食不满也。从欠，甚声。读若坎。苦感切。

【译文】欿，吃不饱。从欠，甚声。音读像"坎"字。

歙 xī

歙，缩鼻也。从欠，翕声。丹阳有歙县。许及切。

【译文】歙，缩着鼻子（吸气）。从欠，翕声。丹阳郡有歙县。

次 cì

次，不前，不精也。从欠，二声。七四切。

【译文】次，不在前列的；未经精选的。从欠，二声。

歉 kāng

歉，饥虚也。从欠，康声。苦冈切。

【译文】歉，（腹中）饥饿空虚。从欠，康声。

欺 qī

欺，诈欺也。从欠，其声。去其切。

【译文】欺，欺诈。从欠，其声。

歆 xīn

歆，神食气也。从欠，音声。许今切。

【译文】歆，鬼神享食祭品的香气。从欠，音声。

歙部

歙 yǐn

歙①，歠也。从欠，酓声。凡歙之属皆从歙。于锦切。

【译文】歙，喝。从欠，酓声。大凡歙的部属都从歙。

【注释】① 歙：《段注》："水流入口为饮，引伸之可饮之物谓之饮。"

次部

次 xián

次，慕欲口液也。从欠，从水。凡次之属皆从次。叙连切。

【译文】次，因羡慕、因想要得到而流口水。由欠、由水会意。大凡次的部属都从次。

羡 xiàn

羡，贪欲也。从次，从羑省。羑呼之羑，文王所拘羑里。似面切。

【译文】羡，贪婪，想要得到。由次、由羑省会意。（羑，）是羑呼的羑字；或是文王被关押的羑里城的羑字。

㳄 yí

㳄，歠也。从次，厂声。读若移。以支切。

【译文】㳄，饮。从次，厂声。音读像"移"字。

盗 dào

盗，私利物也。从次，次欲皿者。徒到切。

【译文】盗，把对他人有利的物体窃为已有。从次，表示对别人的器皿羡慕得流着口水，想要得到。

旡部

旡 jì

旡，歙食气屰不得息曰旡。从反欠。凡旡之属皆从旡。居未切。

【译文】旡，吃喝时气向上逆进、不能顺利通过咽喉叫旡。由欠字反过来表示。大凡旡的部属都从旡。

䯏 huò

䯏，屰恶惊词也。从旡，咼声。读若楚人名多伙。乎果切。

【译文】䯏，遇到可恶的或令人惊诧的事物所发出的呼声。从旡，咼声。音读像楚地人多为伙的"伙"字。

㷰 liàng

㷰，事有不善言㷰也。《尔雅》："㷰，薄也。"从旡，京声。力让切。

【译文】㷰，对不好的事情（表示鄙薄意思）的词叫㷰。《尔雅》说："㷰，薄。"从旡，京声。

頁部

頁 yè

頁，头也。从百[1]，从儿[2]。凡页之属皆从页。胡结切。

【译文】頁，头。由百、由儿会意。大凡页的部属都从页。

【注释】①百（shǒu）：本书百部："头也，象形。"②儿（rén）："人"的古文奇字。

頭 tóu

頭，首也。从頁，豆声。度侯切。

【译文】頭，头脑的总称。从頁，豆声。

顏 yán

顏，眉（目）之间也。从頁，彦声。五奸切。

【译文】顏，两眉之间。从頁，彦声。

頌 sòng

頌，皃也。从頁，公声。余封切[1]。又，似用切[2]。

【译文】頌，容貌。从頁，公声。

【注释】①余封切当读 yōng，今音 róng。②似用切：今读 sòng，即歌颂之颂。是容（余封切）皃的引申义。

碩 duó

碩，颅也[1]。从頁，乇声。徒谷切。

【译文】碩，碩颅。从頁，乇声。

【注释】①颅也：即头。按，碩颅本义指头骨。

頂 dǐng

頂[1]，颠也。从頁，丁声。都挺切。

【译文】頂，头顶。从頁，丁声。

【注释】①頂：头顶。《周易·大过》："过涉灭顶，凶。"《淮南子·脩务训》："今不称九天之顶，则言黄泉之底。"

顱 lú

顱，髑颅，首骨也。从頁，盧声。洛乎切。

【译文】顱，髑颅，头骨。从頁，盧声。

顛 diān

顛，顶也。从頁，真声。都年切。

【译文】顛，头顶。从頁，真声。

顙 sǎng

顙，额也[1]。从頁，桑声。苏郎切。

【译文】顙，额头。从頁，桑声。

【注释】①额（é）：今作"额"。

題 tí

题，頟也。从頁，是声。杜兮切。

【译文】题，额头。从頁，是声。

頟 é

頟，顙。从頁，各声。五陌切。

【译文】頟，额头。从頁，各声。

頞 è

頞，鼻茎也。从頁，安声。乌割切。

【译文】頞，鼻梁。从頁，安声。

頯 kuí

頯，权[1]也。从頁，矛声。渠追切。

【译文】頯，颧骨。从頁，矛声。

【注释】① 权：《段注》："今之颧字。"

頰 jiá

頰[1]，面旁也[2]。从頁，夾声。古叶切。

【译文】頰，面部的左右两侧。从頁，夾声。

【注释】① 頰：脸颊，腮帮子。《周易·咸》："上六，咸其辅、颊、舌。"② 面旁也：脸的两侧从眼到下颌(hàn)的部分。

頜 hàn

頜，顄也。从頁，合声。胡感切。

【译文】頜，下巴。从頁，合声。

頸 jǐng

頸，头茎也。从頁，巠声。居郢切。

【译文】頸，挨近头部像茎的颈项。从頁，巠声。

領 lǐng

領，(项)[颈]也。从頁，令声。良郢切。

【译文】領，颈。从頁，令声。

項 xiàng

項，(头)[颈]后也。从頁，工声。胡讲切。

【译文】項，脖子的后部。从頁，工声。

碩 shuò

碩，头大也。从頁，石声。常只切。

【译文】碩，头大。从頁，石声。

頒 bān

頒，大头也。从頁，分声。一曰：鬓也。《诗》[1]曰："有頒其首。"布还切。

【译文】頒，大头。从頁，分声。另一义说，鬓发。《诗经》说："多么大啊那脑袋。"

【注释】①《诗》：指《诗经·小雅·鱼藻》。有：语词。

顒 yóng

顒，大头也。从頁，禺声。《诗》曰[1]："其大有顒。"鱼容切。

【译文】顒，大头。从頁，禺声。《诗经》说："它们的大脑袋多么大。"

【注释】①《诗》：指《诗经·小雅·鱼藻》。顒：毛传："大皃。"

頑 wán

頑，梮头也。从頁，元声。五还切。

【译文】頑，难劈的囫囵木头。从頁，元声。

頍 guī

頍，小头頍頍也。从頁，枝声。读若规。又，己恚切。

【译文】頍，头小而圆的样子。从頁，枝声。音读像"规"字。

顆 kě

顆，小头也。从頁，果声。苦惰切。

【译文】顆，小头。从頁，果声。

頢 kuò

頢，短面也。从頁，昏声。五活切。又，下括切。

【译文】頢，短脸型。从頁，昏声。

頲 tǐng

頲，狭头頲也。从頁，廷声。他挺切。

【译文】頲，削狭的头颈頲而长。从頁，廷声。

頠 wěi

頠，头闲习也。从頁，危声。语委切。

【译文】頠，头俯仰自如。从頁，危声。

頷 hàn

頷，面黄也。从頁，含声。胡感切。

【译文】頷，面色黄。从頁，含声。

顧 gù

顧，还视也。从頁，雇声。古慕切。

【译文】顧，回头而视。从頁，雇声。

順 shùn

順，理也。从頁，从巛。食闰切。

【译文】順，梳理头发。由頁、由巛会意。

顓 zhuān

顓，头顓顓谨皃。从頁，耑声。职缘切。

【译文】顓，头顓顓而拘谨的样子。从頁，耑声。

頊 xū

頊，头頊頊谨皃。从頁，玉声。许玉切。

【译文】頊，头頊頊而拘谨的样子。从頁，玉声。

頫 fǔ

頫，低头也。从頁，逃省。太史卜书，俯仰字如此。杨雄曰：人面俯。方矩切。

【译文】頫，低头。由頁、由逃省会意。史官卜筮的字，俯仰字像这个样子。杨雄说：人的面部俯伏。

頓 dùn

頓，（下）［頓］首也。从頁，屯声。都困切。

【译文】頓，以头叩地。从頁，屯声。

頤 shěn

頤，举目视人皃。从頁，臣声。式忍切。

【译文】頤，抬起眼睛看人的样子。从頁，臣声。

顫 zhǎn

顫，倨视人也。从頁，善声。旨善切。

【译文】顫，傲视别人。从頁，善声。

頡 xié

頡，直项也。从頁，吉声。胡结切。

【译文】頡，僵直的颈项。从頁，吉声。

頗 pō

頗，头偏也。从頁，皮声。滂禾切。

【译文】頗，头偏。从頁，皮声。

顫 chàn

顫，头不（正）［定］①也。从頁，亶声。之缮切。

【译文】顫，头摇动不定。从頁，亶声。

【注释】①正：当依《段注》作"定"。

煩 fán

煩，热头痛也。从頁，从火。一曰：焚省声。附袁切。

【译文】煩，（身）热头痛。由頁、由火会意。另一说，焚省林为声。

百部

百 shǒu

百，头也。象形。凡百之属皆从百。书九切。

【译文】百，头。象形。大凡百的部属都从百。

腬 róu

腬，面和也。从百，从肉。读若柔。耳由切。

【译文】腬，面色温和。由百、由肉会意。音读像"柔"字。

面部

面 miàn

面，颜前也。从百，象人面形。凡面之属皆从面。弥箭切。

【译文】面，颜额前的部分。从百，（口）像人的面孔与脑后分界之形。大凡面的部属都从面。

靦 tiǎn

靦，面见也。从面见，见亦声。《诗》曰："有靦面目。"他典切。

【译文】靦，面目可见的样子。由面见会意，见也表声。《诗经》说："是那样（清晰）可见啊，你那面目。"

丏部

丏 miǎn

丏，不见也。象壅蔽之形。凡丏之属皆从丏。弥兖切。

【译文】丏，不能看见。像阻隔蒙蔽的样子。大凡丏的部属都从丏。

首部

首 shǒu

首，百同。古文百也。巛象髮，谓之鬊，鬊即巛也。凡首之属皆从首。书九切。

【译文】首，与百字同。是百的古文。巛象头髮，髮又叫作鬊，鬊就是巛字。大凡首的部属都从首。

県部

県 jiāo

県，到首也。贾侍中说，此断首到县県字。凡県之属皆从県。古尧切。

【译文】県，倒悬首级。贾侍中说，这是断首倒悬的県字。大凡県的部属都从県。

縣 xuán

縣，系也。从系持県[1]。胡涓切。

【译文】縣，悬挂。由"系"持挂着"県"会意。

【注释】①从系持県：张舜徽《约注》："犹云从系持倒人耳。"

须部

须 xū

须，面毛也[1]。从頁，从彡。凡须之属皆从须。相俞切。

【译文】须，脸上的须毛。由頁、由彡会意。大凡须的部属都从须。

【注释】①面毛：徐灏《段注笺》："许云面毛，

统言之也。"

頿 zī

頿，口上须也。从须，此声。即移切。

【译文】頿，口的上面的胡须。从须。此声。

䫇 rán

䫇，颊须也。从须，从冄，冄亦声。汝盐切。

【译文】䫇，面颊上的胡须。由须、由冄会意。冄也表声。

彡部

彡 shān

彡，毛饰画文也。象形。凡彡之属皆从彡。所衔切。

【译文】彡，毛发、彩饰、笔画、花纹。象形。大凡彡的部属都从彡。

形 xíng

形，象形也。从彡，开声。户经切。

【译文】形，描画成物体的形状。从彡，开声。

㲋 zhěn

㲋，稠发也。从彡，从人。《诗》曰："㲋发如云。"之忍切。

【译文】㲋，稠密的头发。由彡、由人会意。《诗经》说："稠密的头发像云彩一样。"

修 xiū

修，饰也。从彡，攸声。息流切。

【译文】修，文饰。从彡，攸声。

彰 zhāng

彰，文彰也。从彡，从章，章亦声。诸良切。

【译文】彰，彩色花纹。由彡、由章会意，章也表声。

彫 diāo

彫，琢文也。从彡，周声。都僚切。

【译文】彫，雕琢成文。从彡，周声。

弱 ruò

弱，桡也。上象桡曲，彡像毛牦桡弱也。弱物并[1]，故从二弓。而勺切。

【译文】弱，柔曲。上面的弓，像弯曲的样子；彡，像毛牦柔弱。柔弱的东西并存（而不独立），所以弱字由两个"弓（juàn）"构成。

【注释】①并：《段注》："不能独立。"

彣部

彣 wén

彣，憼也。从彡，从文。凡彣之属皆从彣。无分切。

【译文】彣，彩色的花纹。由彡、由文会意。大凡彣的部属都从彣。

彦 yàn

彦，美士有文，人所言也。从彣，厂声。鱼变切。

【译文】彦，贤能的士人有文彩，是人们歌颂的对象。从文，从彡，厂声。

文部

文 wén

文，错画也[1]。象交文。凡文之属皆从文。无分切。

【译文】文，交错刻画（以成花纹）。像交错的花纹的样子。大凡文的部属都从文。

【注释】①错画：王筠《句读》："交错而画之，乃成文也。"

斐 fěi

斐，分别文也。从文，非声。《易》曰："君子豹变，其文斐也。"敷尾切。

【译文】斐，用以分别的文彩。从文，非声。《易经》说："君子像豹一样变化，他的文彩分明。"

辬 bān

辬，驳文也。从文，辡声。布还切。

【译文】辬，驳杂的花纹。从文，辡（biàn）声。

嫠 lí

嫠，微画也。从文，斄声。里之切。

【译文】嫠，细微笔画的花纹。从文，斄声。

髟部

髟 biāo

髟，长发猋猋。从长，从彡。凡髟之属皆从髟。必凋切。又，所衔切。

【译文】髟，长发猋猋下垂的样子。由长、由彡会意。大凡髟的部属都从髟。

髪 fà

髪，根也。从髟，发声。方伐切。

【译文】髪，（像草木的）根。从髟，发声。

鬓 bìn

鬓，颊发也。从髟，宾声。必刃切。

【译文】鬓，脸旁（靠近耳朵）的头发。从髟，宾声。

鬈 quán

鬈，发好也。从髟，卷声。《诗》曰："其人美且鬈。"衢员切。

【译文】鬈，头发美好。从髟，卷声。《诗经》说："那个人体态优美而且须发美好。"

髦 máo

髦，发也。从髟，从毛。莫袍切。

【译文】髦，头发。由髟、由毛会意。

后部

后 hòu

后，继体君也。象人之形。施令以告四方，故厂之。从一口，发号者，君后也。凡后之属皆从后。胡口切。

【译文】后，继承王位的君主。（尸）像人字的形状。（君王）发布命令来告白四方，所以用厂字来表示发施命令牵引四方的意思。由一、口会意，表示发布号令的人，只是君后一人。大凡后的部属都从后。

呴 hǒu

呴，厚怒声。从口后，后亦声。呼后切。

【译文】呴，盛怒的声音。由口、后会意，后也表声。

司部

司 sī

司，臣司事于外者。从反后。凡司之属皆从司。息兹切。

【译文】司，在外办事的官吏。由"后"字反过来表示。大凡司的部属都从司。

詞 cí

詞，意内而言外也。从司，从言。似兹切。

【译文】詞，意义寄托在语词之内而通过声音表达在外。由司、由言会意。

巵部

巵 zhī

巵，圜器也。一名觛。所以节饮食。象人，

卪在其下也。《易》曰："君子节饮食。"凡卮之属皆从卮。章移切。

【译文】卮，圆形酒器。又叫觛。（同时）也是用来节制饮食的东西。（卩）像人字，卪字在它的下面。《易经》说："君子节制饮食。"大凡卮的部属都从卮。

卮 zhuǎn

耑，小卮也。从卮，耑声。读若捶击之捶。旨沇切。

【译文】耑，小而圆的酒器。从卮，耑（zhuān）声。音读像捶击的"捶"字。

卩部

卩 卩 jié

卩，瑞信也。守国者用玉卩，守都鄙者用角卩，使山邦者用虎卩，土邦者用人卩，泽邦者用龙卩，门关者用符卩，货贿用玺卩，道路用旌卩。象相合之形。凡卩之属皆从卩。子结切。

【译文】卩，信验凭证。把守邦园的诸侯（在境内）用玉作的节，把守都城和边界的大夫（在境内）用犀牛角作的节，出使山陵之国用刻有虎形的铜节，出使平土之国用刻有人形的铜节，出使湖泽之国用刻有龙形的铜节，管门守关的用竹作的节，管理货贝和财物交换的用刻有印章的节，管理道路交通的用装饰有五色羽毛的节。（卩）像（中分）而能相互吻合的形状。

令 令 lìng

令，发号也。从亼卩①。力正切。

【译文】令，發出命令。由亼、卩会意。

【注释】①从亼卩：徐灏《段注笺》："令者，持节以号召于人也。故从卩，从亼。亼者，集也。"

卮 厄 ě

厄，科厄，木节也。从卩，厂声。贾侍中说

以为：厄，裹也。一曰：厄，盖也。五果切。

【译文】厄，科厄，是树木的结巴。从卩，厂（hǎn）声。贾侍中的说法认为：厄，是裹。另一义说，厄是盖。

㔸 㔸 xī

㔸，胫头卩也。从卩，桼声。息七切。

【译文】㔸，小腿上头的骨节。从卩，桼声。

卷 卷 juǎn

卷，㔸曲也。从卩，关声。居转切。

【译文】卷，膝曲。从卩，关（juàn）声。

卸 卸 xiè

卸，舍车解马也。从卩止，午〔声〕。读若汝南人写书之写。司夜切。

【译文】卸，停车后解去套在焉身上的东西。由卩、止会意，午声。音读像汝南地方人们说"写书"的"写"字。

卻 卻 què

卻，节（欲）〔卻〕也。从卩，谷声。去约切。

【译文】卻，节制它并使它退却。从卩，谷（jué）声。

印部

印 印 yìn

印，执政所持信也①。从爪，从卩。凡印之属皆从印。于刃切。

【译文】印，执政的人所持的印章。由瓜、由卩会意。大凡印的部属都从印。

【注释】①执政句：《段注》："凡有官守者，皆曰执政，其所持之卩信曰印，古上下通曰玺。"

归 yì

归，按也。从反印。于棘切。

【译文】归，按压。由"印"字反过来表示。

色部

色 sè

色，颜气也。从人，从卩。凡色之属皆从色。所力切。

【译文】色，脸上的颜色、气色。由人、由卩会意。大凡色的部属都从色。

艴 bó

艴，色艴如也。从色，弗声。《论语》曰："色艴如也。"蒲没切。

【译文】艴，脸色甚为矜庄的样子。从色，弗声。《论语》说："脸色矜庄的样子。"

䋀 pīng

䋀，缥色也。从色，并声。普丁切。

【译文】䋀，丝织物的青白色。从色，并声。

卯部

卯 qīng

卯，事之制也。从卩卪。凡卯之属皆从卯。阙。去京切。

【译文】卯，办事的制度。由卩（jié）、卪（zòu）会意。大凡卯的部属都从卯。缺其音读。

卿 qīng

卿，章也。六卿：天官冢宰、地官司徒、春官宗伯、夏官司马、秋官司寇、冬官司空。从卯，皀声。去京切。

【译文】卿，表彰真善、明辨事理（的人）。（《周礼》的）六卿有：天官冢宰、地官司徒、春官宗伯、夏官司马、秋官司寇、冬官司空。从卯，皀声。

辟部

辟 bì

辟，法也。从卩，从辛，节制其辠也；从口，用法者也。凡辟之属皆从辟。必益切。

【译文】辟，法度。由卩、由辛会意，表示节制人们犯罪的意思；由口表示执法的人。大凡辟的部属都从辟。

勹部

勹 bao

勹，裹也。象人曲形，有所包裹。凡勹之属皆从勹。布交切。

【译文】勹，包裹。像人字弯曲的样子，（字中空，）像有所包裹的样子。大凡勹的部属都从勹。

匊 jū

匊，在手曰匊。从勹、米。居六切。

【译文】匊，（满满捧握）在手叫作匊。由勹、米会意。

匐 fú

匐，伏地也。从勹，畐声。蒲北切。

【译文】匐，趴伏在地上。从勹，畐声。

匍 pú

匍，手行也。从勹，甫声。薄乎切。

【译文】匍，用手爬行。从勹，甫声。

匀 yún

匀，少也。从勹、二。羊伦切。

【译文】匀，（物因两分而）少。由勹、二会意。

冢 zhǒng

冢，高坟也。从勹，豖声。知陇切。

【译文】冢，高大的坟墓。从勹，豖（chù）声。

勼① jiū

勼，聚也。从勹，九声。读若鸠。居求切。

【译文】勼，聚集。从勹，九声。音读像"鸠"字。

【注释】①勼：邵瑛《群经正字》："今经典统借用鸠字。"

旬 xún

旬，徧也。十日为旬。从勹、日。详遵切。

【译文】旬，周遍。十天是一旬。由勹、日会意。

勹 bào

勹，覆也。从勹覆人。薄皓切。

【译文】勹，庇覆。由"勹"字覆盖"人"字会意。

匈 xiōng

匈①，（声）［膺］也。从勹，凶声。许容切。

【译文】匈，胸膛。从勹，凶声。

【注释】①匈：《段注》："今胸行而匈废矣。"

匓 jiù

匓，饱也。从勹，𣪏声。民祭，祝曰："厌匓。"己又切。又，乙庶切。

【译文】匓，吃饱。从勹，𣪏声。臣民祭祀，祝愿说："（愿鬼神）吃饱。"

匐 fù

匐，重也。从勹，复声。扶富切。

【译文】匐，重复。从勹，复声。

包部

包 bāo

包，象人裹妊，巳在中，象子未成形也。元气起于子。子，人所生也。男左行三十，女右行二十，俱立于巳，为夫妇。裹妊于巳，巳为子，十月而生。男起巳至寅，女起巳至申。故男年始寅，女年始申也。凡包之属皆从包。布交切。

【译文】包，像人怀着孕。"巳"字在"勹"的中间，像胎儿尚未成形的样子。阳气从地支以"子"为代表的夏历十一月滋生。子，是人们生育的婴儿。男子（从"子"位起），从右往左数三十位，女子从左往右数二十位，都在"巳"位上迄止，（所以，男子三十而娶，女子二十而嫁，）成为夫妇。女人在巳位上怀孕，所以"巳"表示没有成形的胎儿，怀孕十月才能生下。男从巳位起，（从右往左数十位，）到寅位止；女从巳位起，（从左往右数十位，）到申位止。所以算命时，男的小运从寅开始，女的小运从申开始。大凡包的部属都从包。

匏 páo

匏，瓠也。从包，从夸声。包，取其可包藏物也。薄交切。

【译文】匏，葫芦。由包、由瓠省会意。之所以从包，是取它可用来包藏物体的意思。

胞 bāo

胞，儿生裹也。从肉，从包。匹交切。

【译文】胞，胎儿生活时包裹的胎衣。由肉、由包会意。

苟部

苟 jì

苟，自急敕也。从羊省，从包（省）、（从）口。［包］口犹慎言也。从羊，羊与义、善、美同意。凡苟之属皆从苟。己力切。

【译文】苟，自己赶紧警诫自己。由羊省、由包口会意。包口好比说（包封其口），谨慎说话。从羊，羊与义字、善字、美字所从的羊表示吉祥之意相同。大凡苟的部属都从苟。

敬 jìng

敬，肃也。从攴苟。居庆切。

【译文】敬，严肃。由攴、苟会意。

鬼部

鬼 guǐ

鬼，人所归为鬼。从人，象鬼头。鬼阴气贼害，从厶。凡鬼之属皆从鬼。居伟切。

【译文】鬼，人归向天地，变成了鬼。从人，⊕像鬼的脑袋。鬼的阴滞之气伤害人们，所以又从厶。大凡鬼的部属都从鬼。

魂 hún

魂，阳气也。从鬼，云声。户昆切。

【译文】魂，阳气。从鬼，云声。

魄 pò

魄，阴神也。从鬼，白声。普百切。

【译文】魄，阴神。从鬼，白声。

魃 bá

魃，旱鬼也。从鬼，犮声。《周礼》有赤魃氏，除墙屋之物也。《诗》曰："旱魃为虐。"蒲拨切。

【译文】魃，造成干旱的鬼。从鬼，犮声。《周礼》有赤魃氏，（主管）清除墙中、屋内的精怪鬼物。《诗经》说："旱鬼肆行暴虐。"

魖 xū

魖，耗神也。从鬼，虚声。朽居切。

【译文】魖，损耗财物的鬼神。从鬼，虚声。

魅 mèi

魅，老精物也①。从鬼彡；彡，鬼毛。密秘切。

【译文】魅，物老而变成的精怪。由鬼、彡会意。彡，表示鬼毛。

【注释】①老精物：《段注》作"老物精"，注："《论衡》曰：'鬼者，老物之精也。'"

醜 chǒu

醜，可恶也。从鬼，酉声。昌九切。

【译文】醜，（丑陋）可恶。从鬼，酉声。

甶部

甶 fú

甶①，鬼头也。象形。凡甶之属皆从甶。敷勿切。

【译文】甶，鬼头。象形。大凡甶的部属都从甶。

【注释】①甶：徐灏《段注笺》："此字不见经传，惟释氏书有之。"

禺 yù

禺①，母猴属②。头似鬼。从甶，从内③。牛具切。

【译文】禺，猕猴一类。脑袋像鬼头。由甶、由内会意。

【注释】①禺：《段注》引《山海经传》："禺似猕猴而大，赤目长尾。"②母猴：犹称沐猴、猕猴，语之转也。"③从内：徐锴《系传》："内，禽兽迹也。"

畏 wèi

畏，恶也。从甶，虎省。鬼头而虎爪，可畏也。于胃切。

【译文】畏，（因可怕而）厌恶。由甶，由虎省而会意。鬼的头，虎的爪子，真可怕。

厶部

厶 sī

厶，奸衺也。韩非曰："苍颉作字，自营为厶。"凡厶之属皆从厶。息夷切。

【译文】厶，奸邪。韩非说："苍颉造字，自己围绕自己，是厶。"大凡厶的部属都从厶。

篡 cuàn

篡，屰而夺取曰篡①。从厶，算声。初官切。

【译文】篡，违背常理而强力夺取叫篡。从厶，算声。

【注释】① 屰而句：张舜徽《约注》："谓于理不应得而强取之也。"

羑 yòu

羑，相詡呼也①。从厶，从羑。与久切。

【译文】羑，诱导、招呼别人。由厶、由羑会意。

【注释】① 詡呼：詡，诱也。《段注》："今人以手相招而口言羑，正当作此字。"

嵬部

嵬 wéi

嵬①，高不平也。从山，鬼声。凡嵬之属皆从嵬。五灰切。

【译文】嵬，高而不平。从山，鬼声。大凡嵬的部属都从嵬。

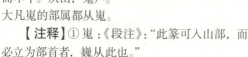

【注释】① 嵬：《段注》："此篆可入山部，而必立为部首者，巍从此也。"

巍 wēi

巍①，高也。从嵬，委声。牛威切。

【译文】巍，高大。从嵬。委声。

【注释】① 巍：《段注》："后人省山作魏。分别其义与意。"

山部

山 shān

山，宣也。宣气散，生万物，有石而高。象形。凡山之属皆从山。所间切。

【译文】山，宣畅。使地气宣通，散布各方，产生万物，有石构成而又高峻。象形。大凡山的部属都从山。

嶽 yuè

嶽，东，岱；南，霍；西，华；北，恒；中，泰室。王者之所以巡狩所至。从山，狱声。五角切。

【译文】嶽，东岳岱山，南岳衡山，西岳华山，北岳恒山，中岳嵩山。是王者巡视所到的地方。从山，狱声。

岱 dài

岱，太山也。从山，代声。徒耐切。

【译文】岱，泰山。从山，代声。

嵎 yú

嵎，封嵎之山，在吴（楚）[越]之间，汪芒之国。从山，禺声。噳俱切。

【译文】嵎，封嵎山，在吴国、越国之间，是汪芒氏的封地。从山，禺声。

岑 cén

岑，山小而高。从山，今声。鉏箴切。

【译文】岑，山小而又高。从山，今声。

崟 yín

崟，山之岑崟也。从山，金声。鱼音切。

【译文】崟，山势岑崟。从山，金声。

巒 luán

巒。山小而锐。从山，䜌声。洛官切。

【译文】巒。山小而又锐峭。从山，䜌声。

密 mì

密，山如堂者。从山，宓声。美毕切。

【译文】密，形状像堂室的山。从山，宓声。

岫 xiù

岫，山穴也。从山，由声。似又切。

【译文】岫，山的洞穴。从山，由声。

陖 jùn

陖，高也。从山，陖声。私闰切。

【译文】陖，高。从山，陵声。

崒 zú

崒，崒危，高也。从山，卒声。醉绥切。

【译文】崒，崒危，高峻的意思。从山，卒声。

嶘 zhàn

嶘，尤高也。从山，棧声。士限切。

【译文】嶘，山特别高。从山，棧声。

崛 jué

崛，山短高也。从山，屈声。衢勿切。

【译文】崛，山短而又高。从山，屈声。

巖 yán

巖，岸也。从山，嚴声。五緘切。

【译文】巖，崖岸。从山，嚴声。

嵯 cuó

嵯，山皃。从山，差声。昨何切。

【译文】嵯，山的样子。从山，差声。

嶢 yáo

嶢，焦嶢，山高皃。从山，堯声。古僚切。

【译文】嶢，焦嶢，山高的样子。从山，堯声。

峨 é

峨，嵯峨也。从山，我声。五何切。

【译文】峨，嵯峨。从山，我声。

崝 zhēng

崝，嵘也。从山，青声。七耕切。

【译文】崝，崝嵘。从山，青声。

嶸 róng

嶸，崝嵘也。从山，榮声。户萌切。

【译文】嶸，崝嵘。从山，榮声。

崇 chóng

崇，嵬高也。从山，宗声。鉏弓切。

【译文】崇，山高。从山，宗声。

崔 cuī

崔，大高也。从山，隹声。胙回切。

【译文】崔，山高大。从山，隹声。

岊 jié

岊，陬隅，高山之节。从山，从卪。子结切。

【译文】岊，山的转弯处，是高山的节巴。由山、由卪会意。

屾部

屾 shēn

屾，二山也。凡屾之属皆从屾。所臻切。

【译文】屾，两座山。大凡屾的部属都从屾。

余 鑫 tú

鑫，会稽山。一曰：九江当鑫也。民以辛壬癸甲之日嫁娶①。从屾，余声。《虞书》曰："予娶鑫山。"同都切。

【译文】鑫，会稽山。另一义说，（鑫山）在九江郡当鑫县。百姓在辛、壬、癸、甲这四天内出嫁或婚娶。从屾，余声。《虞书》说："我在鑫山娶了个女人。"

【注释】①嫁娶：《段注》："《水经注》引《吕氏春秋》：禹娶塗山氏女，不以私害公，自辛至甲四日复往治水，故江淮之俗以辛壬癸甲为嫁娶日也。"

屵部

屵 屵 è

屵，岸高也。从山厂，厂亦声。凡屵之属皆从屵。五葛切。

【译文】屵，岸边高。由山厂会意，厂也表声。大凡屵的部属都从屵。

屵 岸 àn

岸，水厓而高者。从屵，干声。五旰切。

【译文】岸，水边而高出的地方。从屵，干声。

崖 崖 yá

崖，高边也。从屵，圭声。五佳切。

【译文】崖，高陡的山边。从屵，圭声。

广部

广 广 yǎn

广，因（广）[厂]为屋，象对刺高屋之形。凡广之属皆从广。读若俨然之俨。鱼俭切。

【译文】广，依傍岩岸架屋，像高耸的房屋的样子。大凡广的部属都从广。音读像俨然的"俨"字。

府 府 fǔ

府，文书藏也。从广，付声。方矩切。

【译文】府，文书储藏的地方。从广，付声。

庠 庠 xiáng

庠，礼官养老。夏曰校，殷曰庠，周曰序。从广，羊声。似阳切。

【译文】庠，掌管礼仪的官敬养老人的地方。夏代叫校，殷代叫庠，周代叫序。从广，羊声。

庭 庭 tíng

庭，宫中也。从广，廷声。特丁切。

【译文】庭，房室之中。从广，廷声。

庖 庖 páo

庖，厨也。从广，包声。薄交切。

【译文】庖，厨房。从广，包声。

廚 廚 chú

廚，庖屋也。从广，尌声。直株切。

【译文】廚，厨屋。从广，尌声。

廦 廦 bì

廦，墙也。从广，辟声。比激切。

【译文】廦，墙壁。从广，辟声。

庫 庫 kù

庫，兵车藏也。从车在广下。苦故切。

【译文】庫，兵甲车马收藏的处所。由"車"字在"广"会意。

序 序 xù

序，东西墙也。从广，予声。徐吕切。

【译文】序，（堂屋的）东西墙。从广，予声。

廣 廣 guǎng

廣，殿之大屋也。从广，黄声。古晃切。

【译文】廣，四周无壁的大屋。从广，黄声。

廁 厠 cì

厠，清也。从广，则声。初吏切。

【译文】厠，清除不洁的处所。从广，则声。

庾 庾 yǔ

庾，水槽仓也。从广，臾声。一曰：仓无屋者。以主切。

【译文】庾，储存水路转运粮食的仓库。从广，臾声。另一义说，上面没有覆盖物的粮舍。

廛 廛 chán

廛，（一）[二]亩半，一家之居。从广里八土。直连切。

【译文】廛，两亩半土地，一家居住的房地。由广、里、八、土会意。

廉 廉 lián

廉，仄也。从广，兼声。力兼切。

【译文】廉，（堂屋的）侧边。从广，兼声。

底 底 dǐ

底，（山）[止]居也。一曰：下也。从广，氏声。都礼切。

【译文】底，止息、居住的地方。另一义说，是下面。从广，氏声。

庶 庶 shù

庶，屋下众也①。从广、炗；炗，古文光字。商署切。

【译文】庶，屋下光彩众多。由广、炗会意，炗是古文光字。

【注释】①屋下众：朱骏声《通训定声》："屋下光

多也。"按：引申为泛指众多。

庤 庤 zhì

庤，储置屋下也。从广，寺声。直里切。

【译文】庤，储藏放置在屋下。从广，寺声。

庇 庇 bì

庇，荫也。从广，比声。必至切。

【译文】庇，遮蔽。从广，比声。

廢 廢 fèi

廢，屋顿也。从广，發声。方肺切。

【译文】廢，房屋倒塌。从广，發声。

厂部

厂 厂 hǎn

厂，山石之厓岩，人可居。象形。凡厂之属皆从厂。呼旱切。

【译文】厂，山上石头形成的边岸，（它们下面的洞穴是）人们可以居住的地方。象形。大凡厂的部属都从厂。

厓 厓 yá

厓，山边也。从厂，圭声。五佳切。

【译文】厓，山边。从厂，圭声。

厥 厥 jué

厥，发石也。从厂，欮声。俱月切。

【译文】厥，发射石块。从厂，欮声。

厝 厝 cù

厝，厉石也。从厂，昔声。《诗》曰："他山之石，可以为厝。"仓各切。

【译文】厝，磨刀石。从厂，昔声。《诗经》说："别的山上的石头，可以用来作磨刀石。"

丸部

丸 wán

丸，圜，倾侧而转者。从反仄。凡丸之属皆从丸。胡官切。

【译文】丸，圆体，倾侧而圆转无碍的东西。由仄字反过来表示。大凡丸的部属都从丸。

危部

危 wēi

危，在高而惧也。从厃，自卪止之。凡危之属皆从危。鱼为切。

【译文】危，人在高处，心情恐惧。由厃、（由卪）表示自己节制、抑止这种临危而惧的心情。大凡厃的部属都从厃。

石部

石 shí

石，山石也。在厂之下；口，象形。凡石之属皆从石。常只切。

【译文】石，山上的石头。在"厂"之下；口（wéi）像方、圆的石头的形状。大凡石的部属都从石。

磺 kuàng

磺，铜铁朴石也。从石，黄声。读若穬。古猛切。

【译文】磺，铜铁之类的金属矿石。从石，黄声。音读像"穬"字。

碭 dàng

碭，文石也。从石，易声。徒浪切。

【译文】碭，有花纹的石头。从石。易声。

碝 ruǎn

碝，石次玉者。从石，耎声。而沇切。

【译文】碝，比玉次一等的石头。从石，耎声。

砮 nú

砮，可以为矢镞。从石，奴声。《夏书》曰："梁州贡砮丹。"《春秋国语》曰："肃慎氏贡楛矢石砮。"乃都切。

【译文】砮，石名，可用来作箭锋。从石，奴声。《夏书》说："梁州地方贡献造箭镞的砮石和丹砂。"《春秋国语》说："肃慎国贡献楛木箭和造箭镞的砮石。"

碣 jié

碣，特立之石。东海有碣石山。从石，曷声。渠列切。

【译文】碣，高耸独立的石头。东海郡有碣石山。从石，曷声。

磏 lián

磏，厉石也。一曰：赤色。从石，兼声。读若鎌。力盐切。

【译文】磏，磨刀石。另一义说，是红色。从石，兼声。音读像"鎌"字。

碬 xiá

碬，厉石也。从石，叚声。《春秋传》曰："郑公孙碬字子石。"乎加切。

【译文】碬，磨刀石。从石，叚声。《春秋左传》说："郑国公孙碬的字叫子石。"

礫 lì

礫，小石也。从石，樂声。郎击切。

【译文】礫，细小的石头。从石，樂声。

磧 qì

磧，水陼有石者。从石，責声。七迹切。

【译文】磧，水边滩头中有石头的地方。从

石，責声。

碧 gǒng

碧，水边石。从石，巩声。《春秋传》曰："阙碧之甲。"居竦切。

【译文】碧，水边的石头。从石，巩声。《春秋左传》说："阙碧国出产的铠甲。"

碩 yǔn

碩，落也。从石，員声。《春秋传》曰："碩石于宋五。"于敏切。

【译文】碩，坠落。从石，員声。《春秋传》说："从天上坠落陨石到宋国，共五颗。"

碑 bēi

碑，竖石也。从石，卑声。府眉切。

【译文】碑，竖立的石头。从石，卑声。

磕 kài

磕，石声。从石，盍声。口太切。又，苦盖切。

【译文】磕，石声。从石，盍声。

硻 kēng

硻，余坚者。从石，坚省。口茎切。

【译文】硻，（除石头之外的）其余坚固的物体。由石，由坚省会意。

磿 lì

磿，石声也。从石，厤声。郎击切。

【译文】磿，石声。从石，厤声。

暫 chán

暫，礆，石（也）[皃]。从石，斩声。巨衔切。

【译文】暫，暫礆，是石头的样子。从石，斩声。

礆 yán

礆，石山也。从石，嚴声。五衔切。

【译文】礆，石山。扶石，嚴声。

磬 kè

磬，坚也。从石，殸声。楷革切。

【译文】磬，坚硬。从石，殸声。

确 què

确，磬石也。从石，角声。胡角切。

【译文】确，坚硬的石头。从石，角声。

磽 qiāo

磽，磬石也。从石，堯声。口交切。

【译文】磽，坚硬的石头。从石，堯声。

碞 yán

碞，暫（喦）[碞]也。从石、品。《周书》曰："畏于民碞。"读与岩同。五衔切。

【译文】碞，暫碞。由石、品会意。《周书》说："对于民心的险恶十分畏惧。"音读与"岩"字同。

磬 qìng

磬，乐石也。从石、殸。象县虡之形。殳，击之也。古者毋句氏作磬。苦定切。

【译文】磬，可奏打击乐的石器。由石、殸会意。（声）像悬挂石磬的架子的样子。殳，表示用器具敲击石磬。古时候毋句氏制作石磬。

晢 chè

晢，上摘岩空青、珊瑚堕之。从石，折声。《周礼》有晢蔟氏。丑列切。

【译文】晢，上山摘采山岩上的空青石、珊瑚石，让它坠落下来。从石，折声。《周礼》有晢蔟氏。

硪 é

硪，石岩也。从石，我声。五何切。

【译文】硪，石头形成的山的边岸。从石，我声。

礙 ài

礙，止也。从石，疑声。五溉切。

【译文】礙，阻止。厌石，疑声。

碾 chàn

碾，以石扞缯也。从石，延声。尺战切。

【译文】碾，用石器碾压缯帛（使平展）。从石，延声。

碎 suì

碎，礷也。从石，卒声。苏对切。

【译文】碎，破碎。从石，卒声。

破 pò

破，石碎也。从石，皮声。普过切。

【译文】破，石头碎裂。从石，皮声。

研 yán

研，礷也。从石，开声。五坚切。

【译文】研，磨。从石，开声。

硯 yàn

硯，石滑也。从石，见声。五甸切。

【译文】硯，石性光滑。从石，见声。

砭 biān

砭，以石刺病也。从石，乏声。方彪切。又，方验切。

【译文】砭，用石针刺破皮肉治病。从石，乏声。

砢 luǒ

砢，磊砢也①。从石，可声。来可切。

【译文】砢，磊砢。从石，可声。

【注释】①磊砢：《玉篇·石部》："磊砢，众小石皃。"

碣 hé

碣，石（也）[地]恶也。从石，咼声。下革切。

【译文】碣，石质土地十分贫瘠。从石，咼声。

磊 lěi

磊，众石也。从三石。落猥切。

【译文】磊，众多的石头（纍积在一起。）由三个石字会意。

長部

長 cháng

長，久远也。从兀，从匕。兀者，高远意也。久则变化。亾声。尸者，倒亾也。凡長之属皆从長。直良切。

【译文】長，长久；长远。由兀、由匕（huà）含意。兀是高而又远的意思。（匕）表示长久就变化。亾声。长字上部的尸，是倒写着的亾字。大凡长的部属都从长。

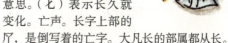

肆 sì

肆，极、陈也。从長，隶声。息利切。

【译文】肆，穷极，陈列。从長，隶声。

镻 dié

镻，蛇恶毒长。从長，失声。徒结切。

【译文】镻，蝘蛇，蛇毒深长。从長，失声。

勿部

勿 wù

勿，州里所建旗。象其柄，有三游。杂帛，

幅半异。所以趣民，故遽，称勿勿。凡勿之属皆从勿。文弗切。

【译文】勿，大夫、士所树立的旗帜。（㇉）像旗的竿子，（彡）表示有三条缀在旗帜边缘上飘悬的游。游帛上颜色杂驳不纯，正幅上半赤半白而不同。是用以催促百姓集合的信号，所以有表示急遽的意思，（急遽）又称作勿勿。

昜 昜 yáng

昜，开也。从日一勿。一曰：飞扬。一曰：长也。一曰：强者众皃。与章切。

【译文】昜，光明。由日、一、勿会意。另一义说，是飞举。又另一义说，是生长。又另一义说，是有很多强大的东西的样子。

冄部

冄 冄 rǎn

冄，毛冄冄也。象形。凡冄之属皆从冄。而琰切。

【译文】冄，毛冉冉下垂的样子。象形。大凡冄的部属都从冄。

而部

而 而 ér

而，颊毛也。象毛之形。《周礼》曰："作其鳞之而。"凡而之属皆从而。如之切。

【译文】而，脸两旁的毛。像毛的样子。《周礼》说："振作起它的鳞和面颊的毛。"大凡而的部属都从而。

耏 耏 nài

耏，罪不至髡也。从而，从彡。奴代切。

【译文】耏，判刑（只剃除颊须，）而不到剃除头发的地步。由而、由彡会意。

豕部

豕 豕 shǐ

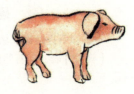

豕，彘也。竭其尾，故谓之豕。象（毛）[头四]足而后有尾。读与豨同。按：今世字，误以豕为（彘）[豕]，以（彘）[象]为豕。何以明之？为（啄）[啄]（琢）[琢]从（豕）[豕]，蠡从（彘）[豕]。皆取其声，以是明之。凡豕之属皆从豕。式视切。

【译文】豕，猪。（猎发怒时）直竖着它的尾巴，所以叫作豕。像头、四只脚，而身后有尾巴的样子。音读与"豨"字同。按：当今的字，错误地把豕当作彘，把象当作豕。怎么知道的呢？因为啄、琢本从豕（而常写作啄、琢），蠡本从豕（而常写作蠡）。（本来）都（分别）取用豕、豕作声，所以明白这个错误。大凡豕的部属都从豕。

豬 豬 zhū

豬，豕而三毛丛居者。从豕，者声。陟鱼切。

【译文】豬，又叫豕，是三根毛丛生在同一毛孔的动物。从豕，者声。

豰 豰 bó

豰，小豚也。从豕，㱿声。步角切。

【译文】豰，小猪。从豕，㱿声。

豨 豨 xī

豨，生三月豚，腹豨豨皃也。从豕，奚声。胡鸡切。

【译文】豨，出生三个月的猪，肚子豨豨而大的样子。从豕，奚声。

豵 豵 zōng

豵，生六月豚。从豕，從声。一曰：一岁豵，尚丛聚也。子红切。

【译文】豵，出生六个月的小猪。从豕，從声。另一义说，一岁的猪，喜爱成群地聚居。

和�两个儿子。"

豝 bā

豝，牝豕也。从豕，巴声。一曰：一岁，能相把拏也。《诗》曰："一发五豝。"伯加切。

【译文】豝，母猪。从豕，巴声。另一义说，一岁的猪，能持握、牵引。《诗经》说："一支箭发射出去，射中了五只母猪。"

豭 jiā

豭，牡豕也。从豕，叚声。古牙切。

【译文】豭，公猪。从豕，叚声。

豮 fén

豮，羠豕也。从豕，賁声。符分声（fén）。

【译文】豮，阉了的猪。从豕，賁声。

豜 jiān

豜，三岁豕，肩相及者。从豕，开声。《诗》曰："并驱从两豜兮。"古贤切。

【译文】豜，三岁的猪，肥肩赶得上它的母猪。从豕，开声。《诗经》说："我和您并驾齐驱追赶两只大野猪啊。"

豛 yì

豛，上谷名猪（豭）〔豛〕。从豕，役省声。营只切。

【译文】豛，上谷郡叫猪作豛。从豕，役省声。

豤 kěn

豤，啮也。从豕，皀声。康很切。

【译文】豤，猪啃物。从豕，皀声。

㺑 yì

㺑，豕息也。从豕，壹声。《春秋传》曰："生敖及㺑。"许利切。

【译文】㺑，猪喘息。从豕，壹声。《春秋左传》说："（寒浞就占有帝羿的妻妾，）生下了浇

豧 fū

豧，豕息也。从豕，甫声。芳无切。

【译文】豧，猪喘息。从豕，甫声。

豢 huàn

豢，以谷圈养豕也。从豕，关声。胡惯切。

【译文】豢，用谷在围栏中喂养猪。从豕，关声。

豠 chú

豠，豕属。从豕，且声。疾余切。

【译文】豠，猪一类。从豕，且声。

豨 xī

豨，豕走豨豨。从豕，希声。古有封豨修蛇之害。虚岂切。

【译文】豨，猪边跑边嘻戏的样子。从豕，希声。又一义为猪。上古有大野猪长毒蛇的危害。

豲 huán

豲，（逸）〔豕属〕也。从豕，原声。《周书》曰："豲有爪而不敢以撅。"读若桓。胡官切。

【译文】豲，猪一类。从豕，原声。《周书》说："豲有爪子却不敢用来爬掘。"音读像"桓"字。

㣇 chù

㣇，豕绊足行㣇㣇。从豕系二足。丑六切。

【译文】㣇，猪被绳子绊着脚而行走艰难的样子。由"豕"字捆系着两只脚表示。

豦 jù

豦，斗相丮不解也。从豕、虍。豕、虍之斗，不解也。读若蘮蒘草之蒘。司马相如说："豦，封豕之属。"一曰：虎两足举。强鱼切。

【译文】豦，像野猪老虎互相搏斗，持久不能分解。由豕、虍会意。野猪、老虎的搏斗，是

不能分解的。音读像蘮蒘草的“蘮”字。（又一义如）司马相如说：“豦，是大猪之类。”又一义说，（豦是）虎的两只脚高举起来。

豙 yì

豙，豕怒毛竖。一曰：残艾也。从豕辛。鱼既切。

【译文】豙，猪发怒而毛竖起。另一义说，是删夷。由豕辛会意。

豩 huān

豩，二豕也。豳从此。阙。伯贫切。又，呼关切。

【译文】豩，两个“豕”字。豳字从豩。阙其音义。

㣇部

㣇 yì

㣇，修豪兽。一曰：河内名豕也。从彑，下象毛足。凡㣇之属皆从㣇。读若弟。羊至切。

【译文】㣇，长毛野兽。另一义说，河内郡叫猪（作㣇）。从彑，下面的彑像毛和脚。大凡㣇的部属都从㣇。音读像“弟”字。

⿱曶㣇 hū

⿱曶㣇，豕属。从㣇，曶声。呼骨切。

【译文】⿱曶㣇，猪一类。从㣇，曶声。

彙 wèi

彙，虫，似豪猪者。从㣇，胃省声。于贵切。

【译文】彙，蟲名，像豪猪的野兽。从㣇，胃省声。

彑部

彑 jì

彑，豕之头。象其锐，而上见也。凡彑之属皆从彑。读若罽。居例切。

【译文】彑，猪的头。像猪嘴长锐，而彑字的上画ι能体现这一特点。大凡彑的部属都从彑。音读像“罽”字。

彘 zhì

彘，豕也。后蹏（发）［废］谓之彘。从彑，矢声；从二匕，彘足与鹿足同。直例切。

【译文】彘，猪。后脚废退叫作彘。从彑，矢声；又从二匕，彘的脚和鹿的脚都同用二匕表示。

彖 chǐ

彖①，豕也。从彑，从豕。读若弛。式视切。

【译文】彖，猪。由彑、由豕会意。音读像“弛”字。

【注释】① 彖：当依徐锴《系传》作“彖”。王筠《释例》：“彑字，疑即豕字重文，音义皆同。

⿱彑乂 xiá

⿱彑乂，豕也。从彑，下象其足。读若瑕。乎加切。

【译文】⿱彑乂，猪。（上）从彑，下面的交象猪的脚。音读像“瑕”字。

豚部

豚 tún

豚，小豕也。从彖省，象形。从又持肉，以给祠祀。凡豚之属皆从豚。徒魂切。

【译文】豚，小猪。从彖省，彖像猪形。又由“又”（手）持握着“肉”，表示供给祭祀之用。大凡豚的部属都从豚。

豸部

豸 zhì

豸，兽长脊，行豸豸然，欲有所司杀形。凡

豸之属皆从豸。池尔切。

【译文】豸，有着长长脊骨的猛兽，行走时突然豸豸地伸直脊背，像有所窥伺而加以格杀的形状。大凡豸的部属都从豸。

豹 bào

豹，似虎，圜文。从豸，勺声。北教切。

【译文】豹，像老虎，有圆形花纹。从豸，勺声。

貔 pí

貔①，豹属，出貉国。从豸，毘声。《诗》曰："献其貔皮。"《周书》曰："如虎如貔。"貔，猛兽。房脂切。

【译文】貔，豹一类，出产在北方的貉国。从豸，毘声。《诗经》说："贡献那貔兽的皮。"《周书》说："象虎象貔。"貔是凶猛的野兽。

【注释】① 貔：似虎，毛灰白色。又叫白熊、白狐、执夷。

犲 chái

犲，狼属，狗声①。从豸，才声。士皆切。

【译文】犲，狼一类，有像狗一样的叫声。从豸，才声。

【注释】① 狗声：《段注》："其声如犬。俗呼犲狼。"

貉 mò

貉，北方豸种。从豸，各声。孔子曰："貉之为言恶也。"莫白切。

【译文】貉，北方与豸兽共处的种族。从豸，各声。孔子说："貉作为言辞，是丑恶的意思。"

貆 huán

貆，貉之类。从豸，亘声。胡官切。

【译文】貆，貉兽一类。从豸，亘声。

貍 lí

貍，伏兽①，似貓。从豸，里声。里之切。

【译文】貍，善于藏伏的野兽，样子像貓。从豸，里声。

【注释】① 伏兽：《段注》："伏兽谓善伏之兽。""即俗所谓野猫。"

貛 huān

貛，野豕也。从豸，藋声。呼官切。

【译文】貛，野生小兽样子像猪。从豸，藋声。

貁 yòu

貁，鼠属。善旋。从豸，穴声。余救切。

【译文】貁，鼬鼠一类。善于旋转。从豸，穴声。

貒 tuān

貒，兽也。从豸，耑声。读若湍。他端切。

【译文】貒，貒兽。从豸，耑声。音读像"湍"字。

豻 àn

豻，胡地野狗①。从豸，干声。《诗》曰："宜豻宜狱。"五旰切。

【译文】豻，北方少数民族地区的野狗。从豸，干声。《诗经）说："（可悲啊，我们这些穷苦少钱的人，）大概将要陷入地方的牢狱，或将陷入朝廷的牢狱。"

【注释】① 胡地：北方少数民族地区。

貂 diāo

貂，鼠属。大而黄黑，出胡丁零国①。从豸，召声。都僚切。

【译文】貂，鼠一类。躯体大，色黄黑，出产在北方少数民族地区的丁零国。从豸，召声。

【注释】① 胡：王筠《句读》："胡，其总名。丁零，其一国之名也。"张舜徽《约注》："古丁零国，在今西北利亚叶尼塞河上游，至贝尔加湖以南诸地。"

𤉡部

𤉡 sì

𤉡①，如野牛而青②。象形③。与禽、离头同。凡𤉡之属皆从𤉡。徐姊切。

【译文】𤉡，样子像水牛而毛色青。象形。（𤉡字的头部凹）与禽字、离字的头部有相同的地方。大凡𤉡的部属都从𤉡。

【注释】①𤉡：犀牛一类。《尔雅·释兽》："兕，似牛。"郭璞注："一角，青色，重千斤。"②野牛：《段注》："即今水牛。"③象形：《段注》："上象其头，下象其足尾也。"

易部

易 yì

易，蜥易①，蝘蜓，守宫也。象形。《秘书》说，日月为易，象阴阳也。一曰：从勿。凡易之属皆从易。羊益切。

【译文】易，蜥易，又叫蝘蜓、守宫。象形。《秘书》说，日、月二字会合成易字，象征着阴阳的变易。另一义说，（易）从旗勿的勿。大凡易的部属都从易。

【注释】①蜥易：《尔雅·释鱼》："蝾螈，蜥蜴；蜥蜴，蝘蜓；蝘蜓，守宫也。"郭璞注："转相解，博异语，别四名也。"朱骏声《通训定声》："在壁为蝘蜓、守宫也，苏俗谓之壁虎；在草为蜥易、荣蚖也，苏俗谓之四脚蛇。"徐灏《段注笺》："蜥蜴连名。单呼之，或谓之蜥，或谓之蜴。"

象部

象 xiàng

象，长鼻牙①，南越大兽②，三年一乳③，象耳牙四足之形。凡象之属皆从象。徐两切。

【译文】象，长鼻长牙，南越一带的大野兽，每三年产子一次，像耳朵、牙齿、四只脚的样

子。大凡象的部属都从象。

【注释】①长鼻牙：《段注》："有长鼻长牙。"②南越：今广东广西一带。③三年：王筠《句读》：《太平广记》引古训云：'象孕五岁始产。'"

豫 yù

豫，象之大者。贾侍中说①："不害于物。"从象，予声。羊茹切。

【译文】豫，大象。贾侍中说："（豫象虽大但）对别的物体没有害处。"从象，予声。

【注释】①贾侍中：《段注》："贾侍中名逵，许所从受古学者也。侍中说：豫虽大，而不害于物。故宽大舒缓之义取此字。"

馬部

馬 mǎ

馬，怒也；武也。象马头髦尾四足之形。凡马之属皆从馬。莫下切。

【译文】馬，是昂首怒目的动物，是勇武的动物。像马的头部、鬃毛、尾巴、四只脚的样子。大凡马的部属都从马。

騭 zhì

騭，牡马也。从马，陟声。读若郅。之日切。

【译文】騭，公马。从馬，陟声。音读像"郅"（zhì）字。

馬 huán

馬，马一岁也。从马；一，绊其足。读若弦；一曰：若环。户关切。

【译文】馬，马一岁。从马，一，表示用绳子系绊马脚。音读像"弦"字，一说，音读像

"环"字。

駒 jū

駒，馬二岁曰駒①，三岁曰駣。从馬，句声。举朱切。

【译文】駒，马两岁叫作駒，三岁叫作駣。从马，句声。

【注释】①二岁：徐锴《段注笺》："駒为二岁马，浑言之则为儿马方壮之偁。"

馱 bā

馱，马八岁也。从馬，从八。博拔切。

【译文】馱，马八岁。由马、由八会意。

騆 xián

騆，马一目白曰騆，二目白曰鱼。从馬，閒声。户闲切。

【译文】騆，马一只眼睛（病得）发白叫作騆，两只眼睛（病得）发白叫作鱼目。从马，閒声。

騏 qí

騏，马青骊，文如博棋也。从馬，其声。渠之切。

【译文】騏，马青黑色，花纹像棋盘一样。从马，其声。

驪 lí

驪，马深黑色。从馬，麗声。吕支切。

【译文】驪，马深黑色。从马，麗声。

騵 xuān

騵，青骊马。从馬，肙声。《诗》曰："駜彼乘騵。"火玄切。

【译文】騵，青黑色的马。从马，肙声。《诗经》说："多么肥壮而又力量强大啊，那一车驾的四匹青黑色的马。"

騩 guī

騩，馬淺黑色。从馬，鬼声。俱位切。

【译文】騩，马浅黑色。从马，鬼声。

騢 xiá

騢，马赤白杂毛。从馬，叚声。谓色似鰕鱼也。乎加切。

【译文】騢，马（有着）红色、白色杂乱相间的毛。从马，叚声。是说马的毛色像鰕鱼。

騅 zhuī

騅，马苍黑杂毛。从馬，隹声。职追切。

【译文】騅，马（有着）青苍色与黑色杂乱相间的毛。从马，隹声。

騮 liú

騮，赤马黑（毛）[鬣]尾也。从馬，留声。力求切。

【译文】騮，红色的马身，黑色的鬃毛和尾巴。从马，留声。

駱 luò

駱，马白色黑鬣尾也。从馬，各声。卢各切。

【译文】駱，马白色的身子，黑色的鬃毛和尾巴。从马，各声。

駰 yīn

駰，马阴白杂毛。黑。从馬，因声。《诗》曰："有駰有騢。"于真切。

【译文】駰，马（有着）浅黑色和白色相间的毛。从马，因声。《诗经》说："有毛色黑白相间的駰马，有毛色红白相间的騢马。"

驄 cōng

驄，马青白杂毛也。从馬，恖声。仓红切。

263

【译文】骢，马（有着）青色、白色杂乱相间的毛。从馬，恩声。

騥 yù

騥，骊马白胯也。从馬，矞声。《诗》曰："有騥有骐。"食聿切。

【译文】騥，深黑色的马，大腿之间是白色。从馬，矞声。《诗经》说："有黑身白胯的騥马，有荧白色的骐马。"

驃 piào

驃，黄马发白色①。一曰：白髦尾也。从馬，票声。毗召切。

【译文】驃，黄色的马，起着白色点状花纹。另一义说，（黄色的马有）白色的鬃毛和尾巴。从馬，票声。

【注释】①发白色：《段注》："起白点斑驳也。"

駹 máng

駹，马面颡皆白也。从馬，尨声。莫江切。

【译文】駹，马（只有）面部、额部都是白色。从馬，尨声。

騧 guā

騧，黄马，黑喙。从馬，咼声。古华切。

【译文】騧，黄色的马，黑色的嘴。从馬，咼声。

駓 pī

駓，黄马白毛也。从馬，丕声。敷悲切。

【译文】駓，马有着黄色、白色杂乱相间的毛。从馬，丕声。

驖 tiě

驖，马赤黑色。从馬，戠声。《诗》曰："四驖孔阜。"他结切。

【译文】驖，马（有着）黑中带红的颜色。从馬，戠声。《诗经》说："四匹黑中带红的马非常肥大。"

騆 àn

騆，马头有发赤色者。从馬，岸声。五旰切。

【译文】騆，马有起着红色斑纹的头。从馬，岸声。

駒 dí

駒，马白额也。从馬，的省声。一曰：骏也。《易》曰："为的颡。"都历切。

【译文】駒，马（有着）白色的额头。从馬，的省声。另一义说，駒是骏马。《易经》说："（震卦对于马来说，）是白色额头（的象征）。"

驔 diàn

驔，骊马黄脊。从馬，覃声。读若簟。徒玷切。

【译文】驔，深黑色的馬，黄色的脊梁。从馬，覃声。音读像"簟"字。

驠 yàn

驠，马白州也。从馬，燕声。于甸切。

【译文】驠，马（有着）白色的臀部。从馬，燕声。

駁 bó

駁，马色不纯。从馬，爻声。北角切。

【译文】駁，马的毛色不纯。从馬，爻声。

騽 xí

騽，马豪骭也。从馬，習声。似入切。

【译文】騽，马的膝头和小腿之间有长毛。从馬，習声。

駿 jùn

駿，馬之良材者。从馬，夋声。子峻切。

【译文】駿，马中间有良好素质的马。从馬，夋声。

騛 fēi

騛，馬逸足也。从馬，从飛。《司马法》："飞卫斯舆。"甫微切。

【译文】騛，马跑得飞快。由馬、由飛会意。《司马法》说："飞卫斯舆。"

騎 qí

騎，跨马也①。从馬，奇声。渠羁切。

【译文】騎，（两腿分张）跨在马上。从馬，奇声。

【注释】① 跨马：《段注》："两髀跨马谓之骑，因之人在马上谓之骑。"

驍 jiōng

驍，马盛肥也。从馬，光声。《诗》曰："四牡驍驍。"古荧切。

【译文】驍，马十分肥壮。从馬，光声。《诗经》说："四匹公马多么肥壮。"

駕 jià

駕，马在轭中。从馬，加声。古讶切。

【译文】駕，马套在车轭之中。从馬，加声。

䭹 àng

䭹，䭹䭹，马怒兒。从馬，印声。吾浪切。

【译文】䭹，䭹䭹，

马发怒的样子。从馬，印声。

騑 fēi

騑，驂，旁马。从馬，非声。甫微切。

【译文】騑，又叫驂马，驾在车辕两旁的马。从馬，非声。

駢 pián

駢，驾二马也。从馬，并声。部田切。

【译文】駢，（一辆车并排）驾两匹马。从馬，并声。

驂 cān

驂，驾三马也。从馬，参声。仓含切。

【译文】驂，（独辕车）驾的三匹马。从馬，参声。

駟 sì

駟，一乘也。从馬，四声。息利切。

【译文】駟，一辆车所驾的四匹马。从馬，四声。

駙 fù

駙，副马也。从馬，付声。一曰：近也。一曰：疾也。符遇切。

【译文】駙，驾副车的马。从馬，付声。另一义说，是附近。另一义说，是迅速（奔赴）。

騕 xié

騕，马和也。从馬，皆声。户皆切。

【译文】騕，马性和善。从馬，皆声。

騀 ě

騀，马摇头也。从馬，我声。五可切。

【译文】騀，马摇头。从馬，我声。

篤 dǔ

篤，马行顿迟。从馬，竹声。冬毒切。

【译文】篤，马行走，头低下如触地，较为迟缓。从馬，竹声。

馮 píng

馮，马行疾也。从馬，冫声。房戎切。

【译文】馮，马行走迅疾。从馬，冫(bīng)声。

驅 qū

驅，马驰也①。从馬，區声。岂俱切。

【译文】驅，(用棰策鞭马)使马奔驰。从馬，區声。

【注释】① 马驰：王筠《句读》："当作驰马。""言人御之使速也。"

馳 chí

馳，大驱也。从馬，也声。直离切。

【译文】馳，使马长驱。从馬，也声。

騁 chěng

騁，直驰也。从馬，粤声。丑郢切。

【译文】騁，径直奔驰。从馬，粤声。

騍 hàn

騍，马突也。从馬，旱声。侯旰切。

【译文】騍，马凶悍奔突。从馬，旱声。

骞 qiān

骞，马腹(絷)「热」也。从馬，寒省声。去虔切。

【译文】骞，马腹部因热病而亏损低陷。从馬，寒省声。

駉 jiōng

駉，牧马苑也。从馬，同声。《诗》曰："在駉之野。"古荧切。

【译文】駉，牧马的苑囿。从馬，同声。《诗经》说："(高大肥壮的公马,)在可供牧马的野外。"

駃 jué

駃，駃騠，马父骡子也。从馬，夬声。古穴切。

【译文】駃，駃騠，以马为父，(以驴为母，杂交所生的)骡崽。从馬，夬声。

騠 tí

騠，駃騠也。从馬，是声。杜兮切。

【译文】騠，駃騠。从馬，是声。

贏 luó

贏①，驴父马母。从馬，贏声。洛戈切。

【译文】贏，以驴为父，以马为母，(杂交所生的骡崽。)从馬，贏声。

【注释】① 贏：骡子(公驴和母马杂交所生)。今作"骡"。《楚辞·九叹·忧苦》："同驽贏与乘驵兮。"

驢 lú

驢，似马，长耳。从馬，盧声。力居切。

【译文】驢，像马，长长的耳朵。从馬，盧声。

廌部

廌 zhì

廌，解廌兽也。似山牛，一角。古者决讼，令触不直。象形，从豸省。凡廌之属皆从廌。宅买切。

【译文】廌，獬豸兽，像野牛，一只角。古时候判决官司，叫廌去抵触那不正直的一方。𢆍像其头和角的形状，𢆉是豸的省略。大凡廌的部属都从廌。

薦 jiàn

薦，兽之所食艸。从廌，从艸。古者神人以廌遗黄帝。帝曰："何食？何处？"曰："食荐；夏处水泽，冬处松柏。"作甸切。

【译文】薦，兽畜吃的草。由廌、由艸会意。古时候神仙把廌兽送给黄帝。黄帝说："它吃什么？住在什么地方？"回答说："吃荐草。夏天住在水泽之中，冬天住在松柏之下。"

鹿部

鹿 lù

鹿，兽也。象头角四足之形。鸟鹿足相似，从比。凡鹿之属皆从鹿。卢谷切。

【译文】鹿，兽名。像头、角和四只脚的样子。鸟、鹿的脚相像，所以都从比。大凡鹿的部属都从鹿。

麟 lín

麟，大牝鹿也。从鹿，粦声。力珍切。

【译文】麟，大母鹿。从鹿，粦声。

麋 mí

麋，鹿属。从鹿，米声。麋冬至解其角。武悲切。

【译文】麋，鹿一类。从鹿，米声。麋，冬至左右脱落它的角。

麈 zhǔ

麈，麋属。从鹿，主声。之庾切。

【译文】麈，麋鹿一类。从鹿，主声。

麗 lì

麗，旅行也。鹿之性，见食急则必旅行。从鹿，丽声。礼：丽皮纳聘。盖鹿皮也。郎计切。

【译文】麗，结伴而行。鹿的特性是，发现食物虽情势紧急却也一定结伴而行。从鹿，丽声。礼制规定，把两张鹿皮交纳订婚。（丽）大概是鹿皮。

麀 yōu

麀，牝鹿也。从鹿，从牝省。于虬切。

【译文】麀，母鹿。由鹿、由牝省会意。

麤部

麤 cū

麤，行超远也。从三鹿。凡麤之属皆从麤。仓胡切。

【译文】麤，鹿行走时跳跃很远。由三个鹿字会意。大凡麤的部属都从麤。

麤 chén

麤，鹿行扬土也①。从麤，从土。直珍切。

【译文】麤，群鹿疾行使尘土飞扬。由麤、由土会意。

【注释】①扬土：《段注》："群行则扬土甚。"

㲋部

㲋 chuò

㲋，兽也。似兔，青色而大。象形。头与兔同，足与鹿同。凡㲋之属皆从㲋。丑略切。

【译文】㲋，兽名。像兔子，全身青色，却比兔子大。象形。表示头的⺈与兔字的头部相同，表示足的比与鹿字的足部相同。大凡㲋的部属都从㲋。

毚 chán

毚，狡兔也，兔之骏者。从㲋、兔。士咸切。

【译文】毚，少壮的兔子，兔中的良才。由㲋、兔会意。

兔部

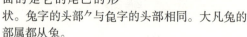 兔 tù

兔，兽名。象踞，后其尾形。兔头与龟头同。凡兔之属皆从兔。汤故切。

【译文】兔，兽名。像蹲坐的样子，后面的是它的尾巴的形状。兔字的头部⺈与龟字的头部相同。大凡兔的部属都从兔。

逸 yì

逸，失也。从辵、兔。兔谩訑善逃也。夷质切。

【译文】逸，逃跑。由辵、兔会意。兔性欺诈、善于逃逸。

冤 yuān

冤，屈也。从兔，从冖。兔在冖下，不得走，益屈折也。于袁切。

【译文】冤，屈缩不伸。由兔、由冖会意。兔字在冖字下，表示兔在覆罩之下不能跑，多屈折不伸。

娩 fàn

娩，兔子也。娩，疾也。从女兔。芳万切。

【译文】娩，兔崽。娩，迅疾。由女、兔会意。

莧部

莧 huán

莧，山羊细角者。从兔足，苜声。凡莧之属皆从莧。读若丸。宽字从此。胡官切。

【译文】莧，细角的山羊。从兔足，苜声。大凡莧的部属都从莧。音读像"丸"字。宽字从莧。

犬部

 犬 quǎn

犬，狗之有县蹄者也。象形。孔子曰："视犬之字如画狗也。"凡犬之属皆从犬。苦泫切。

【译文】犬，狗中有悬空而不着地的蹄趾的一种。象形。孔子说："看犬字像画狗的样子。"大凡犬的部属都从犬。

狗 gǒu

狗，孔子曰："狗，叩也。叩气吠以守。"从犬，句声。古厚切。

【译文】狗，孔子说："狗，扣击。狗声硁硁如扣击，出气而吠叫，用以守御。"从犬，句声。

龙 máng

龙，犬之多毛者。从犬，从彡。《诗》曰："无使龙也吠。"莫江切。

【译文】龙，多毛的狗。由犬、由彡会意。《诗经》说："不要让那狮毛狗啊叫起来。"

狡 jiǎo

狡，少狗也。从犬，交声。匈奴地有狡犬，巨口而黑身。古巧切。

【译文】狡，少壮的狗。从犬，交声。（又，）匈奴地方有一种大狗，巨大的嘴巴，黑色的身子。

猲 xiē

猲，短喙犬也。从犬，曷声。《诗》曰："载猃猲獢。"《尔雅》曰："短喙犬谓之猲獢。"许谒切。

【译文】猲，短嘴巴狗。从犬，曷声。《诗经》说："装载着长嘴（猎）犬和短嘴（猎）犬。"

《尔雅》说："短嘴巴狗叫作猲獢。"

獫 xiǎn

獫，长喙犬。一曰：黑犬，黄头。从犬，佥声。虚检切。

【译文】獫，長嘴巴狗。另一义说，是黑色的狗，黄色的头。从犬，佥声。

猈 bài

猈①，短胫狗。从犬，卑声。薄蟹切。

【译文】猈，短脚狗。从犬，卑声。

【注释】① 猈：王筠《句读》："即今之（哈）巴狗也。"

猗 yī

猗①，犗犬也。从犬，奇声。于离切。

【译文】猗，阉狗。从犬，奇声。

【注释】① 猗：《段注》："犬曰猗，如马曰騬，牛曰犗，羊曰羠，言之不妨通互耳。"桂馥《义证》引赵宦光曰："猗、犗，并列势异名。"

猏 ān

猏，窦中犬声。从犬，从音，音亦声。乙咸切。

【译文】猏，洞中狗叫的声音。由犬、由音会意，音也表声。

默 mò

默，犬（暂）[潜] 逐人也。从犬，黑声。读若墨。莫北切。

【译文】默，狗偷偷地追逐人。从犬，黑声。音读像"墨"字。

猝 cù

猝，犬从艹暴出逐人也。从犬，卒声。麤没切。

【译文】猝，狗从草丛中突然窜出追逐人。从犬，卒声。

猩 xīng

猩，猩猩，犬吠声。从犬，星声。桑经切。

【译文】猩，猩猩然，是狗叫的声音。从犬，星声。

奖 jiǎng

奖，嗾犬厉之也。从犬，将省声。即两切。

【译文】奖，使唤狗而勉励它。从犬，将省声。

狠 yán

狠①，吠斗声。从犬，艮声。五还切。

【译文】狠，狗边叫边斗的声音。从犬，艮声。

【注释】① 狠：《段注》："今俗用狠为很（凶狠）。"

奘 zàng

奘，妄强犬也。从犬，从壮，壮亦声。徂朗切。

【译文】奘，狂妄强猛的狗。由犬、由壮会意，壮也表声。

獒 áo

獒，犬如人心可使者。从犬，敖声。《春秋传》曰："公嗾夫獒。"五牢切。

【译文】獒，狗中能如人意可以使唤的一种。从犬，敖声。《春秋左传》说："晋灵公嗾使那猛狗。"

狀 zhuàng

狀，犬形也。从犬，爿声。盈亮切。

【译文】狀，狗的形状。从犬，爿声。

狎 xiá

狎，犬可习也。从犬，甲声。胡甲切。

【译文】狎，狗可训练。扶犬，甲声。

狃 niǔ

狃①，犬性骄也②。从犬，丑声。女久切。

【译文】狃，狗性骄横。从犬，丑声。

【注释】①狃：本义为狗爱亲近人。②骄：《段注》作"忕"。徐锴《系传》："忕，惯习也。"存参。

犯 fàn

犯，侵也。从犬，已声。防险切。

【译文】犯，侵犯。从犬，已声。

猛 měng

猛，健犬也。从犬，孟声。莫杏切。

【译文】猛，健壮的狗。从犬，孟声。

犺 kàng

犺，健犬也。从犬，亢声。苦浪切。

【译文】犺，健壮的狗。从犬，亢声。

猜 cāi

猜①，恨贼也。从犬，青声。仓才切。

【译文】猜，嫉恨以至残害别人。从犬，青声。

【注释】①猜：徐锴《系传》："犬性多情。"

倏 shū

倏，走也。从犬，攸声。读若叔。式竹切。

【译文】倏，（狗）奔跑。从犬，攸声。音读像"叔"字。

戾 lì

戾，曲也。从犬出户下。戾者，身曲戾也。郎计切。

【译文】戾，弯曲。由"犬"出于门"户"之下会意。戾，身体弯曲的意思。

獨 dú

獨，犬相得而斗也。从犬，蜀声。羊为群，犬为独也。一曰：北嚣山有独狢兽，如虎，白身，豕鬣，尾如马。徒谷切。

【译文】獨，狗相遇就争斗。从犬，蜀声。羊喜群居，狗爱独处。另一义说，北嚣山上有名叫独狢的野兽，样子像虎，白色的身子，像猪一样的鬣毛，尾巴像马一样。

狢 yù

狢，独狢兽也。从犬，谷声。余蜀切。

【译文】狢，名叫独狢的野兽。从犬，谷声。

狩 shòu

狩，犬田也。从犬，守声。《易》曰："明夷于南狩。"书究切。

【译文】狩，用狗田猎。从犬，守声。《易经》说："叫着的鹈鹕鸟在（人们）南去打猎的时候（受伤）。"

獵 liè

獵，（放）［畋］猎逐禽也。从犬，巤声。良涉切。

【译文】獵，打猎追逐禽兽。从犬，巤声。

獠 liáo

獠，獵也。从犬，寮声。力昭切。

【译文】獠，打猎。从犬，寮声。

臭 xiù

臭，禽走，臭而知其迹者，犬也。从犬，从自。尺救切。

【译文】臭，禽兽跑了，嗅其气味而知道其逃

跑的踪迹的，是狗。由犬、由自会意。

獟 yào

獟，狅犬也。从犬，堯声。五吊切。

【译文】獟，骁勇的狗。从犬，堯声。

獲 huò

獲，猎所获也。从犬，蒦声。胡伯切。

【译文】獲，打猎时捕获的禽兽。从犬，蒦声。

獻 xiàn

獻，宗庙犬名羹獻。犬肥者以献之。从犬，鬳声。许建切。

【译文】獻，宗庙祭祀所用的狗叫作"羹献"。狗肥大的用以作为敬献的礼品。从犬，鬳声。

狾 zhì

狾，狂犬也。从犬，折声。《春秋传》曰："狾犬入华臣氏之门。"征例切。

【译文】狾，疯狗。从犬，折声。《春秋左传》说："疯狗进入华臣家的门。"

狂 kuáng

狂，狾犬也。从犬，㞷声。巨王切。

【译文】狂，疯狗。从犬，㞷声。

類 lèi

類，种类相似，唯犬为甚。从犬，頪声。力遂切。

【译文】類，同一种属、类别的事物相像，只有狗体现得最分明。从犬，頪声。

狄 dí

狄，赤狄，本犬种。狄之为言淫辟也。从犬，亦省声。徒历切。

【译文】狄，赤狄族，本与犬戎族同种。狄作为词语是表示邪恶乖辟的意思。从犬，亦省声。

狻 suān

狻，狻麑，如虥猫，食虎豹者。从犬，夋声。见《尔雅》。素官切。

【译文】狻，狻麑，像浅毛虎，是吃虎豹的野兽。从犬，夋声。

狙 jū

狙，玃属。从犬，且声。一曰：狙，犬也，暂啮人者。一曰：犬不啮人也。亲去切。

【译文】狙，猕猴一类。从犬，且声。另一义说，狙，是狗，是伺机突然出来咬人的狗。另一义说，狗不咬人叫狙。

玃 jué

玃，母猴也。从犬，矍声。《尔雅》云："玃父善顾。"攫持人也。俱缚切。

【译文】玃，大猕猴。从犬，矍声。《尔雅》说："大弥猴善于左右顾盼。"又喜欢用爪抓取、把持人。

猴 hóu

猴[1]，夒也。从犬，侯声。乎沟切。

【译文】猴，一种长臂猿。从犬，侯声。

【注释】[1] 猴：朱骏声《通训定声》："一名为，一名母猴，声转曰沐猴，曰猕猴，其大者曰玃，其愚者曰禺，其静者曰蝯，亦作猨，作猿。"

猶 yóu

猶，玃属。从犬，酋声。一曰：陇西谓犬子

为獣。以周切。

【译文】猶，狱猴一类。从犬，酋声。另一义说，陇西郡叫狗崽子作獣。

狛 bó

狛，如狼，善驱赶羊。从犬，白声。读若檗。宁严读之若浅泊。匹各切。

【译文】狛，像狼，善于驱赶羊群。从犬，白声。音读像黄檗的"檗"字。宁严读它，像浅泊的泊字。

狼 láng

狼，似犬，锐头，白颊，高前，广后。从犬，良声。鲁当切。

【译文】狼，像狗，尖锐的头，白色的脸颊，身子前部高，后部宽。从犬，良声。

獌 màn

獌，狼属。从犬，曼声。《尔雅》曰①："貙、獌，似狸。"舞贩切。

【译文】獌，狼一类。从犬，曼声。《尔雅》说："貙和獌，都像野猫。"

【注释】①《尔雅》：指《释兽》。

狐 hú

狐，袄兽也。鬼所乘之。有三德：其色中和①，小前大后，死则丘首②。从犬，瓜声。户吴切。

【译文】狐，妖异的野兽。是鬼所凭借的东西。（它）有三种德行：它的毛色是中和的黄色，前面（的鼻尖）小，后面（的尾巴）大；临死的时候对着出生的山丘摆正自己的脑袋。从犬，瓜声。

【注释】①中和二句：桂馥《义证》："其色黄，故曰'中和'；鼻尖尾大，故曰'小前大后'。"②丘首：承培元《引经证例》：狐将死则正其首，以向所窟宅之丘，不忘本也。

猋 biāo

猋，犬走皃。从三犬。甫遥切。

【译文】猋，狗跑的样子。由三个"犬"字会意。

獭 tǎ

獭，如小狗也。水居食鱼。从犬，赖声。他达切。

【译文】獭，像小狗。在水里生活，吃鱼。从犬，赖声。

猵 biān

猵，獭属。从犬，扁声。布（兹）〔玄〕切。

【译文】猵，獭一类。从犬，扁声。

㹜部

㹜 yín

㹜，两犬相啮也。从二犬。凡㹜之属皆从㹜。语斤切。

【译文】㹜，两只狗相互咬。由两个犬字会意。大凡㹜的部属都从㹜。

狱 yù

狱，确也。从㹜，从言。二犬，所以守也。鱼欲切。

【译文】狱，（监狱）坚牢。由㹜、由言会意。两个犬字，表示用以守备的警犬。

鼠部

鼠 shǔ

鼠，穴虫之总名也。象形。凡鼠之属皆从鼠。书吕切。

【译文】鼠，住在洞穴里的虫兽的总名。象形。大凡鼠的部属都从鼠。

鼢 fén

鼢，地［中］行鼠，伯劳所（作）［化］也。一曰偃鼠。从鼠，分声。芳吻切。

【译文】鼢，在地中穿行的老鼠，是伯劳鸟化成的。一名偃鼠。从鼠，分声。

鼬 yòu

鼬，如鼠，赤黄而大，食鼠者。从鼠，由声。余救切。

【译文】鼬，像老鼠，红黄色，比老鼠大，是吃老鼠的野兽。从鼠，由声。

能部

能 néng

能。熊属。足似鹿。从肉，㠯声。能兽坚中，故称贤能；而强壮，称能杰也。凡能之属皆从能。奴登切。

【译文】能。熊一颣。能字表示足的㠯像鹿字表示足的比。从肉，㠯声。能兽里面的骨节坚实，所以引申作贤能；能兽强壮，所以引申作能杰。大凡能的部属都从能。

熊 xióng

熊，兽。似豕，山居，冬蛰。从能，炎省声。凡熊之属皆从熊。羽弓切。

【译文】熊，兽名。像猪，在山中生活，冬天不吃不动。从能，炎省声。大凡熊的部属都从熊。

羆 pí

羆，如熊①，黄白文。从熊，罷省声。彼为切。

【译文】羆，像熊，黄白色的花纹。从熊，罷省声。

【注释】① 如熊二句：系《尔雅·释兽》文。

郭璞注："似熊而长头高脚，猛憨多力，能拨树木。"俗偶人熊或马熊。

火部

火 huǒ

火，毁也。南方之行，炎而上①。象形。凡火之属皆从火。呼果切。

【译文】火，（齐人叫）毁。表示南方的一种物质，火光旺盛而向上。象形。大凡火的部属都从火。

【注释】① 炎而上：王筠《句读》："炎者，火光盛也。上者，其性上行，不能下也。"

炟 dá

炟，上讳。当割切。

【译文】炟，已故孝章皇帝之名。

然 rán

然①，烧也。从火，肰声。如延切。

【译文】然，燃烧。从火，肰声。

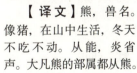

【注释】① 然：今作"燃"。

燒 shāo

燒，爇也。从火，堯声。式昭切。

【译文】燒，焚烧。从火，堯声。

烈 liè

烈，火猛也。从火，列声。良辥切。

【译文】烈，火势猛烈。从火，列声。

烝 zhēng

烝，火气上行也。从火，丞声。煑仍切。

【译文】烝，火气向上升。从火，丞声。

熯 hàn

熯，干皃。从火，漢省声。《诗》曰："我孔熯矣。"人善切。

【译文】熯，干燥的样子。从火，漢省声。《诗经》说："我是非常恭敬的了。"

煦 xù

煦，烝也。一曰：赤皃。一曰：温润也。从火，昫声。香句切。

【译文】煦，（日出）地气向上升。另一义说，是（日出时）红色的样子。又另一义说，是温暖湿润。从火，昫声。

交 jiǎo

炊，交木然也。从火，交声。古巧切。

【译文】炊，架起木头燃烧。从火，交声。

爝 jiào

爝，所以然持火也。从火，焦声。《周礼》曰："以明火爇爝也。"即消切。

【译文】爝，用来引燃手中持握的火炬的火种。从火，焦声。《周礼》说："利用借日光热度所取的火来燃引火柴。"

炭 tàn

炭，烧木余也。从火，岸省声。他案切。

【译文】炭，烧木不尽之余。从火，岸省声。

灰 huī

灰，死火余烖也。从火，从又；又，手也。火既灭，可以执持。呼恢切。

【译文】灰，已熄灭的火剩下的灰烬。由火、由又会意。又，就是手。火已经熄灭，可以拿着，握着。

炱 tái

炱，灰，炱煤也。从火，台声。徒哀切。

【译文】炱，灰；烟尘。从火，台声。

煨 wēi

煨，盆中火。从火，畏声。乌灰切。

【译文】煨，盆中的火。从火，畏声。

熄 xī

熄，畜火也。从火，息声。亦曰灭火[1]。相即切。

【译文】熄，蓄留的火种。从火，息声。也指灭火。

【注释】[1] 灭火：畜火义的反训。

娃 wēi

娃，行灶也。从火，圭声。读若同。口迥切。

【译文】娃，可以移行的灶。从火，圭声。音读像"同"字。

煁 chén

煁，娃也。从火，甚声。氏任切。

【译文】煁，娃灶。从火，甚声。

燀 chǎn

燀，炊也。从火，單声。《春秋传》曰："燀之以薪。"充善切。

【译文】燀，烧火煮熟食物。从火，單声。《春秋左传》说："用柴薪烧火煮熟它。"

炊 chuī

炊，爨也。从火，吹省声。昌垂切。

【译文】炊，烧火煮熟食物。从火，吹省声。

烘 hōng

烘，寮也。从火，共声。《诗》曰："卬烘于煁。"呼东切。

【译文】烘，烧。从火，共声。《诗经》说：

火部口

"我在可以移动的小火炉上烘烤东西。"

熹 xī

熹①，炙也。从火，喜声。许其切。

【译文】熹，用火烤（肉）。从火，喜声。

【注释】①熹：本义为烤肉。引申义为光明。《归去来辞》："问征夫以前路，恨晨光之熹微。"

煎 jiān

煎，熬也。从火，前声。子仙切。

【译文】煎，（有汁而）熬干。从火，前声。

熬 áo

熬，干煎也。从火，敖声。五牢切。

【译文】熬，用火煎炒致干。从火，敖声。

炮 páo

炮，毛炙肉也。从火，包声。薄交切。

【译文】炮，连毛在一起烧烤肉。从火，包声。

灸 jiǔ

灸，灼也。从火，久声。举友切。

【译文】灸，烧灼（龟甲）。从火，久声。

灼 zhuó

灼，（炙）[灸] 也。从火，勺声。之若切。

【译文】灼，（点燃荆条，）灸烧（龟甲）。从火，勺声。

煉 liàn

煉，铄治金也。从火，柬声。郎电切。

【译文】煉，销熔并纯净金属。从火，柬声。

燭 zhú

燭，庭燎，（火）[大] 烛也。从火，蜀声。之欲切。

【译文】燭，指插在斗内庭院中的火炬，也指插在门外的火炬。从火，蜀声。

熜 zǒng

熜，然麻蒸也。从火，悤声。作孔切。

【译文】熜，点燃麻秆捆扎而成的火炬。从火，悤声。

炧 xiè

炧，烛烖也。从火，也声。徐野切。

【译文】炧，灯烛烧过后的灰烬。从火，也声。

焠 cuì

焠，坚刀刃也。从火，卒声。七内切。

【译文】焠，（从火中取出后又浸入水中），使刀刃坚硬。从火，卒声。

燓 fán

燓，烧田也。从火棥，棥亦声。附袁切。

【译文】燓，用火烧（山林宿草）而田猎。由火、棥会意，棥也表声。

燼 jìn

燼，火余也①。从火，聿声。一曰：薪也。徐刃切。

【译文】燼，（物体）燃烧后的剩余部分。从火，聿声。另一义说：燼是柴薪。

【注释】①火：用作动词。

煣 rǒu

煣，屈申木也。从火、柔，柔亦声。人久切。

【译文】煣，（用火烘烤）使木条弯曲或伸直。由火、柔会意，柔也表声。

275

爛 嫌 lián

嫌，火煣车网绝也。从火，兼声。《周礼》曰："煣牙，外不嫌。"力盐切。

【译文】嫌，用火曲煣即将作为车轮外周的木条，（因火太燥烈，而木纹）断裂。从火，兼声。《周礼》说："用火把即将作为车轮外周的木条烘烤，并使它弯曲，木的外侧纹理不断绝。"

燎 燎 liǎo

燎，放火也。从火，寮声。力小切。

【译文】燎，放火（烧）。从火，寮声。

栽 栽 zāi

栽①，天火曰栽。从火，弐声。祖才切。

【译文】栽，天地自然发生的火灾叫栽。从火，弐声。

【注释】①栽：火灾。《左传·宣公十六年》："凡火，人火曰火，天火曰灾。"

煙 煙 yān

煙，火气也。从火，垔声。乌前切。

【译文】煙，燃烧时产生的气状物。人火，垔声。

炳 炳 bǐng

炳，明也。从火，丙声。兵永切。

【译文】炳，光明。从火，丙声。

照 照 zhào

照①，明也。从火，昭声。之少切。

【译文】照，光明照耀。从火，昭声。

【注释】①照：照耀。《周易·恒》："日月得天而能久照。"

熠 熠 yì

熠，盛光也。从火，習声。《诗》曰："熠熠宵行。"羊入切。

【译文】熠，盛大的光亮。从火，習声。《诗经》说："熠熠发光啊，那萤火虫。"

煜 煜 yù

煜，熠也。从火，昱声。余六切。

【译文】煜，炽盛的光亮。从火，昱声。

焯 焯 zhuó

焯，明也。从火，卓声。《周书》曰："焯见三有俊心。"之若切。

【译文】焯，光明。从火，卓声。《周书》说："明显地看到宅事、宅牧、宅准的下属的思想。"

耀 耀 yào

耀，照也。从火，翟声。弋笑切。

【译文】耀，照耀。从火，翟声。

煌 煌 huáng

煌，煌，辉也。从火，皇声。胡光切。

【译文】煌，煌煌，光辉。从火，皇声。

焜 焜 kūn

焜，煌也。从火，昆声。孤本切。

【译文】焜，辉煌。从火，昆声。

威 威 miè

威，灭也。从火戌。火死于戌，阳气至戌而尽。《诗》曰："赫赫宗周，褒似威之。"许劣切。

【译文】威，火熄灭。由火、戌会意。五行中的火死在夏历的戌月，即九月，因为阳气到了戌月就穷尽了。《诗经》说："十分显赫啊，被天下奉为主心骨的镐京，褒国姓似的女人将灭亡它。"

炎 光 guāng

光①，明也。从火在人上，光明意也。古皇切。

【译文】光，光明。由"火"字在"人"字之上，会合光明的意义。

【注释】①光：光明，明亮。《周易·大畜》："刚健笃实辉光。"

炯 炯 jiǒng

炯，光也。从火，同声。古迥切。

【译文】炯，光明。从火，同声。

炫 炫 xuàn

炫，(耀)［爛］耀也。从火，玄声。胡畎切。

【译文】炫，光耀。从火，玄声。

熾 熾 chì

熾，盛也。从火；戠声。昌志切。

【译文】熾，火旺盛。从火，戠声。

炅 炅 jiǒng

炅，见也。从火日。古迥切。

【译文】炅，光芒外现。由火、日会意。

熱 熱 rè

熱，湿也。从火，執声。如列切。

【译文】熱，湿暖。从火，執声。

炕 炕 kàng

炕，干也①。从火，亢声。苦浪切。

【译文】炕，用火烘烤干。从火，亢声。

【注释】①干：《段注》："谓以火干之也。"

燥 燥 zào

燥，干也。从火，喿声。稣到切。

【译文】燥，用火烘烤干。从火，喿声。

熙 熙 xī

熙，燥也。从火，配声。许其切。

【译文】熙，曝晒并使干燥。从火，配声。

炎部

炎 炎 yán

炎，火光上也。从重火。凡炎之属皆从炎。于廉切。

【译文】炎，火光向上升腾。由重叠的两个火字构成。大凡炎的部属都从炎。

燄 燄 yàn

燄，火行微焰焰也。从炎，臽声。以冉切。

【译文】燄，火（刚）点燃、火苗微弱却愈燃愈旺的样子。从火，名声。

焰 焰 yǎn

焰①，火光也。从炎，舌声。以冉切。

【译文】焰，火光。从炎，舌声。

【注释】①焰：徐灏《斠诠》："些后人光焰万丈字。"

焱 焱 shǎn

焱，火行也。从炎，占声。舒赡切。

【译文】焱，火燃烧闪烁的样子。从炎，占声。

【注释】①焱：徐灏《段注笺》："此即今之闪字。"

粦 粦 lín

粦①，兵死及牛马之血为粦②。粦，鬼火

也。从炎舛③。良刃切。

【译文】粦，因刀兵而死的人血以及牛马的血演化成粦。粦，就是鬼火。由炎、舛会意。

【注释】①粦：徐锴《系传》："《博物志》：战门死亡之处，其人马血积年化为粦。粦着地及草木，皆如霜露不可见。不触者，着人体便光，拂拭便散无数；又有吒声如爝豆。"邵瑛《群经正字》："今经典作燐。后人以炎变作米，故又加火也。"②兵死：王筠《句读》："兵死者，死于刀兵也。"③舛：徐锴《系传》："舛者，人足也。言光行着人也。"

燅 燅 xián

燅，于汤中燖肉。从炎，从熱省。徐盐切。

【译文】燅，在热水中把肉温热。由炎、由熱省会意。

燮 燮 xiè

燮，大熟也。从又持炎辛；辛者，物熟味也。苏侠切。

【译文】燮，十分成熟。由"又"（手）持握着"炎"、"辛"会意；"辛"这个构件，表示食物成熟的味道。

黑部

黑 黑 hēi

黑①，火所熏之色也。从炎上出囧。凡黑之属皆从黑。呼北切。

【译文】黑，被火熏成的颜色。由"炎"向上从"囧"中冒出会意。大凡黑的部属都从黑。

【注释】①黑：火熏之色。《庄子·天运》："夫鹄不日浴而白，乌不日黔而黑。"

黯 黯 àn

黯，深黑色。从黑，音声。乙减切。

【译文】黯，深黑色。从黑，音声。

黝 黝 yǒu

黝，微青黑色①。从黑，幼声。《尔雅》曰："地谓之黝。"于纠切。

【译文】黝，微青黑色。从黑，幼声。《尔雅》说："（用黑色涂饰）地面叫作黝。"

【注释】①微青黑色：《段注》："谓微青之黑也，微轻于浅矣。"

點 點 diǎn

點，小黑也。从黑，占声。多忝切。

【译文】點，细小的黑点。从黑，占声。

黔 黔 qián

黔，黎也。从黑，今声。秦谓民为黔首，谓黑色也。周谓之黎民。《易》曰①："为黔喙。"巨淹切。

【译文】黔，黎黑。从黑，今声。秦朝叫民众作"黔首"，是说黑色的肌肤。周朝叫民众作"黎民"。《易经》说："（艮）代表黑色的鸟嘴（一类的猛禽）。"

【注释】①《易》：指《说卦》。原文："为黔喙之属。"

黠 黠 xiá

黠，坚黑也①。从黑，吉声②。胡八切。

【译文】黠，坚牢的黑色。从黑，吉声。

【注释】①坚黑：《段注》："黑之坚者也。"②吉声：王筠《句读》："从吉声之字有坚义也。字在黑部，故谓之黑。实则古籍用黠字，只有坚义也。"

黕 黕 dǎn

黕，滓垢也①。从黑，冘声。都感切。

【译文】黕，渣滓和污垢。从黑，冘声。

【注释】①滓垢：《段注》："滓者，淀也；垢者，浊也。"

黨 黨 dǎng

黨，不鲜也。从黑，尚声。多朗切。

【译文】黨，不鲜明。从黑，尚声。

黜 黜 chù

黜，贬下也。从黑，出声。丑律切。

【译文】黜，贬摈下等（的色彩）。从黑，出声。

囱部

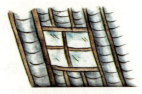

囱 囱 chuāng

囱①，在墙曰牖，在屋曰囱②。象形。凡囱之属皆从囱。楚江切。

【译文】囱，在墙壁上的叫牖，在屋顶上的叫囱。象形。大凡囱的部属都从囱。

【注释】①囱：潘鸿《窗牖考》："（囱、牖）对文则别，散文亦或通用也。"②屋：《段注》："屋在上者也。"

恖 恖 cōng

恖，多遽恖恖也。从心囱，囱亦声。仓红切。

【译文】恖，繁多急速，忽忽忙忙。由心、囱会意，囱亦表声。

焱部

焱 焱 yàn

焱，火华也。从三火。凡焱之属皆从焱。以冄切。

【译文】焱，火花。由三个火字会意。大凡焱的部属都从焱。

熒 熒 yìng

熒，屋下灯烛之光。从焱冂。户扃切。

【译文】熒，屋子底下灯烛的光亮。由焱、冂会意。

燊 燊 shēn

燊，盛皃。从焱在木上。读若《诗》"莘莘征夫"。一曰：役也。所臻切。

【译文】燊，旺盛的样子。由"焱"在"木"上会意。音读像"莘莘众多啊使者随从"的"莘"字。另一义说，燊是服役的意思。

炙部

炙 炙 zhì

炙，炮肉也。从肉在火上。凡炙之属皆从炙。之石切。

【译文】炙，（把肉串在火上）烧烤。由"肉"（夕）在"火"上会意。大凡炙的部属都从炙。

赤部

赤 赤 chì

赤，南方色也。从大，从火。凡赤之属皆从赤。昌石切。

【译文】赤，南方的颜色。由大、由火会意。大凡赤的部属都从赤。

赧 赧 nǎn

赧，面惭赤也。从赤，反声。周失天下于赧王。女版切。

【译文】赧，脸因羞惭而发红。从赤，反（niǎn）声。周朝在周赧王时代失去天下。

赭 赭 zhě

赭，赤土也。从赤，者声。之也切。

【译文】赭，红土。从赤，者声。

赫 hè

赫，火赤皃。从二赤。呼格切。

【译文】赫，火红的样子。由两个赤字会意。

大部

大 dà

大，天大，地大，人亦大。故大象人形。古文大（他达切）也。凡大之属皆从大。徒盖切。

【译文】大，天大，地大，人也大。所以大字像人的形状。大是古文大字。大凡大的部属都从大。

奄 yǎn

奄，覆也。大有余也。又，欠也。从大，从申；申，展也。依检切。

【译文】奄，覆盖。（又，）大有余盈。又，哈欠。由大、由申会意，申是舒展的意思。

奎 kuí

奎，两体之间。从大，圭声。苦圭切。

【译文】奎，两条大腿之间。从大，圭声。

夾 jiā

夾，持也。从大侠二人[1]。古狎切。

【译文】夾，（左右）相扶持。由"大"字被左右两个"人"字挟持着会意。

【注释】①从大句：王筠《句读》："大，受持者也；二人，持之者也。"

夸 kuā

夸，奢也。从大，于声。苦瓜切。

【译文】夸，张开两大腿。从大，于声。

契 qì

契，大约也。从大，从韧。《易》曰："后（代）[世]圣人易之以书契。"苦计切。

【译文】契，邦国之间的契约。由大、由韧含意。《易经》说："后代的圣人用契券来更替它。"

夷 yí

夷，平也。从大，从弓。东方之人也。以脂切。

【译文】夷，平。由大、由弓会意。夷又指东方各族的人。

亦部

亦 yì

亦，人之臂亦也[1]。从大，象两亦之形。凡亦之属皆从亦。羊益切。

【译文】亦，人的腋窝。从大，八像两个腋窝位于臂下的形状。大凡亦的部属都从亦。

【注释】①臂亦：由"亦"连类而及"臂"。

矢部

矢 zè

矢，倾头也。从大，象形。凡矢之属皆从矢。阻力切。

【译文】矢，倾侧着头。从矢，丩像头部倾侧的样子。大凡矢的部属都从矢。

吴 wú

吴，姓也[1]。亦郡也。一曰：吴，大言也。从矢口。五乎切。

【译文】吴，姓，也是郡名。另一义说，吴

是大声喧哗。由矢、口会意。

【注释】① 姓：《姓解·口部》："周太伯始封于吴，因以命氏姓。"

夭部

夭 yāo

夭，屈也。从大，象形。凡夭之属皆从夭。于兆切。

【译文】夭，弯曲。从大，（厂）像头弯曲的样子。大凡夭的部属都从夭。

乔 qiáo

乔，高而曲也。从夭，从高省。《诗》曰："南有乔木。"巨娇切。

【译文】乔，高而（上部）弯曲。由夭、由高省会意。《诗经》说："南方有高而上部弯曲的树木。"

奔 bēn

奔，走也。从夭，贲省声。与走同意，俱从夭。博昆切。

【译文】奔，快跑。从夭，贲省声。与走（芺）构形原则相同，都从夭字。

交部

交 jiāo

交，交胫也。从大①，象交形。凡交之属皆从交。古爻切。

【译文】交，交互着小腿。从大，乂像两腿相交的样子。大凡交的部属都从交。

【注释】① 从大：王筠《句读》："矢、夭变大字之首，交、允变大字之足。"

允部

允 wāng

允，尪，曲胫也。从大，象偏曲之形。凡允之属皆从允。

【译文】允，就是跛，就是一腿屈曲的意思。从大，右笔像一腿偏跛屈曲的样子。大凡允的部属都从允。

壶部

壶 hú

壶，昆吾①，圜器也。象形。从大，象其盖也。凡壶之属皆从壶。户吴切。

【译文】壶，又叫昆吾，一种圆形器皿。像壶的形状。上部从大，像壶的盖。大凡壶的部属都从壶。

【注释】① 昆吾：王筠《句读》："昆吾者，壶之别名也。昆读入浑，与壶双声；吾与壶叠韵。"张舜徽《约注》："盖急言曰壶，缓言则曰昆吾耳。"

壹 yūn

壹，壹壹。从凶，从壶。不得泄，凶也。《易》曰①："天地壹壹。"于云切。

【译文】壹，絪缊。由凶、由壶会意。（气在壶中，）不能泄露出去，向上升腾的样子。《易经》说："天地的元气絪缊凝聚。"

【注释】①《易》：《周易·系辞下》。

壹部

懿 yì

懿，专久而美也。从壹，从恣省声。乙冀切。

【译文】懿，专一而长久，因而美好。从壹，由恣省表声。

㚔部

圄 yǔ

圄，图圄，所以拘罪人。从㚔，从口。一曰：圄，垂也。一曰：圄人，掌马者。鱼举切。

【译文】圄，又叫图圄，是用来拘禁罪人的牢狱。由㚔、由口会意。另一义说，圄是边境。另一义说，（圄）指圄人，是主管养马的人。

執 zhí

執，捕罪人也。从丮，从㚔[1]，㚔亦声。之入切。

【译文】執，拘捕罪人。由丮、由㚔会意，㚔也表声。

【注释】①从㚔：手铐一类的刑具。

睪 yì

睪，目视也。从横目，从㚔。令吏将目捕罪人也。羊益切。

【译文】睪，伺察。由横着的目字、由㚔会意。叫吏人带领眼目去拘捕罪人。

報 bào

報，当罪人也[1]。从㚔，从㕈。㕈，服罪也。博号切。

【译文】報，判决罪人。由㚔、由㕈会意。㕈，适合其罪来定刑。

【注释】①当：判处罪犯。《段注》："当者汉人语，報亦汉人语。"

盩 zhōu

盩，引击也。从㚔、攴，见血也。扶风有盩厔县。张流切。

【译文】盩，牵引而又扑打。由㚔、攴会意，还能看见血。右扶风郡有盩厔县。

奢部

奢 shē

奢，张也。从大，者声。凡奢之属皆从奢。式车切。

【译文】奢，张大。从大，者声。大凡奢的部属都从奢。

亢部

亢 kàng

亢，人颈也[1]。从大省，象颈脉形。凡亢之属皆从亢。古郎切。

【译文】亢，人的颈项。（人）由大省去人，（几）像颈动脉的样子。大凡亢的部属都从亢。

【注释】①人颈：徐灏《段注笺》："颈为头颈之大名。其前曰亢，亢之内为喉。浑言则颈亦谓之亢。"

骯 hàng

骯，直项莽骯皃。从亢，从夋[1]。夋，倨也。亢亦声。冈朗切。又，胡朗切。

【译文】骯，倔强不屈、自大傲慢的样子。由亢、由夋会意。夋，傲慢的意思。亢也表声。

【注释】①从亢，从夋（qūn）：从亢，取高义；从夋，取傲义。

夲部

夲 tāo

夲，进趣也。从大，从十。大、十，犹兼十人也[1]。凡夲之属皆从夲。读若滔。土刀切。

【译文】夲，前进得很快。由大、由十会意。大、十表示如一个人兼有十个人的能力。大凡夲的部属都从夲。音读像"滔"字。

【注释】①犹兼十人：《段注》："言其进之疾，如兼十人之能也。"

奏 zòu

奏，奏进也。从夲，从収，从屮。屮，上进之义。则候切。

【译文】奏，进奉。由夲、由収、由屮会意。屮，向上进升的意义。

皋 gāo

皋，气皋白之进也。从夲，从白。《礼》：祝曰皋，登謌曰奏。故皋奏皆从夲。《周礼》曰："诏来鼓皋舞。"皋，告之也。古劳切。

【译文】皋，雾气皡白，上进升腾。由夲、由白会意。《仪礼》说，主持祝告的人（长声招魂）叫皋，在堂上献歌叫奏。（祝、献都有进义），所以皋、奏都从夲。《周礼》说："告诉人们，使击鼓的进来；又告诉人们，使跳舞的进来。"皋，是告诉的意思。

尣 yǔn

尣，进也。从夲，从屮①，允声。《易》曰："尣升大吉。"余准切。

【译文】尣，前进。由夲、由屮会意，允声。《易经》说："向前行走而又升登高处，是大吉利的象征。"

【注释】① 屮：《段注》："屮者，进之意也。"

夰部

夰 gǎo

夰，放也。从大而八分也。凡夰之属皆从夰。古老切。

【译文】夰，放散。从大，而八表示分散。大凡夰的部属都从夰。

暴 ào

暴，嫚也。从百，从夰，夰亦声。《虞书》曰："若丹朱暴。"读若傲。《论语》："暴汤舟。"五到切。

【译文】暴，傲慢。由百、由夰会意，夰也表声。《虞书》说："不要像丹朱一样傲慢。"音读像"傲"字。《谕语》："暴这个人能够陆地行船。"

昊 hào

昊，春为昊天，元气昊昊。从日、夰，夰亦声。胡老切。

【译文】昊，春叫昊天，（天地是）元气浩浩广大。由日、夰会意，夰也表声。

亣部

亣 dà

亣，籒文大，改古文。亦象人形。凡亣之属皆从亣。他达切。

【译文】亣，籒文大字，是古文大字的改写。也像人的形状。大凡亣的部属都从亣。

奕 yì

奕，大也。从大，亦声。《诗》曰："奕奕梁山。"羊益切。

【译文】奕，大。从大，亦声。《诗经》说："多么高大啊梁山。"

奘 zàng

奘，驵大也①。从大，从壮，壮亦声。徂朗切。

【译文】奘，粗大。由大、由壮会意，壮也表声。

【注释】① 驵：犹粗。

奚 xī

奚①，大腹也。从大，繇省声。胡鸡切。

【译文】奚，大肚子。从大，繇省。

【注释】① 奚：奴隶。《周礼·天官·冢宰》："酒人奄十人，女酒三十人，奚三百人。"

奚 奚 ruǎn

奚，稍前大也。从大，而声。读若畏偄。而
沇切。

【译文】奚，渐渐地、前面大于后面。从大，
而声。音读像畏懦偄（ruǎn）弱的"偄"字。

夫部

夫 夫 fū

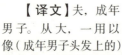

夫，丈夫也。从
大，一以象簪也。周
制以八寸为尺，十尺为
丈。人长八尺，故曰丈
夫。凡夫之属皆从夫。
甫无切。

【译文】夫，成年
男子。从大，一用以
像（成年男子头发上的）
簪子。周朝的制度用八寸作一尺，十尺作一丈。
（今成）人身长八尺，（合周制为一丈），所以叫丈
夫。大凡夫的部属都从夫。

規 規 guī

规，有法度也。从夫，从见。居随切。

【译文】规，有法度。由夫、由见会意。

立部

立 立 lì

立，住也。从大立
一之上。凡立之属皆从
立。力入切。

【译文】立，站住。
由"大"字站立在"一"
的上面会意。大凡立的
部属都从立。

竦 竦 lì

竦，临也。从立，从隶。力至切。

【译文】竦，莅临（看视）。由立、由隶
会意。

埻 埻 duì

埻，磊埻，重聚也。从立，享声。丁罪切。

【译文】埻，磊埻，重叠堆聚。从立，
享声。

端 端 duān

端，直也。从立，尚声。多官切。

【译文】端，直。从立，尚声。

竱 竱 zhuǎn

竱，等也。从立，專声。《春秋国语》曰：
"竱本肇末。"旨兖切。

【译文】竱，等齐。从立，專声。《春秋国
语》说："使其根本等齐，使其末梢平正。"

竫 竫 jìng

竫，亭安也。从立，争声。疾郢切。

【译文】竫，安静。从立，争声。

竦 竦 sǒng

竦，敬也。从立，从束。束，自申束也。息
拱切。

【译文】竦，肃敬。由立、由束会意。束，
自我约束。

靖 靖 jìng

靖，立竫也。从立，青声。一曰：细皃。疾
郢切。

【译文】靖，伫立时仪容安静。从立，青声。
另一义说，是细小的样子。

竢 竢 sì

竢，待也。从立，矣声。床史切。

【译文】竢，等待。从立，矣声。

竘 qǔ

竘，健也。一曰：匠也。从立，句声。读若龋。《逸周书》有竘匠。丘羽切。

【译文】竘，健壮。另一义说，是匠人。从立，句声。音读像"龋（qǔ）"字。《逸周书》有"竘匠"。

竣 jùn

竣，偓竣也。从立，夋声。《国语》曰："有司已事而竣。"七伦切。

【译文】竣，蹲伏。从立，夋声。《国语》说："有关的官员完成了工作就退伏。"

竭 jié

竭，负举也。从立，曷声。渠列切。

【译文】竭，背举（在肩背上）。从立，曷声。

竝部

竝 bìng

竝，并也。从二立。凡竝之属皆从竝。蒲迥切。

【译文】竝，并肩而立。由两个立字会意。大凡竝的部属都从竝。

普 tì

普，废①，一偏下也。从竝，白声。他计切。

【译文】普，废弃，（两人并立，）其中一个废退而下。

【注释】①废：《段注》："废者，郶屋也。郶屋，言空屋，人所不居。"

囟部

囟 xìn

囟，头会，匘盖也。象形。凡囟之属皆从囟。息进切。

【译文】囟，头骨会合的地方，大脑的盖。

象形。大凡囟的部属都从囟。

鬣 liè

鬣，毛鬣也。象发在囟上及毛发鬣鬣之形。良涉切。

【译文】鬣，毛发。像头发长在脑门顶上以及毛发颤动的形状。

毗 pí

毗，人脐也。从囟，囟，取气通也；从比声。房脂切。

【译文】毗，人的肚脐。从囟，囟，（是说肚脐像囟门一样，）取其通气之功；从比声。

思部

思 sī

思，容也。从心①，囟声。凡思之属皆从思。息兹切。

【译文】思，（思想）包容（万物）。从心，囟声。大凡思的部属都从思。

【注释】①从心：古以心为思维器官，故从心。《孟子·告子上》："心之官则思。"

慮 lǜ

慮，谋思也。从思，虍声。良据切。

【译文】慮，图谋周密的思考。从思，虍（hū）声。

心部

心 xīn

心，人心，土藏，在身之中。象形。博士说，以为火藏。凡心之属皆从心。息林切。

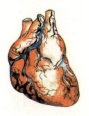

【译文】心，人的心脏。属土的脏器，在身躯的中部。象形。依博士的学说，把心

285

当作属火的脏器。大凡心的部属都从心。

息 xī

息，喘也。从心，从自，自亦声。相即切。

【译文】息，气息。由心、由自会意，自也表声。

情 qíng

情，人之阴气有欲者。从心，青声。疾盈切。

【译文】情，人们有所欲求的从属于阴的心气。从心，青声。

性 xìng

性，人之阳气性善者也。从心，生声。息正切。

【译文】性，人的本性善良的从属于阳的心气。从心，生声。

志 zhì

志，意也。从心，之声。职吏切。

【译文】志，意念。从心，之声。

意 yì

意，志也。（从）[以]心察言而知意也①。从心，从音。于记切。

【译文】意，意向。用心去考察别人的言语就知道他的意向。由心、由音会意。

【注释】①从心句：王筠《句读》："'从'者，'以'之讹。'以心'者，说字之从心也。'察言'者，说字之从音也。'知意'者，又出全字也。纯是以形解义。"

恉 zhǐ

恉，意也。从心，旨声。职雉切。

【译文】恉，意旨。从心，旨声。

應 yīng

應，当也。从心，雁声。于陵切。

【译文】應，应当。从心，雁声。

慎 shèn

慎，谨也。从心，真声。时刃切。

【译文】慎，谨慎。从心，真声。

忠 zhōng

忠，敬也。从心，中声。陟弓切。

【译文】忠，肃敬（而尽心尽意）。从心，中声。

快 kuài

快，喜也。从心，夬声。苦夬切。

【译文】快，喜悦。从心，夬声。

愷 kǎi

愷，乐也。从心，岂声。苦亥切。

【译文】愷，安乐。从心，岂声。

愿 qiè

愿，快心。从心，医声。苦叶切。

【译文】愿，快意。从心，医声。

念 niàn

念，常思也。从心，今声。奴店切。

【译文】念，长久思念。从心，今声。

怤 fū

怤，思也。从心，付声。甫无切。

【译文】怤，思。从心，付声。

憕 chéng

憕，平也。从心，登声。直陵切。

【译文】憕，心平。从心，登声。

忻 xīn

忻，闿也。从心，斤声。《司马法》曰："善者，忻民之善，闭民之恶。"许斤切。

【译文】忻，开启。从心，斤声。《司马法》说："最好的事，是开启百姓的善心，杜绝百姓的恶心。"

憧 zhòng

憧，遅也。从心，重声。直陇切。

【译文】憧，遅重。从心，重声。

惲 yùn

惲，重厚也。从心，軍声。于粉切。

【译文】惲，稳重浑厚。从心，軍声。

惇 dūn

惇，厚也。从心，享声。都昆切。

【译文】惇，敦厚。从心，享（chún）声。

忼 kàng

忼，慨也。从心，亢声。一曰：《易》："忼龙有悔。"苦浪切。又，口朗切。

【译文】忼，慷慨愤懑。从心，亢声。另一义说，如《易经》说的"处于高亢位置的龙（危险）有悔恨"的高亢。

悃 kǔn

悃，愊也。从心，困声。苦本切。

【译文】悃，诚心。从心，困声。

愊 bì

愊，诚志也。从心，畐声。芳逼切。

【译文】愊，诚心。从心，畐声。

慨 kǎi

慨，忼慨，壮士不得志也。从心，既声。古溉切。

【译文】慨，慷慨愤激，壮士不得志。从心，既声。

愿 yuàn

愿，谨也。从心，原声。鱼怨切。

【译文】愿，恭谨。从心，原声。

慧 huì

慧，儇也①。从心，彗声。胡桂切。

【译文】慧，聪明。从心，彗声。

【注释】① 儇：徐锴《系传》："儇，敏也。"

悊 zhé

悊，敬也。从心，折声。陟列切。

【译文】悊，敬重。从心，折声。

悰 cóng

悰，乐也。从心，宗声。藏宗切。

【译文】悰，快乐。从心，宗声。

恬 tián

恬，安也。从心，甛省声。徒兼切。

【译文】恬，安静。从心，甛（甜）省声。

恢 huī

恢，大也。从心，灰声。苦回切。

【译文】恢，（心志）弘大。从心，灰声。

恭 gōng

恭，肃也。从心，共声。俱容切。

【译文】恭，肃敬。从心，共声。

恕 shù

恕，仁也。从心，如声。商署切。

【译文】恕，推己及人。从心，如声。

怡 yí

怡，和也。从心，台声。与之切。

既声。

【译文】怡，和悦。从心，台（yí）声。

慈 cí

慈，爱也。从心，兹声。疾之切。

【译文】慈，（上对下的）慈爱。从心，兹声。

恩 ēn

恩，惠也。从心，因声。乌痕切。

【译文】恩，恩惠。从心，因声。

悈 jiè

悈，饰也。从心，戒声。《司马法》曰："有虞氏悈于中国。"古拜切。

【译文】悈，戒饬。从心，戒声。《司马法》说："有虞氏在邦国之中警戒。"

慶 qìng

慶，行贺人也。从心，从夊。吉礼以鹿皮为贽，故从鹿省。丘竟切。

【译文】慶，去祝贺别人。由心、由夊会意。吉祥的典礼，用鹿皮作为礼物，所以又由鹿字省去比会意。

愃 xuǎn

愃，宽娴心腹皃。从心，宣声。《诗》曰："赫兮愃兮。"况晚切。

【译文】愃，宽绰空娴的心腹的样子。从心，宣声。《诗经》说："道德盛大啊，心情宽娴啊。"

恂 xún

恂，信心也。从心，旬声。相伦切。

【译文】恂，诚信的心。从心，旬声。

忱 chén

忱，诚也。从心，尤声。《诗》曰："天命匪忱。"氏任切。

【译文】忱，诚信。从心，尤声。《诗经》说："上天（降下众多的人们，可是君王的）政令却不守信用。"

惟 wéi

惟，凡思也。从心，隹声。以追切。

【译文】惟，思考的总称。从心，隹声。

懷 huái

懷，念思也。从心，裹声。户乖切。

【译文】懷，（不能忘怀的）思念。从心，裹声。

想 xiǎng

想，冀思也。从心，相声。息两切。

【译文】想，因希望得到而思念。从心，相声。

懼 jù

懼，恐也。从心，瞿声。其遇切。

【译文】懼，恐惧。从心，瞿声。

慰 wèi

慰，安也。从心，尉声。一曰：恚怒也。于胃切。

【译文】慰，安慰。从心，尉声。另一义说，是愤怒。

怙 hù

怙，恃也。从心，古声。侯古切。

【译文】怙，凭恃。从心，古声。

恃 shì

恃，赖也。从心，寺声。时止切。

【译文】恃，依赖。从心，寺声。

憽 cóng

憽，虑也。从心，曹声。藏宗切。

【译文】憽，谋虑。从心，曹声。

悟 wù

悟，觉也。从心，吾声。五故切。

【译文】悟，觉悟。从心，吾声。

懤 憮 wǔ

憮①，爱也。韩郑曰忓。一曰：不动。从心，无声。文甫切。

【译文】憮，爱抚。韩地、郑地叫爱抚作忓。另一义说，怅然失意的样子。从心，无声。

【注释】① 憮：《尔雅·释言》："忓，抚也。"郭璞注："忓，爱抚也。"

懋 懋 mào

懋，勉也。从心，楙声。《虞书》曰："时惟懋哉。"莫候切。

【译文】懋，勤勉。从心，楙声。《虞书》说："这（百揆官）职务应该勤勉努力啊。"

悛 悛 quān

悛，止也。从心，夋声。此缘切。

【译文】悛，停止。从心，夋声。

憺 憺 dàn

憺，安也。从心，詹声。徒敢切。

【译文】憺，安静。从心，詹声。

怕 怕 pà

怕，无为也。从心，白声。匹白切。又，葩亚切。

【译文】怕，（恬淡）不作。从心，白声。

恤 恤 xù

恤，忧也；收也。从心，血声。辛聿切。

【译文】恤，忧虑，救济。从心，血声。

急 急 jí

急，褊也。从心，及声。居立切。

【译文】急，狭窄（的心）。从心，及声。

懁 懁 juàn

懁，急也。从心，瞏声。读若绢。古县切。

【译文】懁，急性。从心，瞏声。音读像"绢"字。

悻 悻 xìng

悻，恨也。从心，巠声。胡顶切。

【译文】悻，怨恨。从心，巠声。

弦 弦 xián

弦，急也。从心，从弦，弦亦声。河南密县有弦亭。胡田切。

【译文】弦，心急。由心、由弦会意，弦也表声。河南郡密县有弦亭。

慓 慓 piào

慓，疾也。从心，票声。敷沼切。

【译文】慓，心性迅疾。从心，票声。

懦 懦 nuò

懦，驽弱者也。从心，需声。人朱切。

【译文】懦，像劣等马一样软弱的性情。从心，需声。

恁 恁 rèn

恁，下赍也。从心，任声。如甚切。

【译文】恁，志气低下。从心，任声。

忒 忒 tè

忒，更也。从心，弋声。他得切。

【译文】忒，变更。从心，弋声。

愉 愉 yú

愉，薄也。从心，俞声。《论语》曰："私觌，愉愉如也。"羊朱切。

【译文】愉，浅薄。从心，俞声。《论语》

说："私下会见，他颜色和悦似的。"

愚 yú

愚，戆也。从心，从禺。禺，猴属，兽之愚者。麇俱切。

【译文】愚，愚笨。由心、由禺会意。禺，猴一类，是野兽中愚蠢的东西。

悍 hàn

悍，勇也。从心，旱声。侯旰切。

【译文】悍，勇敢。从心，旱声。

態 tài

態，意也。从心，从能。他代切。

【译文】態，意态。由心、由能会意。

怪 guài

怪，异也。从心，圣声。古坏切。

【译文】怪，奇异。从心，圣（kū）声。

愓 dàng

愓，放也。从心，象声。徒朗切。

【译文】愓，放荡。从心，象声。

慢 màn

慢①，惰也。从心，曼声。一曰：慢，不畏也。谋晏切。

【译文】慢，怠惰。从心，曼声。另一义说，慢，（骄而）不惧。

【注释】①慢：懈怠，懒惰。《出师表》："若无兴德之言，则责攸之、祎、允等之慢，以彰其咎。"

懝 ài

懝，騃也。从心，从疑，疑亦声。一曰：惶也。五溉切。

【译文】懝，痴呆。由心、由疑会意，疑也表声。另一义说，是惶恐。

怠 dài

怠，慢也。从心，台声。徒亥切。

【译文】怠，怠慢。从心，台声。

懈 xiè

懈，怠也。从心，解声。古隘切。

【译文】懈，懈怠。从心，解声。

惰 duò

惰，不敬也。从心，墮省。《春秋左传》曰："执玉惰。"徒果切。

【译文】惰，（轻侮）不敬。由心，由墮省会意。《春秋左传》说："拿着玉显出怠慢不敬的神色。"

怫 fú

怫，郁也。从心，弗声。符弗切。

【译文】怫，抑郁。从心，弗声。

忿 xiè

忿，忽也。从心，介声。《孟子》曰："孝子之心不若是忿。"呼介切。

【译文】忿，忽略。从心，介声。《孟子》说："孝子的心，不会像这样的忽略。"

忽 hū

忽，忘也。从心，勿声。呼骨切。

【译文】忽，恍忽而不记。从心，勿声。

懑 mán

懑，忘也；懑兜也。从心，萳声。（毋）[毋]①官切。

【译文】懑，忘记，糊涂不晓事理。从心，萳声。

【注释】①毋字误，据《段注》校改。

忘 wàng

忘，不识也①。从心，从亡，亡亦声。武方切。

【译文】忘，不记得。由心、由亡会意，亡也表声。

【注释】①识：张舜徽《约注》："识即记也，亦读同志。"

恣 zì

恣，纵也。从心，次声。资四切。

【译文】恣，放纵。从心，次声。

惕 dàng

惕，放也。从心，易声。一曰：平也。徒朗切。

【译文】惕，放荡。从心，易声。另一义说，是荡平。

憧 chōng

憧，意不定也。从心，童声。尺容切。

【译文】憧，心意不定。从心，童声。

悝 kuī

悝，啁也。从心，里声。《春秋传》有孔悝。一曰：病也。苦回切。

【译文】悝，诙谐嘲笑。从心，里声。《春秋左传》有个叫孔悝的。另一义说，是疾病。

悸 jì

悸，心动也。从心，季声。其季切。

【译文】悸，心慌而动。从心，季声。

愆 qiān

愆，过也。从心，衍声。去虔切。

【译文】愆，超越。从心，衍声。

惑 huò

惑，乱也。从心，或声。胡国切。

【译文】惑，迷乱。从心，或声。

恨 mín

恨，恔也。从心，民声。呼昆切。

【译文】恨，乱。从心，民声。

怓 náo

怓，乱也。从心，奴声。《诗》曰："以谨惽怓。"女交切。

【译文】怓，乱。从心，奴声。《诗经》说："用以谨慎地对待（天下）大乱。"

慊 xián

慊①，疑也。从心，兼声。户兼切。

【译文】慊，疑惑。扶心，兼声。

【注释】①慊：今多作嫌。

惛 hūn

惛，不憭也。从心，昏声。呼昆切。

【译文】惛（惽），不聪明。从心，昏声。

愦 kuì

愦，乱也。从心，贵声。胡对切①。

【译文】愦，心乱。从心，贵声。

【注释】①当读 huì，今读 kuì。

惷 chǔn

惷，乱也。从心，春声。《春秋传》曰："王室日惷惷焉。"一曰：厚也。尺允切。

【译文】惷，扰乱。从心，春声。《春秋左传》说："王室一天天被扰乱不安宁。"另一义说，是厚。

说："大凡是百姓，没有什么人不怨恨的。"

忌 jì

忌，憎恶也。从心，己声。渠记切。

【译文】忌，憎恨怨恶。从心，己声。

忿 fèn

忿，悁也。从心，分声。敷粉切。

【译文】忿，忿怒。从心，分声。

悁 yuān

悁，忿也。从心，肙声。一曰：忧也。于缘切。

【译文】悁，忿怒。从心，肙声，另一义说，是忧愁。

恚 huì

恚，恨也。从心，圭声。于避切。

【译文】恚，忿恨。从心，圭声。

憨 lí

憨，恨也。从心，漦声。一曰：怠也。郎尸切。

【译文】憨，恨。从心，漦（lí）声。另一义说，是懈怠。

怨 yuàn

怨，恚也。从心，夗声。于愿切。

【译文】怨，怨恨。从心，夗声。

怒 nù

怒，恚也。从心，奴声。乃故切。

【译文】怒，愤怒。从心，奴声。

憝 duì

憝，怨也。从心，敦声。《周书》曰："凡民罔不憝。"徒对切。

【译文】憝，怨恨。从心，敦声。《周书》

愠 yùn

愠，怒也。从心，昷声。于问切。

【译文】愠，蕴怒。从心，昷声。

恶 è

恶，过也。从心，亞声。乌各切。

【译文】恶，罪过。从心，亞声。

憎 zēng

憎，恶也。从心，曾声。作滕切。

【译文】憎，恨恶。从心，曾声。

怫 pèi

怫，恨怒也。从心，市声。《诗》曰："视我怫怫。"蒲昧切。

【译文】怫，恨怒（不悦）。从心，市（pó）声。《诗经》说："对我恨怒不悦。"

懈 xié

懈，怨恨也。从心，（彔）［彖］声。读若膎。户佳切。

【译文】懈，怨恨。从心，彖声。音读像"膎（xié）"字。

恨 hèn

恨，怨也。从心，艮声。胡艮切。

【译文】恨，怨恨。从心，艮声。

憝 duì

憝，怨也。从心，對声。丈泪切。

【译文】憝，怨恨。从心，對声。

悔 huǐ

悔，悔恨也。从心，每声。荒内切。

【译文】悔，悔恨。从心，每声。

怏 yàng

怏，不服怼也。从心，央声。于亮切。

【译文】怏，因心不服而怨恨。从心，央声。

懑 mèn

懑，烦也。从心，从满。莫困切。

【译文】懑，烦闷。由心、由满会意。

懆 cǎo

懆，愁不安也。从心，喿声。《诗》曰："念子懆懆。"七早切。

【译文】懆，忧愁不安。从心，喿声。《诗经》说："思念您思念得忧愁不安。"

愤 fèn

愤，懑也。从心，賁声。房吻切。

【译文】愤，愤怒之气充满。从心，賁声。

怅 chàng

怅，望恨也。从心，长声。丑亮切。

【译文】怅，望其归还却不到，引以为遗憾。从心，长声。

愾 xì

愾，大息也。从心，从氣，氣亦声。《诗》曰："愾我寤叹。"许既切。

【译文】愾，叹息。由心、由氣会意，氣也表声。《诗经》说："唉，我醒过来就叹气啊。"

愴 chuàng

愴，伤也。从心，倉声。初亮切。

【译文】愴，悲伤。从心，倉声。

悶 mèn

悶，懑也。从心，門声。莫困切。

【译文】悶，烦闷。从心，門声。

惆 chóu

惆，失意也。从心，周声。敕鸠切。

【译文】惆，失意。从心，周声。

怛 dá

怛，憯也。从心，旦声。得案切。又，当割切。

【译文】怛，痛苦。从心，旦声。

憯 cǎn

憯，痛也。从心，朁声。七感切。

【译文】憯，痛苦。从心，朁声。

惨 cǎn

惨，毒也。从心，参声。七感切。

【译文】惨，毒害。从心，参声。

悽 qī

悽，痛也。从心，妻声。七稽切。

【译文】悽，悲痛。从心，妻声。

恫 tōng

恫，痛也。一曰：呻吟也。从心，同声。他红切。

【译文】恫，痛苦。另一义说，是呻吟。从心，同声。

悲 bēi

悲，痛也。从心，非声。府眉切。

【译文】悲，悲痛。从心，非声。

惜 xī

惜，痛也。从心，昔声。思积切。

【译文】惜，哀痛。从心，昔声。

慜 mǐn

慜，痛也。从心，敃声。眉殒切。

【译文】慜，悲痛。从心，敃声。

感 gǎn

感，动人心也。从心，咸声。古禫切。

【译文】感，使人心动。从心，咸声。

忧 yòu

忧，（不）[心]动也。从心，尤声。读若祐。于救切。

【译文】忧，心动。从心，尤声。音读像"祐"字。

怮 yōu

怮，忧皃。从心，幼声。于虬切。

【译文】怮，忧愁的样子。从心，幼声。

惴 zhuì

惴，忧惧也。从心，耑声。《诗》曰："惴惴其栗。"之瑞切。

【译文】惴，忧惧。从心，耑声。《诗经》说："惴惴恐惧而战栗。"

恦 bǐng

恦，忧也。从心，丙声。《诗》曰："忧心恦恦。"兵永切。

【译文】恦，忧愁。从心，丙声。《诗经》说："忧愁的心十分深重。"

价 jiá

价，忧也。从心，介声。五介切。

【译文】价，忧惧。从心，介声。

恙 yàng

恙，忧也。从心，羊声。余亮切。

【译文】恙，忧愁。从心，羊声。

惙 chuò

惙，忧也。从心，叕声。《诗》曰："忧心惙惙。"一曰：意不定也。陟劣切。

【译文】惙，忧愁。从心，叕声。《诗经》说："忧愁的心惙惙不断。"另一义说，惙是心意不定的意思。

愁 chóu

愁，忧也。从心，秋声。士尤切。

【译文】愁，忧愁。从心，秋声。

惄 nì

惄，忧皃。从心，弱声。读与恧同。奴历切。

【译文】惄，忧愁的样子。从心，弱声。音读与"恧（nì）"同。

悠 yōu

悠，忧也。从心，攸声。以周切。

【译文】悠，忧思。从心，攸声。

悴 cuì

悴①，忧也。从心，卒声。读与《易》萃卦同。秦醉切。

【译文】悴，忧愁。从心，卒声。音读与《易经》的萃卦的"萃"字相同。

【注释】①悴：忧伤。《文子·上德》："有荣华者，必有愁悴。"

忡 chōng

忡，忧也。从心，中声。《诗》曰："忧心忡忡。"敕中切。

【译文】忡，忧愁。从心，中声。《诗经》说："忧愁之心忡忡不宁。"

悄 qiǎo

悄，忧也。从心，肖声。《诗》曰："忧心悄悄。"亲小切。

【译文】悄，忧愁。从心，肖声。《诗经》说："忧愁之心悄悄深沉。"

患 huàn

患①，忧也。从心贯叩，叩亦声。胡卝切。

【译文】患，忧虑。由"心"字向上贯穿"叩（xuān）"字，叩也表声。

【注释】①患：忧虑，担忧。《论语·学而》："不患人之不己知，患不知人也。"

惮 dàn

惮，忌难也。从心，單声。一曰：难也。徒案切。

【译文】惮，因忌恶（wù）而认为艰难。从心，單声。另一义说，惮是畏惧的意思。

悼 dào

悼，惧也。陈楚谓惧曰悼。从心，卓声。徒到切。

【译文】悼，恐惧。陈地和楚地叫恐惧作悼。从心，卓声。

恐 kǒng

恐，惧也。从心，巩声。丘陇切。

【译文】恐，畏惧。从心，巩声。

怵 chù

怵，恐也。从心，术声。丑律切。

【译文】怵，恐惧。从心，术声。

惕 tì

惕，敬也。从心，易声。他历切。

【译文】惕，恭敬。从心，易声。

惶 huáng

惶，恐也。从心，皇声。胡光切。

【译文】惶，恐惧。从心，皇声。

恥 chǐ

恥，辱也。从心，耳声。敕里切。

【译文】恥，羞辱。从心，耳声。

慙 cán

慙（惭），媿也。从心，斩声。昨甘切。

【译文】慙（惭），羞愧。从心，斩声。

怍 zuò

怍，惭也。从心，作省声。在各切。

【译文】怍，惭愧。从心，作省声。

忍 rěn

忍，能也。从心，刃声。而轸切。

【译文】忍，忍耐。从心，刃声。

憐 lián

憐，哀也。从心，粦声。落贤切。

【译文】憐，哀怜。从心，粦声。

懲 chéng

懲，忿也。从心，徵声。直陵切。

【译文】懲，改正（以前的过失）。从心，徵声。

憬 jǐng

憬，觉寤也。从心，景声。《诗》曰："憬彼淮夷。"俱永切。

【译文】憬，觉悟。从心，景声。《诗经》说："已经觉悟了，那淮河一带的夷族。"

惢部

惢 suǒ

惢，心疑也。从三心。凡惢之属皆从惢。讀若《易》"旅琐琐"。又，才规、才累二切。

【译文】惢，心疑。由三个心字会意。大凡惢的部属都从惢。音读像《易经》"旅琐琐"的"琐"字。

蘂 ruǐ

蘂，垂也。从惢，糸声。如垒切。

【译文】蘂，下垂。从惢，糸声。

水部

水 shuǐ

水，准也。北方之行。象众水并流，中有微阳之气也。凡水之属皆从水。式轨切。

【译文】水，平。代表北方的一种物质。川像许多水一同流去；中间的丨，表示有深隐在内的阳气。大凡水的部属都从水。

汃 bīn

汃，西极之水也。从水，八声。《尔雅》曰："西至汃国，谓四极。"府巾切。

【译文】汃，西方极速的地方的水流。从水，八声。《尔雅》说："西边到汃国，叫作（西东南北）四方极速的地方（之一）。"

河 hé

河，水。出（焞）[敦]煌塞外昆仑山，发

原注海。从水，可声。乎哥切。

【译文】河，水名。出自敦煌、边塞之外的昆仑山，从水源出发，注入渤海。从水，可声。

涷 dōng

涷，水。出发鸠山，入于河。从水，東声。德红切。

【译文】涷，水名。从发鸠山流出，注入黄河。从水，東声。

潼 tóng

潼，水。出广汉梓潼北界，南入垫江。从水，童声。徒红切。

【译文】潼，水名。从广汉郡梓潼北面边界流出，向南注入垫江。从水，童声。

涪 fú

涪，水。出广汉刚（邑）[氏]道徼外，南入汉。从水，音声。缚牟切。

【译文】涪，水名。从广汉郡刚氏道边塞之外流出，向南注入汉水。从水，音声。

江 jiāng

江，水。出蜀湔氏徼外崏山，入海。从水，工声。古双切。

【译文】江，水名。从蜀郡湔氏道边塞之外的岷山流出，注入大海。从水，工声。

沱 tuó

沱，江别流也。出崏山，东，别为沱。从水，它声。徒何切。

【译文】沱，长江的支流。从岷山流出，向东流去，另外成为沱水。从水，它声。

浙 zhè

浙，江。水东至会稽山阴为浙江。从水，折声。旨热切。

【译文】浙，江名。水向东流到会稽郡山阴县叫浙江。从水，折声。

涐 é

涐，水。出蜀汶江徼外，东南入江。从水，我声。五何切。

【译文】涐，水名。从蜀郡汶江县边塞之外流出，向东南注入长江（的支流岷江）。从水，我声。

湔 jiān

湔，水。出蜀郡绵虒玉垒山，东南入江。从水，前声。一曰：手澣之。子仙切。

【译文】湔，水名。从蜀郡县虒县玉垒山流出，向东南注入长江。从水，前声。另一义说，是用手洗物。

沫 mò

沫，水。出蜀西徼外，东南入江。从水，末声。莫割切。

【译文】沫，水名。从蜀郡西部边塞之外流出，向东南注入长江。从水，末声。

溫 wēn

溫，水。出犍为（涪）〔符〕，南入黔水。从水，盈声。乌魂切。

【译文】溫，水名。从犍为郡符县流出，向南注入黔水。从水，盈声。

沮 jū

沮，水。出汉中房陵，东入江。从水，且声。子余切。

【译文】沮，水名。从汉中郡房陵县流出，向东注入长江。从水，且声。

涂 tú

涂，水。出益州牧靡南出，西北入（渑）〔绳〕。从水，余声。同都切。

【译文】涂，水名。从益州郡牧靡县南山流出，向西北注入金沙江。从水，余声。

沅 yuán

沅，水。出牂牁故且兰，东北入江。从水，

元声。愚袁切。

【译文】沅，水名。从牂牁郡故且兰县流出，向东北（经洞庭湖）注入长江。从水，元声。

溺 ruò

溺，水。自张掖删丹西，至酒泉合黎，余波入于流沙。从水，弱声。桑钦所说。而灼切。

【译文】溺，水名。从张掖郡删丹县西，至酒泉的合黎山，下游流到居延泽一带的沙漠。从水，弱声。这是桑钦的说法。

淹 yān

淹，水。出越嶲徼外，东入若水。从水，奄声。英廉切。

【译文】淹，水名。从越嶲郡边塞之外流出，向东注入若水。从水，奄声。

滇 diān

滇，益州池名。从水，真声。都年切。

【译文】滇，益州郡池泽之名。从水，真声。

洮 táo

洮，水。出陇西临洮，东北入河。从水，兆声。土刀切。

【译文】洮，水名。从陇西郡临洮县流出，向东北注入黄河。从水，兆声。

涇 jīng

涇，水。出安定泾阳开头山，东南入渭。雝州之川也。从水，巠声。古灵切。

【译文】涇，水名。从安定郡泾阳县开头山流出，向东南注入渭河。是雍州的河流。从水，巠声。

渭 wèi

渭，水。出陇西首阳渭首亭南谷，东入河。从水，胃声。杜林说。《夏书》以为出鸟鼠山。雝州浸也。云贵切。

【译文】渭，水名。从陇西郡首阳县渭首亭的南谷流出，向东注入黄河。从水，胃声。这是杜林的说法。《夏书》认为从鸟鼠山流出。是雝州地方的河泽。

漾 yàng

漾，水。出陇西（相）[氐]道，东至武都为汉。从水，羕声。余亮切。

【译文】漾，水名。从陇西郡氐道县流出，向东到武都郡就是汉水。从水，羕声。

漢 hàn

漢，漾也。东为沧浪水。从水，難省声。呼旰切。

【译文】漢，漾水。向东（流到湖北省均县以下）叫沧浪水。从水，難省声。

浪 làng

浪，沧浪水也。南入江。从水，良声。来宕切。

【译文】浪，沧浪水。向南注入长江。从水，良声。

沔 miǎn

沔，水。出武都沮县东狼谷，东南入江。或曰：入夏水。从水，丏声。弥兖切。

【译文】沔，水名。从武都郡沮县的东狼谷流出，向东南注入长江。另一说，注入夏水。从水，丏声。

洛 luò

洛，水。出左冯翊（归）[襄]德北夷界中，东南入渭。从水，各声。卢各切。

【译文】洛，水名。从左冯翊郡怀德县北面少数民族边界之中流出，向东南注入渭河。从水，各声。

沁 qìn

沁，水。出上党羊头山，东南入河。从水，心声。七鸩切。

【译文】沁，水名。从上党郡羊头山流出，向东南注入黄河。从水，心声。

沾 tiān

沾，水。出壶关，东入淇。一曰：沾，益也。从水，占声。他兼切。

【译文】沾（zhān），水名。从壶关县流出，向东注入淇水。另一义说，沾（tiān）是增添的意思。

潞 lù

潞，冀州浸也。上党有潞县。从水，路声。洛故切。

【译文】潞，冀州地方的川泽。上党郡有潞县。从水，路声。

漳 zhāng

漳，浊漳，出上党长子鹿谷山，东入清漳；清漳，出沾山大要谷，北入河。南漳，出南郡临沮。从水，章声。诸良切。

【译文】漳，（漳河有两个源头：）浊漳水，从上党郡长子县鹿谷山流出，向东注入清漳水；清漳水，从（上党郡）沾县山地大要谷流出，向北注入黄河。漳又指南漳水，从南郡临沮县流出。从水，章声。

淇 qí

淇，水。出河内共北山，东入河。或曰：出隆虑西山。从水，其声。渠之切。

【译文】淇，水名。从河内郡共县北山流出，向东注入黄河。另一义说，从隆虑县西山流出。从水，其声。

蕩 tāng

蕩，水。出河内荡阴，东入黄泽。从水，募声。徒朗切。

【译文】蕩，水名。从河内郡荡阴县流出，向东注入内黄地方的川泽。从水，募声。

沇 yǎn

沇，水。出河东（东）垣王屋山，东为沛。从水，允声。以转切。

【译文】沇，水名。从河东郡垣县王屋山流出，向东流去叫沛（jǐ）水。从水，允声。

沈 guǐ

沈，水。出南郡高城沈山，东入繇。从水，危声。过委切。

【译文】沈，水名。从南郡高城县沈山流出，向东注入繇水。从水，危声。

沛 jǐ

沛，沇也。东入于海。从水，㠯声。子礼切。

【译文】沛，沇水。向东流入大海。从水，㠯声。

溠 zhā

溠，水。在汉（南）[东]。从水，差声。荆州浸也。《春秋传》曰："修涂梁溠。"侧驾切。

【译文】溠，水名。在汉水的东部。从水，差声。是荆州地方的川泽。《春秋左传》说："修好的路途，在溠水上筑桥梁。"

洭 kuāng

洭，水。出桂阳县卢聚，（山）[南出]洭浦关为桂水。从水，匡声。去王切。

【译文】洭，水名。从桂阳县卢聚山流出，向南过了洭浦关叫桂水。从水，匡声。

潓 huì

潓，水。出卢江，入淮。从水，惠声。胡计切。

【译文】潓，水名。从卢江郡流出，注入淮河。从水，惠声。

灌 guàn

灌，水。出庐江雩娄，北入淮。从水，雚声。古玩切。

【译文】灌，水名。从庐江郡雩娄县流出，向北注入淮河。从水，雚声。

渐 jiàn

渐，水。出丹阳黟南蛮中，东入海。从水，斩声。兹冉切。

【译文】渐，水名。从丹阳郡黟县南方少数民族地域中流出，向东注入大海。从水，斩声。

泠 líng

泠，水。出丹阳宛陵，西北入江。从水，令声。郎丁切。

【译文】泠，水名。从丹阳郡宛陵县流出，向西北注入长江。从水，令声。

溧 lì

溧，水。出丹阳溧阳县。从水，栗声。力质切。

【译文】溧，水名。从丹阳郡溧阳县流出。从水，栗声。

湘 xiāng

湘，水。出零陵阳海山，北入江。从水，相声。息良切。

【译文】湘，水名。从零陵县阳海山流出，向北（经洞庭湖）注入长江。从水，相声。

汨 mì

汨，长沙汨罗渊，屈原所沉之水。从水，冥省声。莫狄切。

【译文】汨，长沙国汨罗江，是屈原自沉的江水。从水，冥省声。

深 shēn

深，水。出桂阳南平，西入营道。从水，罙声。式针切。

【译文】深，水名。从桂阳郡南平县流出，向西进入营道县境。从水，罙声。

潭 tán

潭，水。出武陵镡成玉山，东入郁（林）。从水，覃声。徒含切。

【译文】潭，水名。从武陵郡镡成县玉山流出，向东注入郁水。从水，覃声。

油 yóu

油，水。出武陵孱陵西，东（南）［北］入江。从水，由声。以周切。

【译文】油，水名。从武陵郡孱陵县西界流出，向东北注入长江。从水，由声。

淮 huái

淮，水出南阳平氏桐柏大复山，东南入海。从水，隹声。户乖切。

【译文】淮，水名。从南阳郡平氏县桐柏大复山流出，向东南注入大海。从水，隹声。

泡 pāo

泡，水。出山阳平乐，东北入泗。从水，包声。匹交切。

【译文】泡，水名。从山阳郡平乐县流出，向东北注入泗水。从水，包声。

泗 sì

泗，受沛（济）水，东入淮。从水，四声。息利切。

【译文】泗，上承济水，向东注入淮河。从水，四声。

菏 gē

菏，菏泽、水。在山阳胡陵。《禹贡》："浮于淮泗，达于菏。"从水，苛声。古俄切。

【译文】菏。菏泽、菏水。（水）在山阳郡胡陵县。《禹贡》说："（进贡的船只）从淮水、泗水浮进，到达菏水。"从水，苛声。

洹 huán

洹，水。在（齐鲁）［晋卫］间。从水，亘声。羽元切。

【译文】洹，洹水。在晋地、卫地之间。从水，亘声。

沭 shù

沭，水。出青州浸。从水，尤声。食聿切。

【译文】沭，水名。从琅邪郡东莞县流出，向南注入泗水。是青州地方的河泽。从水，尤声。

洋 xiáng

洋，水。出齐临朐高山，东北入巨定。从水，羊声。似羊切。

【译文】洋，水名。从齐郡临朐县高山流出，向东北注入巨定湖。从水，羊声。

沂 yí

沂，水。出东海费东，西入泗。从水，斤声。一曰：沂水，出泰山盖。青州浸。鱼衣切。

【译文】沂，水名。从东海郡费县之东流出，向西注入泗水。从水，斤声。另一说，沂水从泰山郡盖县流出。是青州地方的河泽。

浯 wú

浯，水。出琅邪灵门壶山，东北入潍。从水，吾声。五乎切。

【译文】浯，水名。从琅邪郡灵门县壶山流出，向东北注入潍河。从水，吾声。

治 chí

治，水。出东莱曲（城）［成］阳丘山。南入海。从水，台声。直之切。

【译文】治，水名。从东莱郡曲成县阳丘山流出，向南注入大海。从水，台声。

汶 wèn

汶，水。出琅邪朱虚东泰山，东入潍。从水，文声。桑钦说："汶水出泰山莱芜，西南入沛。"亡运切。

【译文】汶，水名。从琅邪郡朱虚县东泰山流出，向东注入潍河。从水，文声。桑钦说："汶水从泰山郡莱芜县流出，向西南注入济水。"

寖 jìn

寖，水。出魏郡武安，东北入呼沱水。从水，寖声。子鸩切。

【译文】寖，水名。从魏郡武安县流出，向东北注入呼沱水。从水，寎声。

沽 gū

沽，水。出渔阳塞外，东入海。从水，古声。古胡切。

【译文】沽，水名。从渔阳郡渔阳县边塞之外流出，向东注入大海。从水，古声。

沛 pèi

沛，水。出辽东番汗塞外，西南入海。从水，市声。普盖切。

【译文】沛，水名。从辽东郡番汗县边塞之外流出，向西南注入大海。从水，市（pèi）声。

海 hǎi

海，天池也。以纳百川者。从水，每声。呼改切。

【译文】海，天然的大池泽。用以接纳百川的水流。从水，每声。

濥 yǐn

濥，水脉行地中濥濥也①。从水，寅声。弋刃切②。

【译文】濥，水系在地中穿行伏流不见的样子。从水，寅声。

【注释】①脉：比喻像血管一样连贯而成系统的水流。②今读依《广韵》余忍切。

洪 hóng

洪，洚水也。从水，共声。户工切。

【译文】洪，大水。从水，共声。

衍 yǎn

衍，水朝宗于海也。从水，从行。以浅切。

【译文】衍，水流（循着河道）像诸侯朝见

天子一样奔向大海。由水、由行会意。

滔 tāo

滔，水漫漫大皃。从水，舀声。土刀切。

【译文】滔，水弥漫盛大的样子。从水，舀声。

混 hùn

混，丰流也。从水，昆声。胡本切。

【译文】混，盛大的水流。从水，昆声。

涓 juān

涓①，小流也。从水，肙声。《尔雅》曰："汝为涓。"古玄切。

【译文】涓，细小的流水。从水，肙声。《尔雅》说："汝水叫涓。"

【注释】①涓：《段注》："凡言涓涓者，皆谓细小之流。"

演 yǎn

演，长流也①。一曰：水名。从水，寅声。以浅切。

【译文】演，长远的水流。另一义说，演是水名。从水，寅声。

【注释】①长流：《段注》："演之言引也，故为长远之流。"

涣 huàn

涣，流散也。从水，奂声。呼贯切。

【译文】涣，水流分散。从水，奂声。

泌 bì

泌，侠流也。从水，必声。兵媚切。

【译文】泌，像侠士般轻快地流去。从水，必声。

湝 jiē

湝，水流湝湝也。从水，皆声。一曰：湝湝，寒也。《诗》曰："风雨湝湝。"古谐切。

【译文】湝(jiē)，水流众多的样子。从水，皆声。另一义说，湝湝(xié)，寒冷。《诗经》说："风雨寒冷。"

漻 liáo

漻，清深也。从水，翏声。洛箫切。

【译文】漻，清而又深。从水，翏声。

泫 xuān

泫，湝流也。从水，玄声。上党有泫氏县。胡畎切。

【译文】泫，清寒的水流。从水，玄声。上党郡有泫氏县。

滮 biāo

滮，水流儿。从水，彪省声。《诗》曰："滮沱北流。"皮彪切。

【译文】滮，水流的样子。从水，彪省声。《诗经》说："滮池的水向北流去。"

淢 yù

淢，疾流也[1]。从水，或声。于逼切。

【译文】淢，疾速的水流。从水，或声。

【注释】① 疾流：《段注》："急疾之流也。"

滂 pāng

滂，沛也。从水，旁声。普郎切。

【译文】滂，水广大奔流的样子。从水，旁声。

汪 wāng

汪，深广也。从水，坚声。一曰：汪，池也。乌光切。

【译文】汪，深而又广。从水，坚声。另一义说，汪是污浊的水池。

冲 chōng

冲，涌摇也。从水中。读若动[1]。直弓切。

【译文】冲，动摇。从水，中声。音读像"动"字。

【注释】① 读若动：冲、动上古都属定纽。

沘 cǐ

沘，清也。从水，此声。千礼切。

【译文】沘，清澈。从水，此声。

况 kuàng

况，寒水也。从水，兄声。许访切。

【译文】况，寒冷的水。从水，兄声。

汎 fàn

汎，浮儿。从水，凡声。孚梵切。

【译文】汎，浮游的样子。从水，凡声。

沄 yún

沄，转流也。从水，云声。读若混。王分切。

【译文】沄，水旋转而流。从水，云声。音读像"混"字。

浩 hào

浩，浇也。从水，告声。《(虞)[唐]书》曰[1]："洪水浩浩。"胡老切。

【译文】浩，大水。从水，告声。《唐书》说："洪水浩大。"

【注释】① 虞书：当依《段注》作"唐"。《唐书》指《尧典》。原文："汤汤洪水方割，荡荡怀山襄陵，浩浩滔天。"《段注》："(许氏引文)'洪水'与'浩浩'不相属为句，翲栝举之耳。"

沆 hàng

沆，莽沆，大水也。从水，亢声。一曰：大

泽儿。胡朗切。

【译文】沆，莽沆，广大的水域。从水，亢声。另一义说，广大的湖泽的样子。

泬 jué

泬，水从孔穴疾出也。从水，从穴，穴亦声。呼穴切①。

【译文】泬，水从孔穴中疾速流出。由水、由穴会意，穴也表声。

【注释】① 今读依《集韵》古穴切。

濞 pì

濞，水暴至声。从水，鼻声。匹备切。

【译文】濞，水迅猛而至的声音。从水，鼻声。

灂 zhuó

灂，水小声。从水，爵声。士角切。

【译文】灂，水流细小的响声。从水，爵声。

瀹 xī

瀹，水疾声。从水，翕声。许及切。

【译文】瀹，水流迅疾的声音。从水，翕声。

潏 jué

潏，涌出也①。一曰：水中坻，人所为，为潏。一曰：潏，水名，在京兆杜陵。从水，矞声。古穴切。

【译文】潏(jué)，水向上涌出。另一义说，水中的小洲或高地，是人力所形成的，叫作潏(shù)。另一义说，潏(jué)。水流名。在京兆尹杜陵县。从水，矞声。

【注释】① 涌出：桂馥《义证》引李巡注《尔雅》："水泉从下上出曰涌泉。"

滕 téng

滕，水超涌也。从水，朕声。徒登切。

【译文】滕，水像跳跃一样向上涌。从水，朕声。

洸 guāng

洸，水涌光也。从水，从光，光亦声。《诗》曰①："有洸有溃。"古黄切。

【译文】洸，水波涌动而闪光。由水、由光会意，光也表声。《诗经》说："你是那么粗暴啊那么愤怒。"

【注释】①《诗》：指《诗经·邶风·谷风》。

波 bō

波，水涌流也。从水，皮声。博禾切。

【译文】波，水面汹涌而又流动。从水，皮声。

澐 yún

澐，江水大波谓之澐。从水，雲声。王分切。

【译文】澐，长江之水的大波叫作澐。从水，雲声。

澜 lán

澜，大波为澜。从水，闌声。洛干切。

【译文】澜，大波叫作澜。从水，闌声。

漂 piào

漂，浮也。从水，票声。匹消切。又，匹妙切。

【译文】漂，浮游。从水，票声。

浮 fú

浮，(泛)[氾]也。从水，孚声。缚牟切。

【译文】浮，漂在水面。从水，孚声。

303

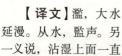

滥 làn

滥，泛也。从水，监声。一曰：濡上及下也。《诗》曰："觱沸滥泉。"一曰：清也。卢瞰切。

【译文】滥，大水延漫。从水，监声。另一义说，沾湿上面一直湿到下面。《诗经》说："那喷涌而上出、从上湿到下的泉水翻腾着。"另一义说，滥是清的意思。

测 cè

测，深所至也。从水，则声。初侧切。

【译文】测，测量深度所到的地方。从水，则声。

泓 hóng

泓，下深皃。从水，弘声。乌宏切。

【译文】泓，下面很深的样子。从水，弘声。

沦 lún

沦，小波为沦。从水，侖声。《诗》曰："河水清且沦漪。"一曰：没也。力迍切。

【译文】沦，小波纹叫沦。从水，侖声。《诗经》说："河水又清又泛起小波纹啊。"另一义说，沦是沉没的意思。

漳 wéi

漳，回也。从水，韋声。羽非切。

【译文】漳，（水流）回旋。从水，韋声。

湍 tuān

湍，疾瀬也①。从水，耑声。他端切。

【译文】湍，迅疾的水流。从水，耑声。

【注释】①疾瀬：《段注》："瀬，水流沙上也。疾瀬，瀬之急

者也。"

淙 cóng

淙，水声也。从水，宗声。藏宗切。

【译文】淙，水声。从水，宗声。

激 jī

激，水碍衺疾波也。从水，敫声。一曰：半遮也。古历切。

【译文】激，水受阻碍而斜行，（扬起）迅疾的波涛。从水，敫声。另一义说，激是半遮拦的意思。

洞 dòng

洞，疾流也。从水，同声。徒弄切。

【译文】洞，迅疾的水流。从水，同声。

涌 yǒng

涌，滕也。从水，甬声。一曰：涌水，在楚国。余陇切。

【译文】涌（湧），水向上腾跃。从水，甬声。另一义说，涌是涌水，在楚国。

洌 liè

洌，水清也。从水，列声。《易》①曰："井洌，寒泉，食。"良辥切。

【译文】洌，水清澈。从水，列声。《易经》说："井水清澈，泉水芳凉，可喝。"

【注释】①《易》：指《井卦·九五爻》。寒泉：即泉寒。

淑 shū

淑，清湛也。从水，叔声。殊六切。

【译文】淑，又清又深。从水，叔声。

溶 yǒng

溶，水盛也。从水，容声。余陇切。又，音荣。

【译文】溶，水盛大。从水，容声。

澂 chéng

澂，清也。从水，徵省声。直陵切。

【译文】澂，清澈。从水，徵省声。

清 qīng

清，朖也。澄水之皃。从水，青声。七情切。

【译文】清，水透明。是使水清澈后的样子。从水，青声。

渗 shèn

渗，下漉也。从水，参声。所禁切。

【译文】渗，向下泄漏出去。从水，参声。

渊 yuān

渊①，回水也。从水，象形。左右，岸也。中象水皃。乌玄切。

【译文】渊，回旋的水。从水，（𩂱）象形。左右的丨，表示水岸。中间的𤼬，像水的样子。

【注释】① 渊：深潭。《诗经·大雅·旱麓》："鸢飞戾天，鱼跃于渊。"引申为鼓声。《诗经·商颂·那》："鞉鼓渊渊，嘒嘒管声。"

澹 dàn

澹，水摇也。从水，詹声。徒滥切。

【译文】澹，水波摇荡。从水，詹声。

潯 xún

潯，旁深也。从水，寻声。徐林切。

【译文】潯，水旁深。从水，寻声。

滿 mǎn

滿，盈溢①也。从水，㒼声。莫旱切。

【译文】滿，水充盈。从水，㒼声。

【注释】① 盈溢：同义连用。本书："盈，满器也。""溢，器满也。"

泙 píng

泙，谷也。从水，平声。符兵切。

【译文】泙，谷。从水，平声。

滑 huá

滑，利也。从水，骨声。户八切。

【译文】滑，（往来）流利。从水，骨声。

濇 sè

濇，不滑也。从水，嗇声。色立切。

【译文】濇，（往来）不流利。从水，嗇声。

淫 yín

淫，侵淫随理也。从水，㸒声。一曰：久雨为淫。余箴切。

【译文】淫，随其脉理渐渐浸渍。从水，㸒声。另一义说，久雨叫淫。

淺 qiǎn

淺，不深也。从水，戋声。七衍切。

【译文】淺，水不深。从水，戋声。

洔 zhǐ

洔，水暂益且止，未减也。从水，寺声。直里切①。

【译文】洔，水不增益而停滞，不减少。从水，寺声。

【注释】① 今读依《广韵》诸市切。

淖 nào

淖，泥也。从水，卓声。奴教切。

【译文】淖，泥。从水，卓声。

濢 zuǐ

濢，小湿也。从水，翠声。遵谇切。

【译文】濢，小小浸湿。从水，翠声。

溽 rù

溽，湿暑也。从水，辱声。而蜀切。

【译文】溽，潮湿而暑热。从水，辱声。

涅 niè

涅，黑土在水中
［者］也。从水，从
土，日声。奴结切。

【译文】涅，在
水中的黑土。由水、
由土会意，日声。

渻 shěng

渻，少减也。一曰：水门；又，水出丘前谓
之渻丘。从水，省声。息并［井］切。

【译文】渻，少少减损。另一义说，渻是水
门的意思；又一义说，水从山丘之前流出，叫作
渻丘。从水，省声。

滋 zī

滋，益也。从水，兹声①。一曰：滋水，出
牛饮山白陉谷，东入呼沱。子之切。

【译文】滋，增益。从水，兹声。另一义说，
滋水，从牛饮山白陉谷流出，向东注入呼沱河。

【注释】①兹：当依《段注》作"兹"，注：
"各本篆文作滋，解作兹声，误也。"

沙 shā

沙，水散石也。从水，从少。水少沙见。楚
东有沙水。所加切。

【译文】水中散碎的石粒。由水、由少会意。
水少，沙就显现出来了。楚地之东有沙水。

沚 zhǐ

沚，小渚曰沚。
从水，止声。《诗》曰：
"于沼于沚。"诸市切。

【译文】沚，小小
水洲叫沚。从水，止
声。《诗经》说："在那水池边，在那小小水洲上。"

沸 fèi

沸，泽沸，滥泉。从水，弗声。分勿切。
又，方未切。

【译文】沸，向上喷出、从上沾湿到下的泉
水，翻涌而出。从水，弗声，

派 pài

派，别水也。从水，从辰，辰亦声。匹卖切。

【译文】派，分支的水流。由水、由辰会意，
辰也表声。

洼 wā

洼，深池也。从水，圭声。一佳切。又，于
瓜切。

【译文】洼，深的池沼。从水，圭声。

窐 yǐng

窐，清水也。一曰：宎也。从水，窐声。一
颖切。又，屋瓜切。

【译文】窐，清水。另一义说，是低凹。从
水，窐声。

潢 huáng

潢，积水也。从水，黄声。乎光切。

【译文】潢，积水的池坑。从水，黄声。

沼 zhǎo

沼，池水也。从水，召声。之少切。

【译文】沼，小池。从水，召声。

汥 zhī

汥，水都也。从水，支声。章移切。

【译文】汥，水积聚。从水，支声。

湖 hú

湖，大陂也。从水，胡声。扬州浸，有五
湖。浸，川泽所仰以灌溉也。户吴切。

【译文】湖，大池泽。从水，胡声。扬州地

方的"浸",有个名叫太湖的五湖。浸,河川湖泽赖以灌溉的水域。

洫 xù

洫,十里为成。成闲广八尺、深八尺谓之洫。从水,血声。《论语》曰:"尽力于沟洫。"况通切。

【译文】洫,(纵横)十里是一成。成与成之间,宽八尺、深八尺叫作洫。从水,血声。《论语》说:"用尽力量在开沟疏洫的水利事业上。"

沟 gōu

沟,水渎。广四尺、深四尺。从水,冓声。古侯切。

【译文】沟,水道。宽尺四、深四尺。从水,冓声。

渎 dú

渎,沟也。从水,賣声。一曰:邑中沟。徒谷切。

【译文】渎,沟渠。从水,賣声。另一义说,邑落中的水沟。

瀶 lín

瀶,谷也。从水,臨声。读若林。一曰:寒也。力寻切。

【译文】瀶,山谷。从水,臨声。音读像"林"字。另一义说,瀶是寒冷的意思。

渠 qú

渠,水所居。从水,榘省声。强鱼切。

【译文】渠,水居留的地方。从水,榘省声。

湄 méi

湄,水艹交为湄。从水,眉声。武悲切。

【译文】湄,水与草交会的岸边叫湄。从水,眉声。

洐 xíng

洐,沟水行也。从水,从行。户庚切。

【译文】洐,沟水流行。由水、由行会意。

澗 jiàn

澗,山夹水也。从水,間声。一曰:澗水,出弘农新安,东南入洛。古莧切。

【译文】澗,两山夹着水流。从水,間声。另一义说,澗水,从弘农郡新安县流出,向东南注入洛水。

汕 shàn

汕,鱼游水皃。从水,山声。《诗》曰:"蒸然汕汕。"所晏切。

【译文】汕,鱼在水中游(得舒散)的样子。从水,山声。《诗经》说:"(鱼儿)众多游得十分舒散。"

滴 dī

滴①,水注也。从水,啇声。都历切。

【译文】滴,水(往下)滴注。从水,啇(dī)声。

【注释】①滴:水珠一点一点往下落。《文选·雪赋》:"尔其流滴垂冰,缘溜承隅,粲兮若冯夷,剖蚌列明珠。"

注 zhù

注,灌也。从水,主声。之戍切。

【译文】注,灌入。从水,主声。

津 jīn

津,水渡也。从水,聿声。将邻切。

【译文】津,河流的渡口。从水,聿声。

沿 yán

沿，缘水而下也。从水，㕣声。《春秋传》曰："王沿夏。"与专切。

【译文】沿，顺着水流而下。从水，㕣声。《春秋左传》说："王顺着夏水而下。"

泝 sù

泝，逆流而上曰溯洄。溯，向也。水欲下达之而上也。从水，㡀声。桑故切。

【译文】泝，逆水而向上行叫作泝洄。泝，流向。(洄，)水想向下流而又违背它的方向向上行。从水，㡀声。

潜 qián

潜，涉水也。一曰：藏也。一曰：汉水为潜。从水，朁声。昨盐切。

【译文】潜，趟水。另一义说，潜是隐藏的意思。又另一义说，溪水(的一条支流)叫潜水。从水，朁声。

洄 huí

洄，溯洄也[1]。从水，从回。户灰切。

【译文】洄，逆水而向上行。由水、由回会意。

【注释】①溯：邵瑛《群经正字》："今经典作泝。"按：今通用"溯"。

泳 yǒng

泳，潜行水中也。从水，永声。为命切[1]。

【译文】泳，潜没在水中而前行。从水，永声。

【注释】①当读yòng，今读yǒng。

泛 fàn

泛，浮也。从水，乏声。孚梵切。

【译文】泛，浮。从水，乏声。

湮 yīn

湮，没也。从水，垔声。于真切。

【译文】湮，沉没。从水，垔声。

湛 zhàn

湛(chén)，没也。从水，甚声。一曰湛水，豫章[州]浸。宅减切[1]。

【译文】湛(chén)，沉没。从水，甚声。另一义说，湛(zhàn)是湛水，豫州地方的川泽。

【注释】①《广韵》徒减切，是湛水今音。沈没义今音chén，依《广韵》直深切。

凄 qī

凄，云雨起也。从水，妻声。《诗》曰："有渰凄凄。"七稽切。

【译文】凄，将要下雨的云彩正在兴起。从水，妻声。《诗经》说："(将要下雨的云彩)渰渰凄凄地兴起。"

泱 yāng

泱，滃也。从水，央声。于良切。

【译文】泱，云气涌起。从水，央声。

渰 yǎn

渰，云雨皃也。从水，弇声。衣检切。

【译文】渰，将要下雨的云彩(兴起的样子)。从水，弇声。

溟 míng

溟，小雨溟溟也。从水，冥声。莫经切。

【译文】溟，小雨蒙蒙。从水，冥声。

𣽎 涑 sè

涑，小雨零兒。从水，束声。所责切。

【译文】涑，小雨落下的样子。从水，束声。

瀑 瀑 bào

瀑，疾雨也。一曰：沫也。一曰：瀑，（资）〔霣〕也。从水，暴声。《诗经》曰："终风且瀑。"平到切。

【译文】瀑，急雨。另一义说，瀑是水沫飞溅的意思。另一义说，瀑是雷。从水，暴声。《诗经》说："既已刮起了风，又下起了暴雨。"

澍 澍 shù

澍，时雨，澍生万物。从水，尌声。常句切。

【译文】澍，时雨，是用以灌注滋生万物的东西。从水，尌声。

涿 涿 zhuó

涿，流下滴也。从水，豕声。上谷有涿县。竹角切。

【译文】涿，流下的水滴。从水，豕声。上谷郡有涿鹿县。

沈 沈 shěn

沈，陵上滴水也。从水，尤声。一曰：浊黕也。直深切。又，尸甚切。

【译文】沈，山岭上凹处的积水。从水，尤声。另一义说，沈是秽浊的渣滓污垢。

渍 渍 zì

渍，沤也。从水，責声。前智切。

【译文】渍，浸泡。从水，責声。

洽 洽 qià

洽，沾也。从水，合声。侯夹切。

【译文】洽，沾浸。从水，合声。

濃 濃 nóng

濃，露多也。从水，農声。《诗》曰："零露浓浓。"女容切。

【译文】濃，露水多。从水，農声。《诗经》说："落下的露水真多啊。"

渥 渥 wò

渥，沾也。从水，屋声。于角切。

【译文】渥，沾湿。从水，屋声。

滯 滞 zhì

滯，凝也。从水，带声。直例切。

【译文】滞，凝聚。从水，带声。

涸 涸 hé

涸，渴也。从水，固声。读若狐貈之貈。下各切。

【译文】涸，水枯竭。从水，固声。音读像狐貈的"貈"字。

渴 渴 kě

渴，尽也。从水，曷声。苦葛切[①]。

【译文】渴，水干涸。从水，曷声。

【注释】① 苦葛切：是"口喝"义的读音。"竭尽"义，《广韵》音渠列切，读jié。

消 消 xiāo

消，尽也。从水，肖声。相幺切。

【译文】消，使之消减。从水，肖声。

洿 洿 wū

洿，浊水不流也。一曰：窳下也。从水，夸声。哀都切。

【译文】洿, 污浊的水不流动。另一义说, 凹陷低下。从水, 夸声。

汙 wū

汙, 薉也。一曰: 小池为污。一曰: 涂也。从水, 于声。乌故切。

【译文】汙, 污秽。另一义说, 小池叫污。又另一义说, 是涂抹。从水, 于声。

湫 jiǎo, jiū

湫, 隘。下也。一曰: 有湫水, 在周地。《春秋传》曰: "晏子之宅秋隘。"安定朝那有湫泉。从水, 秋声。子了切。又, 即由切。

【译文】湫, 湫隘的湫。(湫,)低下。另一义说, 有一条名叫湫的水流, 在周地。《春秋左传》说: "晏子的房子又低下又窄小。"安定郡朝那县有名叫湫的渊泽。从水, 秋声。

潤 rùn

潤, 水曰润下。从水, 閏声。如顺切。

【译文】潤, 水的特点是滋润万物和往下处流。从水, 閏声。

準 zhǔn

準, 平也。从水, 隼声。之允切。

【译文】準, (水)平。从水, 隼声。

湯 tāng

湯, 热水也。从水, 易声。土郎切。

【译文】湯, 热水。从水, 易声。

澳 nuǎn

澳, 汤也。从水, 耎声。乃管切。

【译文】澳, 热水。从水, 耎声。

洝 àn

洝, 澳水也。从水, 安声。乌旰切。

【译文】洝, 温水。从水, 安声。

沰 ér

沰, 洝也。一曰: 秺孰也。从水, 而声。如之切。

【译文】沰, 温水。另一义说, 是煮熟。从水, 而声。

涗 shuì

涗, 财温水也。从水, 兑声。《周礼》曰: "以涗沤其丝。"输芮切。

【译文】涗, 才温的水。从水, 兑声。《周礼》说: "用微温的水久久浸泡那蚕丝。"

淅 xī

淅, 汰米也。从水, 析声。先击切。

【译文】淅, 淘米。从水, 析声。

浚 jùn

浚, (杼)[抒]也①。从水, 夋声。私闰切。

【译文】浚, 舀取。从水, 夋声。

【注释】①杼: 徐错《系传》作"抒"。《段注》: "抒者, 挹(舀)也, 取诸水中也。"按: "舀"字从爪, 即从手, 用手舀, 就有漉滤义。

淤 yū

淤, 淀滓; 浊; 泥。从水, 於声。依据切。

【译文】淤, 渣滓, 污浊, 泥巴。从水, 於声。

滓 zī

滓, 淀也①。从水, 宰声。阻吏切。

【译文】滓, 渣子。从水, 宰声。

【注释】①淀:《广雅·释器》: "淀谓之滓。"王念孙疏证: "淀之言定也。其滓定在下也。"

湎 miǎn

湎，沈于酒也。从水，面声。《周书》曰："罔敢湎于酒。"弥兖切。

【译文】湎，沉迷在酒中。从水，面声。《周书》说："不敢沉迷在酒中。"

浆 jiāng

浆，酢浆也。从水，将省声。即良切。

【译文】浆，带酸味的饮料。从水，将省声。

液 yè

液，盡也。从水，夜声。羊益切①。

【译文】液，口液。从水，夜声。

【注释】① 当读 yè，今读 yì。

淡 dàn

淡，薄味也。从水，炎声。徒敢切。

【译文】淡，不浓的味道。从水，炎声。

涒 tūn

涒，食已而复吐之。从水，君声。《尔雅》曰："太岁在申曰涒滩。"他昆切。

【译文】涒，吃完了而又再吐出来。从水，君声。《尔雅》说："太岁星（在黄道运行）到申的部分叫涒滩。"

凉 liáng

凉，薄也。从水，京声。吕张切。

【译文】凉，淡薄（的酒）。从水，京声。

浇 jiāo

浇，沃也。从水，尧声。古尧切。

【译文】浇，（用汤汁）泡饭。从水，尧声。

汁 zhī

汁，液也。从水，十声。之入切。

【译文】汁，（与别的物体和煮而形成的）液体。从水，十声。

灏 hào

灏①，豆汁也。从水，顥声。乎老切。

【译文】灏，豆浆。从水，顥声。

【注释】① 灏：本义是煮豆子的汁。

洒 xǐ

洒，涤也。从水，西声。古文为洒埽字。先礼切。

【译文】洒，洗涤。从水，西声。古文借用它作洒（sǎ）扫的"洒"字。

滒 gē

滒，多汁也。从水，哥声。读若哥。古俄切。

【译文】滒，多汁液。从水，哥声。音读像"哥"字。

溢 yì

溢，器满也。从水，益声。夷质切。

【译文】溢，器皿中水满（而流出来）。从水，益声。

沐 mù

沐，濯发也。从水，木声。莫卜切。

【译文】沐，洗头发。从水，木声。

浴 yù

浴，洒身也。从水，谷声。余蜀切。

【译文】浴，洗澡。从水，谷声。

澡 zǎo

澡，洒手也。从水，喿声。子皓切。

体。从水，十声。

【译文】澡，洗手。从水，喿声。

洗 xiǎn

洗①，洒足也。从水，先声。稣典切。

【译文】洗，洗脚。从水，先声。

【注释】①洗：《段注》："洗读如跣足之跣（xiǎn），自后人以洗代洒涤字，读先礼切。"

汲 jí

汲，引水于井也。从水，从及，及亦声。居立切。

【译文】汲，从井里提引水。由水、由及会意，及也表声。

淋 lín

淋，以水沃也。从水，林声。一曰：淋淋，山下水皃。力寻切。

【译文】淋，用水浇淋。从水，林声。另一义说，淋淋，山水奔下的样子。

汛 xùn

汛，洒也。从水，卂声①。息晋切。

【译文】汛，（扫地）洒水，水散如飞。从水，卂声。

【注释】①卂声：声中有义。《段注》："卂，疾飞也。水之散如飞。此以形声包会意也。"

染 rǎn

染，以缯染为色①。从水，杂声。而琰切。

【译文】染，把布帛浸染着色。从水，杂声。

【注释】①缯：帛。

泰 tài

泰，滑也。从収，从水，大声。他盖切。

【译文】泰，滑溜。由収、由水会意，大声。

潸 shān

潸，涕流皃①。从水，散省声。《诗》曰："潸焉出涕。"所奸切。

【译文】潸，眼泪下流的样子。从水，散省声。（诗经）说："飒飒地流泪。"

【注释】①涕：眼泪。

汗 hàn

汗，人液也①。从水，干声。矦旰切。

【译文】汗，人身上（排泄出来）的汗液。从水，干声。

【注释】①人：《段注》：作"身"。

洟 tì

洟①，鼻液也。从水，夷声。他计切。

【译文】洟，鼻涕。从水，夷声。

【注释】①洟：钱坫《斠诠》引郑康成说："自目曰涕，自鼻曰洟。"《段注》："古书弟、夷二字多乱，于是谓自鼻出者曰洟，而自目出者别制泪字。皆许不取也。"

泣 qì

泣①，无声出涕曰泣。从水，立声。去急切。

【译文】泣，没有哭声而流眼泪叫泣。从水，立声。

【注释】①泣：徐锴《系传》："哭无泪曰泣。泣，哭之细也。"

涕 tì

涕，泣也①。从水，弟声。他礼切。

【译文】涕，眼泪。从水，弟声。

【注释】①泣也：《段注》："当作'目液也'。毛传皆云：'自目出曰涕。'"

湅 liàn

湅，㴩也。从水，柬声。郎甸切。

【译文】湅，像淘米一样练丝。从水，柬声。

渝 yū

渝,变污也①。从水,俞声。一曰:渝水②,在辽西临俞,东出塞。羊朱切。

【译文】渝,变污浊。从水,俞声。另一义说,渝是渝水,在辽西郡临俞县,向东流出边塞之外。

【注释】① 变污:《段注》:"许静而变污。" ② 渝水:今辽宁大凌河。

减 jiǎn

减,损也。从水,咸声。古斩切。

【译文】减,减少。从水,咸声。

减 miè

减,尽也。从水,威声①。亡列切。

【译文】减,尽。从水,威声。

【注释】① 从水,威声:《段注》:"此举形声包会意也。"

漕 cáo

漕,水转(毂)[谷]也①。一曰:人之所乘及船也②。从水,曹声。在到切③。

【译文】漕,水道转运粮谷。另一义说,漕是人们乘坐的船。从水,曹声。

【注释】① 毂:当依《段注》作"谷"。 ② 乘:《段注》"'乘'下疑夺'车'字。盖车亦得称漕。或云'及'盖误字。" ③ 今读依《广韵》昨劳切。

漏 lòu

漏①,以铜受水,刻节②,昼夜百刻。从水,扁声③。卢后切。

【译文】漏,用铜器接受水,(并在器中立箭之上)刻成度数,昼夜之间共一百度。从水,扁声。

【注释】① 漏:张舜徽《约注》:"漏刻为古计时之器。以铜壶盛水,底穿一孔,壶中立箭,上刻度数。壶中水以漏渐减;箭上所刻,亦以次出露,即可知晓。" ② 刻节:王筠《句读》:"刻以为节,即许所谓刻节。" ③ 扁声:声中有义徐锴《系传》:"扁音漏,屋扁也。"

濊 huì

濊,水多皃。从水,岁声。呼会切。

【译文】濊,水多的样子。从水,岁声。

泮 pàn

泮,诸侯乡射之宫,西南为水,东北为墙。从水,从半,半亦声。普半切。

【译文】泮,诸侯举行乡饮酒礼、乡射礼的学宫,西南边是水,东北边是墙。由水、由半会意,半也表声。

澒 hòng

澒,丹沙所化①,为水银也。从水,项声。呼孔切。

【译文】澒,是朱砂烧煅变化的东西,叫水银。从水,项声。

【注释】① 丹沙句:《段注》:"后代烧煅麄次朱砂为之。"

萍 píng

萍,苹也。水艹也①。从水、苹,苹亦声。薄经切。

【译文】萍,浮萍。(浮生)水面的草。由水、苹会意,苹也表声。

【注释】① 水艹:《段注》:"'水艹也'三字释从水之意。"

汨 gǔ

汨,治水也。从水,曰声。于笔切①。

【译文】汨,治理水。从水,曰声。

【注释】① 于笔切:今读yù。《段注》:"俗音古忽切。"今读从俗,音 gǔ。

㳇部

㳇 zhuǐ

㳇，二水也。阙。凡㳇之属皆从㳇。之垒切。

【译文】㳇，二水。阙其音读。大凡㳇的部都从㳇。

㳇 shè

㳇，徒行厉水也①。从㳇，从步。时摄切。

【译文】㳇，徒步行走而过水。由㳇、由步会意。

【注释】①厉：王筠《句读》："濿之省文也。"《段注》："濿，或砅字。砅本履石渡水之偁，引伸为凡渡水之偁。"

頻部

瀕 pín

瀕，水厓。人所宾附，頻蹙不前而止。从頁，从涉。凡頻之属皆从頻。符真切。

【译文】瀕，水边。人们走近这个地方，皱着额头，不进而止。由頁、由涉会意。大凡頻的部属都从頻。

顰 pín

顰，涉水顰蹙。从頻，卑声。符真切。

【译文】顰，临到过水，皱着眉头皱着额头。从頻，卑声。

〈部

〈 quǎn

〈，水小流也。《周礼》："匠人为沟洫，相广五寸，二相为耦；一耦之伐，广尺、深尺，谓之〈。"信〈谓之遂；倍遂曰沟；倍沟曰洫；倍洫曰〈。凡〈之属皆从〈。姑泫切。

【译文】〈，（田间）小水流。《周礼》说："做工的人修筑田间沟洫（xù），像锹似的相（sì）宽五寸，两相的宽度是一耦。一耦的挖土，宽一尺，深一尺，叫作〈。"比〈增一倍，叫作遂；比遂增一倍，叫沟；比沟增一倍，叫洫；比洫增一倍，叫〈。大凡〈的部属都从〈。

〈〈部

〈〈 kuài

〈〈，水流浍浍也。方百里为〈〈，广二寻，深二仞。凡〈〈之属皆从〈〈。古外切。

【译文】〈〈，水流之声浍浍而响。纵横百里之地有〈〈，宽一丈六尺，深一丈六尺。大凡〈〈的部属都从〈〈。

粼 lín

粼，水生厓石间粼粼也①。从〈〈，舜声。力珍切。

【译文】粼，水在山边石间渗流出来的清澈的样子。从〈〈，舜声。

【注释】①厓：山邊。

川部

川 chuān

川，川，贯穿通流水也。《虞书》曰："浚〈〈〈距川。"言深〈〈之水会为川也。凡川之属皆从川。昌缘切。

【译文】川，使水贯穿通流。《虞书》说："浚（jùn）〈（quǎn）〈〈（kuài）距川。"意思是说：深深疏通畎浍之类的田间水沟，使它们汇合成为大川。大凡川的部属都从川。

巠 jīng

巠，水脉也。从川在一下；一，地也。壬省

声。一曰：水冥巠也。古灵切。

【译文】巠，像血脉一样分布的水流。由
"川"在"一"下会意；"一"表示地。壬省声。
另一义说，巠是水盛大的样子。

㐬 huāng

㐬，水广也。从川，亡声。《易》曰："包㐬
用冯河。"呼光切。

【译文】㐬，水广大。从川，亡声。《易经》
说："葫芦广大，用它作为腰舟去渡河。"

邕 yōng

邕，四方有水，自邕（城）[成]池者。从
川，从邑。于容切。

【译文】邕，四面有水来，自相拥抱，旋绕
而成护城河。由川、由邑会意。

侃 kǎn

侃，刚直也。从仞，仞，古文信；从川，取
其不舍昼夜。《论语》曰："子路侃侃如也。"空
旱切。

【译文】侃，刚强正直。从仞，仞，是古文
信字，（表示真实之意）；从川，取用它日夜滔
滔不绝的意思。《论语》说："子路是刚直不阿
的样子。"

州 zhōu

州，水中可居曰
州，周遶其旁，从重
川。昔尧遭洪水，民居
水中高土，或曰九州。
《诗》曰："在河之州。"
一曰：州，畴也。各畴
其土而生之。职流切。

【译文】州，水中
可以居住的地方叫州，
四周的水围绕在它的旁边，由两个川字叠起来
会意。过去尧那个时代遇上洪水，百姓居住在
水中高土上，有人叫这些高土作九州岛。《诗
经》说："在河中的州子上。"另一义说，州是
耕治的田畴，各自耕治各自的土地而生活。

泉部

泉 quán

泉，水原也。象水流
出成川形。凡泉之属皆从
泉。疾缘切。

【译文】泉，水的源头。
像水流出成为川流的样子。
大凡泉的部属都从泉。

灥 fàn

灥，泉水也。从泉，繇声。读若饭。符万切。

【译文】灥，泉源涌出的水。从泉，繇声。
音读像"饭"字。

灥部

灥 xún

灥，三泉也。阙。凡灥之属皆从灥。详遵切。

【译文】灥，众多的泉流。阙其音读。大凡
灥的部属都从灥。

灥 yuán

灥，水泉本也。从灥出厂下①。愚袁切。

【译文】灥，水泉的本源。由"灥"出"厂"
下而会意。

【注释】①从灥句：徐灏《段注笺》："源泉
所出，往往数处合流，多者至百源，故从三泉。"

永部

永 yǒng

永，长也。象水
巠理之长。《诗》曰：
"江之永矣。"凡永之
属皆从永。于憬切。

【译文】永，（水
流）长。像水的直流

和波纹的漫长。《诗经》说："长江那么长啊。"大凡永的部属都从永。

羕 yàng

羕，水长也。从永，羊声。《诗》曰："江之羕矣。"余亮切。

【译文】羕，水流长。从永，羊声。《诗经》说："长江那么长啊。"

辰部

辰 pài

辰，水之衺流，别也。从反永。凡辰之属皆从辰。读若稗县。匹卦切。

【译文】辰，水的斜出的支流，是（从大河出来而）分流。由永字反过来表示。大凡辰的部属都从辰。音读像稗县的"稗"字。

衇 mài

衇，血理分衺行体者。从辰，从血。莫获切。

【译文】衇，在躯体中分流的血的纹理。由辰、由血会意。

覛 mì

覛，衺视也。从辰，从见。莫狄切。

【译文】覛，斜着眼睛看。由辰、由见会意。

谷部

谷 gǔ

谷，泉出通川为谷。从水半见，出于口。凡谷之属皆从谷。古禄切。

【译文】谷，源泉的出口一直通达川流的地方，叫作谷，由水（水）字显现一半而出现在"口"字上面。大凡是谷的部属都从谷。

谿 xī

谿，山渎无所通者①。从谷，奚声。苦兮切。

【译文】谿，山中没有通达川流的小沟渠。从谷，奚声。

【注释】①渎(dú)：小沟渠。

豁 huò

豁，通谷也。从谷，害声。呼括切。

【译文】豁，通敞的山谷。从谷，害声。

㕡 hóng

㕡，谷中响也。从谷，厷声。户萌切。

【译文】㕡，山谷中的回声。从谷，厷声。

谸 qiān

谸，望山谷谸谸青也。从谷，千声。仓绚切①。

【译文】谸，望山谷之中（草木）谸谸而青葱。从谷，千声。

【注释】①今读依《广韵》苍先切。

仌部

仌 bīng

仌，冻也。象水凝之形。凡仌之属皆从仌。笔陵切。

【译文】仌，（初）冻。像水凝结成冰的样子。大凡仌的部属都从仌。

冰 níng

冰①，水坚也。从仌，从水。鱼陵切。

【译文】冰，水凝结成坚冰。由仌、由水会意。

【注释】①冰：桂馥《义证》："顾炎武曰：仌于隶、楷不能独成文，故后人加水焉。"《段注》："以冰代仌，用别制凝字。经典凡凝字皆冰之变也。"

癛 癛 lǐn

癛,寒也。从仌,廩声。力稔切。

【译文】癛,寒冷。从仌。从仌,廩声。

清 清 qìng

清,寒也。从仌,青声。七正切。

【译文】清,寒凉。从仌,青声。

凍 凍 dòng

凍,仌也。从仌,東声。多贡切。

【译文】凍,冰冻。从仌,東声。

腠 腠 líng

腠,仌出也。从仌,朕声。《诗》曰:"纳于腠阴。"力膺切。

【译文】腠,冰的凌角。从仌,朕声。《诗经》说:"收藏在装冰的地窖里。"

寒 冬 dōng

冬,四时尽也。从仌,从夂。夂,古文终字。都宗切。

【译文】冬,(春夏秋冬)四个时令的尽头。由仌、由夂会意。夂,古文终字。

澌 澌 sī

澌,流仌也。从仌,斯声。息移切。

【译文】澌,(解冻后)随流而行的冰块。从仌,斯声。

凋 凋 diāo

凋,半伤也①。从仌②,周声。都僚切。

【译文】凋,(草木)部分逐渐衰败。从仌,周声。

【注释】①半伤:《段注》:"伤,创也。半伤,未全伤也。"王筠《句读》:"艹木零落又渐,故曰半伤。"②从仌:《段注》:"仌霜者,伤物之

具,故从仌。"

冶 冶 yě

冶,销也。从仌,台声。羊者切。

【译文】冶,(冰)消融。从仌,台(yí)声。

冷 冷 lěng

冷,寒也。从仌,令声。鲁打切。

【译文】冷,寒气(凛然)。从仌,令声。

雨部

雨 雨 yǔ

雨,水从云下也。一象天,冂象云,水霝其间也。凡雨之属皆从雨。王矩切。

【译文】雨,水从云中降下。一像天,冂像云,(丰)像水从天空云彩间滴落下来。大凡雨的部属都从雨。

霆 霆 tíng

霆,雷余声也铃铃。所以挺出万物。从雨,廷声。特丁切。

【译文】霆,雷的余声铃铃地响。是用以使万物挺生而出的东西。从雨,廷声。

震 震 zhèn

震,劈历,振物者。从雨,辰声。《春秋传》曰:"震夷伯之庙。"章刃切。

【译文】震,霹雳,使万物振动的疾雷。从雨,辰声。《春秋左传》说:"疾雷击中(鲁国臣子)夷伯的庙宇。"

霅 霅 zhá

霅,霅霅。震电皃。一曰:众言也。从雨,譶省声。丈甲切。

317

【译文】霅，霅霅。疾雷闪电（交作）的样子。另一义说，霅是众多的言语。从雨，譶省声。

電 diàn

電，阴阳激耀也①。从雨，从申。堂练切。

【译文】電，阴气和阳气彼此冲击而飞溅出来的光耀。由雨、由申会意。

【注释】①阴阳句：王筠《句读》："谓阴阳相激而有耀也。"

霄 xiāo

霄，雨霓为霄。从雨，肖声。齐语也。相邀切。

【译文】霄，下雪珠儿叫作霄。从雨，肖声。是齐地方言。

霰 xiàn

霰，稷雪也。从雨，散声。稣甸切。

【译文】霰，像小米颗粒一般的雪。从雨，散声。

雹 báo

雹，雨冰也。从雨，包声。蒲角切。

【译文】雹，（从天空）降下的冰圈。从雨，包声。

零 líng

零，余雨也。从雨，令声。郎丁切。

【译文】零，徐徐而下的雨。从雨，令声。

霖 lín

霖，雨三日已往。从雨，林声。力寻切。

【译文】霖，下雨三天以上。从雨，林声。

屚 lòu

屚，屋穿水下也。从雨在尸下。尸者，屋

也。卢后切。

【译文】屚，屋穿孔雨水由孔而下。由"雨"在"尸"下会意。尸，表示屋。

霩 kuò

霩，雨止云罢皃。从雨，郭声。苦郭切。

【译文】霩，雨停止云散去的样子。从雨，郭声。

露 lù

露，润泽也①。从雨，路声。洛故切。

【译文】露，（用来）滋润（万物的东西）。从雨，路声。

【注释】①润泽：王筠《句读》："当云'所以润泽万物者也。'"润泽：同义连用。

霜 shuāng

霜，丧也。成物者。从雨，相声。所庄切。

【译文】霜，（使万物）丧失的东西。也是成就万物的东西。从雨，相声。

霧 wù

霧，地气发，天不应。从雨，敄声。亡遇切。

【译文】霧，地气蒸发，天不应和。从雨，敄声。

霾 mái

霾，风雨土也。从雨，貍声。《诗》曰："终风且霾。"莫皆切。

【译文】霾，刮着风而又像下雨一样落下尘土。从雨，貍声。《诗经》说："既刮着风又落下尘土。"

霓 ní

霓，屈虹，青赤，或白色，阴气也。从雨，兒声。五鸡切。

【译文】霓，弯曲的虹，青赤色，有的是白色。是阴气形成

318

的。从雨。兒声。

都从鱼。

需 xū

需，頯也[1]。遇雨不进，止頯也。从雨，而声。《易》曰："云上于天，需。"相俞切。

【译文】需，等待。遇着雨，不前进，停在那里等待。从雨，而声。《易经》说："云上升到天顶，是需卦卦象的含义。"

【注释】① 頯（xū）：《段注》："頯者，待也。以叠韵为训。"

雩 yú

雩，夏祭，乐于赤帝，以祈甘雨也。从雨，于声。羽俱切。

【译文】雩，夏天的祭祀，对着赤帝跳舞。用来祈求甜美的雨。从雨，于声。

雲部

雲 yún

雲，山川气也。从雨，云象云回转形。凡云之属皆从云。王分切。

【译文】雲，山河升腾之气。从雨，云象云彩回旋转动的形状。大凡云的部属都从云。

魚部

魚 yú

魚，水虫也。象形。鱼尾与燕尾相似。凡鱼之属从鱼。语居切。

【译文】魚，水中的动物。像鱼的形状。篆文鱼字的尾形与燕字的尾形相像。大凡鱼的部属

鰥 guān

鰥，鱼也。从鱼，眔声。古玩切。

【译文】鰥，鱼名。从鱼，眔声。

鯉 lǐ

鯉，鱣也。从鱼，里声。良止切。

【译文】鯉，鲤鱼。从鱼，里声。

鰷 tiáo

鰷，鱼名。从鱼，攸声。直由切[1]。

【译文】鰷，鱼名。从鱼，攸声。

【注释】① 直由切：《段注》："其音旧直由切。今音迢。"今读依《集韵》田聊切。

鮮 xiān

鮮[1]，鱼名。出貉国。从鱼，羴省声。相然切。

【译文】鮮，鱼名。出产在貉国。从鱼，羴省声。

【注释】① 鮮：《段注》："经传乃叚为新鱻字。又叚为尟字，而本义废矣。"

鯁 gěng

鯁，鱼骨也。从鱼，更声。古杏切。

【译文】鯁，鱼的骨头。从鱼，更声。

鮫 jiāo

鮫，海鱼，皮可饰刀。从鱼，交声。古肴切。

【译文】鮫，海里的鱼，皮可以装饰刀剑。从鱼，交声。

鱗 lín

鱗,鱼甲也。从魚,粦声。力珍切。

【译文】鱗,鱼身上像铠甲的表层薄片。从魚,粦声。

鮚 jí

鮚[1],蚌也。从魚,吉声。汉律:会稽郡献鮚酱。巨乙切。

【译文】鮚,蚌蛤。从魚,吉声。汉朝的律令规定,会稽郡贡献鮚蚌作成的酱。

【注释】①鮚:《段注》引颜师古说:"鮚,蚌也。长一寸,广二分,有小蟹在其腹中。"

鰬 zhuó

鰬,烝然[1]鰬鰬。从魚,卓声。都教切。

【译文】鰬,(鱼儿)一群群地游着水。从魚,卓声。

【注释】①烝然句:见《诗·小雅·南有嘉鱼》。今本原文作:"南有嘉鱼,'烝然罩罩。'"马瑞辰《诗经通释》:"《说文》引《诗》'烝然鰬鰬',不言其义。据《说文》:'汕,鱼游水貌。'引《诗》'烝然汕汕'。则罩罩亦当同义。《释文》引王肃云:'烝,众也。'罩罩、汕汕皆众鱼游水之貌。"承培元《引经证例》:"此作鰬,盖三字《诗》异文也。"

鮅 bì

鮅,鱼名。从魚,必声。毗必切。

【译文】鮅,鱼名。从魚,必声。

鯸 hóu

鯸,鱼名。从魚,侯声。乎钩切。

【译文】鯸,鱼名。从魚,侯声。

鲅 bō

鲅,鱣鮪鲅鲅。从魚,犮声。北末切。

【译文】鲅,鲤鱼(尾巴摆得)鲅鲅地响。从魚,犮声。

鈇 fū

鈇,鲯鱼[1]。出东莱。从魚,夫声。甫无切。

【译文】鈇,鈇鲯鱼。出产在东莱郡。从魚,夫声。

【注释】①鲯鱼:应连篆为读。王筠《释例》:"盖夫其连文,为青齐口语。"按:"夫其"为连绵词。

鯛 diāo

鯛,[魚]骨端脆也。从魚,周声。都僚切。

【译文】鯛,(鱼名。)骨的末端脆弱。从魚,周声。

鲯 qí

鲯,鱼名。从魚,其声。渠之切。

【译文】鲯,鱼名。从魚,其声。

鮡 zhào

鮡,鱼名。从魚,兆声。治小切。

【译文】鮡,鱼名。从魚,兆声。

鮛 huà

鮛,鱼名。从魚,匕声。呼跨切。

【译文】鮛,鱼名。从魚,匕(huà)声。

鱻部

鱻 yú

鱻,二鱼也[1]。凡鱻之属皆从鱻。语居切。

【译文】鱻,两条鱼。大凡鱻的部属都从鱻。

【注释】①二鱼:《段注》:"此即形为义,故不言从二鱼。二鱼重而不竝,《易》所谓贯鱼也。鱼行必相随也。"

㸚 灙 yú

灙①，捕鱼也。从
鱻，从水。语居切。

【译文】灙，捕鱼。
由鱻、由水会意。

【注释】①灙：今
作"渔"。捕鱼。《孟
子·公孙丑上》："自耕
稼、陶、渔以至为帝，
无非取于人者。"

燕部

蒸 燕 yàn

燕，玄鸟也①。
籋口②，布翄③，枝尾
④。象形⑤。凡燕之属
皆从燕。于甸切。

【译文】燕，赤黑
色的鸟。长着小钳子
似的嘴，布帛一样的翅膀，枝丫一样的尾巴。象
形。大凡燕的部属都从燕。

【注释】①玄鸟：桂馥《义证》："玄乃赤黑
色燕羽是也。"②籋口：徐锴《段注》："籋音聂，
小钳也。"《段注》："故以廿像之。"③布翄：《段
注》："故以北像之。"④枝尾：《段注》："与鱼尾
同，故以火像之。"⑤象形：王筠《释例》："背面
形也。"

龍部

蘢 龍 lóng

龍，鳞虫之长。
能幽，能明，能细，能
巨，能短，能长；春分
而登天，秋分而潜渊。
从肉①，飞之形；童省
声。凡龙之属皆从龙。
力钟切。

【译文】龍，有鳞
甲的动物的首领。能使天地幽暗，也能使天地光

明；能变细，也能变大；能变短，也能变长。春
分登上天空，秋分潜入深渊。（月）表示肉，（ ）
像飞的形状；（辛）是童省去里为声。大凡龙的
部属都从龙。

【注释】①从肉：《段注》："与熊从肉同。"

玕 蘢 jiān

蘢，龙耆脊上蘢蘢。从龍，开声。古贤切。

【译文】蘢，龙的鬐鬣在背脊上很刚硬。从
龍，开（jiān）声。

龘 龖 tà

龖，飞龙也。从二龙。读若沓。徒合切。

【译文】龖，飞腾的龙。由两个龍字会意。
音读像"沓"字。

霝 龗 líng

龗，龙也。从龍，霝声。郎丁切。

【译文】龗，龙。从龍，霝声。

龕 龕 kān

龕，龙皃。从龍，合声。口含切。

【译文】龕，龙的样子。从龍，合声。

飛部

飛 飛 fēi

飛，鸟翥也①。象形。
凡飞之属皆从飞。甫微切。

【译文】飛，鸟飞举。
像鸟飞之形。大凡飞的部
属都从飞。

【注释】①翥：本书羽部："翥，飞举也。"

翼 翼 yì

翼，翄也。从飛①，异声。与职切。

【译文】翼，翅膀。从飛，异声。

【注释】①从飛：徐灏《段注笺》："翼可以
飞也，故从飞。"

非部

非 fēi

非，违也。从飞下
翄，取其相背①。凡非
之属皆从非。甫微切。

【译文】非，违背。
由飞字下部表示翅的部
分构成，取两翅相背的
意义。大凡非的部属都
从非。

【注释】①其相背：徐锴《系传》："两翅自
可相背。"

䲆 fěi

䲆，别也①。从非，己声。非尾切。

【译文】䲆，分解。从非，己声。

【注释】①别：《段注》："别者，分解也。"

靡 mǐ

靡，披靡也①。从非，麻声。文彼切。

【译文】靡，分散倾倒。从非，麻声。

【注释】①披靡：徐灏《段注笺》："披谓分
散，靡谓倾倚也。"

靠 kào

靠，相违也①。从非，告声。苦到切。

【译文】靠，相违背。从非，告声。

【注释】①相违：《段注》："相背也，故
从非。今俗谓相依相靠，古人谓相背曰靠。其
义一也。犹分之合之皆曰离。"

飞部

飞 xùn

飞，疾飞
也。从飞而羽
不见①。凡飞
之属皆从飞。息

晋切。

【译文】飞，疾速地飞。由小篆飞字省去表
示羽毛的笔画构成。大凡飞的部属都从飞。

【注释】①从飞句：饶炯《部首订》："盖迅
疾之事，凡物皆有，情亦难状，惟飞较疾，而飞
不见羽则尤疾。故迅疾字，古文从飞省其毛羽以
指事。"

䎙 qióng

䎙，回疾也①。从我，熒省声。渠营切。

【译文】䎙，（鸟）回转来疾飞。从飞，熒
省声。

【注释】①回疾：《段注》："回转之疾飞也。"

乙部

乙 yǐ

乙，玄鸟也。齐鲁
谓之乙。取其鸣自呼。
象形。凡乙之属皆从
乙。乌辖切。

【译文】乙，黑红
的燕鸟。齐地鲁地叫它
乙。根据它的叫声是自己呼叫自己的名字来命名。
象形。大凡乙的部属都从乙。

乳 rǔ

乳，人及鸟生子曰
乳，兽曰产。从孚，从
乙。乙者，玄鸟也。《明
堂月令》："玄鸟至之日，
祠于高禖，以请子。"故
乳从乙。请子必以乙至
之日者，乙，春分来，秋
分去，开生之候鸟，帝少
昊司分之官也。而主切。

【译文】乳，人生育子女以及鸟孵化雏鸟叫
作乳，兽生幼兽叫作产。由孚、由乙会意。乙，
表示黑色的燕子鸟。《明堂月令》说："黑色的燕
子来到的日子，向高贵的禖神祭祀，来请求获得
子女。"所以乳字从乙。祈求子女一定要在燕子
来到的日子的原因是，燕子，春分时节飞来，秋

分时节飞去，是发育生育的、随季节而迁徙的鸟，是先帝少昊氏主管春分秋分的官员。

孔 kǒng

孔，通也。从乙，从子。乙，请子之候鸟也。乙至而得子，嘉美之也。古人名嘉字子孔。康董切。

【译文】孔，通达。由乙、由子会意。乙，是祈请子女的、随季节转换而迁徙的鸟。乙鸟来到，就会得到子女，使人们生活嘉美。所以古人名嘉，字就叫子孔。

不部

不 fǒu

不，鸟飞上翔不下来也。从一，一犹天也。象形。凡不之属皆从不。方久切。

【译文】不，鸟飞向上翻翔卸不落下来。从一，一好比是天。（不）像鸟飞的形状。大凡不的部属都从不。

否 fǒu

否，不也。从口，从不，不亦声。方久切。

【译文】否，不。由口、由不会意，不也表声。

至部

至 zhì

至，鸟飞从高下至地也。从一，一犹地也。象形。不，上去；而至，下来也。凡至之属皆从至。脂利切。

【译文】至，鸟飞从高处下落到地面上。从一，一好比是地面。像鸟下飞的形状。"不"字是鸟飞上去，而"至"字是鸟飞下来。大凡至的部属都从至。

到 dào

到，至也。从至，刀声。都悼切。

【译文】到，到达。从至，刀声。

臺 tái

臺，观。四方而高者。从至，从之，从高省。与室屋同意。徒哀切。

【译文】臺，台观。四方形而高耸出地面的土筑物。由至、由之、由高省会意。（从至）与"室"、"屋"从至而表示止息义的构形原则相同。

臻 zhēn

臻，至也。从至，秦声。侧诜切。

【译文】臻，至。从至，秦声。

銍 rì

銍，到也。从二至。人质切。

【译文】銍，到达。由两个"至"字会意。

西部

西 xī

西，鸟在巢上。象形。日在西方而鸟棲，故因以为东西之西。凡西之属皆从西。先稽切。

【译文】西，鸟儿（歇宿）在巢上。象形。日头移在西方，鸟儿就栖息，所以就把栖息的西用作东方西方的西。大凡西的部属都从西。

卤部

卤 lǔ

卤，西方咸地也。从西省，象盐形。安定有卤县。东方谓之㡿，西方谓之卤。凡卤之属皆从卤。郎古切。

【译文】卤，西方的盐咸地。由籀文卤(xī)省去义，※像盐形。安定郡有卤县。东方叫盐咸地作斥，西方叫作卤。大凡卤的部属都从卤。

鹾 cuó

鹾，咸也。从卤，差省声。河内谓之鹾，沛人言若虘。昨河切。

【译文】鹾，咸味。从卤，差省声。河内郡一带叫作鹾，沛地人说鹾好像"虘"。

鹹 xián

鹹，衔也。北方味也。从卤，咸声。胡毚切。

【译文】鹹，可衔在口里品味。是代表北方的口味。从卤，咸声。

鹽部

鹽 yán

鹽，咸也。从卤，监声。古者，宿沙初作煮海盐。凡盐之属皆从盐。余廉切。

【译文】鹽，具有咸味的(调料)。从卤，监声。古时候，名叫宿沙的最初制作煮涑海水的盐。大凡盐的部属都从盐。

鹼 jiǎn

鹼，卤也。从鹽省，佥声。鱼欠切。

【译文】鹼，盐卤。由鹽省去监作形旁，佥声。

户部

户 hù

户，护也[1]。半门曰户。象形。凡户之属皆从户。侯古切。

【译文】户，保护(室内的门户)。门一半叫户。象形。大凡户的部属都从户。

【注释】①护：《段注》："以叠韵为训。"《释名·释宫室》：

"户，护也。所以谨慎闭塞也。"

扉 fēi

扉，户扇也。从户，非声。甫微切。

【译文】扉，门扇。从户，非声。

扇 shàn

扇，扉也。从户，从翄声。式战切。

【译文】扇，门扇。由户、由翄省支会意。

房 fáng

房，室在旁也。从户，方声。符方切。

【译文】房，房室在(正室的)两旁。从户，方声。

戾 tì

戾，辒车旁推户也。从户，大声。读与钦同。徒盖切。

【译文】戾，有帷盖的车子两旁可以推开的门。从户，大声。音读与"钦(tì)"相同。

門部

門 mén

門，闻也。从二户。象形。凡门之属皆从门。莫奔切。

【译文】門，内外相互闻听得到。由两个户字会意。象形。大凡门的部属都从门。

閭 lú

閭，里门也。从门，吕声。《周礼》："五家为比，五比为闾。"闾，侣也，二十五家相群侣也。力居切。

【译文】閭，里巷的门。从门，吕声。《周礼》说："五家成为一比，五比成为一闾。"闾，伴侣，二十五家相互群居成为伴侣。

闉 yīn

闉，城（内）［曲］重门也。从門，垔声。《诗》曰："出其闉闍。"于真切。

【译文】闉，保护城门的月城的门。从門，垔声。《诗经》说："走出那月城的门。"

闕 què

闕，门观也。从門，欮声。去月切。

【译文】闕，官门外两边的楼台。从門，欮声。

闢 pì

闢[1]，开也。从門，辟声。房益切。

【译文】闢，开启。从門，辟声。

【注释】①闢：今作"辟"。打开。《左传·宣公二年》："晨往，寝门辟矣。"

開 kāi

開，张也[1]。从門，从开。苦哀切。

【译文】開，开门。由門、由开会意。

【注释】①张：《段注》："张者施弓弦也。门之开如弓之张，门之闭如弓之弛。"

閒 jiàn

閒，隙也。从門，从月[1]。古闲切。

【译文】閒，空隙。由門、由月会意。

【注释】①从門，从月：徐锴《系传》："夫门当夜闭，闭而见月光，是有间隙也。"

閣 gé

閣，所以止扉也。从門，各声。古洛切。

【译文】閣，用来固定门扇的东西。从門，各声。

閑 xián

閑[1]，阑也。从門中有木。卢闲切。

【译文】閑，木栏。由"門"中有"木"会意。

【注释】①閑：《段注》："引申为防闲。古多借为清闲字，又借为娴习字。"

閉 bì

閉，阖门也。从門；才，所以距门也。博计切。

【译文】閉，开门。从門，才，是用来支撑门的木棒之类。

闇 àn

闇，闭门也。从門，音声。乌绀切。

【译文】闇，闭门。从門，音声。

關 guān

關，以木横持门户也。从門，䜌声。古还切。

【译文】關，用木横着支撑门扇。从門，䜌（guān）声。

閃 shǎn

閃[1]，窥头门中也。从人在门中。失冉切。

【译文】閃，把头伸在门中偷看。由"人"在"門"中会意。

【注释】①閃：偷看。《三国志·魏

书·梁习传》："白日常自于墙壁间窥闪，夜使干廉察诸曹。"

名字。

闅 閲 yuè

閲，具数于门中也。从門，說省声。弋雪切。

【译文】閲，在门中逐一清点计算。从門，說省声。

闋 闋 què

闋，事已，闭门也。从門，癸声。倾雪切。

【译文】闋，事情终止了，已经关门了。从門，癸声。

闊 闊 kuò

闊，疏也。从門，活声。苦括切。

【译文】闊，疏远。从門，活声。

閔 閔 mǐn

閔，吊者在门也。从門，文声。眉殒切。

【译文】閔，吊唁的人在门口。从門，文声。

耳部

耳 耳 ěr

耳①，主听也。象形。凡耳之属皆从耳。而止切。

【译文】耳，主管听觉（的器官）。象形。大凡耳的部属都从耳。

【注释】①耳：耳朵。《老子·检欲》："五音令人耳聋。"

耴 耴 zhé

耴，耳垂也。从耳下垂。象形。《春秋传》曰"秦公子（辄）〔耴〕者，其耳下垂，故以为名。陟叶切。

【译文】耴，耳朵下垂。由耳字延长一笔而向下垂表示。象形。《春秋左传》所说的"秦国公子耴"这个人，他的耳朵下垂，所以用耴作为

玷 玷 diān

玷，小垂耳也。从耳，占声。丁兼切。

【译文】玷，小的耳垂。从耳，占声。

聃 聃 dān

聃，耳曼也。从耳，冉声。他甘切。

【译文】聃，耳朵长大。从耳，冉声。

耽 耽 dān

耽，耳大垂也。从耳，尤声。《诗》曰："士之耽兮。"丁含切。

【译文】耽，耳朵大而下垂（至肩）。从耳，尤声。《诗经》说："男人们多快乐啊。"

瞻 瞻 dān

瞻，垂耳也。从耳，詹声。南方瞻耳之国。都甘切。

【译文】瞻，垂下耳朵。从耳，詹声。南方有耳朵下垂在肩上的人的地域。

耿 耿 gěng

耿，耳箸颊也。从耳，烓省声。杜林说：耿，光也。从光，聖省〔声〕。凡字皆左形右声。杜林非也。古杏切。

【译文】耿，耳朵贴在脸颊上。从耳，烓省声。杜林说：耿，光明。（从火好比）从炎，聖省呈为声。大凡形声字全都左边是形，右边是声。杜林的解说不对。

聯 聯 lián

聯，连也。从耳，耳连于颊也；从丝，丝连不绝也。力延切。

【译文】聯，接连不断。从耳，表示耳朵连接在脸颊上；从丝，表示丝缕接连不绝。

聊 聊 liáo

聊，耳鸣也。从耳。卯声。洛萧切。

【译文】聊，耳鸣。从耳，卯声。

聖 聖 shèng

聖，通也。从耳，呈声。式正切。

【译文】聖，双耳通顺。从耳，里声。

聰 聰 cōng

聰，察也。从耳，怱声。仓红切。

【译文】聰，（耳顺而）能审察。从耳，怱声。

聽 聽 tīng

聽，聆也。从耳、悳，壬声。他定切。

【译文】聽，声音通顺于耳。由耳、悳会意，壬（tǐng）声。

聆 聆 líng

聆，听也。从耳，令声。郎丁切。

【译文】聆，听。从耳，令声。

職 職 zhí

職，记微也。从耳，戠声。之弋切。

【译文】職，记住微妙的事物。从耳，戠声。

聲 聲 shēng

聲，音也。从耳，殸声①。书盈切。

【译文】聲，乐音。从耳，殸声。

【注释】①从耳，殸声：徐锴《系传》："八音之中，惟石之声为精诣，入于耳。"按：石指磬，可见殸声还兼表义。

聞 聞 wén

聞，知（闻）［声］也①。从耳，門声。无分切。

【译文】聞，知晓其声。从耳，門声。

【注释】①闻：当依徐锴《段注》作"声"。

聘 聘 pìn

聘，访也。从耳，粤声。匹正切。

【译文】聘，访问。从耳，粤声。

聾 聾 lóng

聾，无闻也。从耳，龍声。卢红切。

【译文】聾，没有听觉。从耳，龍声。

聳 聳 sǒng

聳，生而聋曰聳。从耳，從省声。息拱切。

【译文】聳，生下来就聋叫作聳。从耳，從省声。

聶 聶 niè

聶，附耳私小语也。从三耳。尼辄切。

【译文】聶，附在耳旁窃窃私语。由三个"耳"会意。

聅 聅 qín

聅，《国语》曰："回禄信于聅遂。"阙。巨今切。

【译文】聅，《国语》说："（火神）回禄在聅遂这个地方，连续睡了两夜。"阙聅字的形、音、义。

耴 耴 tiē

耴①，安也。从二耳。丁帖切。

【译文】耴，安妥。由两个"耳"字会意。

【注释】①耴：《段注》："凡帖妥当作此字。帖，其假借字也。"

臣部

匝 yí

匝，顄也。象形①。凡匝之属皆从匝。与之切。

【译文】匝，指腮颊、下巴。象形。大凡匝的部属都从匝。

【注释】① 象形《段注》："此文当横视之。横视之则口上、口下、口中之形俱见矣。"

巸 yí

巸，广匝也。从匝，已声。与之切。

【译文】巸，宽阔的下巴。从匝，已声。

手部

手 shǒu

手，拳也。象形①。凡手之属皆从手。书九切。

【译文】手，握拳的部分。象形。大凡手的部属都从手。

【注释】① 象形：徐灏《段注笺》："象指、掌之形。小篆中画微曲，书势取茂美也。"

掌 zhǎng

掌，手中也。从手，尚声。诸两切。

【译文】掌，手心。从手，尚声。

拇 mǔ

拇，将指也。从手，母声。莫厚切。

【译文】拇，大指。从手，母声。

指 zhǐ

指，手指也。从手，旨声。职雉切。

【译文】指，手指。从手，旨声。

拳 quán

拳，手也。从手，龹声。巨员切。

【译文】拳，（屈指卷握的）手。从手，龹声。

攕 xiān

攕，好手儿。《诗》曰："攕攕女手。"从手，韱声。所咸切。

【译文】攕，美好的手的样子。《诗经》说："多么纤细美好啊这女人的手。"从手，韱声。

摳 kōu

摳，繑也。一曰：抠衣升堂。从手，區声。口侯切。

【译文】摳，扣结裤纽。另一义说，提起衣裳登上堂屋。从手，區声。

拱 gǒng

拱，敛手也。从手，共声。居竦切。

【译文】拱，收敛其手（而抱拳）。从手，共声。

撿 liǎn

撿，拱手也。从手，僉声。良冉切。

【译文】撿，敛手抱拳。从手，僉声。

揖 yī

揖，攘也。从手，咠声。一曰：手箸胷曰揖。伊入切。

【译文】揖，（拱手）推（至胸前）。从手，咠声。另一义说，拱手引附胸前叫揖。

排 pái

排，挤也。从手，非声。步皆切。

【译文】排，用手推挤物体（使离开）。从手，非声。

推 tuī

推，排也。从手，隹声。他回切。

【译文】推，用手排物（使移动）。从手，隹声。

擠 jǐ

擠，排也。从手，齊声。子计切。

【译文】擠，推排（使坠落）。从手，齊声。

抵 dǐ

抵，挤也。从手，氏声。丁礼切。

【译文】抵，排挤（而相抗拒）。从手，氏声。

扶 fú

扶①，左也②。从手，夫声。防无切。

【译文】扶，佐助。扶手，夫声。

【注释】①扶：搀扶，扶持。《战国策·齐策》："扶老携幼。"②左：《段注》："'左'下曰：'手相助也。'"

摧 cuī

摧，挤也。从手，崔声。一曰：挏也。一曰：折也。昨回切。

【译文】摧，推挤。从手，崔声。另一义说，摧是推动的意思。又另一义说，摧是折断的意思。

拉 lā

拉，摧也。从手，立声。卢合切。

【译文】拉，摧折。从手，立声。

挫 cuò

挫，摧也。从手，坐声。则卧切。

【译文】挫，摧折。从手，坐声。

持 chí

持，握也。从手，寺声。直之切。

【译文】持，握住。从手，寺声。

挈 qiè

挈，县持也。从手，㓞声。苦结切。

【译文】挈，物似倒悬而手提握。从手，㓞声。

拑 qián

拑，胁持也。从手，甘声。巨淹切。

【译文】拑，用肘拑制于胁下而夹持。从手，甘声。

撡 shé

撡，阅持也。从手，枼声。食折切。

【译文】撡，按定数等分而轮番握取。从手，枼声。

摯 zhì

摯，握持也。从手，从執。脂利切。

【译文】摯，握持。由手、由執会意。

操 cāo

操，把持也。从手，喿声。七刀切。

【译文】操，握持。从手，喿声。

搏 bó

搏，索持也。一曰：至也。从手，尃声。补各切。

【译文】搏，用搜索的方式捕捉。另一义说，搏是至的意思。从手，尃声。

據 jù

據，杖持也①。从手，豦声。居御切。

【译文】據，用手杖扶持。从手，豦声。

【注释】①杖持：《段注》："谓

329

倚杖而持之。杖者，人所據，凡所據皆曰杖。"

握 wò

握，搤持也。从手，屋声。于角切。

【译文】握，捉扼而持。从手，屋声。

把 bǎ

把，握也。从手，巴声。搏下切。

【译文】把，握持。从手，巴声。

按 àn

按，下也。从手，安声。乌旰切。

【译文】按，用手压、使向下。从手，安声。

控 kòng

控，引也。从手，空声。《诗》曰："控于大邦。"匈奴名引弓控弦。苦贡切。

【译文】控，拉开（弓弦）。从手，空声。《诗经》说："像拉开弓弦一样向大国伸明心曲。"匈奴人叫拉开弓弦作控弦。

揗 shùn

揗，摩也。从手，盾声。食尹切。

【译文】揗，用手顺摩。从手，盾声。

掾 yuàn

掾，缘也。从手，彖声。以绢切。

【译文】掾，佐助。从手，彖声。

拍 pāi

拍，拊也。从手，百声。普百切。

【译文】拍，抚拍。从手，百声。

捊 póu

捊，把也。今盐官入水取盐为捊。从手，音声。父沟切。

【译文】捊，把。如今以盐为职业的人入水取盐叫捊。从手，音声。

拊 fǔ

拊，揗也。从手，付声。芳武切。

【译文】拊，抚摩。从手，付声。

捋 luō

捋，取易也。从手，寽声。郎括切。

【译文】捋，用手指取物轻而易举。从手，寽声。

撩 liáo

撩，理也。从手，尞声。洛萧切。

【译文】撩，料理。从手，尞声。

措 cuò

措，置也。从手，昔声。仓故切。

【译文】措，放置。从手，昔声。

插 chā

插，刺（肉）[内]也。从手，从臿。楚洽切。

【译文】插，刺入。从手，臿声。

掄 lún

掄，择也。从手，仑声。卢昆切。

【译文】掄，选择。从手，仑声。

择 zé

择，柬选也。从手，睪声。丈伯切。

【译文】择，挑选。从手，睪声。

捉 zhuō

捉，搤也。从手，足声。一曰：握也。侧角切。

【译文】捉，追促处而扼取。从手，足声。另一义说，是握持。

搹 è

搹①，捉也。从手，益声。于革切。

【译文】搹，捉握。从手，益声。

【注释】① 搹：《汉书·扬雄传》："搹熊罴。"颜师古注："搹，捉持也。"

挻 shān

挻，长也。从手，从延，延亦声。式连切。

【译文】挻，用手使长。由手、由延会意，延也表声。

揃 jiǎn

揃，搣也。从手，前声。即浅切。

【译文】揃，剪理鬓发。从手，前声。

授 shòu

授，予也。从手，从受，受亦声。殖酉切。

【译文】授，给予。由手、由受会意，受也表声。

承 chéng

承，奉也①，受也。从手，从卪，从收。署陵切。

【译文】承，是捧授的意思，又是收受的意思。由手、由卪、由收会意。

【注释】① 奉：王筠《句读》："谓授之人也。"

接 jiē

接，交也。从手，妾声。子叶切。

【译文】接，用手相交引。从手，妾声。

招 zhāo

招，手呼也。从手、召①。止摇切。

【译文】招，用手呼叫人。由手、召会意。

【注释】① 从手、召：桂馥《义证》："以手曰招，以言曰召。"

撫 fǔ

撫，安也。从手，無声。一曰：(循)［揗］也。芳武切。

【译文】撫，安抚。从手，無声。另一义说，抚是抚摩的意思。

捪 mín

捪，抚也。从手，昏声。一曰：摹也。武巾切。

【译文】捪，抚摩。从手，昏声。另一义说，捪是摹仿的意思。

揣 chuǎi

揣，量也。从手，耑声。度高曰揣。一曰：捶之。初委切。

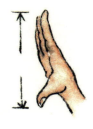

【译文】揣，量轻重。从手，耑声。量度高（低）叫揣。另一义说，揣是捶击的意思。

投 tóu

投，擿也。从手，从殳。度侯切。

【译文】投，投掷。由手、由殳会意。

摽 piāo

摽，击也。从手，票声。一曰：挈（门壮）［闑牡］也①。符少切。

【译文】摽，拍击。从手，票声。另一义说，提启门闩。

【注释】① 挈门壮：当依《段注》"门壮"作"闑牡"。段注："闑牡，一物也。见门部。挈者，提而启之也。"

挑 tiāo

挑，挠也。从手，兆声。一曰：摡也。《国语》曰："却至挑天。"土凋切。

【译文】挑，挑拨。从手，兆声。另一义说，挑足拘留而打击的意思。《国语》说："却至偷天之功（来作为自己的力量）。"

抉 jué

抉，挑也。从手，夬声。于说切。

【译文】抉，挑出。从手，夬声。

挠 náo

挠，扰也。从手，尧声。一曰捄也。奴巧切。

【译文】挠，扰乱。从手，尧声。又叫"捄"。

挶 jū

挶，戟持也。从手，局声。居玉切。

【译文】挶，手像戟一样弯曲挎握着。从手，局声。

摘 zhāi

摘①，拓果树实也。从手，啇声。一曰：指近之也。他历切。又，竹戹切。

【译文】摘，采摘果树的果实。从手，啇声。另一义说，摘是指摘的意思。

【注释】①摘：王筠《句读》："《仓颉篇》：'摘，以指摘取也。'"

据 jū

据，戟挶也。从手，居声。九鱼切。

【译文】据，拮据。从手，居声。

披 pī

披，从旁持曰披。从手，皮声。敷羁切。

【译文】披，灵柩两旁持握（的帛）叫作披。从手，皮声。

掉 diào

掉，摇也。从手，卓声。《春秋传》曰："尾大不掉。"徒吊切。

【译文】掉，摇动。从手，卓声。《春秋左传》说："尾巴太大不能摆动。"

摇 yáo

摇，动也。从手，䍃声。余招切。

【译文】摇，摆动。从手，䍃声。

扬 yáng

扬，飞、举也。从手，易声。与章切。

【译文】扬，飞起；举起。从手，易声。

掔 qiān

掔，固也。从手，臤声。读若《诗》"赤舄掔掔"。苦闲切。

【译文】掔，坚固。从手，臤声。音读像"赤舄掔掔"的"掔"字。

舉 jǔ

舉，对举也。从手，與声。居许切。

【译文】舉，两手相对而举。从手，與声。

掀 xiān

掀，举出也。从手，欣声。《春秋传》曰："掀公出于淖。"虚言切。

【译文】掀，举着出去。从首，欣声。《春秋左传》说："用手高举起晋厉公的战车从泥沼里出来。"

揭 jiē

揭，高举也①。从手，曷声。去例切。又，基竭切。

【译文】揭，高举。从手，曷声。

【注释】①高举：贾谊《过秦论》："揭竿为旗。"正是高举义。

抍 zhěng

抍[1]，上举也。从手，升声。《易》曰[2]："抍马，壮，吉。"。

【译文】抍，上举。从手，升声。《易经》说："（马伤了左边的大腿，）因此拯救马，马健壮了，可获得吉祥。"

【注释】①抍：今作拯。②《易》：指《明夷卦·六二爻辞》。

振 zhèn

振，举救也。从手，辰声。一曰：奋也。章刃切。

【译文】振，举而救助。从手，辰声。另一义说，是奋起。

扛 gāng

扛，横关对举也。从手，工声。古双切。

【译文】扛，用双手把横着的门闩一样的重木杠对举起来。从手，工声。

扮 fěn

扮，握也。从手，分声。读若粉。房吻切。

【译文】扮，握持。从手，分声。音读像"粉"字。

撟 jiǎo

撟，举手也。从手，乔声。一曰：挢，擅也。居少切。

【译文】撟，举手。从手，乔声。另一义说，挢是专擅的意思。

捎 shāo

捎，自关以西，凡取物之上者为挢捎。从手，肖声。所交切。

【译文】捎，从关往西，大凡选取物体的上等，叫作挢捎。从手，肖声。

擎 pán

擎，擎攇，不正也。从手，般声。薄官切。

【译文】擎，擎攇，手不正。从手，般声。

擅 shàn

擅，专也。从手，亶声。时战切。

【译文】擅，独揽。从手，亶声。

失 shī

失，纵也。从手，乙声。式质切。

【译文】失，放（手而掉落）。从手，乙声。

抒 shū

抒，挹也[1]。从手，予声。神与切。

【译文】抒，舀。从手，予声。

【注释】①挹：《段注》："凡挹彼注兹曰抒。"

掇 duó

掇，拾取也。从手，叕声。都括切。

【译文】掇，拾取。从手，叕声。

拾 shí

拾[1]，掇也。从手，合声。是执切。

【译文】拾，掇取。从手，合声。

【注释】①拾：拾取，捡。《庄子·盗跖》："昼拾橡栗，暮栖木上。"《史记·货殖列传》："俯有拾，仰有取。"

擢 zhuó

擢[1]，引也。从手，翟声。直角切。

【译文】擢，拔引。从手，翟声。

【注释】①擢：徐锴《系传》："谓拔擢也。"

徐灏《段注笺》："此当以拔擢为本义，段借为擢舟（划船）字。"

援 yuán

援，引也。从手，爰声。雨元切。

【译文】援，引拉。从手，爰声。

拔 bá

拔，擢也[1]。从手，发声。蒲八切。

【译文】拔，抽引。从手，发声。

【注释】①擢：《方言》卷三："擢，拔也。自关而西或曰拔，或曰擢。"

揠 yà

揠，拔也。从手，匽声。乌黠切。

【译文】揠，拔引。从手，匽声。

挺 tǐng

挺，拔也。从手，廷声。徒鼎切。

【译文】挺，引拔出来。从手，廷声。

探 tān

探，远取之也。从手，罙声。他含切。

【译文】探，深入摸取。从手，罙声。

撢 tàn

撢，探也。从手，覃声。他绀切。

【译文】撢，探求。从手，覃声。

挼 ruó

挼，推也。从手，委声。一曰：两手相切摩也。奴禾切。

【译文】挼，推委。从手，委声。另一义说，挼是两只手相互揉搓、摩掌的意思。

搦 nuò

搦，按也[1]。从手，弱声。尼革切[2]。

【译文】搦，按压。从手，弱声。

【注释】①按：《段注》："按者，抑也。"
②拼音依《广韵》女角切。

掎 jǐ

掎，偏引也。从手，奇声。居绮切。

【译文】掎，偏向一方牵引。从手，奇声。

挥 huī

挥，奋也。从手，军声。许归切。

【译文】挥，振洒。从手，军声。

挼 rǒng

挼，推持也。从手，茸声。而陇切。

【译文】挼，推开而又捶捣。从手，茸声。

撞 zhuàng

撞，丮捣也。从手，童声。宅江切。

【译文】撞，迅疾而捣。从手，童声。

捆 yīn

捆，就也。从手，因声。于真切。

【译文】捆，依凭。从手，因声。

扔 rēng

扔，因也。从手，乃声。如乘切。

【译文】扔，依旧。从手，乃声。

括 kuò

括，絮也。从手，昏声。古活切。

【译文】括，捆扎。从手，昏声。

抲 hē

抲，抲攂也。从手，可声。《周书》曰："尽执，抲。"虎何切。

【译文】抲，指挥。从手，可声。《周书》说："全部抓起来，指挥他们（回归周地）。"

挗 huò

挗，裂也。从手，赤声。呼麦切。

【译文】挗，裂开。从手，赤声。

扐 lè

扐，《易》筮，再扐而后卦。从手，力声。卢则切。

【译文】扐，《易经》中用蓍草占卜的方法，将蓍草两次夹在手指之间然后布一卦爻。从手，力声。

技 jì

技，巧也。从手，支声。渠绮切。

【译文】技，技巧。从手，支声。

拙 zhuō

拙，不巧也。从手，出声。职说切。

【译文】拙，不能做技巧的事。从手，出声。

搏 tuán

搏，圜也。从手，専声。度官切。

【译文】搏，用手搓捏成团。从手，専声。

拮 jié

拮，手口共有所作也。从手，吉声。《诗》曰："予手拮据。"古屑切。

【译文】拮，手和口同时有所劳作。从手，吉声。《诗经》说："我们的手，操作十分劳苦。"

搰 hú

搰①，掘也。从手，骨声。户骨切。

【译文】搰，发掘。从手，骨声。

【注释】① 搰：挖掘。《国语·吴语》："狐埋之，而狐搰之。"

掘 jué

掘，搰也。从手，屈声。衢勿切。

【译文】掘，挖。从手，屈声。

掩 yǎn

掩，敛也。小上曰掩。从手，奄声。衣检切。

【译文】掩，收手（覆盖）。稍稍举手放在被覆盖的物体上面叫掩。从手，奄声。

揟 xū

揟，取水沮也。从手，胥声。武威有揟次县。相居切。

【译文】揟，滤取水中的渣滓。从手，胥声。武威郡有揟次县。

播 bō

播，种也。一曰：布也①。从手，番声。补过切。

【译文】播，下种。另一义说，播是传布的意思。从手，番声。

【注释】① 布：王筠《句读》："此前义之引申耳。"

摡 gài

摡，涤也。从手，既声。《诗》曰："摡之釜鬵。"古代切。

【译文】摡，洗涤。从手，既声。《诗经》说："洗涤那小锅大锅。"

挃 zhì

挃，獲禾声也。从手，至声。《诗》曰："獲之挃挃。"陟栗切。

【译文】挃，割禾声。从手，至声。《诗经》说："割禾割得挃挃地响。"

扤 wù

扤，动也。从手，兀声。五忽切。

【译文】扤，摇动。从手，兀声。

捐 yuè

捐，折也。从手，月声。鱼厥切。

【译文】捐，折断。从手，月声。

摎 jiū

摎，缚杀也。从手，翏声。居求切。

【译文】摎，绞杀。从手，翏声。

撻 tà

撻，乡饮酒，罚不敬，挞其背。从手，達声。他达切。

【译文】撻，乡人按时聚会饮酒行礼时，处罚不敬的人，鞭挞他们的背。从手，達声。

拨 líng

拨①，止马也。从手，夌声。里甑切。

【译文】拨，勒马使停止。从手，夌声。

【注释】①拨：《段注》："拨马犹勒马也。"

抨 pēng

抨，（撣）[弹]也。从手，平声。普耕切。

【译文】抨，开弓射丸。从手，平声。

捲 quán

捲，气势也。从手，卷声。《国语》曰："有

卷勇。"一曰：卷，收也。巨员切。

【译文】捲，气壮有声势。从手，卷声。《国语》说："有气势而又勇敢（的人）。"另一义说，卷是收卷的意思。

扱 xī

扱，收也。从手，及声。楚洽切。

【译文】扱，收敛。从手，及声。

摷 jiǎo

摷，拘击也。从手，巢声。子小切。

【译文】摷，拘留打击。从手，巢声。

挨 āi

挨，击背也。从手，矣声。于骇切。

【译文】挨，朝背部推击。从手，矣声。

撲 pū

撲，挨也。从手，菐声。蒲角切。

【译文】撲，用鞭扑打。从手，菐声。

扚 diǎo

扚，疾击也。从手，勺声。都了切。

【译文】扚，快速击打。从手，勺声。

扻 chì

扻，笞击也①。从手，失声。勑栗切。

【译文】扻，用竹板荆条击打。从手，失声。

【注释】①笞：《段注》："笞，所以击也。"

抵 zhǐ

抵①，侧击也。从手，氏声。诸氏切。

【译文】抵，侧着手击打。从手，氏声。

【注释】①抵：钱坫《斠诠》："此抵掌而谈字。《广韵》引作'侧手击也'。"张舜徽《约

注》:"今之剧谈者,常扬手侧击以作气势,即抵掌也。"

抰 yǎng

抰,以车鞅击也。从手,央声。于两切。

【译文】抰,用车上套马脖的皮子击打。从手,央声。

採 fǒu

採,衣上击也。从手,保声。方苟切。

【译文】採,在衣上拍击,(振去灰尘。)从手,保声。

捭 bǎi

捭,两手击也。从手,卑声。北买切。

【译文】捭,(左右)两手(横开从旁)击打。从手,卑声。

捶 chuí

捶,以杖击也。从手,垂声。之垒切。

【译文】捶,用棍棒击打。从手,垂声。

撠 yǐng

撠,中击也。从手,竟声。一敬切。

【译文】撠,击中。从手,竟声。

拂 fú

拂,过击也。从手,弗声。敷物切。

【译文】拂,飞掠而击。从手,弗声。

擊 jī

擊,攴也[1]。从手,毄声。古历切。

【译文】擊,打。从手,毄声。

【注释】①攴:《段注》:"攴下曰:'小击也。'攴训小击,击则兼大小言之。而但云攴也者,于攴下见析言之理,于击下见浑言之理,互相足也。"

扦 hàn

扦,伎也[1]。从手,干声。侯旰切。

【译文】扦,枝格捍蔽。从手,干声。

【注释】①伎:《段注》:"'伎'当作'枝'。枝持字,古书用枝。"《广韵·翰韵》:"扦,以手扦,又卫也。"王筠《句读》:"(枝)即枝格之谓也。"

抗 kàng

抗,扦也。从手,亢声。苦浪切。

【译文】抗,捍御。从手,亢声。

捕 bǔ

捕[1],取也。从手,甫声。薄故切。

【译文】捕,捉取。从手,甫声。

【注释】①捕:《广韵·暮韵》:"捕,捉也。"

挂 guà

挂[1],画也。从手,圭声。古卖切。

【译文】挂,画分。从手,圭声。

【注释】①挂:《段注》:"有分别画出之意。"张舜徽《约注》:"谓界画也。"

扡 tuō

扡[1],曳也。从手,它声。托何切。

【译文】扡,曳引。从手,它声。

【注释】①扡:《广雅·释诂一》:"扡,引也。"朱骏声《通训定声》:"今作拖。"

捈 tú

捈,卧引也[1]。从手,余声。同都切。

【译文】捈,横引。从手,余声。

【注释】①卧引:《段注》:"谓横而引之也。"

抴 yè

抴[1],捈也。从手,世声。余制切。

【译文】抴,拉引。从手,世声。

【注释】①抴:王筠《句读》:"谓牵引也。"《段注》:"抴与曳音义皆同。俗作拽。"

挐 ná

挐①，持也。从手，如声。女加切。

【译文】挐，拿持。从手，如声。

【注释】①挐：桂馥《义证》："挐，通作挐。拘捕有罪曰挐，今俗作拿。"按：今拿持、捉拿全用"拿"。

捷 jié

捷，猎也①；军获得也。从手，疌声。《春秋传》曰②："齐人来献戎捷。"疾叶切。

【译文】捷，像追逐禽兽一样而捕得，在军事行动中获得。从手，疌声。《春秋左传》说："齐国人来贡献攻打山戎的战利品。"

【注释】①猎：《段注》："谓如逐禽而得之也。"②《春秋传》：指《左传·庄公三十一年》。

捐 juān

捐①，弃也。从手，昌声。与专切。

【译文】捐，舍弃。从手，目声。

【注释】①捐：朱骏声《通训定声》："粪除蔵污谓之捐。"

撖 zōu

撖，夜戒守，有所击。从手，取声。《春秋传》曰："宾将撖。"子侯切。

【译文】撖，夜里警戒巡守，有所敲击。从手，取声。《春秋左传》说："客人将要巡夜。"

掤 bīng

掤①，所以覆矢也。从手，朋声。《诗》曰："抑释掤忌。"②笔陵切。

【译文】掤，用来遮覆箭筒的盖。从手，朋声。《诗经》说："打开箭筒盖啊。"

【注释】①掤：徐锴《系传》："箭桶盖也。"②《诗》：指《郑风·大叔于田》。抑：发语词。忌：语末助词。

扜 yū

扜①，指麾也。从手，亏声。亿俱切。

【译文】扜，指挥。从手，亏声。

【注释】①扜：《方言》卷十二："扜，扬也。"张舜徽《约注》："谓手持其物而飞扬之也。"

扣 kòu

扣，牵马也。从手，口声。丘后切。

【译文】扣，牵马。从手，口声。

掍 hùn

掍，同也。从手，昆声。古本切。

【译文】掍，混同。从手，昆声。

授 sōu

授，众意也。一曰：求也。从手，叜声。《诗》曰："束矢其授。"所鸠切。

【译文】授，表示众多的意味。另一义说，授是求索的意思。从手，叜声。《诗经》说："一捆箭何其多。"

换 huàn

换，易也。从手，奂声。胡玩切。

【译文】换，更易。从手，奂声。

掖 yè

掖，以手持人臂投地也①。从手，夜声。一曰：臂下也。羊益切。

【译文】掖，用手挟持人的臂膀。从手，夜声。另一义说，掖是臂下腋窝的意思。

【注释】①投地：段桂王朱均主删此二字。

乎部

乎 乎 guāi

乎，背吕也①。象胁肋也。凡乎之属皆从乎。古怀切。

【译文】乎，背脊。像胸胁肋骨的样子。大凡乎的部属都从乎。

【注释】① 背吕：《段注》："吕下曰：'脊骨也。'脊兼骨肉言之，吕则其骨。析言之如是，浑言之则统曰背吕。犹俗支背脊也。"

脊 脊 jǐ

脊，背吕也。从乎，从肉。资昔切。

【译文】脊，背脊。由乎、由肉会意。

女部

女 女 nǚ

女，妇人也。象形。王育说。凡女之属皆从女。尼吕切。

【译文】女，女人。象形。是王育的说法。大凡女的部属都从女。

姓 姓 xìng

姓，人所生也。古之神圣母，感天而生子，故称天子。从女，从生，生亦声。《春秋传》曰："天子因生以赐姓。"息正切。

【译文】姓，人出生的那个家族的姓氏。古代的神圣的母亲，由于上天的感动而生育子女，所以叫作"天子"。由女、由生会意，生也表声。《春秋左传》说："天子凭借出生的由来而赐给诸侯姓氏。"

姜 姜 jiāng

姜，神农居姜水①，以为姓。从女，羊声。居良切。

【译文】姜，神农氏居住在姜水边，用姜作

为姓氏。从女，羊声。

【注释】① 神农：王筠《句读》："炎帝即神农氏。炎帝，身号；神农，代号也。"姜水：即岐水。

姬 姬 jī

姬，黄帝居姬水，以为姓。从女，匝声。居之切。

【译文】姬，黄帝族居住在姬水边，用姬作为姓氏。从女，匝声。

嬴 嬴 yíng

嬴，少昊氏之姓。从女，嬴省声。以成切。

【译文】嬴，少昊族的姓。从女，嬴省声。

姚 姚 yáo

姚，虞舜居姚虚，因以为姓。从女，兆声。或为：姚，娆也。《史篇》以为：姚，易也。余招切。

【译文】姚，虞舜居住在姚山，于是用姚作姓。从女，兆声。另一义说，姚是美好的意思。《史篇》认为是，姚是轻易的意思。

媒 媒 méi

媒，谋也，谋合二姓。从女，某声。莫桮切。

【译文】媒，谋划，谋划使两个不同姓氏的男女结合。从女，某声。

妁 妁 shuò

妁，酌也，斟酌二姓也。从女，勺声。市勺切。

【译文】妁，斟酌，斟酌两个不同姓氏的男女（可否结合）。从女，勺声。

嫁 嫁 jià

嫁，女适人也。从女，家声。古讶切。

【译文】嫁，女子（从自家出来）到男人家里（为妻）。从女，家声。

娶 qǔ

娶，取妇也。从女，从取，取亦声。七句切。

【译文】娶，选取（女人作）妻子。由女、由取会意，取也表声。

婚 hūn

婚，妇家也。礼：娶妇以昏时，妇人阴也，故曰婚。从女，从昏，昏亦声。呼昆切。

【译文】婚，妻子的家。礼规定：娶妻子应在黄昏的时候，因为女人属阴，所以叫作婚。由女、由昏会意，昏也表声。

姻 yīn

姻，婿家也。女之所因，故曰姻。从女，从因，因亦声。于真切。

【译文】姻，女婿的家。是女人依就的对象，所以叫作姻。由女、由因会意，因也表声。

妻 qī

妻，妇，与夫齐者也。从女，从中，从又。又，持事，妻职也。七稽切。

【译文】妻，又叫妇人，与丈夫一致的人。由女、由中、由又会意。又，表示操持事务的意思，是妻子的职责。

妇 fù

妇，服也①。从女持帚，洒扫也。房九切。

【译文】妇，服侍（家事）的人。由"女"持握着扫"帚"，表示洒扫庭除的意思。

【注释】①服：《释名·释亲属》："妇，服也，服家事也。"《段注》："亦以叠韵为训。妇，主服事人者。"

妃 fēi

妃，匹也。从女，己声。芳非切。

【译文】妃，匹偶。从女，己声。

媲 pì

媲，妃也。从女，毘声。匹计切。

【译文】媲，配偶。从女，毘声。

妊 rèn

妊，孕也。从女，从壬，壬亦声。如甚切。

【译文】妊，怀孕。由女、由壬会意，壬也表声。

娠 shēn

娠，女妊身动也。从女，辰声。《春秋传》曰："后缗方娠。"一曰：宫婢女隶谓之娠。失人切。

【译文】娠，女人怀孕后身孕在动。从女，辰声。《春秋左传》说："后缗正怀了孕。"另一义说，宫中的奴婢、女差役叫作娠。

母 mǔ

母，牧也①。从女，象裹子形。一曰：象乳子也。莫后切。

【译文】母，像养牛一样哺育子女。从女，像怀抱子女的样子。另一说说，母像给子女喂奶的样子。

【注释】①牧：《段注》："以叠韵为训。牧者，养牛人也。以譬人之乳子。

姑 gū

姑，夫母也。从女，古声。古胡切。

【译文】姑，丈夫的母亲。从女，古声。

嫗 yù

嫗，母也。从女，區声。衣遇切。

【译文】嫗，母亲。从女，區声。

媪 ǎo

媪，女老偁也。从女，昷声。读若奥。乌皓切。

【译文】媪，妇女年老的尊称。从女，昷声。音读像"奥"字。

姁 xǔ

姁①，妪也②。从女，句声。况羽切。

【译文】姁，母亲。从女，句声。

【译文】①姁：徐灏《段注笺》："姁盖即妪之异文。"②妪：《段注》："然则妪亦母偁也。"

姐 jiě

姐，蜀谓母曰姐，淮南谓之社。从女，且声。兹也切。

【译文】姐，蜀地叫母亲作姐，淮南地方叫作社。从女，且声。

威 wēi

威，姑也①。从女，从戌。汉律曰："妇告威姑。"於非切。

【译文】威，丈夫的母亲。从女、由戌含意。汉朝的律令说："妇人告发丈夫的母亲。"

【注释】①姑：《段注》："（威姑义）引申为有威可畏。"

妣 bǐ

妣，殁母也。从女，比声。卑履切。

【译文】妣，死去的母亲。从女，比声。

姊 zǐ

姊，女兄也。从女，朿声。将几切。

【译文】姊，女人中（同父母）而又比自己大的。从女，朿声。

妹 mèi

妹，女弟也。从女，未声。莫佩切。

【译文】妹，女人中（同父母）而又比自己小的。从女，未声。

娣 dì

娣，女弟也。从女，从弟，弟亦声。徒礼切。

【译文】娣，（同嫁一夫的）女子年幼者。由女、由弟会意，弟也表声。

姪 zhí

姪，兄之女也。从女，至声。徒结切。

【译文】姪，（女人称呼）哥哥的子女。从女，至声。

姨 yí

姨，妻之女弟同出为姨。从女，夷声。以脂切。

【译文】姨，妻子的姊妹都已出嫁的叫姨。从女，夷声。

媾 gòu

媾，重婚也①。从女，冓声。《易》曰："匪寇，婚媾。"古候切。

【译文】媾，重叠互结为婚亲、姻亲。从女，冓声。《易经》说："不是来抢劫，而是来结成婚亲和姻亲。"

【注释】①重婚：《段注》："重叠交互为婚姻也。"张舜徽《约注》："谓二姓互为婚姻，即今俗所称连反亲也。"

妭 bá

妭，妇人美也。从女，发声。蒲拨切。

【译文】妭，女人美丽。从女，发声。

娿 ē

娿，女师也。从女，加声。杜林说，加教于女也。读若阿。乌何切。

【译文】娿，（用妇女的道德教育妇女的）女教师。从女，加声。杜林说，（娿是）对"女"人"加"以教育。音读像"阿"字。

姆 mǔ

姆，女师也。从女，每声。读若母。莫后切。

【译文】姆，（能以妇道教人的）女教师。从女，每声。音读像"母"字。

姼 chǐ

姼①，美女也。从女，多声。尺氏切②。

【译文】姼，美女。从女，多声。

【注释】①姼：姼姼美好。《前汉·西域传》："姼姼公主，乃女乌孙。"②尺氏切：今读依《广韵》是支切。

婢 bì

婢，女之卑者也。从女，从卑，卑亦声。便俾切。

【译文】婢，女人中地位低下的人。由女、由卑会意，卑也表声。

奴 nú

奴，奴婢，皆古之辠人也。《周礼》曰："其奴，男子入于辠隶，女子入于舂藳。"从女，从又。乃都切。

【译文】奴，奴和婢，都是古代的罪人。《周礼》说："那些（因犯有盗贼罪而没收其家属和财产而）成为奴隶的人，男人交给掌管为官府提供差役的官员，女人交给掌管供应米粮的官员和主管闲散人员饮食的官员。"由"女"、由"又"含意。

嬛 qián

嬛，甘氏《星经》曰："太白上公，妻曰女嬛。女嬛居南斗，食厉，天下祭之。曰明星。"从女，前声。昨先切。

【译文】嬛，姓甘的所著《星经》说："（大臣）太白，（他的号叫）上公，他的妻子叫女嬛。女嬛居住在南斗星宿，能吃掉恶鬼，普天下都祭祀她。（人们）叫太白作启明星。"从女，前声。

娲 wā

娲①，古之神圣女，化万物者也。从女，呙声。古蛙切。

【译文】娲，古代神圣的女人，化育万物的人。从女，呙声。

【注释】①娲：桂馥《义证》引《风俗通》说："天地初开，未有人。女娲抟黄土为人。"

娀 sōng

娀，帝高辛之妃，偰母号也。从女，戎声。《诗》曰："有娀方将。"息弓切。

【译文】娀，帝誉高辛氏的妃子，偰的母亲的名号。从女，戎声。《诗经》说："有娀氏的国家正当地域广大之际。"

娥 é

娥，帝尧之女①，舜妻娥皇字也。秦晋谓好曰娙娥。从女，我声。五何切。

【译文】娥，帝尧的女儿，舜的妻子娥皇的表字。秦地晋地一带叫美好作娙娥。从女，我声。

【注释】①帝尧：王筠《句读》引《帝王世纪》："舜年二十，始以孝闻。尧以二女娥皇、女英妻之。"

嫄 yuán

嫄，台国之女，周弃母字也。从女，原声。愚袁切。

【译文】嫄，邰国的女儿，周国祖先后稷之母的表字。从女，原声。

媚 mèi

媚，说也①。从女，眉声。美秘切。

【译文】媚，爱悦。从女，眉声。

【注释】① 说：《段注》："说，今悦字。《大雅》毛传曰：'媚，爱也。'"

媄 měi

媄，色好也①。从女，从美，美亦声。无鄙切。

【译文】媄，（女人）颜色美好。由女、由美会意，美也表声。

【注释】① 色好：桂馥《义证》："《颜氏字样》：'媄，颜色姝好也。'"

嬆 xù

嬆，媚也。从女，畜声。丑六切。

【译文】嬆，媚悦。从女，畜声。

姝 shū

姝，好也。从女，朱声。昌朱切。

【译文】姝，（女色）美好。从女，朱声。

好 hǎo

好①，美也。从女子。呼皓切。

【译文】好，（女色）美。由女、子会意。

【注释】① 好：《方言》卷二："凡美色或谓之好。"《段注》："本谓女子，引伸为凡美之偁。"

嫣 yān

嫣，长皃。从女，焉声。于建切。

【译文】嫣，（女人）修长的样子。从女，焉声。

委 wěi

委，委随也。从女，从禾。于诡切。

【译文】委，逶迤（委曲自得的样子）。由女、由禾会意。

嫺 xián

嫺，雅也。从女，閒声。户闲切。

【译文】嫺，娴雅。从女，閒声。

娱 yú

娱，乐也。从女，吴声。噳俱切。

【译文】娱，欢乐。从女，吴声。

娭 xī

娭，戏也。从女，矣声。一曰：卑贱名也。遏在切。

【译文】娭，嬉戏。从女，矣声。另一义说，娭是（妇人的）卑贱的名称。

媅 dān

媅，乐也。从女，甚声。丁含切。

【译文】媅，乐。从女，甚声。

娓 wěi

娓，顺也。从女，尾声。读若媚。无匪切。

【译文】娓，顺从。从女，尾声。音读像"媚"字。

如 rú

如，从随也①。从女，从口②。人诸切。

【译文】如，依从。由女、由口会意。

【注释】① 从随：《段注》："即随从也。"② 从女，从口：《段注》："随从必以口。从女者，女子，从人者也。"

娕 chuò

娕，谨也。从女，朿声。读若谨敕数数。测角切。

【译文】娕，谨慎。从女，朿声。音读像谨慎肃敬数数整齐的"数"字。

晏 yàn

晏，安也。从女日。《诗》曰："以晏父母。"乌谏切。

【译文】晏，安。由女、日会意。《诗经》说："用以安定父母的心。"

嬗 shàn

嬗，缓也。从女，亶声。一曰：传也。时战切。

【译文】嬗，宽缓。从女，亶声。另一义说，嬗是相传授的意思。

媻 pó

媻①，奢也。从女，般声。薄波切。

【译文】媻，张大。从女，般声。

【注释】①媻：邵瑛《群经正字》："此即俗婆娑之婆。今经典作婆。"

娑 shā

娑，舞也。从女，沙声。《诗》曰："市也媻娑。"素何切。

【译文】娑，（婆娑，）舞蹈。从女，沙声。《诗经》说："到街市上啊，婆婆起舞。"

婑 yòu

婑，耦也。从女，有声。读若佑。于救切。

【译文】婑，相助。从女，有声。音读像"佑"字。

姁 jūn

姁，钧适也。男女并。从女，旬声。居匀切。

【译文】姁，均等，男女地位并齐。从女，旬声。

嬰 yīng

嬰，颈饰也。从女賏。賏，（其）[贝] 连

也①。于盈切。

【译文】嬰，（妇人）颈脖上的装饰品。由女、賏会意。賏，表示用贝相连。

【注释】①其连：桂馥《义证》："赵宦光曰：'其连当是贝连。'古人连贝为嬰。"嬰，类似今天的项链。

娉 pìn

娉，问也。从女，甹声。匹正切。

【译文】娉，（媒人）问（女方名字）。从女，甹声。

妓 jì

妓，妇人小物也。从女，支声。读若跂行。渠绮切。

【译文】妓，妇人用的琐屑之物。从女，支声。音读像跂行的"跂"字。

媛 yuàn

媛，美女也。人所援也。从女，从爰。爰，引也。《诗》曰："邦之媛兮。"玉眷切。

【译文】媛，美女。是人们攀援的对象。由女、由爰会意。爰，表示牵弓的意思。《诗经》说："是国家的美女啊。"

妆 zhuāng

妆，饰也。从女，牀省声。侧羊切。

【译文】妆，修饰。从女，牀省声。

媢 mào

媢，夫妒妇也。从女，冒声。一曰：相视也。莫报切。

【译文】媢，丈夫忌妒妻妾。从女，冒声。另一义说，媢是微睁眼睛看的意思。

妎 hài

妎，妒也。从女，介声。胡盖切。

【译文】妎，忌妒。从女，介声。

妒 dù

妒，妇妒夫也。从女，户声。当故切。

【译文】妒，妇人忌妒丈夫。从女，户声。

嬖 bì

嬖，便嬖、爱也①。从女，辟声。博计切。

【译文】嬖，地位低下而获得宠幸的人，宠爱别人。从女，辟声。

【注释】①便嬖、爱也：一句数读。徐锴《系传》作"便辟也，爱也。"王筠《系传校录》："'便辟'为一义，指见嬖之人言也；'爱也'为一义，指嬖之之人言也。"《玉篇·女部》："嬖，《春秋传》曰：贱而获幸曰嬖。"

佞 nìng

佞，巧讇高材也。从女，信省。乃定切。

【译文】佞，巧慧谄谀而又有高强的口才。由女、由信字的省略而会意。

嫈 yīng

嫈，小心态也。从女，熒省声。乌茎切。

【译文】嫈，小心的样子。从女，熒省声。

嫪 lào

嫪，婟也。从女，翏声。郎到切。

【译文】嫪，恋惜。从女，翏声。

姿 zī

姿①，态也。从女，次声。即夷切。

【译文】姿，姿态。从女，次声。

【注释】①姿：张舜徽《约注》："谓身材也。"

嫌 xián

嫌，不平于心也。一曰：疑也。从女，兼声。户兼切。

【译文】嫌，（怨恨）在心里不平静。另一义说，嫌是疑惑的意思。从女，兼声。

妨 fáng

妨，害也。从女，方声。敷方切。

【译文】妨，损害。从女，方声。

妄 wàng

妄，乱也。从女，亡声。巫放切。

【译文】妄，荒乱。从女，亡声。

娃 wā

娃，圜深目皃。或曰：吴楚之间谓好曰娃①。从女，圭声。于佳切。

【译文】娃，眼睛圆而又深的样子。另一义说，吴地、楚地之间叫美好作娃。从女，圭声。

【注释】①吴楚句：《方言》卷二："娃，美也。吴、楚、衡、淮之间曰娃。"

妜 yuè

妜，鼻目间皃。读若烟火炔炔。从女，决省声。于说切。

【译文】妜，鼻目之间（轻薄而不庄重）的样子。音读像烟火炔（guì）炔而出的"炔"字。从女，决省声。

嫖 piào

嫖，轻也。从女，票声。匹招切。

【译文】嫖，轻捷。从女，票声。

娷 qiē

娷，诿疾也。从女，坐声。昨禾切。

【译文】娷，吵扰轻薄。从女，坐声。

姎 yāng

姎，女人自偁，我也。从女，央声。乌浪切。

【译文】姎，女人的自偁，（姎）就是我的意思。从女，央声。

媁 wéi

媁，不说皃。从女，韋声。羽非切。

【译文】媁，不高兴的样子。从女，韋声。

嬹 xián

嬹，有守也。从女，弦声。胡田切。

【译文】嬹，（寡妇）有守节之志。从女，弦声。

媥 piān

媥，轻皃。从女，扁声。芳连切。

【译文】媥，（身体）轻便的样子。从女，扁声。

嫚 màn

嫚，侮易也。从女，曼声。谋患切。

【译文】嫚，侮慢。从女，曼声。

婪 lán

婪，贪也。从女，林声。杜林说：卜者党相诈验为婪。读若潭。卢含切。

【译文】婪，贪婪。从女，林声。杜林说，占卦的人用骗人的征兆使人知晓，叫作婪。音读像"潭"字。

姍 shān

姍①，诽也。一曰：翼便也。从女，删省声。所晏切。

【译文】姍，诽谤。另一义说，姍是翼便。从女，删省声。

【注释】① 姍：徐锴《系传》："《汉书》多用为讪字。"

奸 jiān

奸，犯淫也。从女，从干，干亦声。古寒切。

【译文】奸，犯奸淫（的罪恶）。由女、由干会意，干也表声。

娷 zhuì

娷，诿也。从女，垂声。作恚切。

【译文】娷，推诿。从女，垂声。

媿 kuì

媿，惭也。从女，鬼声。俱位切。

【译文】媿，惭愧。从女，鬼声。

奻 nuán

奻，讼也。从二女。女还切。

【译文】奻，争吵。由两个女字会意。

姦 jiān

姦，私也。从三女。从心，旱声。古颜切。

【译文】姦，私通。由三个女字会意。从心，旱声。

毋部

毋 wú

毋，止之也。从女，有奸之者。凡毋之属皆从毋。武扶切。

【译文】毋，使之停止。从文，（一）表示有与女人奸淫的人。大凡毋的部属都从毋。

毐 ǎi

毐，人无行也。从士，从毋。贾侍中说：秦始皇母与嫪毐淫，坐诛，故世骂淫曰嫪毐。读若娭。遏在切。

【译文】毐，人没有好的品行。由士、由毋

会意。贾侍中说，秦始皇的母亲同嫪毐淫乱，因而被诛杀，所以世人骂淫乱叫嫪毐。音读像"嫊"字。

民部

民 mín

民，众萌也。从古文之象。凡民之属皆从民。弥邻切。

【译文】民，众人懵懵无知的样子。由下面古文的形体稍稍整齐而成。大凡民的部属都从民。

氓 méng

氓，民也。从民，亡声。读若盲。武庚切。

【译文】氓，百姓。从民，亡声。音读像"盲"字。

丿部

丿 piě

丿，右戾也。象左引之形。凡丿之属皆从丿。房密切。

【译文】丿，从右着笔，向左弯曲。像向左拉长的样子。大凡丿的部属都从丿。

乂 yì

乂，芟艸也。从丿、从乀相交。鱼废切。

【译文】乂，割草。由丿、由乀互相交叉。

弗 fú

弗，挢也[1]。从丿[2]、从乀、从韦省。分勿切。

【译文】弗，矫正。由丿、由乀、由韦字的省略会意。

【注释】[1]挢：《段注》作"矫"，注："矫者，揉箭箝也。引申为矫拂之

用。"[2]从丿乀：《段注》："韦者，相背也。故取以会意。谓或左或右，皆背而矫之也。"

厂部

厂 yì

厂，抴也；明也。象抴引之形。凡厂之属皆从厂。虒字从此。余制切。

【译文】厂，横看牵引。明。像横着牵引的样子。大凡厂的部属都从厂。虒字用厂（为声）。

弋 yì

弋，橜也。象折木衺锐着形。从厂，象物挂之也。与职切。

【译文】弋，木桩。像折断树木中歪斜而尖锐的枝干并把它附着在物体上的样子。从厂，像有物体挂在木桩上。

乁部

乁 yí

乁，流也。从反厂。读若移。凡乁之属皆从乁。弋支切。

【译文】乁，移动。由厂字反过来表示。音读像"移"字。大凡乁的部属都从乁。

也 yě

也，女阴也。象形。羊者切。

【译文】也，女人的阴部。象形。

氏部

氏 shì

巴蜀山名岸胁之旁箸欲落墬者曰氏[1]，氏崩，闻数百里。象形，乁声。凡氏之属皆从氏。杨雄赋：响若氏隤。承旨切。

【译文】巴地、蜀地叫山崖侧边的附着而将要堕落的山岩作氏。氏崩塌，方圆几百里都能听

到。(ᱮ）象形，乀表声。大凡氏的部属都从氏。杨雄赋说："声响像氏的坠落。"

【注释】①山名：当依《段注》作"名山"，注："此谓巴蜀方语也。"

氐 jué

氐，木本。从氏。大于末。读若厥。居月切。

【译文】氐，树木的根本。由氏、下会意。根本大于树木的末梢。音读像"厥"字。

氏部

氏 dǐ

氏，至也。从氏下箸一。一，地也。凡氏之属皆从氏。丁礼切。

【译文】氏，抵达。由"氏"下附着"一"会意，一表示地。大凡氏的部属都从氏。

氤 yìn

氤，卧也。从氏，亜声。于进切。

【译文】氤，卧。从氏，亜声。

胅 dié

胅，触也。从氏，失声。徒结切。

【译文】胅，触。从氏，失声。

戈部

戈 gē

戈，平头戟也。从弋，一横之。象形。凡戈之属皆从戈。古禾切。

【译文】戈，没有向上尖刃的戟类兵器。由弋字、由一横贯在弋上会意。像戈的形状。大凡戈的部属都从戈。

肇 zhào

肇，上讳。直小切。

【译文】肇，已故孝和皇帝之名。

戛 jiá

戛，戟也。从戈，从百。读若棘。古黠切。

【译文】戛，戟。由戈、由百会意。音读像"棘"字。

戎 róng

戎，兵也。从戈，从甲①。如融切。

【译文】戎，兵器。由戈、由甲会意。

【注释】①从戈，从甲：《段注》："金部曰：'铠者，甲也。'甲亦兵之类。故从戈、甲会意。"

戟 gān

戟，盾也。从戈，旱声。侯旰切。

【译文】戟，盾牌。从戈，旱声。

贼 zéi

贼，败也。从戈，则声。昨则切。

【译文】贼，伤害。从戈，则声。

戍 shù

戍①，守边也。从人持戈。伤遇切。

【译文】戍，防守边疆。由"人"持握着"戈"会意。

【注释】①戍：朱骏声《通训定声》："与从戊从一之戌迥别。"

戰 zhàn

戰，鬥也。从戈，單声。之扇切。

【译文】戦，战鬭。从戈，單声。

戲 戲 xì

戲，三军之偏也。一曰：兵也。从戈，虘声。香义切。

【译文】戲，三军的偏师。另一义说，是兵器。从戈，虘声。

戜 戜 dié

戜，利也。一曰：剔也。从戈，呈声。徒结切。

【译文】戜，锋利。另一义说，是鬚发。从戈，呈声。

或 或 yù

或，邦也。从口，从戈，以守一。一，地也。于逼切。

【译文】或，邦国。由口、由用"戈"来把守"一"会意。一，表示地域。

戕 戕 qiāng

戕，枪也①。他国臣来弑君曰戕。从戈，爿声。士良切。

【译文】戕，残害。别国的臣子来杀害（本国的）国君叫作戕。从戈，爿声。

【注释】①枪：《段注》："枪者，距也。距谓相抵为害。《小雅》曰：'子不戕。'传曰：'戕，残也。'"此戕之正义。"

戮 戮 lù

戮，杀也。从戈，翏声。力六切。

【译文】戮，杀。从戈，翏声。

武 武 wǔ

武，楚庄王曰："夫武，定功戢兵。故止戈为武。"文甫切。

【译文】武，楚庄王说："武力，确定战功，止息战争。所以'止''戈'二字会合成'武，字。"

戔 戔 cán

戔，贼也。从二戈。《周书》曰："戋戋巧言。"昨千切。

【译文】戔，残害。由两个"戈"字会意。《周书》说："戋戋浅薄而又乖巧的话。

戉部

戉 戉 yuè

戉，斧也。从戈，丨声。《司马法》曰："夏执玄戉，殷执白戚，周左杖黄戉，右秉白髦。"凡戉之属皆从戉。王伐切。

【译文】戉，斧头。从戈，丨声。《司马法》说："夏朝拿着黑红色的斧头，殷朝拿着白色的斧头，周朝左手拿着黄色的斧头，右手握着白色的牦牛尾。"大凡戉的部属都从戉。

戚 戚 qī

戚，戉也。从戉，尗声。仓历切。

【译文】戚，钺一类的斧头。从戉，尗声。

我部

我 我 wǒ

我，施身自谓也。或说：我，顷顿也。从戈，从手。手，或说古垂字。一曰：古杀字。凡我之属皆从我。五可切。

【译文】我，用在自己身上，自己称自己。另一义说，我，倾斜。由戈、由手会意。手，有人说是古垂字。又另一义说，我是古杀字。大凡我的部属都从我。

義 義 yí

義，己之威仪也。从我羊。。

【译文】義，自己的庄严的仪容举止。由"我""羊"会意。

亅部

亅 jué

亅，钩逆者谓之亅。象形。凡亅之属皆从亅。读若橜。衢月切。

【译文】亅，倒须钩叫作亅。像（曲钩从下面倒着向上的）形状。凡亅的部属都从亅。音读像"橜"字。

⏋ jué

⏋，钩识也。从反亅。读若捕鸟罬。居月切。

【译文】⏋，用钩状符号来标志。由亅字反过来表示。音读像捕鸟的纲罬的"罬"字。

珡部

琴 qín

琴，禁也。神农所作。洞越。练朱五弦，周加二弦。象形。凡珡之属皆从珡。巨今切。

【译文】琴，用来禁止淫邪、端正人心。是神农制作的乐器。（底板）有通达的出音孔。朱红色的熟绢丝做成五根弦，周朝又增加两根弦。象形。大凡珡的部属都从珡。

瑟 sè

瑟，庖牺所作弦乐也。从珡，必声。所栉切。

【译文】瑟，庖牺氏制作的有弦的乐器。从珡，必声。

ㄴ部

ㄴ yǐn

ㄴ，匿也。像迟曲隐蔽形。凡ㄴ之属皆从ㄴ。读若隐。于谨切。

【译文】ㄴ，隐藏。像曲折逃亡隐蔽的踪迹。大凡ㄴ的部属都从ㄴ。音读像"隐"字。

直 zhí

直，正见也。从ㄴ①，从十，从目。除力切。

【译文】直，正视。由ㄴ、由十、由目会意。

【注释】①从ㄴ句：《段注》："谓以十目视ㄴ。ㄴ者，无所逃也。"王筠《句读》："十目所视，无微不见，爱得我直矣。"

亡部

亡 wáng

亡，逃也。从入，从ㄴ。凡亡之属皆从亡。武方切。

【译文】亡，逃跑。由入、由ㄴ会意。大凡亡的部属都从亡。

無 wú

無，亡也。从亡，无声。武扶切。

【译文】無，没有。从亡，无声。

乍 zhà

乍，止也。一曰：亡也。从亡，从一。鉏驾切。

【译文】乍，制止。另一义说，是逃亡。由亡、由一会意。

望 wàng

望，出亡在外，望其还也①。从亡，朢省声。巫放切。

【译文】望，出门流亡在外，家里盼望他回来。从亡，朢省声。

【注释】①还：复。

匃 gài

匃，气也。逯安说，亡人为匃。古代切。

【译文】匄，乞求。逯安说，"亡""人"组合成"匄"字。

匸部

匸　xì

匸，衺徯，有所俠藏也。从乚，上有一覆之。凡匸之属皆从匸。读与傒同。胡礼切（xì）。

【译文】匸，斜向站着，（因为）胁下有挟藏的东西。由"乚"上面有"一"覆盖掩蔽表示。大凡匸的部属都从匸。音读与"傒"字同。

區　qū

區，踦区，藏匿也。从品在匸中；品，众也。岂俱切。

【译文】區，踦區，收藏隐匿。由"品"在"匸（xì）"之中会意；品表示众多对象的意思。

匿　nì

匿，亡也。从匸，若声。女力切。

【译文】匿，逃亡。从匸，若声。

匽　yǎn

匽，匿也。从匸，晏声。于寒切。

【译文】匽，隐匿。从匸，晏声。

医　yì

医，盛弓弩矢器也。从匸，从矢。《国语》曰："兵不解医。"于计切。

【译文】医，装弓、弩、箭的器具。由匸、由矢会意。《国语》说："武器（让它收藏着），不用解开装弓、弩、矢的医器。"

匹　pǐ

匹，四丈也。从八匸。八揲一匹，八亦声。普吉切。

【译文】匹，（布帛）四丈。由"八"、"匸"会意。八摺成一匹，八也表声。

匚部

匚　fāng

匚，受物之器。象形。凡匚之属皆从匚。读若方。府良切。

【译文】匚，（方形）盛物的器具。象形。大凡匚的部属都从匚。音读像"方"字。

匠　jiàng

匠，木工也。从匚，从斤。斤，所以作器也。疾亮切。

【译文】匠，木工。由匚、由斤会意。斤，是用来制作器物的工具。

匧　qiè

匧，[械]藏也。从匚，夾声。苦叶切。

【译文】匧，狭长的箱子，收藏。从匚，夾声。

匡　kuāng

匡，（饮）[饭]器，筥也。从匚，㞷声。去王切。

【译文】匡，盛饭的器具，像喂牛的筐一类的东西。从匚，㞷声。

匜　yí

匜，似羹魁，柄中有道，可以注水。从匚，也声。移尔切。

【译文】匜，像汤勺，柄中有道漕，可用来灌注水。从匚，也声。

匴　suàn

匴，渌米籔也。从匚，算声。稣管切。

【译文】匴，淘米的溲箕。从匚，算声。

匪 fěi

匪，器。似竹筐。从匸，非声。《逸周书》曰："实玄黄于匪。"非尾切。

【译文】匪，器名。像竹筐。从匸，非声。《逸周书》说："把黑色的、黄色的（束帛）装满在竹匪里。"

匮 guì

匮，匣也。从匸，贵声。求位切。

【译文】匮，柜子。从匸，贵声。

匵 dú

匵，匮也。从匸，賣声。徒谷切。

【译文】匵，椟匣。从匸，賣声。

匣 xiá

匣，匵也。从匸，甲声。胡甲切。

【译文】匣，箱匣。从匸，甲声。

匯 huì

匯，器也。从匸，淮声。胡罪切。

【译文】匯，器名。从匸，淮声。

柩 jiù

柩，棺也。从匸，从木，久声。巨救切。

【译文】柩，（装着尸体的）棺材。由匸、由木会意，久声。

曲部

曲 qū

曲，象器曲受物之形。或说，曲，蚕薄也。凡曲之属皆从曲。丘玉切。

【译文】曲，像器物中间圆曲能够盛受物体的样子。又一义说，曲是（像筛子一样的）蚕薄。大凡曲的属都从曲。

部属都从曲。

豈 qū

豈，骫曲也。从曲，玉声。丘玉切。

【译文】豈，委曲。从曲，玉声。

甗 tāo

甗，古器也。从曲，舀声。土刀切。

【译文】甗，古器。从曲，舀声。

甾部

甾 zī

甾，东楚名缶曰甾。象形。凡甾之属皆从甾。侧词切。

【译文】甾，东楚地方叫盛酒浆的陶器缶作甾。象形。大凡甾的部属都从甾。

䶈 chā

䶈，臿也，古田器也。从甾，臿声。楚洽切。

【译文】䶈，锹，古代种田的器具。从甾，臿声。

瓦部

瓦 wǎ

瓦，土器已烧之总名。象形。凡瓦之属皆从瓦。五寡切。

【译文】瓦，用泥土做成的、已通过烧制的器皿的总称。象形。大凡瓦的部属都从瓦。

瓬 fǎng

瓬，周（家）[礼]搏埴之工也。从瓦，方声。读若抚破之抚。分两切。

【译文】瓬，《周礼》上说的拍打着黏土（制作簋、豆类瓦器的）匠工。从瓦，方声。音读像

"抵破"的"抵"字。

甄 zhēn

甄，匋也。从瓦，垔声。居延切。

【译文】甄，制作陶器。从瓦，垔声。

甍 méng

甍，屋栋也。从瓦，夢省声。莫耕切。

【译文】甍，屋脊梁。从瓦，夢省声。

甑 zèng

甑，甗也。从瓦，曾声。子孕切。

【译文】甑，像甗一类的蒸饭食的器皿。从瓦，曾声。

瓮 wèng

瓮，罂也。从瓦，公声。乌贡切。

【译文】瓮，罂类陶器。从瓦，公声。

弓部

弓 gōng

弓，以近穷远。象形。古者挥作弓。《周礼》六弓：王弓、弧弓以射甲革甚质；夹弓、庾弓以射干侯鸟兽；唐弓、大弓以授学射者。凡弓之属皆从弓。居戎切。

【译文】弓，从近射及远方（的武器）。象形。古时候，名叫挥的人制作了弓。《周礼》上说的六弓是：王弓、弧弓用来射击铠甲或砍削用的垫板做成的靶子，夹弓、庾弓用来射击胡地野狗皮或其他鸟兽皮作的靶子，唐弓、大弓用来授与学习射箭的人。大凡弓的部属都从弓。

弭 mǐ

弭，弓无缘。可以解辔纷者。从弓，耳声。绵婢切。

【译文】弭，弓的末端不缠丝绫而用骨角镶嵌。是可用来解开马缰绳纷乱的结巴的东西。从弓，耳声。

弧 hú

弧，木弓也。从弓，瓜声。一曰：往体寡，来体多曰弧。户吴切。

【译文】弧，木弓。从弓，瓜声。另一义说，（木性坚直，）往屈之形较少，（用弦强攀，）希望来弯之度较多，叫作弧。

張 zhāng

張，施弓弦也。从弓，長声。陟良切。

【译文】張，把弦绷在弓上。从弓，長声。

引 yǐn

引，开弓也。从弓丨。余忍切。

【译文】引，拉开弓。由弓和丨会意。

弘 hóng

弘，弓声也。从弓，厶声。厶，古文肱字。胡肱切。

【译文】弘，弓声。从弓，厶声。厶，古文"肱(gōng)"字。

弛 chí

弛，弓解也。从弓，从也。施氏切。

【译文】弛，弓弦松懈。由弓、由也会意。

弩 nǔ

弩，弓有臂者。《周礼》四弩：夹弩、庾弩、唐弩、大弩。从弓，奴声。奴古切。

【译文】弩，弓上有像人的手臂一样的柄。《周礼》四弩：是夹弩、庾弩、唐弩、大弩。从弓，奴声。

弢 tāo

弢，弓衣也。从弓，从攵。攵，垂饰，与鼓同意。土刀切。

【译文】弢，盛弓的袋子。由弓、由攵会意。攵，下垂的装饰品。与"鼓"字从"中"同一造字法则。

彀 gòu

彀，张弩也。从弓，㱿声。古候切。

【译文】彀，张满弓弩。从弓，㱿声。

彈 tán

彈，行丸也。从弓，單声。徒案切。

【译文】彈，（弹弓）使丸疾行。从弓，單声。

發 fā

發，躲发也。从弓，癹声。方伐切。

【译文】發，发射。从弓，癹声。

弜部

弜 jiàng

弜，强也。从二弓。凡弜之属皆从弜。其两切。

【译文】弜，强。由两个"弓"字会意。大凡弜的部属都从弜。

弼 bì

弼，辅也，重也。从弜，丙声。房密切。

【译文】弼，辅正，重复。从弜，丙声。

弦部

弦 xián

弦，弓弦也。从弓，象丝轸之形。凡弦之属皆从弦。胡田切。

【译文】弦，弓弦。从弓，（玄）像丝束绑缚在系弦的地方的样子。大凡弦的部属都从弦。

紗 yāo

紗，急戾也。从弦省，少声。于霄切。

【译文】紗，（弦）紧而乖戾。由弦省弓作形旁，少声。

竭 yì

竭，不成，遂急戾也。从弦省，曷声。读若瘞葬。于罽切。

【译文】竭，办事不成，于是就急躁而乖戾。由弦省去弓作形旁，曷声。音读像"瘞葬"的"瘞"字。

系部

系 xì

系①，系也。从糸，丿声。凡系之属皆从系。胡计切。

【译文】系，相联系。从糸，丿声。大凡系的部属都从系。

【注释】①系：朱骏声《通训定声》："垂统于上而连属于下，谓之系，犹联缀也。经传多以系为之。"

孫 sūn

孫，子之子曰孙。从子，从系。系，续也。思魂切。

【译文】孫，儿子的儿子叫孙子。由子、由系会意。系，是连续的意思。

緜 mián

緜，联微也。从系，从帛①。武延切。

【译文】緜，将微小的丝连续起来，（绵绵不绝。）由系、由帛会意。

【注释】①从系，从帛：《段注》："谓帛之所系也。系取细丝。系取细丝，而积细丝可以成帛。"

糸部

糸 mì

糸，细丝也。象束丝之形。凡糸之属皆从糸。读若覛。莫狄切。

【译文】糸，捆丝。像一束丝的样子。大凡糸的部属都从糸。音读像"覛（mì）"字。

緒 xù

緒，丝端也。从糸，者声。徐吕切。

【译文】緒，丝头。从糸，者声。

緬 miǎn

緬，微丝也。从糸，面声。弭沇切。

【译文】緬，细丝。从糸，面声。

純 chún

純，丝也。从糸，屯声。《论语》曰："今也纯，俭。"常伦切。

【译文】純，蚕丝。从糸，屯声。《论语》说："如今呀用丝料（做礼帽），是省俭的。"

綃 xiāo

綃，生丝也。从糸，肖声。相么切。

【译文】綃，生丝。从糸，肖声。

經 jīng

經，织也。从糸，巠声。九丁切。

【译文】經，编织品的纵线。从糸，巠声。

織 zhī

織，作布帛之总名也。从糸，戠声。之弋切。

【译文】織，制作麻织品和丝织品的总的名称。从糸，戠声。

緯 wěi

緯，织横丝也。从糸，韋声。云贵切。

【译文】緯，编织品的横线。从糸，韋声。

紀 jì

紀，丝别也。从糸，己声。居拟切。

【译文】紀，丝的另一头绪。从糸，己声。

絕 jué

絕，断丝也[1]。从糸，从刀，从卩。情雪切。

【译文】絕，（用刀）断丝（为二）。由糸、由刀、由卩会意。

【注释】① 断丝：《段注》："断之则为二，是曰绝。"

繼 jì

繼，续也。从糸𢇍。一曰：反𢇍为继。古诣切。

【译文】繼，继续。由糸、𢇍会意。另一义说，把断绝字"𢇍"反过来，就是继。

續 xù

續，连也。从糸，賣声。似足切。

【译文】續，连接。从糸，賣（yù）声。

纘 zuǎn

纘，继也。从糸，贊声。作管切。

【译文】纘，继承。从糸，贊声。

纖 xiān

纖，细也。从糸，韱声。息廉切。

【译文】纖，细小。从糸，韱声。

細 xì

細，微也。从糸，囟声。稣计切。

【译文】细，丝微小。从糸，囟声。

缩 suō

缩，乱也。从糸，宿声。一曰：蹴也。所六切。

【译文】缩，杂乱。从糸，宿声。另一义说，是踩踏。

紊 wèn

紊，乱也。从糸，文声。《商书》曰："有条而不紊。"亡运切。

【译文】紊，丝乱。从糸，文声。《商书》说："有条理却不紊乱。"

级 jí

级，丝次弟也。从糸，及声。居立切。

【译文】级，丝的等第。从糸，及声。

约 yuē

约，缠束也。从糸，勺声。于略切。

【译文】约，缠绕捆缚。从糸，勺声。

缭 liǎo

缭，缠也。从糸，寮声。卢鸟切。

【译文】缭，缠绕。从糸，寮声。

缠 chán

缠，绕也。从糸，廛声。直连切。

【译文】缠，缭绕。从糸，廛声。

绕 rǎo

绕，缠也。从糸，尧声。而沼切。

【译文】绕，缠绕。从糸，尧声。

结 jié

结，缔也。从糸，吉声。古屑切。

【译文】结，丝结巴。从糸，吉声。

絿 qiú

絿，急也。从糸，求声。《诗》曰："不竞不絿。"巨鸠切。

【译文】絿，纠缠得急。从糸，求声。《诗》说："不竞争，不急躁。"

给 jǐ

给，相足也。从糸，合声。居立切。

【译文】给，（引丝）相继续。从糸，合声。

纨 wán

纨，素也。从糸，丸声。胡官切。

【译文】纨，白色细绢。从糸，丸声。

终 zhōng

终，絿丝也①。从糸，冬声。职戎切。

【译文】终，缠紧丝。从糸，冬声。

【注释】①絿丝：章炳麟《文始》："絿训急，则终为缠丝急也。"

绫 líng

绫，东齐谓布帛之细曰绫。从糸，夌声。力膺切。

【译文】绫，东齐地方叫细薄的布帛作绫。从糸，夌声。

缦 màn

缦，缯无文也。从糸，曼声。《汉律》曰："赐衣者缦表白里。"莫半切。

【译文】缦，丝织品没有花纹。从糸。曼声。《汉律》说："赐给的衣服，是没有花纹的面子、白色的里子。"

绣 xiù

绣，五采备也。从糸，肅声。息救切。

【译文】绣，设色五彩俱备。从糸，肃声。

絢 xuàn

絢，《诗》云："素以为绚兮。"从糸，旬声。许掾切。

【译文】绚，《诗》说："在洁白的底子上画着文彩啊。"从糸，旬声。

繪 huì

繪，会五采绣也。《虞书》曰："山龙华虫作绘。"《论语》曰："绘事后素。"从糸，會声。黄外切。

【译文】繪，会合五彩的刺绣。《虞书》说："用山、龙、五色的虫类描画。"《论语》说："绘画的事在白色底子之后。"从糸，會声。

絹 juàn

絹，缯如麦稍。从糸，肙声。吉掾切。

【译文】絹，丝织品像麦茎的青色。从糸，肙声。

绿 lù

绿，帛青黄色也。从糸，录声。力玉切。

【译文】绿，缕织品呈青黄色。从糸，录声。

綪 qiàn

綪，赤缯也。以茜染，故谓之綪。从糸，青声。仓绚切。

【译文】綪，赤色丝织品。用茜草染成，所以叫它綪。从糸，宵声。

緹 tǐ

緹，帛丹黄色①。从糸，是声。他礼切。

【译文】緹，丝织品呈橘红色。从糸，是声。

【注释】① 丹黄：《段注》："谓丹而黄也。"

紺 gàn

紺，帛深青扬赤色。从糸，甘声。古暗切。

【译文】紺，丝织品呈深青色而又发射着赤光。从糸，甘声。

縓 quàn

縓，帛赤黄色。一染谓之縓，再染谓之䞓，三染谓之纁。从糸，原声。七绢切。

【译文】縓，丝织品赤黄色。染一次，叫作縓；染两次，叫作䞓；染三次，叫作纁。从糸，原声。

紫 zī

紫①，帛青赤色②。从糸，此声。将此切。

【译文】紫，丝织品呈青赤色。从糸，此声。

【注释】① 紫：红、黑合成的颜色。② 青赤：《段注》："以赤入于黑。"张舜徽《约注》："青即黑色。今语称布帛之色黑着，但曰青布青绸，不言黑也。"

紅 hóng

紅，帛赤白色①。从糸，工声。户公切。

【译文】紅，丝织品呈浅赤色。从糸，工声。

【注释】① 赤白：《段注》引《春秋释例》："以白入于赤。"徐灏《段注笺》："赤中有白，盖若今人所谓桃红；白中由赤，乃粉红耳。今人称纯朱曰红。"

紘 hóng

紘①，冠卷也。从糸，厷声。户萌切。

【译文】紘，帽上的系带。从糸，厷声。

【注释】① 紘：《仪礼·士冠礼》："缁组纮纁边。"郑玄注："有笄者屈组为纮，垂为饰。"

紞 dǎn

紞，冕冠塞耳者。从糸，尤声。都感切。

【译文】紞，帽子两侧用以悬挂塞耳瑱的带子。从糸，冘声。

紻 yǎng

紻，缨卷也。从糸，央声。于两切。

【译文】紻，系帽子的带子变曲而环绕。从糸，央声。

緄 gǔn

緄[①]，织带也。从糸，昆声。古本切。

【译文】緄，编织的带子。从糸，昆声。

【注释】①緄：《诗经·秦风·小戎》："竹闭緄縢。"《后汉书·南匈奴传》："緄带。"

緌 ruí

緌，系冠缨也。从糸，委声。儒隹切。

【译文】緌，继续系帽带结子的下垂部分。从糸，委声。

繟 chǎn

繟，带缓也。从糸，單声。昌善切。

【译文】繟，丝带宽缓。从糸，單声。

紳 shēn

紳，大带也。从糸，申声。失人切。

【译文】紳，（束腰）大带（的下垂部分）。从糸，申声。

綬 shòu

綬，韨维也。从糸，受声。植酉切。

【译文】綬，拴系蔽膝的丝带。从糸，受声。

組 zǔ

組，绶属。其小者以为冕缨。从糸，且声。则古切。

【译文】組，绶带一类。那窄小的用来做帽带子。从糸，且声。

綸 lún

綸[①]，青丝绶也。从糸，侖声。古还切。

【译文】綸，青丝绶带。从糸，侖声。

【注释】①綸：徐灏《段注笺》："纶本丝绳之名。用青丝为纶以佩印，乃其一端耳。"

絙 huán

絙，缓也。从糸，亘声。胡官切。

【译文】絙，宽缓。从糸，亘声。

纂 zuǎn

纂，似组而赤。从糸，算声。作管切。

【译文】纂，像组一样的宽而薄的丝带，呈赤色。从糸，算声。

紐 niǔ

紐，系也。一曰：结而可解。从糸，丑声。女久切。

【译文】紐，绑束。另一义说，打结而可以解散。从糸，丑声。

綎 tīng

綎，系綬也。从糸，廷声。他丁切。

【译文】綎，用以拴系佩玉的绶带。从糸，廷声。

缘 yuàn

缘，衣纯也。从糸，彖声。以绢切。

【译文】缘，装饰衣边。从糸，彖声。

縷 lǚ

縷，线也。从糸，婁声。力主切。

【译文】縷，线。从糸，婁声。

綫 綫 xiàn

綫，缕也。从糸，戋声。私箭切。

【译文】綫，丝麻制成的细长物。从糸，戋声。

縫 缝 féng

缝，以针紩衣也。从糸，逢声。符容切。

【译文】缝，用针把布帛连缀成衣。从糸，逢声。

緊 緊 yī

緊，鞿衣也。从糸，殴声。一曰：赤黑色缯。乌鸡切。

【译文】緊，装鞿的布帛套子。从糸，殴声。另一义说，赤黑色的丝织品。

縋 縋 zhuì

縋，以绳有所县也。《春秋传》曰："夜縋纳师。"从糸，追声。持伪切。

【译文】縋，用绳悬挂着东西。《春秋左传》说："趁夜晚用绳悬着垂下城而使齐军进城。"从糸，追声。

絭 絭 quàn

絭，攘臂绳也。从糸，券声。居愿切。

【译文】絭，用以束臂袖的绳子。从糸，券声。

紛 纷 fēn

纷，马尾韬也①。从糸，分声。抚文切。

【译文】纷，包藏马尾的套子。从糸，分声。

【注释】①马尾韬：《段注》："韬，剑衣也。引伸为凡衣之偁。"张舜徽《约注》："马尾毛长而多，古人驰马，恐其尾散乱飘荡，过山谷时结系荆棘，

不利于行，故必为韬以包藏之。亦有编其尾成辫者，皆所以收聚之也。"

縻 縻 mí

縻，牛辔也。从糸，麻声。靡为切。

【译文】縻，牛缰绳。从糸，麻声。

紲 紲 xiè

紲，系也。从糸，世声。《春秋传》曰："臣负羁紲。"私列切。

【译文】紲，绳索。从糸，世声。《春秋左传》说："臣（像随行的马）背负着马笼头、马缰绳，（跟着您在天下巡行。）"

絮 絮 xù

絮，敝绵也。从糸，如声。息据切。

【译文】絮，破旧的丝绵。从糸，如声。

紙 纸 zhǐ

纸，絮一苫也。从糸，氏声。诸氏切。

【译文】纸，（漂洗后）附着在一方形竹帘上的丝绵渣。从糸，氏声。

績 绩 jī

绩，缉也。从糸，责声。则历切。

【译文】绩，把麻捻续成绳线。从糸，责声。

絟 絟 quán

絟，细布也。从糸，全声。此缘切。

【译文】絟，细麻布。从糸，全声。

紵 纻 zhù

纻，荣属。细者为絟，粗者为纻。从糸，宁声。直吕切。

【译文】纻，用麻类植物（织成的布）。细麻布叫絟，粗麻布叫纻。从糸，宁声。

緦 sī

緦，十五升布也。一曰：两麻一丝布也。从糸，思声。息兹切。

【译文】緦，六百纵线织成的（二尺二寸宽的）麻布。另一义说，两根麻线夹一根丝线织成的布。从糸，思声。

緆 xī

緆，细布也。从糸，易声。先击切。

【译文】緆，细麻布。从糸，易声。

綸 tóu

綸，纶赀，布也。从糸，俞声。度侯切。

【译文】綸，纶赀，（上等细）麻布。从糸，俞声。

縗 cuī

縗，[丧]服衣。长六寸，博四寸，直心。从糸，衰声。仓回切。

【译文】縗，丧服的上衣。（下巴下揩泪的佩巾）长六寸，宽四寸，正当胸上。从心，衰声。

絰 dié

絰，丧首戴也。从糸，至声。徒结切。

【译文】絰，服丧期间头上戴的葛麻布带。从糸，至声。

絜 jié

絜，麻一端也。从糸，㓞声。古屑切。

【译文】絜，麻一束。从糸，㓞声。

繆 móu

繆，枲之十絜也。一曰：绸繆。从糸，翏声。武彪切。

【译文】繆，麻的十束。另一义说，缠绵束缚。从糸，翏声。

綢 chóu

綢，繆也。从糸，周声。直由切。

【译文】綢，就是繆。从糸，周声。

縕 yùn

縕，绋也。从糸，昷声。于云切。

【译文】縕，乱麻。从糸，昷声。

绋 fú

绋，乱系也。从糸，弗声。分勿切。

【译文】绋，乱麻。从糸，弗声。

絣 bēng

絣，氐人殊缕布也。从糸，并声。北萌切。

【译文】絣，氐族人用不同色彩的线缕织成的布。从糸，并声。

綏 suī

綏，车中把也。从糸，从妥。息遗切。

【译文】綏，车中用手把持用以登车的绳索。由糸、由妥会意。

縊 yì

縊，经也。从糸，益声。《春秋传》曰："夷姜縊。"于赐切。

【译文】縊，（自己）吊死。从糸，益声。《春秋左传》说："夷姜自己吊死。"

彝 yí

彝，宗庙常器也。从糸；糸，綦也。收持米，器中宝也。彑声。此与爵相似。《周礼》："六彝：鸡彝、鸟彝、黄彝、虎彝、虫彝、斝彝。以待祼将之礼。"以脂切。

【译文】彝，宗庙祭器的通名。从糸；糸，表示用以覆盖的丝织品。由表示双手的收捧持着"米"，（米）是祭器中的宝物。彑表声。这个字与爵字构形相似。《周礼》说："有六种彝器：画有鸡形的彝器、画有鸟形的彝器、用黄铜刻缕为眼目的彝器、画有虎形的彝器。画有虫形的彝器、画有禾稼的彝器。用来等待用酒灌地以祭奠祖先的礼仪。"

緻 zhì

緻，密也。从糸，致声。直利切。

【译文】緻，细密。从糸，致声。

素部

素 sù

素①，白致缯也②。从糸㒸，取其泽也。凡素之属皆从素。桑故切。

【译文】素，白色而又细密的（未加工的）丝织品。由糸、㒸会意，取其毛光润下垂的意思。大凡素的部属都从素。

【注释】①素：《释名·释采帛》："素，朴素也。已织则供用，不复加功饰也。"②白致缯：《段注》："缯之白而细者。"

皭 yuè

皭，白（约）〔皭〕，缟也。从素，勺声。以灼切。

【译文】皭，白色的光彩皭皭的绢，就是缟。从素，勺声。

䌻 lù

䌻，素属。从素，率声。所律切。

【译文】䌻，素一类的丝织品。从素，率声。

繛 chuò

繛，綬也。从素，卓声。昌约切。

【译文】繛，宽缓。从素，卓声。

緩 huǎn

緩，繛也。从素，爰声。胡玩切。

【译文】緩，宽缓。从素，爰声。

絲部

絲 sī

絲①，蚕所吐也。从二糸。凡丝之属皆从丝。息兹切。

【译文】絲，蚕吐的丝。由两个糸字会意。大凡丝的部属都从丝。

【注释】①絲：罗振玉《增订殷墟书契考释》："像束丝形，两端则束余之绪也。"

轡 pèi

轡，马轡也。从絲，从軎。与连同意。《诗》曰："六辔如丝。"兵媚切。

【译文】轡，驾马的缰绳。由絲、由车会意。与连构形原则相同。《诗经》说："六条马缰绳像丝一样牵引着。"

率部

率 shuài

率，捕鸟毕也①。象丝罔，上下其竿柄也。凡率之属皆从率。所律切。

【译文】率，捕鸟的网。（率）像丝织的网，上部的亠下部的十，是网的竿和把。大凡率的部属都从率。

【注释】①毕：《段注》："毕者，田网也。所以捕鸟，亦名率。"

虫部

虫 huǐ

虫，一名蝮。博三寸，首大如擘指。象其卧形。物之微细，或行，或毛，或蠃，或介，或鳞，以虫为象。凡虫之属皆从虫。许伟切。

【译文】虫，又叫蝮虺，身宽三寸，头大像大拇指。篆文像它卧着的形状。活物中的微小的东西，有的行走，有的长毛，有的裸露，有的长着甲壳，有的长着鳞，（造字时）都以虫字作为象征。大凡虫的部属都从虫。

蝮 fù

蝮，虫也。从虫，复声。芳目切。

【译文】蝮，土虺。从虫，复声。

螣 téng

螣，神蛇也。从虫，朕声。徒登切。

【译文】螣，神蛇。从虫，朕声。

蓊 wēng

蓊，虫，在牛马皮者。从虫，翁声。乌红切。

【译文】蓊，虫名，寄生在牛马的皮肤上的虫子。从虫，翁声。

蛹 yǒng

蛹，茧虫也。从虫，甬声。余陇切。

【译文】蛹，蚕茧中的蛹虫。从虫，甬声。

雖 suī

雖，似蜥蜴而大。从虫，唯声。息遗切。

【译文】雖，样子像蜥蜴，而身体比蜥蜴大。从虫，唯声。

虺 huǐ

虺，虺以注鸣。《诗》曰："胡为虺蜥。"从虫，兀声。许伟切。

【译文】虺，虺用口鸣叫。《诗经》说："为什么成为虺蜥呢？"从虫，兀声。

蜥 xī

蜥，蜥易也。从虫，析声。先击切。

【译文】蜥，蜥易。从虫，析声。

蝘 yǎn

蝘，在壁曰蝘蜓，在艹曰蜥易。从虫，匽声。于殄切。

【译文】蝘，在屋壁活动的叫蝘蜓，在草中活动的叫蜥易。从虫，匽声。

蜓 diàn

蜓，蝘蜓也。从虫，廷声。一曰蝘蜓。徒典切。

【译文】蜓，蝘蜓也。从虫，廷声。又叫蝘蜓。

蚖 yuán

蚖，荣蚖[①]，蛇医，以注鸣者。从虫，元声。愚袁切。

【译文】蚖，荣蚖，又叫蛇医，用口鸣叫的动物。从虫，元声。

【注释】① 蚖：今经典作"螈"。

蟣 jǐ

蟣，虱子也。一曰：齐谓蛭曰蟣。从虫，幾声。居狶切。

【译文】蟣，虱子的卵。另一义说，齐地叫马蟥作蟣。从虫，幾声。

蠸 quán

蠸，虫也。一曰：大螫也。读若蜀都布名。从虫，藋声。巨员切。

【译文】蠸，（守瓜）虫。另一义说，大口（咬刺）而布毒。音读像蜀地细缯布的"缮"字。从虫，藋声。

螟 míng

螟，虫，食谷叶者。吏冥冥犯法即生螟。从虫，从冥，冥亦声。莫经切。

【译文】螟，虫名。吃禾谷之心的害虫。官吏昏聩无知而犯法就产生螟虫。由虫、由冥会意，冥也表声。

蝻 蝻 tè

蝻，虫，食苗叶者。吏乞贷则生蝻。从虫，从贷，贷亦声。《诗》曰："去其螟蝻。"徒得切。

【译文】蝻，虫名，吃苗叶的害虫。官吏谋取贿赂，自然界就会产生蝻虫。由虫、由贷会意，贷也表声。《诗经》说："除掉那些螟虫、蝻虫。"

蛭 蛭 zhì

蛭，蚑也。从虫，至声。之日切。

【译文】蛭，马蟥。从虫，至声。

蝚 蝚 róu

蝚，蛭蝚，至掌也。从虫，柔声。耳由切。

【译文】蝚，马蟥，又叫至掌。从虫，柔声。

蛣 蛣 jié

蛣，蛣蚏，蝎也。从虫，吉声。去吉切。

【译文】蛣，蛣蚏，又叫蝎。从虫，吉声。

蚏 蚏 qū

蚏，蛣蚏也。从虫，出声。区勿切。

【译文】蚏，蛣蚏。从虫，出声。

蜀 蜀 shǔ

蜀，葵中蚕也。从虫，上目象蜀头形，中象其身蜎蜎。《诗》曰："蜎蜎者蜀。"市玉切。

【译文】蜀，桑木中形状像蚕一样的害虫。虫作形旁，上面的"目"象征着蜀虫的头的样子，中间的勹像它的体形蜎蜎屈曲的样子。《诗经》说："身躯蜎蜎屈曲的是蜀虫。"

蝎 蝎 hé

蝎，蝤蛴也。从虫，曷声。胡葛切。

【译文】蝎，蝤蛴。从虫，曷声。

强 强 qiáng

强，蚚也。从虫，弘声。巨良切。

【译文】强，蚚类蝇。从虫，弘声。

蚚 蚚 qí

蚚，强也。从虫，斤声。巨衣切。

【译文】蚚，强类蝇。从虫，斤声。

蠲 蠲 juān

蠲，马蠲也。从虫目，益声。了，象形。《明堂月令》曰："腐艹为蠲。"古玄切。

【译文】蠲，马蠲虫。由虫、目会意，益表声，了像蠲之形。《明堂月令》说："腐朽的草中产生蠲。"

蜱 蜱 bī

蜱，啮牛虫也。从虫，毘声。边兮切。

【译文】蜱，啮食牛血的害虫。从虫，毘声。

蠖 蠖 huò

蠖，尺蠖，屈申虫也。从虫，蔓声。乌郭切。

【译文】蠖，尺蠖，（行进时）身子一屈一伸的虫子。从虫，蔓声。

蝝 蝝 yuán

蝝，复陶也。刘歆说：蝝，蚍蜉子。董仲舒说：蝗子也。从虫，象声。与专切。

【译文】蝝，蝗的没有翅膀的幼虫。刘歆说，蝝，是大蚂蚁的卵。董仲舒说，是蝗虫的卵。从虫，象声。

蛄 蛄 gū

蛄，蝼蛄也①。从虫，古声。古乎切。

【译文】蛄，蝼蛄。从虫，古声。

【注释】①蝼蛄：朱骏声《通训定声》："今谓之土狗。黄色，四足，头如狗，喜夜鸣，声如蚯蚓，喜就灯光。"

蛾 yǐ

蛾，罗也。从虫，我声。五何切。

【译文】蛾，又叫罗。从虫，我声。

蛺 jiá

蛺，蛺蜨也[1]。从虫，夾声。兼叶切。

【译文】蛺，蝴蝶。从虫，夾声。

【注释】① 蛺蜨：《段注》："今俗云胡蝶。"

蜨 dié

蜨，蛺蜨也。从虫，疌声。徒叶切。

【译文】蜨，蝴蝶。从虫，疌声。

蚩 chī

蚩，虫也。从虫，之声。赤之切。

【译文】蚩，虫名。从虫，之声。

蝥 máo

蝥，蝥蝥也[1]。从虫，孜声。莫交切。

【译文】蝥，斑蝥。从虫，孜声。

【注释】① 蝥蝥：双声连绵词。又作斑蝥。《本草纲目·虫部·斑蝥》："蝥蝥充。时珍曰：斑言其色，蝥刺言其毒，如矛刺也。"

蝁 bān

蝁，蝁蝁，毒虫也。从虫，般声。布还切。

【译文】蝁，斑蝥，毒虫。从虫，般声。

蛜 yī

蛜，蛜威，委黍；委黍，鼠妇也。从虫，伊省声。于脂切。

【译文】蛜，蛜威，又叫作委黍；委黍就是鼠妇虫。从虫，伊省声。

蚣 sōng

蚣，蚣蝑，以股鸣者[1]。从虫，松声。息恭切。

【译文】蚣，蚣蝑，用大腿相切摩而发声的虫子。从虫，松声。

【注释】① 股鸣：其实是以翅膀摩擦发音。

蝑 xū

蝑，蚣蝑也。从虫，胥声。相居切。

【译文】蝑，蚣蝑。从虫，胥声。

蟅 zhè

蟅，虫也。从虫，庶声。之夜切。

【译文】蟅，虫名。从虫，庶声。

蝗 huáng

蝗，螽也。从虫，皇声。乎光切。

【译文】蝗，螽虫。从虫，皇声。

蟬 chán

蟬，以（旁）［膀］鸣者[1]。从虫，單声。市连切。

【译文】蟬，用翅膀摩擦而发声的虫子。从虫，單声。

【注释】① 旁：沈涛《古本考》："古本作'膀'不作'旁'也。蝉鸣在翅，今俗犹言翅膀。"

蜩 tiáo

蜩，蝉也。从虫，周声。《诗》曰："五月鸣蜩。"徒聊切。

【译文】蜩，蝉。从虫，周声。《诗经》说："五月份蝉儿鸣叫。"

蜺 ní

蜺，寒蜩也。从虫，兒声。五鸡切。

【译文】蜺，寒蝉。从虫，兒声。

螇 xī

螇，螇鹿，蚇蟟也。从虫，奚声。胡鸡切。

【译文】螇，螇鹿，又叫蚇蟟。从虫，奚声。

蚗 jué

蚗，蚥蚗，蚇蟟也。从虫，央声。于悦切。

【译文】蚗，蚥蚗，又叫蚇蟟。从虫，央声。

蛚 liè

蛚，蜻蛚也。从虫，列声。良薛切。

【译文】蛚，蜻蛚。从虫，列声。

蜻 jīng

蜻，蜻蛚也。从虫，青声。子盈切。

【译文】蜻，蜻蛚。从虫，青声。

蛉 líng

蛉，蜻蛉也[1]。从虫，令声。一名桑根。郎丁切。

【译文】蛉，蜻蜓。从虫，令声。又叫桑根。

【注释】① 蜻蛉：《段注》："今人作蜻蜓、蜻蜓。"

蜕 tuì

蜕，蛇蝉所解皮也。从虫，挩省。输芮切。

【译文】蜕，蛇和蝉一类动物解脱的那张皮。由虫、由挩字省去手会意。

蛟 jiāo

蛟，龙之属也。池鱼满三千六百，蛟来为之长，能率鱼飞。置笱水中[1]，即蛟去。从虫，交声。古肴切。

【译文】蛟，龙一类的动物。池中鱼超过三千六百尾，蛟龙来到，做它们的首领，能率领鱼群飞去。把曲竹捕鱼器具放在池水中，蛟龙就离开那里。从虫，交声。

【注释】① 笱：曲竹捕鱼器。

螭 chī

螭，若龙而黄，北方谓之地蝼。从虫，离声。或云：无角曰螭。丑知切。

【译文】螭，像龙而呈黄色，北方叫作地蝼。从虫，离声。另一说，没有角的龙叫螭。

虯 qiú

虯，龙子有角者。从虫，丩声。渠幽切。

【译文】虯，有角的幼龙。从虫，丩声。

蜦 lún

蜦[1]，蛇属，黑色，潜于神渊，能兴风雨。从虫，俞声。力屯切。

【译文】蜦，蛇一类，黑色。潜藏在神奇的渊水之中，能兴风作雨。从虫，俞声。

【注释】① 蜦：传说中的神蛇。

蜃 shèn

蜃，雉入海，化为蜃。从虫，辰声。时忍切。

【译文】蜃，野鸡沉入海，化作了蜃。从虫，辰声。

蠊 lián

蠊，海虫也。长寸而白，可食。从虫，兼声。读若嗛。力盐切。

【译文】蠊，海中的介虫。（壳）长一寸而呈白色，肉可吃。从虫，兼声。音读像"嗛"字。

蜗 wō

蜗[1]，蜗蠃也。从虫，呙声。古华切。

【译文】蜗，蜗牛。从虫，呙声。

【注释】① 蜗：桂馥《义证》引《尔雅翼》："蜗牛似小蠃，白色，生池泽草木间，头有两角，行则出，惊则缩，首尾俱能藏入壳中，以其有两角，故以牛名。"

蚌 bàng

蚌，蜃属。从虫，丰声。步项切。

【译文】蚌，蜃蛤一类。从虫，丰声。

蝓 yú

蝓，虒蝓也。从虫，俞声。羊朱切。

【译文】蝓，蜗牛。从虫，俞声。

蜎 yuān

蜎，蜎也。从虫，肙声。狂沇切。

【译文】蜎，蜎蜎。从虫，肙声。

蟺 shàn

蟺，夗蟺也。从虫，亶声。常演切。

【译文】蟺，虫类曲折宛转的样子。从虫，亶声。

蛰 zhé

蛰，藏也。从虫，执声。直立切。

【译文】蛰，虫类（遇冬）藏隐不出。从虫，执声。

蚨 fú

蚨，青蚨，水虫，可还钱。从虫，夫声。房无切。

【译文】蚨，青蚨，水虫。（传说用它的血涂在钱上，）可使钱还归。从虫，夫声。

蜋 jú

蜋，蜋蟷，詹诸，以脰鸣者。从虫，匊声。居六切。

【译文】蜋，蜋蟷，又叫蟾蜍，用颈脖鸣叫的虫子。从虫，匊声。

蝦 há

蝦，虾蟆也[1]。从虫，段声。乎加切。

【译文】蝦，虾蟆。从虫，段声。

【注释】① 虾蟆：叠韵连绵词。是青蛙和癞蛤蟆的通称。《段注》："(虾蟆)背有黑点，身小能跳接百虫，解作呷呷声，举动极急。蟾蜍(癞蛤蟆)身大，背黑无点，多痱磊，不能跳，不解作声，行动迟缓。绝然二物。"

蟆 má

蟆，虾蟆也。从虫，莫声。莫遐切。

【译文】蟆，虾蟆。从虫，莫声。

蝯 yuán

蝯，善援，禺属。从虫，爰声。雨元切。

【译文】蝯，善于攀援，猴一类。从虫，爰声。

蠗 zhuó

蠗，禺属[1]。从虫，翟声。直角切。

【译文】蠗，猴一类。从虫，翟声。

【注释】① 禺属：《段注》："亦与母猴(猕猴)属而别也。"

蜼 wèi

蜼，如母猴，卬鼻，长尾。从虫，隹声。余季切。

【译文】蜼，如猕猴，向上高昂着鼻子，长尾巴。从虫，隹声。

蚼 gǒu

蚼[1]，北方有蚼犬，食人。从虫，句声。古厚切。

【译文】蚼，北方有蚼犬，吃人。从虫，

句声。

【注释】① 蛪：《山海经·海内北经》："蛪犬，如犬，青，食人，从首始。"郭璞注："（蛪）音蛪。或作蚼。蚼音钩。"

蛩 qióng

蛩，蛩蛩，兽也。一曰：秦谓蝉蜕曰蛩①。从虫，巩声。渠容切。

【译文】蛩，蛩蛩，野兽。另一义说，秦地叫蝉蜕下的皮作蛩。从虫，巩声。

【注释】① 蝉蜕：傅云龙《古语考补正》："蝉蜕今俗谓之蝉衣。"

蠽 jué

蠽，鼠也。一曰：西方有兽①，前足短，与蛩蛩、巨虚比，其名谓之蠽。从虫，厥声。居月切。

【译文】蠽，鼠名。又一说，西方有一种兽，前脚短，与像马一样的蛩蛩，或与像骡一样的巨虚相亲近，它的名字叫作蠽。从虫，厥声。

【注释】① 西方句：《尔雅·释地》："西方有比肩兽焉，与邛邛、岠虚比，岠虚啮甘草。即有难，邛邛、岠虚负而走，其名谓之蠽。"《段注》引张揖说："蛩蛩，状如马。距虚，似骡而小。"

蝙 biān

蝙，蝙蝠也①。从虫，扁声。布玄切。

【译文】蝙，蝙蝠。从虫，扁声。

【注释】① 蝙蝠：张舜徽《约注》："蝙蝠，似鼠，黑色，肉翅与足相连，栖于屋檐壁中，黄昏出飞掠蚊蚋食之。湖湘间称为檐老鼠。"

蛮 mán

蛮，南蛮，蛇种。从虫①，䜌声。莫还切。

【译文】蛮，南方的蛮族，与蛇虫习居的种族。从虫，䜌声。

【注释】① 从虫：徐灏《段注笺》："南方多虫蛇，故蛮闽从虫。皆名其地而移以言人耳。"

蝠 fú

蝠，蝙蝠，服翼也。从虫，畐声。方六切。

【译文】蝠，蝙蝠，又叫服翼。从虫，畐声。

闽 mǐn

闽①，东南越，蛇种。从虫，門声。武巾切。

【译文】闽，东南方的越族，与蛇虫习居的种族。从虫，門声。

【注释】① 闽：《段注》引后郑说："闽，蛮之别也。"

蠥 niè

蠥，衣服、歌谣、艹木之怪，谓之祆。禽兽、虫蝗之怪，谓之蠥。从虫①，辥声。鱼列切。

【译文】蠥，衣服、歌谣、草木的怪异现象，叫作妖。禽兽、虫蝗的怪异现象，叫作蠥。从虫，辥声。

【注释】① 从虫：《段注》："禽兽、虫蝗之字皆得从虫，故蠥从虫。"

虹 hóng

虹，螮蝀也①。状似虫。从虫，工声。《明堂月令》曰②："虹始见。"户工切。

【译文】虹，螮蝀。样子弯曲像虫。从虫，工声。《明堂月令》说："虹才出现。"

【注释】① 螮蝀：《尔雅·释天》："螮蝀谓之雩。螮蝀，虹也。"郭璞注："俗名为美人虹。"王筠《句读》引蔡氏章句："雄曰虹，雌曰蜺。"②《明堂月令》：指《礼记·月令》。

螮 dì

螮，螮蝀①，虹也。从虫，带声。都计切。

【译文】螮，螮蝀，又叫虹。从虫，带声。

【注释】① 螮蝀：双声连绵词。

蚰部

蚰 kūn

蚰，虫之总名也。从二虫。凡蚰之属皆从蚰。读若昆。古魂切。

【译文】蚰，虫类的总称。由两个虫字会意。大凡蚰的部属都从蚰。音读像"昆"字。

蚤 zǎo

蚤，啮人跳虫①。从蚰，叉声。子皓切。

【译文】蚤，咬噬人的善跳跃的虫子。从蚰，叉声。

【注释】① 啮人句：《段注》："啮，噬也。跳，跃也。蚤但啮人，蚤则加之善跃。"

蝨 shī

蝨，啮人虫。从蚰，卂声。所栉切。

【译文】蝨，咬噬人的虫子。从蚰，卂声。

螽 zhōng

螽，蝗也。从蚰，夂声。职戎切。

【译文】螽，蝗虫。从蚰，夂声。

蟊 máo

蟊，蟊蟊也。从蚰，矛声。莫交切。

【译文】蟊，蟊蟊。从蚰，矛声。

蟁 wén

蟁，啮人飞虫①。从蚰，民声。无分切。

【译文】蟁，咬噬人的善飞的虫子。从蚰，民声。

【注释】① 啮人飞虫：《段注》："啮人而又善飞者。"

蠷 qú

蠷，蠷螋也。从蚰，巨声。强鱼切。

【译文】蠷，蠷螋。从蚰，巨声。

蝱 méng

蝱，啮人飞虫。从蚰，亡声。武庚切。

【译文】蝱，咬噬人的善飞的虫子。从蚰，亡声。

蠹 dù

蠹①，木中虫。从蚰，橐声。当故切。

【译文】蠹，寄生木中（吃木）的虫子。从蚰，橐声。

【注释】① 蠹：蛀虫。《段注》："在木中食木者也。今俗谓之蛀，音注。"

蠡 lǐ

蠡，虫啮木中也。从蚰，彖声。卢启切。

【译文】蠡，虫在木中咬木头。从蚰，彖声。

蠢 chǔn

蠢①，虫动也。从蚰，春声。尺尹切。

【译文】蠢，虫蠕动。从蚰，春声。

【注释】① 蠢：《段注》："此与蠕（蠕动）义同。引伸为凡动之偁。"

蟲部

蟲 chóng

蟲①，有足谓之虫，无足谓之豸。从三虫。凡虫之属皆从虫。直弓切。

【译文】蟲，有脚叫作虫，无脚叫作豸。由三个虫字含意。大凡虫的部属都从虫。

【注释】① 蟲：动物的通称。《集韵·东韵》："蟲，李阳冰曰：裸、毛、羽、麟、介之总称。"

蠱 gǔ

蠱，腹中虫也。《春秋传》曰①："皿虫为

蠱。"晦淫之所生也。"臬桀死之鬼亦为蛊。从蟲，从皿。皿，物之用也。公户切。

【译文】蠱，腹内中了虫蚀的毒。《春秋左传》说："'皿'上有'虫'是蛊字。""这种蛊毒是在夜晚淫乱的时候产生的。"斩首倒悬而死的鬼、分裂肢体而死的鬼，也变成蛊。由蟲、由皿会意。皿，是使用的器物。

【注释】①《春秋传》：指《左传·昭公元年》。

風部

風 fēng

風，八风也。东方曰明庶风，东南曰清明风，南方曰景风，西南曰凉风，西方曰阊阖风，西北曰不周风，北方曰广莫风，东北曰融风。风动虫生。故虫八日而化。从虫，凡声。凡风之属皆从风。方戎切。

【译文】風，八方的风。东方来的，叫明庶风；东南来的，叫清明风；南方来的，叫景风；西南来的，叫凉风；西方来的，叫阊阖风；西北来的，叫不周风；北方来的，叫广莫风；东北来的，叫融风。风吹动，虫产生，虫八天就变化成形。从虫，凡声。大凡风的部属都从风。

飆 biāo

飆，扶摇风也。从风，猋声。甫遥切。

【译文】飆，暴风。从风，猋声。

飘 piāo

飘，回风也。从风，票声。抚招切。

【译文】飘，回旋的风。从风，票声。

颯 sà

颯，翔风也。从风，立声。稣合切。

【译文】颯，回旋的风。从风，立声。

飃 hū

飃，疾风也。从风，从忽，忽亦声。呼骨切。

【译文】飃，疾风。由风、由忽会意，忽也表声。

飏 yáng

飏，风所飞扬也。从风，易声。与章切。

【译文】飏，风吹物飞扬。从风，易声。

它部

它 tā

它，虫也。从虫而长，象冤曲垂尾形。上古艹居患它，故相问无它乎。凡它之属皆从它。托何切。

【译文】它，蛇虺。由虫字延长它的尾巴构成，像冤曲身体垂下尾巴的样子。上古，人们居住在草野之中，忧虑蛇虺，所以互相询问：没遇着蛇虺吧。大凡它的部属都从它。

龜部

龜 guī

龜，旧也。外骨内肉者也。从它，龟头与它头同。天地之性，广肩无雄；龟鳖之类，以它为雄。象足甲尾之形。凡龟之属皆从龟。居追切。

【译文】龜，年岁长久。外面是骨头、里面是肉的动物。从它，龟字的头与蛇字的头相同。天地的本性是，宽肩大腰的动物，没有雄性；乌龟和甲鱼之类的动物，用蛇作为雄性。像脚、背甲、尾巴的形状。大凡龟的部属都从龟。

黾部

黾 **黾** měng

黾，鼅黾也。从它，象形。黾头与它头同。凡黾之属皆从黾。莫杏切。

【译文】黾，名叫耿黾的蛙。从它，像大肚子的样子。蛙黾的头部与蛇的头部相同。大凡黾的部属都从黾。

鼋 **鼋** yuán

鼋，鳖也。从黾，元声。愚袁切。

【译文】鼋，大的甲鱼。从黾，元声。

鼃 **鼃** wā

鼃，虾蟆也。从黾，圭声。乌娲切。

【译文】鼃，虾蟆一类。从黾，圭声。

蝇 **蝇** yíng

蝇，营营青蝇。虫之大腹者。从黾，从虫。余陵切。

【译文】蝇，来回飞得营营响的苍蝇。是大肚子的虫子。由黾、由虫会意。

卵部

卵 **卵** luǎn

卵，凡物无乳者卵生[①]。象形。凡卵之属皆从卵。卢管切。

【译文】卵，大凡动物没有乳汁的，就是卵生。像卵之形。大凡卵的部属都从卵。

【注释】①凡物句：《段注》："此乳，谓乳汁也。惟人及四足之兽有之，故其胎生。羽虫、鳞虫、介虫及一切昆虫皆无乳汁，其子卵生，故曰：凡物无乳者卵生。

毈 **毈** duàn

毈，卵不孚也。从卵，段声。徒玩切。

【译文】毈，卵不育子。从卵，段声。

二部

二 **二** èr

二，地之数[①]也。从偶一。凡二之属皆从二。而至切。

【译文】二，表示地的数字。由成对的两个一字构成。大凡二的部属都从二。

【注释】①地之数：《段注》：《易》曰：天一、地二。惟初大始，道立于一。有一而后有二。元气初分，轻清易为天，重浊会为地。"

亟 **亟** qì

亟，敏疾也。从人，从口，从又，从二。二，天地也。纪力切。又，去吏切。

【译文】亟，敏捷。由人、由口、由又、由二会意。二表示天地。

恒 **恒** héng

恒，常也。从心，从舟，在二之间上下。心以舟施，恒也。胡登切。

【译文】恒，长久。由心、由舟、由舟在天地之间上下往返会意。思念之心靠舟运转，（经久不衰，）是恒的意思。

竺 **竺** dǔ

竺，厚也。从二，竹声。冬毒切。

【译文】竺，厚。从二，竹声。

凡 **凡** fán

凡，最括[①]也。从二，二，偶也。从乃，乃古文及。浮芝切。

【译文】凡，积聚而总括。从二，二表示多的意思。从乃，乃是古文及字。

【注释】①最括：《段注》"最"作"冣"，注："冣者，积也。（凡）皆聚括之谓，凡之言泛也。包举泛滥一切之称也。"

土部

土 土 tǔ

土，地之吐生物者也。二象地之下、地之中，物出形也。凡土之属皆从土。它鲁切。

【译文】土，吐生万物的土地。二像地的下面，像地的中间，（丨）像万物从土地里长出的形状。大凡土的部属都从土。

坤 地 dì

地，元气初分，轻清阳为天，重浊阴为地。万物所陈列也。从土，也声。徒四切。

【译文】地，浑沌之气刚刚分离，轻的、清的、阳的气上升成为天，重的、浊的、阴的气下降为地。地是万物陈列的地方。从土，也声。

坤 坤 kūn

坤，地也；《易》之卦也。从土，从申；土位在申。苦昆切。

【译文】坤，土地，又指《易》的卦象。由土、由申会意，因为坤的位置在西南方的申位上。

垓 垓 gāi

垓，兼垓八极地也。《国语》曰："天子居九垓之田。"从土，亥声。古哀切。

【译文】垓，兼备八方所到之地。《国语》说："天子居于九州八极的田地之上。"从土，亥声。

墺 墺 ào

墺，四方土可居也。从土，奥声。于六切。

【译文】墺，四方土地中可以定居的地方。从土，奥声。

坪 坪 píng

坪，地平也。从土，从平，平亦声。皮命切。

【译文】坪，平坦的地方。由土、由平会意，平也表声。

坶 坶 mù

坶，朝歌南七十里地。《周书》："武王与纣战于坶。"从土，母声。莫六切。

【译文】坶，朝歌以南七十里的地方。《周书》说："武王与纣王在坶地作战。"从土，母声。

坡 坡 pō

坡，阪也。从土，皮声。滂禾切。

【译文】坡，斜坡。从土，皮声。

均 均 jūn

均，平、徧也。从土，从匀，匀亦声。居匀切。

【译文】均，平均，普遍。由土、由匀会意，匀也表声。

壤 壤 rǎng

壤，柔土也。从土，襄声。如两切。

【译文】壤，柔软的土。从土，襄声。

塙 塙 què

塙，坚不可拔也。从土，高声。苦角切。

【译文】塙，刚硬的土不可拔起。从土，高声。

墝 墝 qiāo

墝，硗也。从土，敫声。口交切。

【译文】墝，土壤坚硬贫瘠。从土，敫声。

埴 埴 zhí

埴，黏土也。从土，直声。常职切。

【译文】埴，黄色而如脂膏细腻的土。从土，直声。

基 jī

基，墙始也。从土，其声。居之切。

【译文】基，墙的起始部分。从土，其声。

坺 bá

坺，治也。一曰：臿土谓之坺。《诗》曰："武王载坺。"一曰：尘兒。从土，发声。蒲拨切。

【译文】坺，耕治田地。另一义说，一锹土叫作一坺。《诗经》说："武王汤开始发兵讨伐夏桀。"另一义说，尘土的样子。从土，发声。

垣 yuán

垣，墙也。从土，亘声。雨元切。

【译文】垣，墙。从土，亘（xuān）声。

圪 yì

圪，墙高也。《诗》曰："崇墉圪圪。"从土，气声。鱼迄切。

【译文】圪，墙高大。《诗经》说："崇国的城墙那么高大。"从土，气声。

堵 dǔ

堵，垣也。五版为一堵。从土，者声。当古切。

【译文】堵，墙垣。又，五层版的高度合成一堵。从土，者声。

壁 bì

壁，垣也。从土，辟声。比激切。

【译文】壁，墙壁。从土，辟声。

堨 yè

堨，壁间隙也。从土，曷声。读若谒。鱼列切。

【译文】堨，墙壁的缝隙。从土，曷声。音读像"谒"字。

埒 liè

埒，卑垣也。从土，寽声。力辍切。

【译文】埒，矮墙。从土，寽声。

堪 kān

堪，地突也。从土，甚声。口含切。

【译文】堪，地面突起的地方。从土，甚声。

堂 táng

堂，殿也[1]。从土，尚声。徒郎切。

【译文】堂，有屋基的正室。从土，尚声。

【注释】①殿：《段注》："殿者，击声也。假借为宫殿字者。许以殿释堂者，以今释古也。古曰堂，汉以后曰殿。"

堀 kū

堀，突也；《诗》曰："蜉蝣堀阅。"从土，屈省声。苦骨切。

【译文】堀，洞穴。《诗经》说："蜉蝣穿穴（而出地面）。"从土，屈声。

坫 diàn

坫，屏也。从土，占声。都念切。

【译文】坫，（堂中用以搁置器物）可为屏障的土台。从土，占声。

埽 sǎo

埽，弃也。从土，从帚。稣老切。

【译文】埽，（用扫帚）弃除尘秽。由土、由帚会意。

在 zài

在，存也[1]。从土，才声。昨代切。

【译文】在，存在。从土，才声。

【注释】①存：《段注》："在之义，古副为存问，今义但训为存亡之存。"训释依今义。

坁 zhǐ

坁[1]，箸也。从土，氐声。诸氏切。

【译文】坁，有所附箸而止。从土，氐声。

【注释】①坁：王筠《句读》："谓有所附箸

而止。"

填 填 tián

填,塞也。从土,真声。陟邻切。今,待年切。

【译文】填,充塞。从土,真声。

坦 坦 tǎn

坦,安也。从土,旦声。他但切。

【译文】坦,(土地平坦而)行步安舒。从土,旦声。

坒 坒 bì

坒,地相次比也。卫大夫贞子名坒。从土,比声。毗至切。

【译文】坒,土地依次相连接。卫国的大夫贞子名叫坒。从土,比声。

堤 堤 dǐ

堤,滞也。从土,是声。丁礼切。

【译文】堤,阻滞。从土,是声。

壎 壎 xūn

壎,乐器也。以土为之,六孔。从土,熏声。况袁切。

【译文】壎,乐器。用土烧制而成,六个孔。从土,熏声。

封 封 fēng

封,爵诸侯之土也。从之,从土,从寸,守其制度也。公侯,百里;伯,七十里;子男,五十里。府容切。

【译文】封,把这块土地按爵位的等级分封给诸侯。由之、由土、由寸会意,(寸)表示遵守分封的制度。公侯,方圆百里;伯,方圆七十里;子男,方圆五十里。

墨 墨 mò

墨,书墨也。从土,从黑,黑亦声。莫北切。

【译文】墨,用以书写的墨。由土、由黑会意,黑也表声。

垸 垸 huán

垸,以桼和灰而鬃也。从土,完声。一曰:补(垸)[垣]。胡玩切。

【译文】垸,用漆掺和着骨灰涂漆器物。从土,完声。另一义说,修补垣墙。

型 型 xíng

型,铸器之法也。从土,刑声。户经切。

【译文】型,铸造器物的模制。从土,刑声。

埻 埻 zhǔn

埻,射臬也。从土,享声。读若准。之允切。

【译文】埻,射箭的靶子。从土,享声。音读像"准"字。

塒 塒 shí

塒,鸡栖垣为塒。从土,時声。市之切。

【译文】塒,鸡栖息在矮墙边叫作塒。从土,時声。

城 城 chéng

城,以盛民也[1]。从土,从成,成亦声。氏征切。

【译文】城,用来盛受容纳臣民。由土、由成会意,成也表声。

【注释】①以盛民:徐锴《系传》引《古今注》:"城,盛也,所以盛受人物。"《段注》:"言盛者,如黍稷之在器中也。"

墉 墉 yōng

墉,城垣也。从土,庸声。余封切。

【译文】墉,城墙。从土,庸声。

坎 坎 kǎn

坎,陷也。从土,欠声。苦感切。

【译文】坎，低陷（的地方）。从土，欠声。

坻 坻 chí

坻，小渚也。《诗》曰："宛在水中坻。"从土，氏声。直尼切。

【译文】坻，小水洲。《诗经》说："仿佛在水中的小沙洲上。"从土，氏声。

垎 垎 hè

垎，水干也。一曰：坚也。从土，各声。胡格切。

【译文】垎，（土中的）水干燥。另一义说，土坚硬。从土，各声。

垐 垐 cí

垐①，以土增大道上。从土，次声。疾资切。

【译文】垐，用土依次增垫在大路上。从土，次声。

【注释】①垐：《段注》："以土次于道上曰垐。"

增 增 zēng

增，益也。从土，曾声。作滕切。

【译文】增，添益。从土，曾声。

埤 埤 pí

埤，增也。从土，卑声。符支切。

【译文】埤，增加。从土，卑声。

坿 坿 fù

坿，益也。从土，付声。符遇切。

【译文】坿，增益。从土，付声。

塞 塞 sài

塞，隔也。从土，从寒。先代切。

【译文】塞，（边塞）障隔。由土、由寒会意。

圣 圣 kū

圣，汝颖之间谓致力于地曰圣。从土，从又。读若兔窟。苦骨切。

【译文】圣，汝河、颖水之间说用手在土地上尽力叫圣。由土、由又会意。音读像兔窟的"窟"字。

培 培 péi

培，培敦。土田山川也。从土，音声。薄回切。

【译文】培，加厚。是指土地、田园、山川等而言。从土，音声。

埩 埩 zhēng

埩，治也。从土，争声。疾郢切。

【译文】埩，治土。从土，争声。

墇 墇 zhàng

墇，（拥）[壅] 也。从土，章声。之亮切。

【译文】墇，障隔。从土，章声。

堑 堑 qiàn

堑，坑也。一曰：大也。从土，斩声。七艳切。

【译文】堑，是坑。另一义说，是大。从土，斩声。

埂 埂 gěng

埂，秦谓坑为埂。从土，更声。读若井汲绠。古杏切。

【译文】埂，秦叫坑作埂。从土，更声。音读像井中汲水的绠绳的"绠"字。

坷 坷 kě

坷，坎坷也。梁国宁陵有坷亭。从土，可声。康我切。

【译文】坷，坎坷不平。梁国宁陵县有坷亭。从土，可声。

壓 壓 yā

壓，坏也。一曰：塞补。从土，厭声。乌
狎切。

【译文】壓，自然崩坏。另一义说，堵塞填
补。从土，厭声。

毇 毁 huǐ

毁，缺也。从土，毇省声。许委切。

【译文】毁，瓦器破缺。从土，毇省声。

壞 壞 huài

壞①，败也。从土，褱声。下怪切。

【译文】壞，破败。从土，褱声。

【注释】① 壞：《段注》："毁坏字皆谓自
毁自坏。"

壚 墟 xià

墟，壏也。从土，虖声。呼讶坊（xià）。

【译文】墟，坼裂。从土，虖声。

坼 坼 chè

坼，裂也。《诗》曰："不墟不疈。"从土，
庍声。丑格切。

【译文】坼，裂开。《诗经》说："不裂开不
剖开。"从土，斥声。

辈 辈 fèi

辈，尘也。从土，非声。房未切。

【译文】辈，灰尘。从土，非声。

埃 埃 āi

埃，尘也。从土，矣声。乌开切。

【译文】埃，灰尘。从土，矣声。

坋 坋 fèn

坋，尘也。从土，分声。一曰：大防也。房
吻切。

【译文】坋，灰尘。从土，分声。另一义说，

大堤。

垢 垢 gòu

垢，浊也。从土，后声。古厚切。

【译文】垢，浊薉物。从土，后声。

坯 坏 pēi

坏，丘再成者也。一曰：瓦未烧。从土，不
声。芳桮切。

【译文】坏，一重的山丘。另一义说，土器
没有经过烧制。从土，不声。

垤 垤 dié

垤，蚁封也。
《诗》曰："鹳鸣于
垤。"从土，至声。
徒结切。

【译文】垤，蚂
蚁堆在洞口的小土
堆。《诗经》说：
"鹳鸟在蚂蚁洞口土
堆上鸣叫。"从土，
至声。

坥 坥 qū

坥，益州部谓蟥场曰坥。从土，且声。七
余切。

【译文】坥，益州刺史部一带叫蚯蚓的粪便
作坥。从土，且声。

埍 埍 juǎn

埍，徒隶所居也。一曰：女牢。一曰：亭
部。从土，肙声。古泫切。

【译文】埍，服劳役者、奴隶或罪犯居住的
土房。另一义说，女人的牢房。另一义说，乡亭
基层政权的牢狱。从土，肙声。

墓 墓 mù

墓，丘也。从土，莫声。莫故切。

【译文】墓，坟墓。从土，莫声。

場 cháng

場，祭神道也。一曰：田不耕。一曰：治谷田也。从土，易声。直良切。

【译文】場，祭神的平地。另一义说，田地不耕种。另一义说，整治谷粟的地方。从土，易声。

墳 fén

墳，墓也。从土，賁声。符分切。

【译文】墳，坟墓。从土，賁声。

壟 lǒng

壟，丘垄也。从土，龍声。力趣切。

【译文】壟，坟墓。从土，龍声。

壇 tán

壇，祭场也。从土，亶声。徒干切。

【译文】壇，在扫除草秽的地上筑起的用于祭祀的土台。从土，亶声。

圭 guī

圭，瑞玉也。上圜下方。公执桓圭，九寸；侯执信圭，伯执躬圭，皆七寸；子执谷璧，男执蒲璧，皆五寸：以封诸侯。从重土。楚爵有执圭。古畦切。

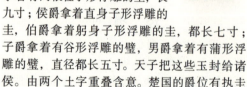

【译文】圭，用作凭证的玉。上面是圆的，下面是方的。公爵拿着有两根柱子形浮雕的圭，长九寸；侯爵拿着直身子形浮雕的圭，伯爵拿着躬身子形浮雕的圭，都长七寸；子爵拿着有谷形浮雕的璧，男爵拿着有蒲形浮雕的璧，直径都长五寸。天子把这些玉封给诸侯。由两个土字重叠含意。楚国的爵位有执圭这个等级。

圯 yí

圯，东楚谓桥为圯。从土，巳声。与之切。

【译文】圯，东楚地方叫桥作圯。从土，巳声。

垂 chuí

垂，远边也。从土，烝声。是为切。

【译文】垂，遥远的边界。从土，烝声。

堀 kū

堀，兔堀也。从土，屈声。苦骨切。

【译文】堀，兔子的洞穴。从土，屈声。

垚部

垚 yáo

垚，土高也。从三土。凡垚之属皆从垚。吾聊切。

【译文】垚，土高。由三个土字会意。大凡垚的部属都从垚。

堯 yáo

堯，高也。从垚在兀上，高远也。吾聊切。

【译文】堯，高远。由"垚"在"兀"上会意，（兀）是表示高远的意思。

堇部

堇 qín

堇，黏土也。从土，从黄省。凡堇之属皆从堇。巨斤切。

【译文】堇，黏土。由土、由黄字的省略会意。

里部

里 lǐ

里，居也。从田，从土。凡里之属皆从里。良止切。

【译文】里，居住的地方。由田、由土会意。大凡里的部属都从里。

釐 xī

釐，家福也。从里，𡤲声。里之切。

【译文】釐，生活在家里获得福佑。从里，𡤲声。

野 yě

野，郊外也。从里，予声。羊者切。

【译文】野，郊外。从里，予声。

田部

田 tián

田，陈也。树谷曰田。象四口；十，阡陌之制也。凡田之属皆从田。待年切。

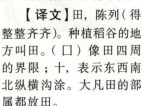

【译文】田，陈列（得整整齐齐）。种植稻谷的地方叫田。（口）像田四周的界限；十，表示东西南北纵横沟涂。大凡田的部属都放田。

町 tīng

町，田践处曰町。从田，丁声。他顶切。

【译文】町，田中供人践踏行走的地方叫町。从田，丁声。

疇 chóu

疇，耕治之田也。从田，象耕屈之形。直由切。

【译文】疇，已犁耕整治的田地。从田，像犁耕的田沟弯弯曲曲的形状。

嫪 liú

嫪，烧种也。《汉律》曰："嫪田茠艹"从田，翏声。力求切。

【译文】嫪，焚烧地中草木而下种。《汉律》说："焚烧田地草木而下种，并且拔除一切野草。"从田，翏声。

畸 jī

畸，残田也。从田，奇声。居宜切。

【译文】畸，不可作井田的零星而不整齐的田。从田，奇声。

嵯 cuó

嵯，残田也。《诗》曰："天方荐嵯。"从田，差声。昨何切。

【译文】嵯，零星（而又荒芜）的田地。《诗经》说："上天正在重复降下灾荒。"从田，差声。

晦 mǔ

晦，六尺为步，步百为晦。从田，每声。莫厚切。

【译文】晦，六尺是一步，（横一步），直百步是一晦。从田，每声。

畿 jī

畿，天子千里地。以远近言之，则言畿也。从田，幾省声。巨衣切。

【译文】畿，天子所属的千里地面。凭着距王城很近的角度命名，就叫畿。从田，幾省声。

甸 diàn

甸，天子五百里地①。从田，包省。堂练切。

【译文】甸，天子所属的离王城五百里内的田地。由田、由包省会意。

【注释】①五百里地：徐锴《系传》作"五百里内田"。

畦 畦 qí

畦，田五十亩曰畦。从田，圭声。户圭切。

【译文】畦，田有五十亩叫作畦。从田，圭声。

畹 畹 wǎn

畹，田三十亩也。从田，宛声。于阮切。

【译文】畹，田三十亩。从田，宛声。

畔 畔 pàn

畔，田界也。从田，半声。薄半切。

【译文】畔，田地的界限。从田，半声。

略 略 lüè

略，经略土地也。从田，各声。离约切。

【译文】略，划定土地的疆界。从田，各声。

当 當 dāng

當，田相值也。从田，尚声。都郎切。

【译文】當，田与田相对峙。从田，尚声。

畯 畯 jùn

畯，农夫也。从田，夋声。子峻切。

【译文】畯，掌管农事的官。从田，夋声。

畷 畷 zhuì

畷，两陌间道也，广六尺。从田，叕声。陟劣切。

【译文】畷，连接两条田间小道之间的道路，宽六尺。从田，叕声。

畤 畤 zhì

畤，天地五帝所基址，祭地。从田，寺声。右扶风有五畤。好畤、鄜畤，皆黄帝时祭。或曰：秦文公立也。周市切。

【译文】畤，为祭祀天地和五帝所建筑的祭坛，是祭祀的场所。从田，寺声。右扶风郡有五个祭坛。名叫好的祭坛、名叫鄜的祭坛，都是黄帝时代建筑的。有人说，是秦文公建立的。

甿 甿 méng

甿，田民也。从田，亡声。武庚切。

【译文】甿，田野的老百姓。从田，亡声。

疄 疄 lìn

疄，轹田也。从田，舜声。良刃切。

【译文】疄，车轮辗压田地。从田，舜声。

畜 畜 xù

畜，田畜也①。《淮南子》曰："玄田为畜。"丑六切。

【译文】畜，尽力种田所得的积蓄。《淮南子》说："由'玄'、'田'组成畜字。"

【注释】① 田畜：《段注》："谓力田之畜积也。"

畽 畽 tuǎn

畽，禽兽所践处也。《诗》曰："町畽鹿场。"从田，童声。土短切。

【译文】畽，禽兽践踏的地方。《诗经》说："鹿践踏的痕迹布满着养鹿的场地。"从田，童声。

畅 畅 chàng

畅，不生也。从田，易声。丑亮切。

【译文】畅，（草木畅盛而）五谷不生。从田，易声。

畕部

畕 畕 jiāng

畕，比田也。从二田。凡畕之属皆从畕。居良切。

【译文】畕，紧密相连的田地。由两个田字会意。大凡畕的部属都从畕。

畕 畺 jiāng

畺，界也。从畕，三，其界画也。居良切。

【译文】畺，疆界。从畕，三是田与田之间的界限。

黄部

黄 黄 huáng

黄，地之色也。从田，从芡，芡亦声。芡，古文光。凡黄之属皆从黄。乎光切。

【译文】黄，土地的颜色。由田、由芡会意，芡也表声。芡，古文光字。大凡黄的部属都从黄。

黗 黗 tuān

黗，黄黑色也。从黄，耑声。他端切。

【译文】黗，黑黄色。从黄，耑声。

黊 黊 wěi

黊，青黄色也。从黄，有声。呼罪切。

【译文】黊，青黄色。从黄，有声。

黇 黇 tiān

黇，白黄色也。从黄，占声。他兼切。

【译文】黇，白黄色。从黄，占声。

黬 黬 xiān

黬，赤黄也。一曰：轻易人黬姁也。从黄，夹声。许兼切。

【译文】黬，赤黄色。另一义说，指轻视侮慢人的人显得很轻薄。从黄，夹声。

黊 黊 xié

黊，鲜明黄也。从黄，圭声。户圭切。

【译文】黊，鲜明的黄色。从黄，圭声。

男部

男 男 nán

男，丈夫也。从田，从力。言男用力于田也。凡男之属皆从男。那含切。

【译文】男，成年男子。由田、由力会意，是说男子在田地里尽力。大凡男的部属都从男。

舅 舅 jiù

舅，母之兄弟为舅，妻之父为外舅。从男，臼声。其久切。

【译文】舅，母亲的哥哥或弟弟叫作舅，妻子父亲叫作外舅。从男，臼声。

甥 甥 shēng

甥，谓我舅者，吾谓之甥也。从男，生声。所更切。

【译文】甥，叫我舅舅的人，我叫他作外甥。从男，生声。

力部

力 力 lì

力，筋也。象人筋之形。治功曰力，能圉大灾。凡力之属皆从力。林直切。

【译文】力，筋肉张缩的功用。像人的筋肉纵横鼓起的形状。又，能使天下大治的功劳叫力，力能抵御大的灾难。大凡力的部属都从力。

勋 勋 xūn

勋，能成王功也。从力，熏声。许云切。

【译文】勋，能成就辅佐天子的大功劳。从

力，熏声。

功 gōng

功，以劳定国也。从力，从工，工亦声。古红切。

【译文】功，用尽力量建立和稳定国家。由力、由工会意，工也表声。

助 zhù

助，左也。从力，且声。床倨切。

【译文】助，辅佐。从力，且声。

务 wù

务，趣也。从力，孜声。亡遇切。

【译文】务，为某事奔走。从力，孜声。

勉 miǎn

勉，强也。从力，免声。亡辨切。

【译文】勉，自强而尽力。从力，免声。

劝 quàn

劝，勉也。从力，雚声。去愿切。

【译文】劝，勉励。从力，雚声。

劭 shào

劭，勉也。从力，召声。读若舜乐《韶》。寔照切。

【译文】劭，自强而努力。从力，召声。音读像舜作的乐曲《韶乐》的"韶"字。

勝 shēng

勝，任也。从力，朕声。识蒸切。

【译文】勝，能够担当。从力，朕声。

動 dòng

動，作也。从力，重声。徒总切。

【译文】動，起旁行动。从力，重声。

勞 láo

勞，剧也。从力，熒省。熒，火烧冂，用力者劳。鲁刀切。

【译文】勞，十分勤苦。由力、由熒省去下面的火会意。熒，表示火灾烧屋，用力救火的人十分辛苦。

勵 lèi

勵，推也。从力，畾声。卢对切。

【译文】勵，（作战）推礧石（自高而下打击敌人）。从力，畾声。

劣 liè

劣，弱也。从力少（声）。力辍切。

【译文】劣，弱。由力、少会意。

勮 jù

勮，务也。从为，豦声。其据切。

【译文】勮，特别尽力。从力，豦声。

勩 yì

勩，劳也。《诗》曰："莫知我勩。"从力，貰声。余制切。

【译文】勩，辛劳。《诗经》说："没有什么人知道我的辛劳。"从力，貰声。

勉 kè

勉，尤极也。从力，克声。苦得切。

【译文】勉，极其尽力辛劳。从力，克声。

勦 chāo

勦，劳也。《春秋传》曰："安用勦民？"从力，巢声。子小切。又，楚交切。

【译文】勦，劳累。《春秋左传》说："怎么用得着劳累民众？"从力，巢声。

券 juàn

券，劳也。从力，卷省声。渠卷切。

【译文】券，疲劳。从力，卷省声。

勤 qín

勤，劳也。从力。堇声。巨巾切。

【译文】勤，辛劳。从力，堇声。

加 jiā

加，语相（增）[譜]加也。从力，从口。古牙切。

【译文】加，用言语欺诬人。由力、由口会意。

勢 háo

勢，健也。从力，敖声。读若豪。五牢切。

【译文】勢，豪杰。从力，敖声。音读像"豪"字。

勇 yǒng

勇，气也。从力，甬声。余陇切。

【译文】勇，气上涌而有胆量。从力，甬声。

勃 bó

勃，排也。从力，孛声。薄没切。

【译文】勃，推排。从力，孛声。

劾 hé

劾，法有辜也。从力，亥声。胡槩切。

【译文】劾，依照法律把罪名施加给有罪的人。从力，亥声。

飭 chì

飭，致坚也。从人，从力，食声。读若敕。耻力切。

【译文】飭，（用人力整治）使之坚牢。由人、由力会意，食声。音读像"敕"字。

劫 jié

劫，人欲去，以力胁止曰劫。或曰：以力止去曰劫。居怯切。

【译文】劫，人想离开。用力量胁迫其留止叫作劫。另一义说，用力量止住人、物的离失叫作劫。

募 mù

募，广求也。从力，莫声。莫故切。

【译文】募，广泛征求。从力，莫声。

劦部

劦 xié

劦，同力也。从三力。《出海经》曰："惟号之山，其风若劦。"凡劦之属皆从劦。胡颊切。

【译文】劦，会同众多的力量成为一个力量。由三个力字会意。《山海经》说："鸡号山上，那风像会合众多的力量吹来似的。"大凡劦的部属都从劦。

協 xié

協，同心之和。从劦。从心。胡颊切。

【译文】協，同心的和谐。由劦、由心会意。

勰 xié

勰，同思之和。从劦，从思。胡颊切。

【译文】勰，同思虑的和谐。由劦、由思会意。

協 xié

協，众之同和也。从劦，从十。胡颊切。

【译文】協，众人的协同和谐。由劦、由十会意。

金部

金 jīn

金，五色金也[1]。黄为之长。久薶不生衣，百炼不轻，从革不违。西方之行。生于土，从土；左右注，象金在土中形；今声。凡金之属皆从金。居音切。

【译文】金，白、青、赤、黑、黄五色金属的总称。黄金作它们的代表。久埋在地下，不产生朽败的外层，千锤百炼，不损耗变轻，顺从人意，变更成器，不违背其本性。是代表西方的一种物质。产生在土里面，所以从土；土字左右两笔，像金属块状物在土中的样子；今表声。大凡金的部属都从金。

【注释】① 五色金 :《段注》:“下文白金、青金、赤金、黑金，合黄金为五色。”

銀 yín

銀，白金也。从金，艮声。语巾切。

【译文】銀，白色的金属。从金，艮声。

鋈 wù

鋈，白金也。从金，䒹省声。乌酷切。

【译文】鋈，白色的金属。从金，䒹省声。

鉛 qiān

鉛，青金也。从金，㕣声。与专切。

【译文】鉛，青色的金属。从金，㕣声。

錫 xī

錫，银铅之间也。从金，易声。先击切。

【译文】錫，介乎银和铅之间的金属。从金，易声。

鈏 yǐn

鈏，锡也。从金，引声。羊晋切。

【译文】鈏，又叫锡。从金，引声。

鐵 tiě

鐵，黑金也。从金，戴声。天结切。

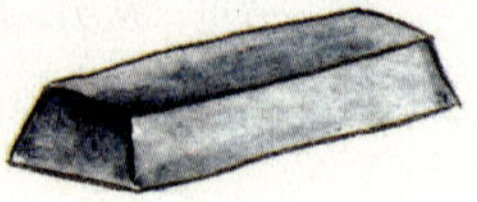

【译文】鐵，黑色的金属。从金，戴声。

銅 tóng

銅，赤金也。从金，同声。徒红切。

【译文】銅，赤色的金属。从金，同声。

鏈 lián

鏈，铜属。从金，連声。力延切。

【译文】鏈，铜一类。从金，連声。

鍇 kǎi

鍇，九江谓铁曰锴。从金，皆声。苦骇切。

【译文】鍇，九江郡叫铁叫锴。从金，皆声。

鋚 tiáo

鋚，铁也。一曰：辔首铜。从金，攸声。以周切。

【译文】鋚，又叫铁。另一义说，马笼头上的铜饰品。从金，攸声。

録 lù

録，金色也。从金，录声。力玉切。

【译文】録，金属的青黄之间的色泽。从金，录声。

鋻 jiàn

鋻，刚也。从金，臤声。古甸切。

【译文】鋻，刚硬。从金，臤声。

釘 dīng

釘，炼鉼黄金。从金，丁声。当经切。

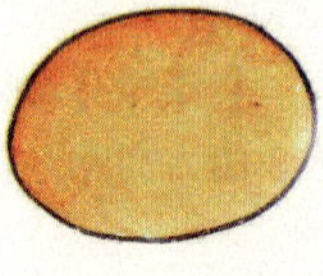

【译文】釘，冶炼而成的饼块黄金。从金，丁声。

鏡 鏡 jìng

鏡，景也①。从金，竟声。居庆切。

【译文】鏡，（可照见）形影。从金，竟声。

【注释】① 景：张舜徽《约注》："当读为影，谓形影也。"

鍾 鍾 zhōng

鍾①，酒器也。从金，重声。职容切。

【译文】鍾，盛酒的器皿。从金，重声。

【注释】① 鍾：《段注》："古者此器盖用以宁酒，故大其下、小其颈。"

銚 銚 yáo

銚，温器也。一曰：田器。从金，兆声。以招切。

【译文】銚，暖物的器皿。另一义说，种田的器具。从金，兆声。

鐎 鐎 jiāo

鐎，鐎斗也。从金，焦声。即消切。

【译文】鐎，刁斗。从金，焦声。

鋗 鋗 xuān

鋗，小盆也。从金，肙声。火玄切。

【译文】鋗，小盆。从金，肙声。

鑅 鑅 wèi

鑅，鼎也。从金，彗声。读若彗。于岁切。

【译文】鑅，鼎。从金，彗声。音读像"彗"字。

鍵 鍵 jiàn

鍵，铉也。一曰：车辖。从金，建声。渠偃切。

【译文】鍵，贯通鼎耳的横杠。另一义说，安在车轴末端以固定车轮的铁棍。从金，建声。

鉉 鉉 xuàn

鉉，举鼎也。《易》谓之鉉，《礼》谓之鼏。从金，玄声。胡犬切。

【译文】鉉，举鼎（的木杠）。《易经》叫它作鉉，《仪礼》叫它作鼏。从金，玄声。

鋊 鋊 yù

鋊，可以句鼎耳及炉炭。从金，谷声。一曰：铜屑。读若浴。余足切。

【译文】鋊，可用来钩举鼎耳以及钩出炉炭（的器具）。从金，谷声。另一义说，是钢屑。音读像"浴"字。

錯 錯 cuò

錯，金涂也。从金，昔声。仓各切。

【译文】錯，用金涂饰。从金，昔声。

鍥 鍥 qiè

鍥，镰也。从金，契声。苦结切。

【译文】鍥，镰刀。从金，契声。

鉊 鉊 zhāo

鉊，大（铁）[镰] 也。从金，召声。镰谓之鉊，张彻说。止摇切。

【译文】鉊，大镰刀的专名。从金，召声。镰又叫作鉊，是张彻的说法。

鉆 鉆 chān

鉆，铁铌也。从金，占声。一曰：膏车铁钻。敕淹切。

【译文】鉆，铁作的镊子。从金，占声。另一义说，在车毂上加油的铁作的器具。

銍 銍 zhì

銍，获禾短镰也。从金，至声。陟栗切。

【译文】銍，收获禾穗的短镰。从金，至声。

鎮 鎮 zhèn

鎮，博压也。从金，真声。陟刃切。

【译文】鎮，广泛地镇压。从金，真声。

鋝 鋝 lüè

鋝，十［一］铢二十五分［铢］之十三也。从金，寽声。《周礼》曰："重三鋝。"北方以二十两为［三］鋝。力鋝切。

【译文】鋝，十一又二十五分之十三铢。从金，寽声。《周礼》说："重三鋝。"北方用二十两作三鋝。

鉗 鉗 qián

鉗，以铁有所劫束也。从金，甘声。巨淹切。

【译文】鉗，用铁（圈束颈脖），有强迫捆绑的对象。从金，甘声。

釱 釱 dì

釱，铁钳也。从金，大声。特计切。

【译文】釱，铁柝的圈束着脚的刑具。从金，大声。

鋸 鋸 jù

鋸，枪唐也。从金，居声。居御切。

【译文】鋸，（分解木石）响声枪唐（的金属工具）。从金，居声。

鐕 鐕 zān

鐕，可以缀着物者。从金，晉声。则参切。

【译文】鐕，可用来连缀附着物体的钉子。从金，晉声。

錐 錐 zhuī

錐[1]，锐也。从金，隹声。职追切。

【译文】錐，锐利。从金，隹声。

【注释】① 錐：如用作名词，指锥子，锐利的工具。

鈞 鈞 jūn

鈞，三十斤也。从金，匀声。居匀切。

【译文】鈞，三十斤。从金，匀声。

鈀 鈀 bā

鈀，兵车也。一曰：铁也。《司马法》："晨夜内鈀车。"从金，巴声。伯加切。

【译文】鈀，兵车。另一义说，是铁。《司马法》说："晨夜内鈀车。"

鐲 鐲 zhuó

鐲，钲也。从金，蜀声。军法：司马执鐲。直角切。

【译文】鐲，钟状的铃。从金，蜀声。军法规定，公司马执掌着钟状的铃。

鈴 鈴 líng

鈴[1]，令丁也。从金，从令，令亦声。郎丁切。

【译文】鈴，又叫令丁。由金、由令会意，令也表声。

【注释】① 鈴：朱骏声《通训定声》："有柄有舌，似钟而小。"

鉦 鉦 zhēng

鉦，铙也。似铃，柄中，上下通。从金，正声。诸盈切。

【译文】鉦，样子像钟的乐器。像铃，把柄，一半在上一半在铃中，上下相通。从金，正声。

鐘 鐘 zhōng

鐘，乐钟也。秋分之音，物種成。从金，童声。古者垂作钟。职茸切。

【译文】鐘，乐器钟。代表秋分時节的音律，至秋而物穗成熟。从金，童声。古时候一个叫垂的制作钟。

鈁 鈁 fāng

鈁，方钟也。从金，方声。府良切。

【译文】鈁，方形酒壶。从金，方声。

鍠 鍠 huáng

鍠，钟声也。从金，皇声。《诗》曰："钟鼓
鍠鍠。"乎光切。

【译文】鍠，钟声。从金，皇声。《诗经》
说："钟声、鼓声鍠鍠地应和。"

鎛 鎛 bó

鎛，鎛鳞也。钟上横木上金华也。一曰：田
器。从金，尃声。《诗》曰："庤乃钱鎛。"补
各切。

【译文】鎛，附着的龙蛇之类。是悬钟的横
木上用金涂饰约花纹。另一义说，种田的（锄头
一类的）器具。从金，尃声。《诗经》说："准备
好你们的锹和锄。"

鉦 鉦 zhēng

鉦，金声也。从金，争声。侧茎切。

【译文】鉦，金属撞击声。从金，争声。

鏠 鏠 fēng

鏠，兵端也[1]。从金，逢声。敷容切。

【译文】鏠，兵器的尖端。从金，逢声。

【注释】①兵端：《段注》："兵，械也；端，
物初生之题，引伸为凡物之颠与末。凡金器之尖
曰鏠。"

鏐 鏐 liú

鏐，弩眉也。一曰：黄金之美者[1]。从金，
翏声。力幽切。

【译文】鏐，弩眉。另一义说，精美的黄金。
从金，翏声。

【注释】①黄金句：《尔雅·释器》："黄金谓
之璗，其美者谓之鏐。"郭注："鏐即紫磨金。"

鍭 鍭 hóu

鍭，矢。金鍭
翦羽谓之鍭[1]。从
金，侯声。乎钩切。

【译文】鍭，就是箭。金属制的箭头、整齐
的箭羽，叫作鍭。从金，侯声。

【注释】①鍭：箭头。

鐏 鐏 zùn

鐏，柲下铜也。从金，尊声。徂寸切。

【译文】鐏，（戈的）把柄末端铜制锥形套。
从金，尊声。

鏑 鏑 dí

鏑，矢鏠也。从金，啻声。都历切。

【译文】鏑，箭的锋利的头部。从金，啻声。

鎧 鎧 kǎi

鎧，甲也。从金，豈声。
苦亥切。

【译文】鎧，用金属薄片
连缀而成的、作战时用于护身
的衣服。从金，豈声。

釬 釬 hàn

釬，臂铠也。从金，于声。侯旰切。

【译文】釬，战时套在臂上的用金属薄片连
缀而成的袖套。从金，干声。

釣 釣 diào

釣，钩鱼也。从金，勺声。多啸切。

【译文】釣，用钩钩钓鱼。从金，勺声。

鋪 鋪 pū

鋪，箸门铺首也[1]。从
金，甫声。普胡切。

【译文】鋪，附箸在门扇
上衔着门环的金属螺形兽面。
从金，甫声。

【注释】① 铺首：朱骏声《通训定声》："古者箸门为螺形，谓之椒图，是曰铺首。以金为之，则曰金铺。"王筠《句读》："《三辅黄图》：'金铺玉户。'注：'金铺，扇上有金华，中作兽及龙蛇，铺首以衔环也。'"

鈔 鈔 chāo

鈔，叉取也。从金，少声。楚交切。

【译文】鈔，用手指突入取物。从金，少声。

鏃 鏃 zú

鏃，利也。从金，族声。作木切。

【译文】鏃，锐利。从金，族声。

錞 錞 duī

錞，下垂也。一曰：千斤椎。从金，敦声。都回切。

【译文】錞，下垂。另一义说，千斤的锤子。从金，敦声。

鈌 鈌 jué

鈌，刺也。从金，夬声。于决切。

【译文】鈌，刺。从金，夬声。

鏉 鏉 shòu

鏉，利也。从金，欶声。所右切。

【译文】鏉，锋利。从金，欶声。

鉟 鉟 mín

鉟，业也。贾人占鉟。从金，昏声。武巾切。

【译文】鉟，本钱。商人估计自己的本钱。从金，昏声。

鈋 鈋 é

鈋，吪圜也。从金，化声。五禾切。

【译文】鈋，转动着使不圆的器物变圆。从金，化声。

鐋 鐋 táng

鐋，鐋锑，火齐。从金，唐声。徒郎切。

【译文】鐋，鐋锑，火齐珠。从金，唐声。

鉅 鉅 jù

鉅，大刚也。从金，巨声。其吕切。

【译文】鉅，巨大而刚硬。从金，巨声。

錦 錦 tí

锑，鐋锑也。从金，弟声。杜兮切。

【译文】锑，鐋锑。从金，弟声。

鍒 鍒 róu

鍒，铁之耎也。从金，从柔，柔亦声。耳由切。

【译文】鍒，软铁。由金、由柔会意，柔也表声。

鈍 鈍 dùn

鈍，錭也。从金。屯声。徒困切。

【译文】鈍，（刀剑）不锋利。从金。屯声。

錡 錡 qí

錡，利也。从金，市声。读若齐。徂奚切。

【译文】錡，锋利。从金，市声。音读像"齐"字。

开部

开 开 jiān

开，平也。象二干对构，上平也。凡开之属皆从开。古贤切。

【译文】开，平。像两个干相对举起，上面是平的。大凡开的部属都从开。

勺 勺 zhuó

勺，挹取也。象形，中有实，与包同意。凡勺之属皆从勺。之若切。

【译文】勺，舀取。(勹)，像勺(sháo)形，中间的一表示盛着的酒浆，与包字的"子在胞中"的构字原则相同。大凡勺的部属都从勺。

与　与　yǔ

与，赐予也。一勺为与。此与与同。余吕切。

【译文】与，赐给。由一、勺构成与字。这个字的用法与"与"字相同。

几部

几　几　jǐ

几，踞几也。象形。《周礼》五几：玉几、雕几、彤几、鬃几、素几。凡几之属皆从几。居履切。

【译文】几，蹲踞在地的几。像几的正面和两侧的形状。《周礼》有五几：嵌玉的几，雕花的几，丹饰的几，漆饰的几，不雕饰的几。大凡几的部属都从几。

凥　凥　jū

凥，处也。从尸得几而止。《孝经》曰："仲尼凥。"凥，谓闲居如此。九鱼切。

【译文】凥，(靠在几上而)止息。由表示人的"尸"得靠"几"上而会止息之意。《孝经》说："孔仲尼凥处。"凥，是说如此独自悠闲地凭几止息。

処　处　chǔ

处，止也。得几而止。从几，从夂。昌与切。

【译文】处，止息。人得到几(就凭几)而止息。由几、由夂会意。

凭　凭　píng

凭，依也。从几，从任。《周书》："凭玉几。"读若冯。皮冰切。

【译文】凭，依靠在几上。由几、由任会意。《周书》说："依靠在玉几上。"音读像"冯"字。

且部

且　且　jū, qiě

且，荐也。从几，足有二横，一其下地也。凡且之属皆从且。子余切。又，千也切。

【译文】且，垫放物体的器具。从几，几足间有两横，(表示连足的桄；)一，表示器具下的地。凡且的部属都从且。

俎　俎　zǔ

俎，礼俎也。从半肉白在且上。侧吕切。

【译文】俎，行礼时盛放牲体的器具。由半个肉字(仌)放在"且"之上会意。

斤部

斤　斤　jīn

斤，斫木[斧]也。象形。凡斤之属皆从斤。举欣切。

【译文】斤，砍削木头的横刃小斧。象形，大凡斤的部属都从斤。

斧　斧　fǔ

斧①，斫也。从斤，父声。方矩切。

【译文】斧，砍东西用的纵刃大斧。从斤，父声。

【注释】①斧：斧子，斧头。《诗经·齐风·南山》："析薪如之何？匪斧不克。"

斨　斨　qiāng

斨，方銎斧也。从斤，爿声。《诗》曰，"又缺我斨。"七羊切。

【译文】斫，方形孔的斧头。从斤，丬声。《诗经》说："又使我那方形孔的斧头战缺了口。"

斫 zhuó

斫，击也。从斤，石声。之若切。

【译文】斫，砍击。从斤，石声。

斪 qú

斪，斫也。从斤，句声。其俱切。

【译文】斪，斫（地的锄头一类）。从斤，句声。

所 suǒ

所，伐木声也。从斤，户声。《诗》曰："伐木所所。"疏举切。

【译文】所，砍伐树木的声音。从斤，户声。《诗经》说："砍伐树木啊所所地响。"

斯 sī

斯，析也。从斤，其声。《诗》曰①："斧以斯之。"息移切。

【译文】斯，劈开。从斤，其声。《诗经》说："用斧头把它劈开。"

【注释】①《诗》：指《诗经·陈风·墓门》。

新 xīn

新，取木也。从斤，亲声。息邻切。

【译文】新，砍取树木。从斤，亲声。

斦 yín

斦①，二斤也。从二斤。语斤切。

【译文】斦，两把斧头。由两个斤字相并表示。

【注释】①斦：一义为砧，铡刀垫座。

斲 zhuó

斲，斩也。从斤，䇂声。侧略切。

【译文】斲，斩断。从斤，䇂声。

斷 duàn

斷，截也。从斤，从𢇍；《周书》曰："䛐䛐猗无他技。"徒玩切。

【译文】斷，截断。由斤、由𢇍会意；《周书》说："为人诚实专一啊却没有别的技能。"

斗部

斗 dǒu

斗，十升也。象形，有柄。凡斗之属皆从斗。当口切。

【译文】斗，（它的容积是）十升。象形，有把柄。大凡斗的部属都从斗。

斝 jiǎ

斝，玉爵也。夏曰琖，殷曰斝，周曰爵。从叩，从斗，冂象形。与爵同意。或说斝受六斗。古雅切。

【译文】斝，玉制的酒爵。夏代器叫作琖，殷代叫作斝，周代叫作爵。由叩、由斗会意，冂象形。与爵构形原则相同。有人说，斝可收受的容积为六斗。

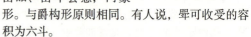

斛 hú

斛，十斗也。从斗，角声。胡谷切。

【译文】斛，（它的容积为）十斗。从斗，角声。

料 liào

料，量也。从斗，米在其中。读若辽。洛萧切。

【译文】料，称量（其多少）。从斗，由"米"在"斗"中会意。音读像"辽"字。

斡 wò

斡，蠡柄也。从斗，倝声。杨雄、杜林说，皆以为辌车轮斡。乌括切。

【译文】斡，瓢把。从斗，倝声。杨雄、杜林的学说，都认为小车车轮叫作斡。

魁 kuí

魁，羹斗也。从斗，鬼声。苦回切。

【译文】魁，舀羹汁的勺子。从斗，鬼声。

斟 zhēn

斟，勺也。从斗，甚声。职深切。

【译文】斟，用勺子舀取。从斗，甚声。

斜 xié

斜①，（杼）［抒］也。从斗，余声。读若荼。似嗟切。

【译文】斜，舀出。从斗，余声。音读像"荼"字。

【注释】①斜：《段注》："凡以斗挹出之，谓之斜。"

升 shēng

升，［二］十龠也。从斗，亦象形。识蒸切。

【译文】升，二十龠。从斗。也是象形字。

矛部

矛 máo

矛①，酋矛也。建于兵车，长二丈。象形。凡矛之属皆从矛。莫浮切。

【译文】矛，长矛。树立在兵车车上，长两丈。象形。大凡矛的部属都从矛。

【注释】①矛：徐锴《系传》："酋矛，长矛也。"

稂 láng

稂，矛属。良声。鲁当切。

【译文】稂，矛一类。从矛，良声。

稽 kuài

稽，矛属。从害声。苦盖切。

【译文】稽，矛一类。从矛，害声。

䂩 zé

䂩，矛属。从矛，昔声。读若笮。士革切。

【译文】䂩，矛一类。从矛，昔声。音读像"笮（zé）"字。

矜 qín

矜，矛柄也。从矛，今声。居陵切。又，巨巾切。

【译文】矜，矛的把。从矛，今声。

䂇 niǔ

䂇，（刺）［刾］也。从矛，丑声。女久切。

【译文】䂇，刺。从矛，丑声。

車部

車 chē

車，舆轮之总名。夏后时奚仲所造。象形。凡车之属皆从车。尺遮切。

【译文】车，车箱、车轮等部件汇成一个整体，其总称叫车。是夏后时代名叫奚仲的人制造的。象形。大凡车的部属都从车。

軒 xuān

軒，曲辀藩车。从车，干声。虚言切。

【译文】軒，有穹隆曲上的辀辕、而箱后有围蔽的车。从车，干声。

輜 輜 zī

輜，軿车前，衣车后也。从車，甾声。侧持切。

【译文】輜，前面（有帷幕遮蔽），像軿车；后面（开有门窗），又像衣车。从車，甾声。

軿 軿 píng

軿，輜车也。从車，并声。薄丁切。

【译文】軿，輜车（一类）。从車，并声。

輼 輼 wēn

輼，卧车也。从車，昷声。乌魂切。

【译文】輼，供人卧息的车。从車，昷声。

輬 輬 liáng

輬，卧车也。从車，京声。吕张切。

【译文】輬，供人卧息的车。从車，京声。

軺 軺 yáo

軺，小车也。从車，召声。以招切。

【译文】軺，小车。从車，召声。

輕 輕 qīng

輕，轻车也。从車，巠声。去盈切。

【译文】輕，轻车。从車，巠声。

輣 輣 péng

輣，兵车也。从車，朋声。薄庚切。

【译文】輣，兵车。从車，朋声。

軘 軘 tún

軘，兵车也。从車，屯声。徒魂切。

【译文】軘，兵车。从車，屯声。

轈 轈 cháo

轈，兵高车加巢以望敌也。从車，巢声。《春秋传》曰："楚子登轈车。"鉏交切。

【译文】轈，作战的高大的车上架着一个像鸟巢的板屋来瞭望敌情。从車，巢声。《春秋左传》说："楚共王登上轈车。"

軥 軥 chōng

軥，陷敶车也。从車，童声。尺容切。

【译文】軥，冲锋陷阵的战车。从車，童声。

輯 輯 jí

輯，车和辑也。从車，咠声。秦入切。

【译文】輯，车必汇合（众多材料）集中（众多工匠方可造成）。从車，咠声。

輿 輿 yú

輿，车舆也。从車，舁声。以诸切。

【译文】輿，车箱。从車，舁声。

幔 幔 màn

幔，衣车盖也。从車，曼声。莫半切。

【译文】幔，四围有帷幕的车的布制顶盖。从車，曼声。

軓 軓 fàn

軓，车轼前也。从車，凡声。《周礼》曰："立当前軓。"音范（fàn）。

【译文】軓，车前横木下掩蔽车箱的木板。从車，凡声。《周礼》说："站着面对前面车轼下掩蔽车箱的木板。"

軾 軾 shì

軾，车前也。从車，式声。赏职切。

【译文】軾，车箱前面（供立乘者凭借的横木）。从車。式声。

輅 輅 hé

輅，车軨前横木也。从車，各声。洛故切。

【译文】輅，绑在车栏前（车辕上供人牵挽的）横木。从車，各声。

較 較 jué

較，车（骑）[輢]上曲铜也。从車，爻声。
古岳切。

【译文】較，车箱两旁輢板上弯曲的铜钩。
从車，爻声。

軔 軷 fǎn

軷，车耳反出也。从車，从反，反亦声。府
远切。

【译文】軷，车箱两旁像耳的部分向外反
出。由車、由反会意，反也表声。

輢 輢 yǐ

輢，车旁也。从車，奇声。于绮切。

【译文】輢，车箱两旁（人可凭倚的木板）。
从車，奇声。

軶 輒 zhé

輒，车两輢也。从車，耴声。陟叶切。

【译文】輒，车箱左右可以凭倚的木板。从
車，耴声。

軸 軸 zhóu

軸，持轮也。从車，由声。直六切。

【译文】軸，贯持着车轮（的柱形长杆）。从
車，由声。

輻 輻 fú

輻，轮轑也。从車，畐声。方六切。

【译文】輻，车轮中连接车毂和车辋的直木
条。从車，畐声。

載 載 zài

載，乘也。从車，𢦏声。作代切。

【译文】載，乘坐。从車，𢦏声。

軍 軍 jūn

軍，圜围也。四千人为军。从車，从包省。

（军）[车]，兵车也。举云切。

【译文】軍，包围。四千人成为一军。由車、
由包省会意。车，就是兵车。

轄 轄 xiá

轄，车声也[1]。从車，害声。一曰：轄，键
也[2]。胡八切。

【译文】轄，车声。从車，害声。另一义说，
轄是横穿车轴末端控制车毂的插栓。

【注释】① 车声：《段注》："毂与轴相切声
也。"② 辖，键："车辖，贯轴端孔以关毂。"

轉 轉 zhuǎn

轉，运也。从車，專声。知恋切。

【译文】轉，用车运输。从車，專声。

軋 軋 yà

軋，軷也。从車，乙声。乌辖切。

【译文】軋，车辗压。从車，乙声。

軌 軌 guǐ

軌，车彻也。从車，九声。居有切。

【译文】軌，车迹。从車，九声。

軼 軼 yì

軼，车相出也。从車，失声。夷质切。

【译文】軼，后车超出前车。从車，失声。

轚 轚 jí

轚，车辖相轚也。从車，从毄，毄亦声。
《周礼》曰："舟舆轚互者。"古历切。

【译文】轚，车辖互相轚撞。由車、由毄会
意，毄也表声。《周礼》说："船和车相互撞轚交
错的地方。"

輇 輇 shuàn

輇，治车轴也。从車，算声。所眷切。

【译文】輇，用旋转的办法来制造车轴。从
車，算声。

轚 kēng

轚，车坚也。从車，殸声①。口茎切。

【译文】轚，车坚牢。从車，殸声。

【注释】① 殸声：声中有义。

輪 lún

輪①，有辐曰轮，无辐曰辁②。从車，侖声。力屯切。

【译文】輪，有车辐的叫轮，没有车辐的叫辁。从車，侖声。

【注释】① 輪：《段注》："轮之言伦也。从侖；侖，理也。三十辐两两相当而不迪，故曰轮。② 辁：张舜徽《约注》："辁之言全也，谓直斫木为之，其形完满，不见空虚也。"

輗 ní

輗①，大车辕端持衡者②。从車，兒声。五鸡切。

【译文】輗，大车车辕前端用以贯持车衡木的活插销。从車，兒声。

【注释】① 輗：《段注》："辕与衡相接之关键也。" ② 衡：桂馥《义证》引戴侗说：辕端横木即衡也。"

軵 rǒng

軵，反推车，令有所付也。从車，从付。读若胥。而陇切。

【译文】軵，反向推车，使车有可附着的地方。由車、由付会意。音读像"胥"字。

軧 dǐ

軧①，大车后也。从車，氐声。丁礼切。

【译文】軧，大车后部的蔽栏。从車，氐声。

【注释】① 軧：《段注》："軧之言底也。"

輇 quán

輇，蕃车下庳轮也。一曰：无辐也①。从車，全声。读若馔。市缘切。

【译文】輇，藩车下面的低矮的车轮。另一义说，车轮没有车辐。从車，全声。音读像"馔"字。

【注释】① 无辐：张舜徽《约注》："其无辅者，以实木为之，体质为重，形似圜盘。乡僻所用独轮车，大氐然矣。"

轃 zhēn

轃，大车簀也①。从車，秦声。读若臻。侧诜切。

【译文】轃，大车像床簀似的竹垫。从車，秦声。音读像"臻"字。

【注释】① 大车簀：《段注》："簀者床栈也，大车之藉似之。竹木为之。"

輓 yuān

輓①，大车后压也②。从車，宛声。于云切。

【译文】輓，大车后部用以压车的东西。从車，宛声。

【注释】① 輓：《段注》："所以镇大车后者。" ② 压：压榨，镇压。

羞 chái

羞，连车也①。一曰：却车抵堂为羞。以車，差省声。读若遅。士皆切。

【译文】羞，群车牵联（而行进时有等次差别）。另一义说，使车退到堂下叫羞。从車，差省声。音读像"遅"字。

【注释】① 连车：《段注》："谓车牵聊而行有等差也。"

轒 fén

轒，淮阳名车穹隆轒。从車，賁声。符分切。

【译文】轒，淮阳地方叫车篷骨架作轒。从車，賁声。

輂 jú

輂，大车驾马［者］也①。从車，共声。居玉切。

【译文】輂，驾马的大车。从車，共声。

【注释】① 大车驾马：当依《段注》"马"后

加"者"，注："'者'，此别于驾牛也。古大车多驾牛，其驾马者谓之輦。"

輦 輦 niǎn

輦，挽车也①。从车，从㚏在车前引之。力展切。

【译文】輦，人挽的车。从车，由表示两人的"㚏"在"车"前牵引会意。

【注释】① 挽车：《段注》："谓人輓以行之车也。"

軖 軖 kuáng

軖，纺车也①。一曰：一轮车②。从车，㞷声。读若狂。巨王切。

【译文】軖，纺丝的车。另一义说，独轮车。从车，王声。音读像"狂"字。

【注释】① 纺车：《段注》："纺者，纺丝也。"② 一轮车：《正字通·车部》："即今役夫小车运载者。"即独轮车。

轘 轘 huàn

轘，车裂人也。从车，睘声。《春秋传》曰："轘诸栗门。"胡惯切。

【译文】轘，用车撕裂人体。从车，睘声。《春秋左传》说：在（陈国都城）栗门车裂夏征舒。"

斬 斬 zhǎn

斬，截也。从车，从斤。斩法车裂也。侧减切。

【译文】斬，斩杀。由车、由斤会意。斩杀效法车裂。

輓 輓 wǎn

輓，引之也。从车，免声。无远切。

【译文】輓，（在前面）牵车辆。从车，免声。

輀 輀 ér

輀①，丧车也。从车，而声。如之切。

【译文】輀，运载灵柩的车。从车，而声。

【注释】① 輀：《释名·释丧制》："舆棺之车曰輀。"

輔 輔 fǔ

輔，人颊车也。从车，甫声。扶雨切。

【译文】輔，牙床上的面颊。从车，甫声。

轟 轟 hōng

轟，群车声也。从三车。呼宏切。

【译文】轟，成群的车辆行进的声音。由三个"车"字合成群之意。

𠂤部

𠂤 𠂤 duī

𠂤，小𠂤也。象形。凡𠂤之属皆从𠂤。都回切。

【译文】𠂤，小土山。象形。大凡𠂤的部属都从𠂤。

𡴎 𡴎 niè

𡴎，危高也。从𠂤，中声①。读若臬。鱼列切。

【译文】𡴎，险而高。从𠂤，中声。音读像"臬"字。

【注释】① 中声：林义光《文源》："（中）象高出之貌。"

官 官 guān

官，吏①，事君也。从宀，从𠂤。𠂤犹众也，此与师同意。古丸切。

【译文】官，官吏，奉事国君的人。由宀、由𠂤自会意。𠂤好比说众人的意思，这与"师"字从𠂤是同一造字原则。

【注释】① 吏：王筠《句读》："句。谓官、吏同意也。"

393

𨸏部

𨸏 fù

𨸏,大陆[1],山无石者。象形。凡𨸏之属皆从𨸏。房九切。

【译文】𨸏,大面积的又高又平的土地,是没有石头的土山。象形。大凡𨸏的部属都从𨸏。

【注释】① 大陆:《尔雅·释地》:"高平曰陆。"

陵 líng

陵,大𨸏也。从𨸏,夌声。力膺切。

【译文】陵,大土山。从𨸏,夌声。

阞 lè

阞,地理也。从𨸏,力声。卢则切。

【译文】阞,地的脉理。从𨸏,力声。

陰 yīn

陰,闇[1]也;水之南、山之北也。从𨸏,会声。于今切。

【译文】陰,幽暗,是水的南面、出的北面。从𨸏,会声。

【注释】① 闇:《段注》:"闇者,闭门也。闭门则为幽暗。"

陽 yáng

陽,高、明也。从𨸏,易声。与章切。

【译文】陽,山丘高耸,明亮。从𨸏,易声。

陸 lù

陸,高平也。从𨸏,从坴,坴亦声。力竹切。

【译文】陸,又高又平的土地。由𨸏、由坴会意,坴也表声。

阿 ē

阿,大陵也。一曰:曲𨸏也。从𨸏,可声。乌何切。

【译文】阿,大土山。另一义说,山丘弯曲的地方。从𨸏,可声。

陂 bēi

陂,阪也。一曰:沱也。从𨸏,皮声。彼为切。

【译文】陂,山坡。另一义说,是池塘。从𨸏,皮声。

阪 bǎn

阪,坡者曰阪。一曰:泽障。一曰:山胁也。从𨸏,反声。府远切。

【译文】阪,山坡叫阪。另一义说,水泽的堤障。另一义说,山腰小道。从𨸏,反声。

陬 zōu

陬,阪隅也。从𨸏,取声。子侯切。

【译文】陬,山坡的一角。从𨸏,取声。

隅 yú

隅,陬也。从𨸏,禺声。噳俱切。

【译文】隅,山角。从𨸏,禺声。

險 xiǎn

險,阻,难也。从𨸏,佥声。虚检切。

【译文】險,险峻和阻隔,都是艰难的意思。从𨸏,佥声。

限 xiàn

限,阻也。一曰:门榍[1]。从𨸏,艮声。乎简切。

【译文】限,阻隔。另一义说,是门槛。从𨸏,艮声。

【注释】① 门榍:《段注》:"此别一义,而前义可

包之。木部曰：'楣，门限也。'"

阻 阻 zǔ

阻，险也。从自，且声。侧吕切。

【译文】阻，险峻。从自，且声。

隹 隹 duì

隹，隹隗，高也。从自，佳声。都辠切。

【译文】隹，崔巍，高峻不平。从自，佳声。

隗 隗 wěi

隗，隹隗也。从自，鬼声。五辠切。

【译文】隗，崔巍。从自，鬼声。

阭 阭 yǔn

阭，高也。一曰：石也。从自，允声。余准切。

【译文】阭，高峻。另一义说，是石头。从自，允声。

陗 陗 qiào

陗，陵也。从自，肖声。七笑切。

【译文】陗，高峻陡直。从自，肖声。

陵 陵 jùn

陵，陗高也。从自，夋声。私闰切。

【译文】陵，陡陗高峻。从自，夋声。

隥 隥 dèng

隥，仰也。从自，登声。都邓切。

【译文】隥，（供）仰望（而登高的石梯）。从自，登声。

陋 陋 lòu

陋，阨陕也。从自，匚声。卢候切。

【译文】陋，狭隘。从自，匚声。

陟 陟 zhì

陟，登也。从自，从步。竹力切。

【译文】陟，登升。由自、由步会意。

陷 陷 xiàn

陷，高下也。一曰：陊也。从自，从臽，臽亦声。户猎切。

【译文】陷，从高处陷入低下。另一义说，是堕落。由自、由臽会意，臽也表声。

隰 隰 xí

隰，阪下湿也。从自，㬎声。似入切。

【译文】隰，山坡下低湿的地方。从自，㬎声。

隤 隤 tuí

隤，下队也。从自，贵声。杜回切。

【译文】隤，向下坠落。从自，贵声。

隊 隊 zhuì

隊，从高队也。从自，㒸声。徒对切。

【译文】隊，从高处坠落下去。从自，㒸声。

降 降 jiàng

降，下也①。从自，夅声②。古巷切。

【译文】降，下降。从自，夅声。

【注释】①下：《段注》："此下为自上而下。"②从自，夅声：《段注》："此亦形声包会意。"

陧 陧 niè

陧，危也。从自，从毁省。徐巡以为：陧，凶也。贾侍中说：陧，法度也。班固说：不安也。《周书》曰："邦之阢陧。"读若虹蜺之蜺。五绪切。

【译文】陧，高危。由自、由毁省夊会意。徐巡认为，陧是凶的意思。贾侍中说，陧是法度的意思。班固说，隉是不安的意思。《周书》说："国家的危险不安，（由于一个人。）"音读像虹蜺的"蜺"字。

隕 yǔn

隕，从高下也。从𨸏，員声。《易》曰："有隕自天。"于敏切。

【译文】隕，从高处落下。从𨸏，員声。《易经》说："从天而陨落。"

阤 zhì

阤，小崩也[①]。从𨸏，也声。丈尔切。

【译文】阤，小的崩缺。从𨸏，也声。

【注释】①小崩：《段注》："大曰崩，小曰阤。"

隓 huī

隓，败城𨸏曰隓。从𨸏，𡍮声。许规切。

【译文】隓，败坏城墙叫隓。从𨸏，𡍮声。

陊 duò

陊，落也。从𨸏，多声。徒果切。

【译文】陊，坠落。从𨸏，多声。

阬 kēng

阬，（门）[阆]也。从𨸏，亢声。客庚切。

【译文】阬，洞穴深大。从𨸏，亢声。

防 fáng

防，隄也。从𨸏，方声。符方切。

【译文】防，堤坝。从𨸏，方声。

陘 xíng

陘，山绝坎也。从𨸏，巠声。户经切。

【译文】陘，出脉中间断绝成为坑陷。从𨸏，巠声。

隄 dī

隄，唐也。从𨸏，是声。都兮切。

【译文】隄，堤。从𨸏，是声。

阯 zhǐ

阯，基也。从𨸏，止声。诸市切。

【译文】阯，城墙和山的基脚。从𨸏，止声。

附 bù

附，附娄，小土山也。从𨸏，付声。《春秋传》曰："附娄无松柏。"符又切。

【译文】附，附娄，小土山。从𨸏，付声。《春秋左传》说："小土山上没有松柏这样的大树。"

阺 dǐ

阺，秦谓陵阪曰阺。从𨸏，氐声。丁礼切。

【译文】阺，秦地叫大土山和山坡作阺。从𨸏，氐声。

阢 wù

阢，石山戴土也。从𨸏，从兀，兀亦声。五忽切。

【译文】阢，石山上顶戴着泥土。由𨸏、由兀会意，兀也表声。

隒 yǎn

隒，崖也。从𨸏，兼声。读若俨。鱼检切。

【译文】隒，高耸、层叠的山边。从𨸏，兼声。音读像"俨"字。

阸 è

阸，塞也。从𨸏，戹声。于革切。

【译文】阸，阻隔。从𨸏，戹声。

隔 gé

隔，障也。从𨸏，鬲声。古核切。

【译文】隔，障隔。从𨸏，鬲声。

陝 shǎn

陝，弘农陝也。古虢国，王季之子所封也。

从自，夾声。失冉切。

　　【译文】陕，弘农郡陕县。是古代的虢国，是周王季的儿子虢叔分封的地方。从自，夾声。

障 zhàng

障，隔也。从自，章声。之亮切。

　　【译文】障，阻隔。从自，章声。

隐 yǐn

隐，蔽也。从自，㥯声。于谨切。

　　【译文】隐，隐蔽。从自，㥯声。

隩 ào

隩，水隈，崖也。从自，奥声。乌到切。

　　【译文】隩，水边弯曲的地方，又叫崖。从自，奥声。

隈 wēi

隈，水曲，隩也。从自，畏声。乌恢切。

　　【译文】隈，水边弯曲的地方，又叫隩。从自，畏声。

阮 yuán

阮，代郡五阮关也。从自，元声。虞远切。

　　【译文】阮，代郡五阮关。从自，元声。

陆 kū

陆，大自也。一曰：右扶风鄠有陆自。从自，告声。苦滑切。

　　【译文】陆，大土山。另一义说，右扶风郡鄠县有陆山。从自，告声。

阹 fù

阹，丘名。从自，武声。方遇切。

　　【译文】阹，小丘名。从自，武声。

阢 dīng

阢，丘名。从自，丁声。读若丁。当经切。

　　【译文】阢，小丘名。从自，丁声。音读像"丁"字。

陈 chén

陈，宛丘①，舜后妫满之所封。从自，从木，申声。直珍切。

　　【译文】陈，是四方高中央低的山丘，是舜的后裔妫满分封的地方。由自、由木会意，申声。

　　【注释】①宛丘：《段注》："《毛传》曰'四方高中央下曰宛丘。'"

陶 táo

陶，再成丘也，在济阴。从自，匋声。《夏书》曰："东至于陶丘。"陶丘有尧成，尧尝所居，故尧号陶唐氏。徒刀切。

　　【译文】陶，（形状像叠着两只盂的）两层的山丘，在济阴郡。从自，匋声。《夏书》说："东边到达陶丘。"陶丘那儿有尧城，是尧曾经居住的地方，所以尧又号称陶唐氏。

陼 zhǔ

陼，如渚者陼丘。水中高者也。从自，者声。当古切。

　　【译文】陼，像水中小洲的地方，叫作陼丘。这是水中高平的地方。从自，者声。

阽 yán

阽，壁危也。从自，占声。余廉切。

　　【译文】阽，墙壁倾危。从自，占声。

阼 zuò

阼，主阶也。从自，乍声。昨误切。

　　【译文】阼，（堂前东面）主人（迎接宾客）的台阶。从自，乍声。

除 chú

除，殿陛也。从𨸏，余声。直鱼切。

【译文】除，宫殿的台阶。从𨸏，余声。

階 jiē

階，陛也。从𨸏，皆声。古谐切。

【译文】階，台阶。从𨸏，皆声。

陛 bì

陛，升高阶也。从𨸏，坒声。旁礼切。

【译文】陛，（依次）升高的阶梯，从𨸏，坒声。

陔 gāi

陔，阶次也。从𨸏，亥声。古哀切。

【译文】陔，殿阶的次序。从𨸏，亥声。

陾 réng

陾，筑墙声也。从𨸏，耎声。《诗》云："捄之陾陾。"如乘切。

【译文】陾，筑墙的声音。从𨸏，耎声。《诗经》说："铲土入笼，铲得陾陾的响。"

際 jì

際，壁会也。从𨸏，祭声。子例切。

【译文】際，两版墙壁相会合的缝。从𨸏，祭声。

隙 xì

隙，壁际孔也。从𨸏，从𡭴，𡭴亦声。绮戟切。

【译文】隙，墙壁交会之处的孔穴。由𨸏、由𡭴会意，𡭴也表声。

陪 péi

陪，重土也。一曰：满也。从𨸏，音声。薄

回切。

【译文】陪，重叠的土堆。另一义说，是满。从𨸏，音声。

隊 zhuàn

隊，道边庳垣也。从𨸏，象声。徒玩切。

【译文】隊，路旁矮墙。从𨸏，象声。

陴 pí

陴，城上女墙俾倪也。从𨸏，卑声。符支切。

【译文】陴，城墙上矮小的墙叫作俾倪。从𨸏，卑声。

隍 huáng

隍，城池也。有水曰池，无水曰隍。从𨸏，皇声。《易》曰："城复于隍。"乎光切。

【译文】隍，护城的壕沟。有水的叫作池，没有水的叫作隍。从𨸏，皇声。《易经》说："城墙倒塌在干城壕里。"

阹 qū

阹，依山谷為牛马圈也。从𨸏，去声。去鱼切。

【译文】阹，依傍山谷作成喂养牛马的栏圈。从𨸏，去声。

陲 chuí

陲，危也。从𨸏，垂声。是为切。

【译文】陲，山势垂危。从𨸏，垂声。

隖 wǔ

隖，小障也。一曰：库城也。从𨸏，乌声。安古切。

【译文】隖，小阻隔。另一义说，矮小的城墙。从𨸏，乌声。

院 yuàn

院，坚也。从自，完声。王眷切。

【译文】院，坚固。从自，完声。

阭 lún

阭，山阜陷也。从自，侖声。卢昆切。

【译文】阭，山阜塌陷。从自，侖声。

陙 chún

陙，水自也。从自，辰声。食伦切。

【译文】陙，水岸。从自，辰声。

𨸏 部

𨸏 fù

𨸏，两自之间也。从二自。凡𨸏之属皆从𨸏。房九切。

【译文】𨸏，两山阜之间。由正反两个自字相合而会意。大凡𨸏的部属都从𨸏。

𨺅 jué

𨺅，自突也。从𨸏，决省声。于决切。

【译文】𨺅，山陵被凿穿（而成通道）。从𨸏，决省声。

厽 部

厽 lěi

厽，絫坺土为墙壁。象形。凡厽之属皆从厽。力轨切。

【译文】厽，累叠土块成为墙壁。像土块积叠的样子。大凡厽的部属都从厽。

絫 lěi

絫，增也。从厽，从糸。絫，十黍之重也。力轨切。

【译文】絫，积累。由厽、由糸会意。絫，

又是十粒黍的重量。

垒 lěi

垒，系墼也。从厽，从土。力轨切。

【译文】垒，累叠土砖。由厽、由土会意。

四部

四 sì

四，阴数①也。象四分之形。凡四之属皆从四。息利切。

【译文】四，表示阴的数字。像分为四角的形状。大凡四的部属都从四。

【注释】①阴数：《易·乾凿度》："孔子曰：阳三阴四，位之正也。"

𡄿 suì

𡄿，塞上亭守燧火者。从𨸏，从火，遂声。徐醉切。

【译文】𡄿，边塞之上守烽火的亭子。由𨸏、由火会意，遂声。

宁部

宁 zhù

宁，辨积物也。象形。凡宁之属皆从宁。直吕切。

【译文】宁，分别积聚物体的器具。象形。大凡宁的部属都从宁。

𥁶 zhǔ

𥁶，帾也。所以载盛米。从米，从宁。宁，缶也。陟吕切。

【译文】𥁶，像盛米布袋似的器物。是用来装载谷米的用具。由米、由宁会意。宁，表示盛物的瓦器。

叕部

叕 zhuó

叕，缀联也。象形。凡叕之属皆从叕。陟劣切。

【译文】叕，相互连缀。象形。大凡叕的部属都从叕。

缀 zhuì

缀，合箸也。从叕，从糸。陟衞切。

【译文】缀，（用丝线）连合使相互附着在一起。由叕、由糸会意。

亞部

亞 yà

亞，丑也①。象人局背之形。贾侍中说，以为次弟也。凡亚之属皆从亚。衣驾切。

【译文】亞，丑恶。像人龟背鸡胸的样子。贾侍中说，用它来表示次一等的意义。大凡亚的部属都从亚。

【注释】①丑：《段注》："此亚之本义。亚与恶音义皆同。"

五部

五 wǔ

五，五行①也。从二，阴阳在天地间交午也。凡五之属皆从五。疑古切。

【译文】五，表示水、火、木、金、土五种物质。二，（表示天和地。）（×，）表示阴、阳二气在天地之间交错。大凡五的部属都从五。

【注释】①五行：《段注》："古之圣人知有水、火、木、金、土五者，而后造此字也。"

六部

六 liù

六，《易》之数，阴变于六，正于八。从入，从八。凡六之属皆从六。力竹切。

【译文】六，《周易》的数字，用六为阴的变数，用八为阴的正数。由入、由八会意，（表示六是由八退减而成。）大凡六的部属都从六。

七部

七 qī

七，阳之正也。从一①，微阴从中衺出也。凡七之属皆从七。亲吉切。

【译文】七，阳的正数。从一，（表示阳；）（亅）表示微弱的阴气从表示阳气的"一"中斜屈地冒出来。大凡七的部属都从七。

【注释】①从一：王筠《句读》："一者，阳也。阳中有阴。故为少阳。"按：少阳即正阳。

九部

九 jiǔ

九，阳之变也①。象其屈曲究尽之形。凡九之属皆从九。举有切。

【译文】九，阳的变数。像那个弯弯曲曲直到终尽的样子。大凡九的部属都从九。

【注释】①阳之变：饶炯《部首订》："夫九为老阳，乃数之终，凡数穷则变。"

馗 kuí

馗，九达道也。似龟背，故谓之馗。馗，高也。从九，从首。渠追切。

【译文】馗，向多方通达的道路。好比乌龟的背中间高起、可以向四下通达，所以叫作馗。馗，表示高起。由九、由首会意。

厹部

厹 厹 róu

厹，兽足蹂地也。象形，九声。《尔疋》曰："狐狸貛貉丑，其足蹯，其迹厹。"凡厹之属皆从厹。人九切。

【译文】厹，兽的脚践踏地面。（þ）像那趾头的痕迹，九表声。《尔雅》说："狐、狸、貛、貉之类，它们的脚掌叫蹯，它们的足迹叫厹。"大凡厹的部属都从厹。

禽 禽 qín

禽，走兽总名。从厹①，象形，今声。禽、离、兕头相似。巨今切。

【译文】禽，走兽的总名称。从肉，（þ）像头部之形，今声。禽、离、兕三个字的头部相似。

【注释】① 从厹句：《段注》："厹以象其足迹，凶以象其首。"

离 离 chī

离，山神，兽也。从禽头，从厹，从屮。欧阳乔说，离，猛兽也。吕支切。

【译文】离，山林的神，像兽的样子。由禽头凶、由厹、由屮会意。欧阳乔说，离是猛兽。

萬 萬 wàn

萬，虫也①。从厹，象形。无贩切。

【译文】萬，虫名。从厹，像头部之形。

【注释】① 虫：《段注》："谓虫名也。"徐灝笺："万即蚉字。讹从厹。因为数名所专，又加虫作蚉。"

蚉，遂岐而为二。"

禹 禹 yǔ

禹，虫也。从厹，象形。王矩切。

【译文】禹，虫名。从厹。像头部之形。

离 禼 xiè

禼，虫也。从厹，象形。读与偰同。私列切。

【译文】禼，虫名。从厹，（卤）象形。音读与"偰"字相同。

嘼部

嘼 嘼 chù

嘼，㹀也。象耳、头、足厹地之形。古文嘼，下从厹。凡嘼之属皆从嘼。许救切。

【译文】嘼，畜牲。像耳朵、头、脚践踏地的样子。古文嘼字，下面从厹字。大凡嘼的部属都从嘼。

獸 獸 shòu

獸①，守备者。从嘼，从犬。舒救切。

【译文】獸，能守能备的野兽。由嘼、由犬会意。

【注释】① 獸：徐灝《段注笺》："兽之言狩也，田猎所获，故其字从犬，谓猎犬也。"

甲部

甲 甲 jiǎ

甲，［位］东方之孟，阳气萌动①，从木戴孚甲之象。一曰：人头宜为甲，甲象人头。凡甲之属皆从甲。古狎切。

【译文】甲，定位在东方，东方是五方之始，（属木，木代表春天。）春天，阳气萌生而运动，像草木顶戴种子的甲壳的样子。另一义说，人头的腔颅叫甲，甲象人头。大凡甲的部属都从甲。

【注释】① 阳气句：高亨《文字形义学概论》：

"谓春时阳气萌生而动也。"

乙部

乙 yǐ

乙，象春艹木冤曲而出，阴气尚强，其出乙乙也。与丨同意。乙承甲，象人颈。凡乙之属皆从乙。于笔切。

【译文】乙，像春天草木弯弯曲曲而长出地面，这时阴气还强大，草木的长出十分困难。用乙表示草木的长出，与牵引向上而行的丨用意相同。乙继承着甲，像人的颈脖。大凡乙的部属都从乙。

乾 gān

乾，上出也。从乙，乙，物之达也，倝声。渠焉切。又，古寒切。

【译文】乾，向上冒出。从乙，乙表示植物由地底向地面通达，倝声。

亂 luàn

亂，治也。从乙，乙，治之也①。从𤔔。郎段切。

【译文】亂，治理。从乙，乙表示把曲乱的治理为通达的，从𤔔。

【注释】①乙，治之也：《段注》："乙以治之，谓诎者达之也。"王筠《句读》："去本意远矣，故复解之。"

丙部

丙 bǐng

丙，位南方①，万物成，炳然。阴气初起，阳气将亏。从一入冂。一者，阳也。丙承乙，象人肩。凡丙之属皆从丙。兵永切。

【译文】丙，定位在南方，（南方是夏天的方位，）这时万物都长成，都光明强盛。阴气开始出现，阳气将要亏损。由一、入、冂会意，一表示阳气。丙继承着乙，像人的肩。大凡丙的部属都从丙。

【注释】①位南方句：高亨《文字形义学概论》："古代五行说：以丙丁名南方，南方为火为夏。许氏据此，以为丙居南方之位，属夏之时，其时万物皆长成，炳然而盛，阳气初入于地下。故丙字从一入冂。此皆曲说也。"

丁部

丁 dīng

丁，夏时万物皆丁实。象形。丁承丙，象人心。凡丁之属皆从丁。当经切。

【译文】丁，夏天万物都壮实。像草木茎上有果实的样子。丁继承丙，像人的心。大凡丁的部属都放丁。

戊部

戊 wù

戊，中宫也。象六甲五龙相拘绞也。戊承丁，象人胁。凡戊之属皆从戊。莫候切。

【译文】戊，定位在中央。（戊字的五画）像六甲中的（黄、白、黑、青、赤）五龙相互钩结在一起。戊继承丁，像人的胸胁。大凡戊的部属都从戊。

成 chéng

成，就也。从戊，丁声①。氏征切。

【译文】成，成熟。从戊，丁声。

【注释】①从戊，丁声：徐灏《段注笺》："戊古读曰茂，茂盛者，物之成也；丁壮亦成也。"

己部

己 jǐ

己，中宫也。象万物辟藏诎形也。己承戊，象人腹。凡己之属皆从己。居拟切。

【译文】己，定位在中央。像万物因回避而收藏在土中的弯弯曲曲的形状。己继承戊，像人的腹部。大凡己的部属都从己。

畫 畫 jǐn

畫，谨身有所承也[①]。从己丞。读若《诗》云"赤舄己己"。居隐切。

【译文】畫，使自己小心恭谨而去承奉别人。由己、丞会意。音读像《诗经》说的"红色的锈金鞋儿己己翘着"的"己"字。

【注释】①谨身句：涂灏《段注笺》："畫之言谨也。屈己以承人，故曰谨身有所承。"《段注》："承者，奉也，受也。"

巴部

巴 巴 bā

巴，虫也。或曰：食象蛇。象形。凡巴之属皆从巴。伯加切。

【译文】巴，虫名。有人说，就是食象的蛇。象形。大凡巴的部属都从巴。

祀 祀 bǎ

祀，搤击也。从巴帚。阙。博下切。

【译文】祀，反手击物。由巴、帚会意。阙其会意之理。

庚部

甬 庚 gēng

庚，位西方，象秋时万物庚庚有实也。庚承己，象人齐。凡庚之属皆从庚。古行切。

【译文】庚，定位在西方，（西方是秋天的方

位，）像秋天万物坚硬有果实的样子。庚继承己，像人的肚脐。大凡庚的部属都从庚。

辛部

辛 辛 xīn

辛，秋时万物成而孰；金刚；味辛，辛痛即泣出。从一从辛，辛，皋也。辛承庚，象人股。凡辛之属皆从辛。息邻切。

【译文】辛，（代表秋天，）秋天万物成熟了。（又代表金，）金质刚硬。（又代表辛味，）味道辛辣，辛辣就感到痛苦，就会流出眼泪。由一、由辛（qiān）会意，辛是罪恶的意思。辛继承庚，像人的大腿。大凡辛的部属都从辛。

皋 皋 zuì

皋，犯法也。从辛，从自，言皋人蹙鼻苦辛之忧。秦以皋似皇字，改为罪。徂贿切。

【译文】皋，独犯法律。由辛、由自会意，是说罪人蹙着鼻子、有痛苦辛酸的忧伤。秦始皇因为"皋"字像"皇"字，改作"罪"字。

辜 辜 gū

辜，皋也。从辛，古声。古乎切。

【译文】辜，罪。从辛，古声。

辥 辥 xuē

辥，皋也。从辛，𡴦声。私列切。

【译文】辥，罪。从辛，𡴦声。

辤 辤 cí

辤，不受也。从辛，从受。受辛宜辤之。似兹切。

【译文】辤，不接受。由辛、由受会意。受罪应该辞避。

辭 辭 cí

辭，讼也。从𤔔[辛]。𤔔[辛]犹理辜也。𤔔，理也。似兹切。

【译文】辭，打官司的文辞。由啻、辛会意。啻辛好比说治理罪过。啻，治理的意思。

辡部

辡 biǎn

辡，辠人相与讼也。从二辛。凡辡之属皆从辡。方免切。

【译文】辡，罪人相互打官司。由两个辛字会意。大凡辡的部属都从辡。

辯 biàn

辯，治也。从言在辡之间。符蹇切。

【译文】辯，治理。由"言"在"辡"的中间会意。

壬部

壬 rén

壬，位北方也。阴极阳生，故《易》曰："龙战于野。"战者，接也。象人裹妊之形。承亥壬以子①，生之叙也。与巫同意。壬承辛，象人胫。胫，任体也。凡壬之属皆从壬。如林切。

【译文】壬，定位在北方。（壬又代表冬天，）这时阴气极盛而阳气已生，所以《易经》说："龙战于野。"战是交接的意思。（龙战于野，是属阳的龙与属阴的野相互交接而产生阳气。人们阴阳交接就怀孕。）壬字像人怀孕的样子。用子承接着定位在北方的地支的亥和天干的壬，这是符合孳生的顺序的。（壬在"工"字中加"一"，表示怀孕的样子，）与巫字"工"中加"从"以像舞袖的构形原则相同。壬继承辛，像人的小腿。小腿，是负载整个身躯的肢体。大凡壬的部属都从壬。

【注释】①承亥壬句：王筠《句读》："此以方位言也。支（地支）之亥与干（天干）之壬，同居北方，亥之下即是子，亥者裹子咳咳也；壬即妊，谓身震动欲生也，生则为子矣。故曰：生之叙也。"

癸部

癸 guǐ

癸，冬时①，水土平，可揆度也。象水从四方流入地中之形。癸承壬，象人足。凡癸之属皆从癸。居诔切。

【译文】癸，代表冬时，这时水土平整，可以度量。（癸）像水从四方流入地中的样子。癸继承壬，像人的脚。大凡癸的部属都从癸。

【注释】①冬时句：高亨《文字形义学概论》："古代五行说：壬癸为冬，故许以冬时解癸，以为冬时水枯，癸象水从四方流入地中。亦非也。"

子部

子 zǐ

子①，十一月，阳气动，万物滋，人以为偁。象形。凡子之属皆从子。即里切。

【译文】子，代表十一月，这时阳气发动，万物滋生，人假借"子"作为偁呼。像婴儿的样子。大凡子的部属都从子。

【注释】①子：高亨《文字形义学概论》："古代以十二支纪月，以夏历言之，十一月为子月，十二月为丑月，正月为寅月。夏历以寅月为岁首（正月），故称'建寅'，殷历以丑月为岁首，故称'建丑'，周历以子月为岁首，故称'建子'，即所谓三统历也。许氏以为子是子月之子，十一月是阳气初动、万物始萌之月，因而人之婴儿亦称为子，子字像婴儿之形，此说不尽是。按子之本义为婴儿，象形。"

孕 yùn

孕，裹子也。从子，从几①。以证切。

【译文】孕，怀胎。由子、几会意。

【注释】①几：徐锴《系传》："几音殊。艸木之实垂，亦取象于几，朵字是也。人裹妊似之也。"

一说"从几"应作"乃声",见《段注》。

㝃 miǎn

㝃,生子免身也。从子,从免。芳万切。

【译文】㝃,生下婴儿,使母体解免。由子、由免会意。

字 zì

字,乳也。从子在宀下,子亦声。疾置切。

【译文】字,生育。由"子"在"宀"下会意,子也表声。

孿 luán

孿,一乳两子也。从子,䜌声。生患切。

【译文】孿,一次生两个婴儿。从子,䜌声。

孟 mèng

孟,长也。从子,皿声。莫更切。

【译文】孟,(同辈中)年事大的。从子,皿声。

孺 rù

孺,乳子也。一曰:输[孺]也。输[孺]尚小也。从子,需声。而遇切。

【译文】孺,乳臭未干的小孩。另一义说,是愚昧,愚昧是因为年纪还小。从子,需声。

季 jì

季,少偁也。从子,从稚省,稚亦声。居悸切。

【译文】季,年少者的称呼。由子、由稚省隹会意,稚也表声。

孤 gū

孤,无父也。从子,瓜声。古乎切。

【译文】孤,(年幼而)没有父亲。从子,瓜声。

存 cún

存,恤问也。从子,才声。徂尊切。

【译文】存,慰问。从子,才声。

疑 yí

疑,惑也。从子、止、匕,矢声。语其切。

【译文】疑,迷惑。由子、止、匕会意,矢声。

了部

了 liǎo

了,尥也。从子无臂。象形。凡了之属皆从了。卢鸟切。

【译文】了,行走时腿脚相交。由子字省去表示手臂的两曲笔表示。像子字之形。大凡了的部属都从了。

孒 jué

孒,无左臂也。从了,」象形。居月切。

【译文】孒,没有左手臂。从了,」象子字有右臂而无左臂的样子。

孑 jié

孑①,无右臂也②。从了,乚象形。居桀切。

【译文】孑,没有右手臂。从了,乚像子字有左臂而无右臂的样子。

【注释】① 孑:引申为单独,孤单。李密《陈情表》:"茕茕孑立,形影相吊。"② 无右臂:《段注》:"引伸之,凡特立为孑。"

㐬部

㐬 zhuǎn

㐬,谨也。从三子。凡㐬之属皆从㐬。读若翦。旨兖切。

【译文】㐬,谨慎。由三个"子"字会意。大凡㐬的部属都从㐬。音读像"翦"字。

孱 chán

孱，迮也。一曰：呻吟也。从孨在尸下。七连切。

【译文】孱，狭窄。另一义说，是呻吟。由"孨"在"尸"下会意。

孨 nǐ

孨，盛皃。从孨，从曰。读若蕤蕤。一曰：若存。鱼纪切。

【译文】孨，茂盛的样子。由孨、由曰会意。音读像蕤蕤茂盛的"蕤"字。另一义说，音读像"存"字。

厶部

厶 tū

厶，不顺忽出也[1]。从到子。《易》曰："突如其来如。"不孝子突出，不容于内也。凡厶之属皆从厶。他骨切。

【译文】厶，反常、背理而突然出现。由倒着的子字表示。《易经》说："突然地来到了。"不孝之子突然生出，不被母体之内所容纳。大凡厶的部属都从厶。

【注释】①不顺句：《段注》："谓凡物之反其常，凡事之屰（逆）其理，突出至前者，皆是也。"朱骏声《通训定声》："子生，首先出，惟到（倒）乃顺。"

育 yù

育，养子使作善也。从厶[1]，肉声。《虞书》曰："教育子。"余六切。

【译文】育，培养孩子使之做好人好事。从厶、肉声。《虞书》说："教育孩子并使之成长。"

【注释】①从厶：《段注》："不从子而从倒子者，正谓不善者可使作善也。"

疏 shū

疏，通也。从㐬，从疋，疋亦声。所菹切。

【译文】疏，因疏导而通畅。由㐬、由疋会意，疋也表声。

丑部

丑 chǒu

丑，纽也。十二月，万物动，用事。象手之形。时加丑，亦举手时也。凡丑之属皆从丑。敕九切。

【译文】丑，阴气的坚固的纽结已渐渐缓解。（丑）代表十二月，（这时阳气上通，）万物发动，将用农事。（丑）像手的形状。一天临上丑时，也是人们举手有为的时辰。大凡丑的部属都从丑。

𦣞 niǔ

𦣞，食肉也。从丑，从肉。女久切。

【译文】𦣞，吃肉。由丑、由肉会意。

羞 xiū

羞，进献也。从羊，羊，所进也；从丑，丑亦声。息流切。

【译文】羞，进献（食品）。从羊，羊是进献的食品；从丑，丑也表声。

寅部

寅 yín

寅，髌也。正月，阳气动，去黄泉，欲上出，阴尚强，象宀不达，髌寅于下也。凡寅之属皆从寅。弋真切。

【译文】寅，摈弃排斥。（寅）代表正月，这时阳气发动，离开地底的黄泉。想要向地上冒出，而阴气还很强大，像交相覆盖的深邃的屋子一样覆盖着，不让阳气通达，并且把它摈弃排斥在地下。大凡寅的部属都从寅。

卯部

卯 mǎo

卯，冒也。二月，万物冒地而出。象开门之

形。故二月为天门。凡卯之属皆扶卯。莫饱切。

【译文】卯，阳气从地中冒出。（卯）代表二月，这时万物顶破土地而生长出来。（卯）像两门相背而开的样子。所以二月又叫作天门。大凡卯的部属都从卯。

辰部

辰 chén

辰，震也。三月，阳气动，雷电振，民农时也。物皆生，从乙、匕，象芒达；厂声也。辰，房星，天时也。从二，二，古文上字。凡辰之属皆从辰。植邻切。

【译文】辰，震动。（辰）代表三月，这时阳气发动，雷电震动，是人们耕种的时令。万物都生长，由乙、匕（huà，化）会意，表示草木由弯弯曲曲艰难地生长变化为草芒径直通达。厂表示读音。辰（又代表辰星，）指二十八宿之一的房星，（房星的出现，）标志着种田的天时的来到。所以从二，二是古文上字。大凡辰的部属都从辰。

辱 rǔ

辱，耻也。从寸在辰下。失耕时，于封畺上戮之也。辰者，农之时也。故房星为辰，田候也。而蜀切。

【译文】辱，耻辱。由"寸"在"辰"下会意，（表示得失务农的时机则按法度赏罚。）失去耕种的时机，就在封土上羞辱他。辰月，是农耕的时令。所以房星叫作辰星，（它的出现，）是耕田的征兆。

巳部

巳 sì

巳，已也。四月，阳气已出，阴气已藏，万物见，成文章，故巳为蛇，象形。凡巳之属皆从巳。详里切。

【译文】巳，已经。（巳）代表四月，这时阳气已经出来，阴气已经藏匿，万物出现，形成华美的色彩和花纹，（蛇已出洞，）所以巳字表示蛇，像蛇形。大凡巳的部属都从巳。

㠯 yǐ

㠯（以），用也。从反巳。贾侍中说："巳，意已实也。象形。"羊止切。

【译文】㠯（以），用。由巳字反过来表示。贾侍中说："㠯（以），薏苡的果实。像果实的形状。"

午部

午 wǔ

午，牾也。五月，阴气午逆阳，冒地而出。此（予）[与] 矢同意。凡午之属皆从午。疑古切。

【译文】午，逆反。（午）代表五月，这时阴气逆犯阳气，顶触地面而出。这个字与矢字表示贯穿义的构字原则相同。大凡午的部属都从午。

牾 wǔ

牾，逆也。从午，吾声。五故切。

【译文】牾，触逆。从午，吾声。

未部

未 wèi

未，味也。六月，滋味也。五行，木老于未。象木重枝叶也。凡未之属皆从未。无沸切。

【译文】未，滋味。（未）代表六月，这时（万物长成）有滋味。（金、木、水、火、土）五种物质，木在未月老成。未像树木重叠枝叶的样子。大凡未的部属都从未。

申部

申 shēn

申，神也。七月，阴气成，体自申束。从臼，自持也。吏臣餔时听事，申旦政也。凡申之属皆从申。失人切。

【译文】申，神明。（申）代表七月，这时阴气形成，

它的体态，或自伸展，或自卷束。从臼，表示自我持控的意思。官吏在申时吃晚饭的时候，听理公事，是为了申明早晨所布置的政务完成情况。大凡申的部属都从申。

臾 yú

臾，束缚捽抴为臾。从申，从乙。羊朱切。

【译文】臾，捆绑时抓住头发拖拉叫臾。由申、由乙会意。

曳 yè

曳，臾曳也。从申，丿声。余制切。

【译文】曳，拖拉。从申，丿声。

酉部

酉 yǒu

酉，就也。八月，黍成，可为酎酒。象古文酉之形。凡酉之属皆从酉。古文酉从卯，卯为春门，万物已出。酉为秋门，万物已入，一，闭门象也。与久切。

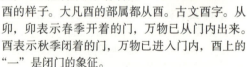

【译文】酉，成熟。（酉）代表八月，这时黍成熟，可以酿制醇酒。像古文酉的样子。大凡酉的部属都从酉。古文酉字。从卯，卯表示春季开着的门，万物已从门内出来。酉表示秋季闭着的门，万物已进入门内，酉上的"一"是闭门的象征。

酒 jiǔ

酒，就也，所以就人性之善恶。从水，从酉，酉亦声。一曰：造也，吉凶所造也。古者仪狄作酒醪，禹尝之而美，遂疏仪狄。杜康作秫酒。子酉切。

【译文】酒，迁就，是用来迁就（助长）人性的善良和丑恶的饮料。由水、由酉会意，酉

也表声。另一义说，酒是成就的意思，是吉利的事、不祥的事成就的原因。古时候仪狄造酒，大禹尝酒而以为酒味醇美，于是就疏远了仪狄。又，杜康制作了高粱酒。

釀 niàng

釀，酝也。作酒曰釀。从酉，襄声。女亮声。

【译文】釀，酝釀。造酒叫釀。从酉，襄声。

醞 yùn

醞，釀也。从酉，盈声。于问切。

【译文】醞，釀酒。从酉，盈声。

酴 tú

酴，酒母也。从酉，余声。读若庐。同都切。

【译文】酴，酒娘子。从酉，余声。音读像"庐"字。

酓 fàn

酓，酒疾孰也。从酉，弁声。劳万切。

【译文】酓，釀的酒迅疾成熟。从酉，弁声。

醨 shī

醨，下酒也。一曰：醇也。从酉，麗声。所绮切。

【译文】醨，滤下清酒。另一义说，醇厚的酒。从酉，麗声。

醴 lǐ

醴，酒一宿孰也。从酉，豊声。卢启切。

【译文】醴，酒酿一夜就成熟了。从酉，豊声。

醇 chún

醇，不浇酒也。从酉，享声。常伦切。

【译文】醇，不浇水的纯酒。从酉，享声。

酌 zhuó

酌，盛酒行觞也。从酉，勺声。之若切。

【译文】酌，盛酒在觯中劝人喝酒。从酉，勺声。

配 pèi

配，酒色也。从酉，己声。滂佩切。

【译文】配，酒的颜色。从酉，己声。

醉 zuì

醉，卒也。卒其度量，不至于乱也。一曰：溃也。从酉，从卒。将遂切。

【译文】醉，尽量。使其酒量满尽，而不到达昏乱的地步。另一义说，是溃乱。由酉、由卒会意。

醺 xūn

醺，醉也。从酉，熏声。《诗》曰："公尸来燕醺醺。"许云切。

【译文】醺，喝酒尽量（而酒气熏熏）。从酉，熏声。《诗经》说："扮演周王祖先而受祭的人来喝酒，喝得酒气醺醺。"

酗 xù

酗，醉营也。从酉，句声。香遇切。

【译文】酗，沉醉在酗酒上。从酉，句声。

醒 chéng

醒，病酒也。一曰：醉而觉也。从酉，呈声。直贞切。

【译文】醒，因酒醉而引起的病态。另一义说，酒醉中有所觉醒。从酉，呈声。

醫 yī

醫，治病工也。殹，恶姿也；医之性然。得酒而使，从酉。王育说。一曰：殹，病声。酒所以治病也。《周礼》有医酒。古者巫彭初作医。于其切。

【译文】醫，治病的人。殹，是违背常人的姿态的意思，医生的性情就是这样。用酒作药物的辅助剂，所以从酉。这是王育的说法。另一义说，殹，表示病人的声音；酒，是用来治病的饮料。《周礼》有名叫醫的酒类饮料。古时候，巫彭开始行医。

茜 sù

茜，礼祭，束茅，加于裸圭，而灌鬯酒，是为茜。象神歆之也。一曰：茜，榼上塞也。从酉，从艸。《春秋传》曰："尔贡包茅不入，王祭不供，无以茜酒。"所六切。

【译文】茜，按礼的规定祭祀，捆束着茅，（树立在祭场的前面，）用施行灌祭的祭器圭瓒加在茅上，而向茅灌郁鬯酒，这就叫茜。（酒从茅叶上渗透下去，）像神喝了酒。另一义说，茜是酒器上的塞子。由酉、由艸会意。《春秋左传》说："你们应该纳贡的是包捆着的菁茅，却不献进；天子的祭祀，你们不供给：天子没有办法举行'茜酒'的礼仪了。"

醨 lí

醨，薄酒也。从酉，离声。读若离。吕支切。

【译文】醨，薄酒。从酉，离声，音读像"离"字。

酸 suān

酸，酢也。从酉，夋声。关东谓酢曰酸。素官切。

【译文】酸，醋。从酉，夋声。关东地方叫酢作酸。

酢 cù

酢，醶也。从酉，乍声。仓故切。

【译文】酢，醋。从酉，乍声。

醢 hǎi

醢，肉酱也。从酉，盍声。呼改切。

【译文】醢，肉酱。从酉，盍声。

酴 酴 tú

酴，酱酴也。从酉，俞声。田候切。

【译文】酴，酱酴。从酉，俞声。

酹 酹 lèi

酹，餟祭也。从酉，寽声。郎外切。

【译文】酹，把酒挥洒在地上祭奠。从酉，寽声。

醳 醳 bì

醳，捣榆酱也。从酉，畢声。蒲计切。

【译文】醳，捣碎榆子仁而做成的酱。从酉，畢声。

酏 酏 yí

酏，黍酒也。从酉，也声。一曰：甜也。贾侍中说，酏为鬻清。移尔切。

【译文】酏，用黍米酿成的酒。从酉，也声。另一义就是甜。贾侍中说，酏是清稀的粥。

醇 醇 liáng

醇①，杂味也②。从酉，京声。力让切。

【译文】醇，用干粮杂和着水而味薄的饮料。从酉，京声。

【注释】① 醇：《段注》："即《周官》、《内则》之凉字也。" ② 杂味：《段注》："即以诸（众杂之词）和水说也。"朱骏声《通训定声》："凉者以糗（干粮）饭杂水。"按：指古代六饮之一。

酋部

酋 酋 qiú

酋，绎酒也。从酉，水半见于上。《礼》有"大酋"，掌酒官也。凡酋之属皆从酋。字秋切。

【译文】酋，久酿的酒。从酉，由水字的一半出现在"酉"上表示。《礼》上有"大酋"这样的职务，是掌管酿酒的官。大凡酋的部属都从酋。

尊 尊 zūn

尊，酒器也。从酉，收以奉之。《周礼》六尊：牺尊、象尊、着尊、壶尊、太尊、山尊，以待祭祀宾客之礼。祖昆切。

【译文】尊，盛酒的器皿。从酉，两手高高捧举着它。《周礼》有六尊：牺牛形的酒罇、象形的酒罇、没有脚而底着地的酒罇、壶形酒罇、太古的陶制酒罇、刻画着山和云雷之形的酒罇，用来准备祭祀和晏请宾客的礼仪。

戌部

戌 戌 xū

戌，灭也。九月，阳气微，万物毕成，阳下入地也。五行，土生于戌，盛于戌。从戊含一。凡戌之属皆从戌。辛聿切。

【译文】戌，消灭。（戌）代表九月，这时阳气微弱，万物都已成熟，阳气向下进入地中。金木水火土五种物质，土产生在位于中央的戌方位，在戌月鄙九月气势最旺盛。由"戊"含着"一"表示。大凡戌的部属都从戌。

亥部

亥 亥 hài

亥，荄也。十月，微阳起，接盛阴。从二，二，古文上字。一人男，一人女也。从乙，象裹子咳咳之形。《春秋传》曰："亥有二首六身。"凡亥之属皆从亥。亥而生子，复从一起。胡改切。

【译文】亥，草根。（亥）代表十月，这时微弱的阳气产生，续接着旺盛的阴气。从二，二是古文上字。亻亻表示一人是男，一人是女。从乙，像怀着胎儿腹部拳曲的样子。《春秋左传》说："亥字上有二画为首，下有六画为身。"大凡亥的部属都从亥。至"亥"（而地支已尽），则又产生"子"，（万事万物）又从一开始。

中国第一部字典，中国文字学的首创之书，开启中国上古文化之谜的钥匙，包罗万象的中国古代文化百科全书。

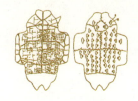